Les sources, le droit des personnes et de la famille en cas pratiques

Collection Réussir !, sous la direction de Nicolas Jeanne :

N. Jeanne, *Le droit pénal en cas pratiques.*

N. Jeanne, *La procédure pénale en cas pratiques.*

N. Jeanne, A. Touzain, *Le droit des obligations en cas pratiques.*

N. Allix, A. Touzain, *Les sources, le droit des personnes et de la famille en cas pratiques.*

N. Allix, A. Touzain, *Les régimes matrimoniaux et les successions en cas pratiques.*

Les sources, le droit des personnes et de la famille en **cas pratiques**

Plus de **40 exercices corrigés**
sur les notions clés du programme

Nathan ALLIX, ATER à l'Université
de Cergy-Pontoise

Antoine TOUZAIN, maître de conférences
à l'Université Panthéon-Assas

DALLOZ

DALLOZ

31-35, rue Froidevaux, 75685 Paris Cedex 14

ISBN 978-2-247-20888-3

Sommaire

Préface ... IX

MÉTHODOLOGIE GÉNÉRALE

1. L'épreuve ... 3
- I/ La philosophie de l'épreuve ... 3
- II/ La gestion du temps lors de l'épreuve ... 5
- III/ Le barème de l'épreuve ... 6
- IV/ Les documents à rapporter pour l'épreuve ... 7

2. Le devoir ... 8
- I/ La construction du devoir ... 8
- II/ La rédaction du devoir ... 9

MÉTHODOLOGIE SPÉCIALE

1. Notions fondamentales ... 13
- I/ La notion de droit ... 13
- II/ Les grandes distinctions du droit ... 16
  - Cas pratique n° 1 ... 22
  - Cas pratique n° 2 ... 25
  - Cas pratique n° 3 ... 27

2. Les sources du droit ... 30
- I/ Les sources internationales ... 30
- II/ Le bloc de constitutionnalité ... 34
- III/ La loi et le règlement ... 37
- IV/ La jurisprudence ... 47
- V/ La coutume ... 52
  - Cas pratique n° 4 ... 53
  - Cas pratique n° 5 ... 57
  - Cas pratique n° 6 ... 60
  - Cas pratique n° 7 ... 62
  - Cas pratique n° 8 ... 64
  - Cas pratique n° 9 ... 67

3. La preuve ... 70
- I/ Remarques liminaires : questions ponctuelles ... 71
- II/ La charge de la preuve : qui doit prouver ? ... 73

III/ L'objet de la preuve : que doit-on prouver ? 75
IV/ Les modes de preuve : comment prouver ? 77
Cas pratique n° 10 84
Cas pratique n° 11 87
Cas pratique n° 12 89
Cas pratique n° 13 92
Cas pratique n° 14 96

4. La prescription 99
I/ La prescription extinctive 99
II/ La prescription acquisitive 106
Cas pratique n° 15 109
Cas pratique n° 16 111
Cas pratique n° 17 113
Cas pratique n° 18 115

5. Les personnes physiques 121
I/ Première question : comment qualifier les personnes physiques ? 121
II/ Deuxième question : comment individualiser la personne physique ? 128
III/ Troisième question : comment protéger certaines personnes physiques ? 134
Cas pratique n° 19 142
Cas pratique n° 20 145
Cas pratique n° 21 149
Cas pratique n° 22 152
Cas pratique n° 23 157
Cas pratique n° 24 160
Cas pratique n° 25 163

6. Les personnes morales 167
I/ Première question : comment qualifier une personne morale ? 167
II/ Deuxième question : comment individualiser une personne morale ? 171
III/ Troisième question : quels sont les droits et devoirs des personnes morales ? 172
Cas pratique n° 26 174
Cas pratique n° 27 176
Cas pratique n° 28 178

7. Le couple 182
I/ Le mariage 182
II/ Le pacte civil de solidarité 216
III/ Le concubinage 220
Cas pratique n° 29 223
Cas pratique n° 30 225
Cas pratique n° 31 227
Cas pratique n° 32 229

Cas pratique n° 33 231
Cas pratique n° 34 237
Cas pratique n° 35 240

8. L'enfant – La filiation 244

I/ Première hypothèse : la filiation naturelle 245

II/ Deuxième hypothèse : la filiation adoptive 258

III/ Troisième hypothèse : la filiation en cas d'assistance médicale à la procréation 265

IV/ Quatrième hypothèse : la filiation en cas de gestation pour autrui 269

Cas pratique n° 36 271
Cas pratique n° 37 274
Cas pratique n° 38 276
Cas pratique n° 39 280
Cas pratique n° 40 283
Cas pratique n° 41 287
Cas pratique n° 42 290
Cas pratique n° 43 292

Préface

Après le droit pénal, la procédure pénale et le droit des obligations, voici venu un nouveau volume de la collection « Réussir ! » des éditions Dalloz.

Fidèle à l'esprit de la collection fondée par Nicolas Jeanne, maître de conférences à CY Cergy Paris Université, l'ouvrage a une vocation essentiellement méthodologique et permet de s'entraîner à l'exercice du cas pratique, fréquent dans les examens et concours juridiques. Pour chaque thème envisagé, un rappel synthétique de cours est ainsi réalisé, la présentation « habituelle » des traités et des manuels étant parfois écartée pour s'adapter à l'exercice. Vous trouverez ensuite divers cas pratiques corrigés.

Quant au contenu substantiel de l'ouvrage, il s'agit de couvrir diverses matières généralement étudiées en L1 : sources du droit, preuve, prescription, droit des personnes et droit de la famille. Ces matières, qui peuvent être assez profondément enfouies dans la mémoire des étudiants, tombent pourtant fréquemment aux épreuves de fin d'études, alors qu'elles sont extrêmement mouvantes ; elles méritent donc une attention particulière. Ces matières sont également complémentaires : quel meilleur exemple du renouvellement des sources du droit que les questions de droit de la famille (mariage, procréation médicalement assistée, gestation pour autrui...) ? Quel meilleur nid à cas pratiques de prescription que le droit de la filiation ?

Reste à présenter les auteurs de cet ouvrage, quitte à décevoir certains « fans » : non, Nicolas Jeanne n'est pas, cette fois, de la partie. Les lecteurs du *Droit des obligations en cas pratiques* ne seront toutefois pas en terrain inconnu puisque son coauteur, Antoine Touzain, maître de conférences à l'Université Panthéon-Assas, a accepté, avec joie, ce nouveau projet. Pour l'accompagner, il a fait appel à Nathan Allix, un ami de longue date et docteur de l'Université Panthéon-Assas, actuellement ATER à l'Université de Cergy Paris Université (établissement de Nicolas Jeanne, dont l'esprit est décidément partout !). Si l'ouvrage a été repris à quatre mains, les rappels de cours et exercice ont été répartis ainsi :

– Nathan Allix : 7. Le couple ;

– Antoine Touzain : 1. Notions fondamentales ; 2. Les sources du droit ; 3. La preuve ; 4. La prescription ; 5. Les personnes physiques ; 6. Les personnes morales ; 8. L'enfant – La filiation.

Il ne nous reste plus, rituellement, qu'à vous souhaiter une chose : de *Réussir !*

Paris, le 2 mars 2021

Nathan Allix et Antoine Touzain

Méthodologie générale

1. L'épreuve

Nous envisagerons successivement la philosophie de l'épreuve (I), la gestion du temps lors de celle-ci (II), le barème (III) et les documents dont vous devez vous munir (IV).

I/ La philosophie de l'épreuve

Pour le cas pratique donné à l'Université (en L1 ou L3)

Il s'agit, pour le concepteur du sujet et le correcteur, de vérifier que le socle de connaissances appris dans le cadre du cours de droit civil est maîtrisé par l'étudiant. Il ne présente en lui-même aucune spécificité. Il faut toutefois faire deux remarques :

– d'une part, le programme étudié dans cet ouvrage, généralement étudié en L1, l'est parfois en L3 pour ce qui est du droit de la famille (couple et filiation) ; aussi, la difficulté sera moindre pour les plus jeunes d'entre vous que pour ceux plus avancés dans leurs études et qui candidatent à un examen professionnel, et pour lesquels le cas pratique donné sera nécessairement plus transversal ;

– d'autre part, puisque le cas pratique donné à l'Université l'est dans un cadre académique, les correcteurs seront nécessairement plus à cheval sur le respect, par vous-même, de la méthodologie universitaire. Il vous faudra nécessairement respecter la méthode classique du cas pratique et rédiger une copie qui respecte les canons de la résolution d'un cas pratique de droit civil. Gardez en tête que la résolution canonique d'une problématique suppose

- d'abord, de débuter par un rappel des faits essentiels et l'identification des questions de faits auxquelles vous devrez répondre ;
- ensuite, de procéder à la qualification juridique de ces faits ;
- ensuite de formuler un problème de droit qui doit être précis et abstrait ;
- ensuite de présenter dans la majeure les règles de droit applicables ;
- ensuite d'appliquer, dans la mineure, ces règles en l'espèce ;
- enfin de conclure en répondant précisément à la question de fait soulevée.

Pour le cas pratique donné à l'examen d'entrée au CRFPA

L'art. 5, 3°, de l'arrêté du 17 octobre 2016 fixant le programme et les modalités de l'examen d'accès au centre régional de formation professionnelle d'avocats mentionne « une épreuve destinée à vérifier l'aptitude à résoudre un ou plusieurs cas pratiques ou à rédiger une ou plusieurs consultations, d'une durée de trois heures, au choix du candidat [...] » en droit civil. Gardez en tête que l'examen d'entrée au CRFPA demeure en filigrane une épreuve professionnelle et que les sujets, ainsi que leur traitement peuvent présenter un accent moins académique.

L'annexe à l'Arrêté rattache le droit de la preuve au droit des obligations et envisage, au titre du droit civil, les biens, la famille, les régimes matrimoniaux, certains contrats spéciaux et les sûretés. Il faut néanmoins souligner que les questions de droit des personnes sont intimement liées au droit de la famille et peuvent donc tomber (ainsi de la dévolution du nom) ; quant au droit de la preuve, rattaché dans l'annexe au droit des obligations, il est transversal (ainsi de la preuve biologique en matière de filiation), ce qui peut être également dit du droit transitoire ou du droit de la prescription. Les sources du droit, de manière générale, sont mobilisées dans toutes les matières du droit civil et doivent donc être maîtrisées pour cet examen.

Pour le cas pratique donné aux différents concours d'entrée à l'ENM

Pour les premier, deuxième et troisième concours

La note de présentation des concours diffusée par l'ENM mentionne, au titre de la troisième épreuve d'admissibilité du premier concours, un « cas pratique de droit civil et procédure civile ou droit pénal et procédure pénale » d'une durée de trois heures et, au titre de la deuxième épreuve d'admissibilité des deuxième et troisième concours un « cas pratique de droit civil et procédure civile » d'une durée de trois heures. Elle précise que l'épreuve de cas pratique en droit civil et procédure civile vise à apprécier les connaissances des candidats dans ce domaine. Elle a pour objet de vérifier leur aptitude à l'analyse et au raisonnement juridiques ainsi que leur capacité de proposer des orientations argumentées et opérationnelles. En outre, les qualités recherchées du candidat sont les capacités à analyser et synthétiser une situation ou un dossier, à identifier, respecter et garantir un cadre procédural, à prendre une décision, fondée en droit et en fait, inscrite dans son contexte, empreinte de bon sens, et exécutable et à motiver, formaliser et expliquer une décision (*cf.* ENM, Sous-direction des recrutements et de la validation des compétences, *Les concours d'accès à l'École nationale de la magistrature, sessions 2020 et suivantes*, janv. 2020). Au-delà des précisions formulées par l'École elle-même, la lecture des annales données depuis 2012 (date de l'introduction de l'épreuve de cas pratique au concours) permet de faire ressortir que l'épreuve vise à recruter un candidat opérationnel.

Pour les deux concours complémentaires

L'exposé-discussion comporte toujours un cas pratique de droit civil et/ou de droit pénal. La préparation est d'une heure et vous disposez de dix minutes pour le présenter à l'oral avant que le jury ne pose des questions sur celui-ci puis sur votre motivation. Le cas pratique est court et il faut être percutant dans sa présentation.

II/ La gestion du temps lors de l'épreuve

La première difficulté du cas pratique est la gestion du temps

Même si le cas à résoudre n'est pas difficile, il est bien souvent long – longueur d'ailleurs renforcée pour le cas pratique donné au CRFPA ou aux trois premiers concours de l'ENM, puisque le premier porte sur le droit des biens, le droit de la famille, les régimes matrimoniaux, les contrats spéciaux et les sûretés, les trois autres le droit des obligations, le droit des sûretés, le droit des personnes, le droit de la famille, le droit des biens et la procédure civile. Les étudiants ont certes l'habitude de résoudre des cas pratiques ciblés et portant sur des points du programme par matière (ainsi, vous vous serez entraîné en sources du droit en L1 par ex.). Mais ils n'ont pas l'habitude de traiter un cas susceptible de balayer l'ensemble du droit civil. Or, il peut être difficile d'identifier, parmi toutes les questions au programme, celle qui a vocation à s'appliquer dans tel ou tel cas, d'autant qu'elles peuvent être mêlées : ainsi des questions de nom mêlées aux problèmes de filiation, des problématiques de prescription, de preuve ou de droit transitoire qui peuvent se retrouver en toutes matières, etc. En outre, la forme peut être difficile à maîtriser, car il est nécessaire de présenter un propos logique, cohérent et pédagogue : plus le sujet est vague, plus il faut être rigoureux et identifier strictement les questions qui s'offrent à votre sagacité ; il faut également veiller à ne pas trop se répéter pour éviter une perte de temps pour soi et pour son correcteur.

D'où la nécessité :

– en amont, de réviser avec le code civil, de s'entraîner, de connaître les textes et les grands arrêts ainsi que leur position dans le Code civil, des majeures prêtes à l'emploi, des plans types, d'avoir d'ores et déjà anticipé les difficultés les plus communes pour éventuellement, le jour de l'examen, consacrer plus de temps à la résolution des difficultés inédites ;

– le jour de l'épreuve, de limiter au maximum le temps passer sur votre brouillon ou à feuilleter le code et d'entamer au plus vite la phase d'écriture.

L'un des travers souvent rencontré dans les copies d'étudiants réside dans l'excès ou l'insuffisance

– **L'excès** : parfois les étudiants perdent un temps précieux à envisager tous les fondements possibles des actions offertes à l'un des protagonistes alors que ces fondements ne peuvent, en l'espèce, être retenus. Si la démarche est parfaitement louable – il s'agit de montrer à son correcteur que l'on maîtrise parfaitement son sujet et de ne conclure à l'évincement d'un fondement qu'à l'issue d'un raisonnement rigoureux – elle est toutefois dommageable puisqu'un temps précieux est consacré à caractériser ce qui doit être rejeté. De tels développements se font trop souvent au détriment de ceux consacrés aux fondements qui, eux, peuvent être retenus. Or si quelques points peuvent être octroyés à la mise à l'écart d'un fondement, l'immense majorité des points ne l'est qu'au bénéfice de ce qui peut être juridiquement retenu ;
– **l'insuffisance** : parfois, à l'inverse, les étudiants demeurent silencieux sur certains mécanismes, certains fondements qui semblent pouvoir être, de prime abord, retenus, sans s'expliquer sur la mise à l'écart de ceux-ci (par ex. l'étudiant qui n'envisage que l'établissement non-contentieux de la filiation, ou qui oublie d'appliquer le contrôle de proportionnalité dans un cas où un juge aurait tendance à le faire). Il faut pourtant garder en tête qu'il n'y a jamais d'évidence dans une copie (ni de respect du principe du contradictoire car le correcteur ne peut interroger l'étudiant lorsqu'il procède à la correction de la copie…) : ce qui n'est pas expressément dit par l'étudiant est présumé ne pas être su par celui-ci.

La bonne méthode consiste à parvenir à un équilibre

– **Être explicite** : pour ne pas tomber dans le second travers, il faut exclure explicitement les fondements qui semblaient de prime abord pouvoir s'appliquer (par ex. si la question porte sur la possibilité d'utiliser commercialement son nom de famille, il n'est nullement nécessaire de rappeler les règles de dévolution du nom ; de manière générale, comme en droit de la preuve, ce qui n'est pas discuté est réputé admis). En d'autres termes il faut s'expliquer sur l'exclusion d'un fondement, d'un mécanisme, dont l'application paraissait, *prima facie*, évidente ;
– **être efficace** : pour ne pas non plus tomber dans le premier travers, il faut s'abstraire de la récitation de son cours et aller à l'essentiel en précisant simplement, en quelques phrases, que tel fondement aurait pu être envisagé, mais qu'il ne peut, en l'espèce, être retenu car telle condition fait défaut.

III/ Le barème de l'épreuve

La deuxième difficulté tient au barème de correction. Il est possible qu'aucune indication ne soit fournie quant au barème adopté. C'est toujours le cas pour le cas pratique donné dans le cadre de l'exposé-discussion aux concours complémentaire de l'ENM. Ce fut le cas pour le sujet donné au CRFPA en 2017 ou à l'ENM entre 2012 et 2016 par exemple. Plusieurs questions vous sont ainsi posées sans que vous sachiez précisément combien de points vont vous rapporter les réponses que vous allez respectivement apporter à chacune d'elles.

Il faut donc, comme un coureur de fond, que vous sachiez doser votre effort : que vous déterminiez, à l'aveugle, les questions qui rapportent le plus de points et que vous ne consacriez de longs développements qu'à celles qui en valent la peine. Or, parfois, les sujets sont traîtres et, derrière l'apparente simplicité d'une question, se cachent en réalité des problèmes complexes qui rapportent beaucoup de points. Gardez en tête qu'il est toujours préférable de procéder à des développements incomplets sur toutes les problématiques soulevées par le cas pratique – pour être effectivement noté sur 20 – que de procéder à des développements complets mais sur une partie seulement des problématiques soulevées par celui-ci – et prendre le risque de n'être noté, par exemple, que sur 15.

En outre, il faut prendre garde – même lorsque le barème est indiqué – à la distribution des points au sein de chaque question. Si le barème est précis, c'est-à-dire s'il distingue jusqu'au demi voire jusqu'au quart de points, cela peut-être extrêmement périlleux et il faut faire montre d'une particulière rigueur dans votre présentation, en déclinant chacune des conditions des fondements, institutions, mécanismes que vous retenez.

IV/ Les documents à rapporter pour l'épreuve

La troisième difficulté vient de l'adoption d'un certain nombre de textes qui ne sont pas codifiés et qui ne figurent pas dans le Code civil ou qui figurent dans d'autres codes (songez à certains textes du code de l'action sociale et des familles). Il faudra idéalement vous munir de ces textes – en les imprimant au besoin sur Légifrance – ou de ces codes (même, si bien souvent, ils sont reproduits dans les codes civils publiés par les éditeurs – par ex les dispositions du décret de 2008 permettant la distinction des actes d'administration et des actes de disposition – ce qui suppose que vous fassiez la vérification dans la table des textes cités). La Commission nationale de l'examen d'accès au CRFPA indique par exemple que les candidats pourront utiliser les documents suivants pour les épreuves d'admissibilité : les codes annotés mais non commentés, ainsi que les recueils (ou photocopies tirées de sites Internet officiels) de textes réglementaires, législatifs et supra-législatifs nationaux, et de normes européennes et internationales, ne contenant aucune indication de doctrine. Ces documents pourront être surlignés. Cependant, aucune annotation manuscrite ne pourra y figurer, aucune page et aucun « post-it » ne pourront être ajoutés.

2. Le devoir

Nous envisagerons d'abord la construction de votre devoir (I), ensuite la rédaction de celui-ci (II).

I/ La construction du devoir

La nécessité du plan apparent

L'adoption d'un plan apparent comportant des intitulés est une nécessité, pour deux raisons :

– le correcteur évaluera au travers du plan votre capacité à raisonner logiquement, à synthétiser, à présenter et à résoudre de manière claire et pédagogique une pluralité de problèmes ;

– le correcteur saura dès l'orée de votre devoir et à tout moment de la lecture de celui-ci où il va (et surtout où vous allez). L'une des qualités fondamentales attendues de l'étudiant-candidat est la pédagogie : il faut prendre le correcteur par la main, comme plus tard, vous prendrez celle du juge qui lira vos conclusions, celle du justiciable que vous aurez jugé. Lorsque le correcteur a d'ores et déjà corrigé plusieurs copies, il connaît par cœur le corrigé, son barème, les erreurs commises par la majorité des étudiants. Aussi l'idéal est de le mettre dans une position confortable, en lui prémâchant au maximum le travail.

Le plan à éviter

C'est celui qui qualifie directement les faits ou donne la solution et qui, bien souvent, entraîne des contradictions. Prenons l'exemple d'un couple de femmes qui a recours à une procréation médicalement assistée à l'étranger et qui souhaite faire établir la filiation. On pourrait présenter la solution en qualifiant les faits dans le titre : I. La filiation naturelle à l'égard des deux épouses. En ce cas, l'on préjuge non seulement de ce que seule la filiation naturelle est discutée (non la filiation adoptive) mais aussi de ce que les deux femmes sont mariées, alors que ce n'est pas nécessairement dit dans l'énoncé. **Aussi, faut-il toujours s'efforcer de demeurer factuel et interrogatif dans ses intitulés** : ex. : I. Sur l'établissement de la filiation naturelle ; A. Si les deux femmes sont mariées ; B. Si les deux femmes ne sont pas mariées ; II. Sur l'établissement de la filiation adoptive ; etc.

Le plan à adopter

C'est celui qui facilitera la lecture de votre devoir et ne nécessitera pas un travail d'élaboration trop sophistiqué. De manière générale, suivez l'ordre des questions posées ou, à défaut de question expresse, du cas pratique : c'est une sorte de plan chronologique qui distingue l'étude des problématiques soulevées par chaque complexe de faits, chaque opération qui vous est décrite. À l'intérieur, il conviendra d'éventuellement sous-distinguer chacun des fondements possibles à l'action du protagoniste confronté aux problèmes décrits. Le corrigé type et le barème du cas pratique seront probablement construits sur cette base chronologique. Adopter un autre plan c'est prendre le risque que le correcteur soit obligé de déconstruire, puis reconstruire le barème et donc l'obliger à fournir un effort supplémentaire sur votre copie…

II/ La rédaction du devoir

On se contentera de formuler quelques conseils pour que votre devoir soit efficace et que la rédaction ne soit pas chronophage :

Plus vous serez avancé dans vos études et moins la nécessité de rappeler les faits en introduction ne s'imposera. En d'autres termes, si vous êtes en L1, L2 et L3, il est clair que l'on vous demandera de respecter les canons de la méthodologie et de rappeler les faits, avant de les qualifier. Si vous êtes candidat à l'examen d'entrée au CRFPA ou à l'un des concours d'entrée à l'ENM, vous pouvez être plus efficace : si vous adoptez un plan clair et que vous l'annoncez tout aussi clairement, le rappel des faits ne s'impose pas. Si par exemple il vous est indiqué que deux femmes se sont mariées puis ont décidé de recourir à une procréation médicalement assistée à l'étranger avant de décider de divorcer, avec moult détails dans le cas pratique, inutile de faire un résumé qui vous prendrait dix minutes (et il est encore plus inutile de recopier l'énoncé, ce qui, en plus, agacera votre correcteur) : annoncez simplement que vous étudierez successivement, en trois parties, les questions soulevées par le mariage (I), la PMA (II) et le divorce (III) et résumez succinctement les faits pertinents au début de chaque sous-division pour ensuite les qualifier. Même en L1, L2 ou L3, veillez à ne pas recopier l'énoncé entièrement à titre introductif : cela n'apporte rien et vous fait perdre du temps.

De même, la nécessité de formaliser sous forme interrogative un problème de droit est d'une nécessité inversement proportionnelle à votre proximité de la finalisation de vos études de droit. En effet, à l'Université, on vous reprochera tout écart avec la méthodologie canonique alors qu'à l'inverse, au stade de l'examen ou du concours d'accès à une profession, on vous reprochera certainement un style trop scolaire.

Adoptez une présentation extrêmement lisible, quoique peu originale, en distinguant en autant de paragraphes, pour chaque fondement des actions que vous envisagez, les conditions de celui-ci.

Dernier petit conseil de correcteur : il est toujours plus agréable de lire une copie écrite au stylo plume (*a fortiori* lorsque certains passages ont été effacés : l'effaceur fait moins de saletés que le blanco [pas l'arrêt, l'outil] !).

Annonce de plan

Nous distinguerons, en autant de thèmes, les problèmes méthodologiques fondamentaux soulevés à l'occasion de la résolution d'un cas pratique de droit civil : nous distinguerons les notions fondamentales (thème n° 1), les sources du droit (thème n° 2), la preuve (thème n° 3), la prescription (thème n° 4), les personnes physiques (thème n° 5), les personnes morales (thème n° 6), les couples (thème n° 7) et la filiation de l'enfant (thème n° 8).

Méthodologie spéciale

1. Notions fondamentales

S'il est peu probable que vous rencontriez la question en cas pratique, il est indispensable que vous ayez une compréhension de la notion de droit (I). Vous aurez alors plus de facilité à comprendre les grandes distinctions qui sont posées en droit (II).

I/ La notion de droit

Si chacun a sa propre idée du droit, il est intéressant d'insister, dans une optique méthodologique, sur deux visions complémentaires : celle qui assimile le droit à la norme (A) et celle qui l'attache à l'autorité du juge (B).

A – La règle de droit

Pour bien comprendre c'est que le droit, il faut distinguer le singulier et le pluriel. Si le droit est tout entier organisé autour de *la* notion de règle de droit (1), c'est l'enchevêtrement *des* règles qui permet l'existence d'un véritable système juridique (2).

1. La notion de règle de droit

Le droit a pour vocation d'organiser la vie en société : la règle va permettre de conduire les conduites humaines, parfois négativement en interdisant un comportement (ce qui est favorable à la liberté : tout ce qui n'est pas interdit est permis), parfois positivement en imposant un comportement. Le droit n'est pourtant pas identique à la religion, la morale ou la politesse : il ne suffit pas d'une règle (a), il faut encore qu'elle soit juridique (b).

a) Une règle…

La règle se distingue de la décision : elle a une **vocation générale et impersonnelle**, s'adressant à tous. Il en va de l'idée, fondamentale d'égalité : la loi doit fixer de façon abstraite les cas de son application, pour que toute personne qui tombe dans la catégorie visée puisse bénéficier de la loi. C'est la prohibition de la discrimination (sauf lorsqu'elle est « positive ») : les personnes placées dans une situation identique doivent être traitées à l'identique.

Il est possible d'affiner et de ne viser qu'une **catégorie** de personnes, sans chercher l'universalisme : tous ceux obéissant aux critères permettant de rattacher à la catégorie seront ainsi concernés. La création de catégories est fondamentale et caractéristique d'un droit qui gagne en précision (parfois à l'excès) : certaines règles régissent l'ensemble des personnes rattachées à la catégorie de commerçant (liberté de la preuve, compétence du tribunal de commerce, etc.), d'autres à celles qui auront commis une infraction (toute personne peut être qualifiée d'assassin si elle a commis un meurtre avec préméditation : elle peut alors être sanctionnée par une peine de réclusion), d'autres à la catégorie de Président de la République (toute personne peut théoriquement être élue, et donc bénéficier du régime applicable), etc.

Si la règle a une vocation générale, le droit a parfois recours au **principe**, qui est plus large encore : les *principes directeurs* viennent dicter l'interprétation de certains textes (l'on songe au code de procédure civile) ; la jurisprudence peut induire, à partir de solutions ponctuelles, des *principes généraux du droit* (par ex. l'égal accès des citoyens aux emplois publics) ; l'on songe encore aux *principes fondamentaux*, qui s'imposent au législateur (par ex. le principe d'indépendance des enseignants-chercheurs, qui est un principe fondamental reconnu par les lois de la République) ; enfin, les *adages* formulent des principes souvent multiséculaires (tel le principe *fraus omnia corrumpit* qui prohibe la fraude).

Enfin, si la règle de droit a une vocation générale, elle n'interdit pas en soi le recours à la **décision**, qui est de portée individuelle : l'administration peut prendre des décisions de nature individuelle (par ex. délivrer un permis de construire) ; les personnes privées peuvent décider de se lier par contrat, qui a force de loi entre elles dès lors qu'il a été légalement formé (art. 1103, C. civ.). Plus discutée est l'admission de la force contraignante de la volonté individuelle (notamment de l'acte unilatéral de volonté).

b) … de droit

Le droit est **contraignant**, il est sanctionné. La règle de droit a un caractère **impératif** : le législateur n'a pas besoin d'ordonner « tu ne tueras point », mais peut se contenter de poser que le meurtre est puni d'une peine criminelle, car en droit l'indicatif vaut impératif. Le droit est en soi impératif.

Pour assurer son impérativité, la règle de droit fait l'objet d'une **sanction** : la violation du droit ne se fait pas sans conséquences. Certes, les autres règles sont sanctionnées (une personne impolie ne sera plus invitée à dîner), mais cette sanction peut être mise en œuvre par les autorités étatiques : c'est ainsi que les décisions de justice sont revêtues de la *formule exécutoire* qui permet à celui qui gagne son procès d'en faire exécuter la décision par les autorités de police.

Il faut toutefois relativiser : toute règle de droit n'est pas impérative, elle peut aussi être **supplétive**. En ce cas, le droit contient une règle qui s'applique *par défaut*, sauf volonté contraire. Est-ce dire que la volonté contraire n'est pas juridique ? Non, car c'est le droit qui autorise les individus à se faire leur propre loi (on l'a dit : les contrats doivent être *légalement* formés).

Si l'on laisse de côté les cas pathologiques dans lesquels la loi est imparfaite ou n'est tout simplement pas normative, précisons que le droit moderne est marqué par un développement de la ***soft law***, du droit souple : les avis et recommandations se multiplient, avec un développement constant des pouvoirs des autorités administratives (l'on songe à l'Autorité des marchés financiers qui, en cas d'irrespect des règles de gouvernance d'entreprise, pointe du doigt les « mauvais élèves », qui verront leurs investisseurs fuir et qui perdront donc de l'argent : il y a là une sanction économique indirecte qui peut être diablement efficace !).

Ce qui est certain (mais qui ne simplifie pas la définition), c'est que la règle de droit se doit de rechercher la **justice** : le droit poursuit parfois une logique commutative (donner à chacun la même chose), parfois une logique distributive (donner à chacun ce qu'il doit recevoir, en offrant de plus grands bienfaits aux plus méritants et en sanctionnant plus durement les comportements les plus asociaux). Mais le juste est relatif, dans l'espace comme dans le temps : priver les personnes de leur liberté d'aller-et-venir, inenvisageable en 2019, fut la règle en 2020. C'est ainsi que le droit et la morale s'entrecroisent fréquemment : l'on songe à l'importance grandissante de l'éthique, qui est la recherche d'une bonne solution au regard des circonstances (qui se développe notamment dans le domaine du biomédical ou encore dans le cadre de la responsabilité sociale des entreprises).

L'obligation naturelle

Un exemple topique d'entrecroisement du droit avec la morale peut être tiré du droit des obligations : il s'agit de l'obligation naturelle qui, de devoir de conscience (donc relevant initialement de la morale) peut, à certaines conditions, devenir une obligation de portée juridique. Selon l'art. 1100, al. 2, C. civ., les obligations « peuvent naître de l'exécution volontaire ou de la promesse d'exécution d'un devoir de conscience envers autrui ». Ainsi, quoiqu'il n'existe pas d'obligation alimentaire entre frères et sœurs, la promesse d'aide crée le devoir juridique ; de même, l'auteur d'une infraction qui s'engage verbalement à dédommager le plus rapidement possible la victime se trouve engagé par cette promesse.

2. Le système juridique

Le droit ne se réduit pas à la norme : il s'agit d'un ensemble de normes, d'un système normatif. C'est ce qu'on appelle l'**ordre juridique** : il s'agit d'une structure de production, d'application et de sanction du droit pour un groupe social déterminé. L'État est évidemment l'ordre juridique par excellence ; en droit français, il faut également considérer l'Union européenne et le Conseil de l'Europe.

Au sein de l'ordre juridique, il convient de procéder à une **articulation des normes**. Kelsen présentait ainsi l'ordre juridique sous forme de *pyramide*, chaque norme se fondant sur une autre norme ; il est désormais plus fréquemment recouru à la description du droit en *réseau*, pour insister non plus sur la hiérarchie mais sur la mise en balance des intérêts en présence.

L'ordre juridique est une notion **relative**, en ce sens qu'il n'existe pas un ordre juridique seulement : l'ordre de l'Union européenne, l'ordre du Conseil de l'Europe, l'ordre du droit français se superposent ; existe-t-il même un ordre juridique français, alors que les spécialistes des diverses « branches » du droit se prévalent fréquemment d'une « autonomie » de leur matière pour écarter les règles sécrétées par une autre « branche », par un autre ordre ?

B – L'autorité du juge

Si l'on oppose souvent (de façon parfois caricaturale) les systèmes de *Common law* (plus judiciaires) et de droit continental (plus légalistes), la figure du juge est **consubstantielle** au droit. Certes, le droit vise à organiser la vie en société de la manière la plus pacifique possible ; mais, au besoin, il se doit de mettre en place une autorité pour régler les hypothèses dans lesquelles la concorde est impossible (cas qui sont heureusement pathologiques, même si l'heure est au développement d'une société contentieuse). Cette autorité, c'est le *juge*, dont la mission principale est de *trancher les litiges*.

L'**identification** du juge est *a priori* évidente : il s'agit de la personne habilitée par l'État à trancher les litiges, le *magistrat du siège* (peut-être bientôt le lecteur de ce manuel qui se prépare au concours de l'ENM !). Mais ce peut aussi être un *arbitre*, personne privée choisie par les parties à un litige. L'essentiel est que ce juge soit impartial et légitime à rendre la décision : ce n'est qu'à ces conditions que ses solutions feront autorité.

Pour obtenir une décision, il faut en passer par le **procès**, qui doit obéir à des principes fondamentaux (impartialité du juge, respect du contradictoire, loyauté procédurale, etc.). L'une des questions essentielles est alors celle de la preuve. Si le juge se doit de rechercher la solution la plus *juste*, il doit, dans une perspective légaliste, faire *application de la loi*, ce qui passe, le plus souvent, par son interprétation. Ce pouvoir d'interprétation, qui a l'ambiguïté de se situer entre l'application de la loi et la création normative, conduit à s'interroger sur la qualité de source du droit de la jurisprudence.

II/ Les grandes distinctions du droit

Le législateur (européen ou national) est chargé de l'édiction du droit. Pour ce faire, il procède à la **catégorisation** : il crée ou détruit des catégories, en précise la portée, etc. (par ex. il peut choisir de préciser que l'animal entre dans la catégorie « chose » ou dans celle « personne », ou encore créer une catégorie tierce « animal »). Ceci fait, les autres acteurs du droit interviennent.

Or, l'un des arts du juriste est de distinguer pour identifier l'objet qui lui est soumis et lui appliquer le régime le plus adapté. C'est tout l'enjeu de l'exercice du cas pratique : le candidat à un concours ou à un examen doit montrer sa capacité à identifier et isoler les textes applicables, à en vérifier les critères et à en faire application. Ce sera également son rôle en tant que juriste : le magistrat y procède quotidiennement, l'avocat cherche à convaincre de ce que telle ou telle catégorie serait plus adaptée, l'annotateur critique la manière dont la Cour a procédé, etc. Avant d'exposer les grandes distinctions du droit (B), il convient de présenter l'outil qu'a le juriste pour y procéder : la qualification (A).

A – L'outil de distinction : la qualification

Commençons par une **définition** : la qualification est une opération intellectuelle consistant à prendre en considération l'élément qu'il s'agit de qualifier et à le faire entrer dans une catégorie juridique préexistante, de manière à en déduire un régime juridique. Tout comme le médecin qui fait son diagnostic observe les symptômes du patient pour rattacher son état à une maladie, le juriste doit observer l'objet dont il est saisi pour le rattacher à un concept juridique préexistant.

La qualification est ainsi essentielle : selon l'art. 12, al. 2, C. pr. civ. (l'un des articles les plus fondamentaux en droit français), le **juge** « doit donner ou restituer leur exacte qualification aux faits et actes litigieux sans s'arrêter à la dénomination que les parties en auraient proposée ». C'est dire que les parties doivent qualifier, mais qu'en dernier ressort, le pouvoir de qualifier les choses relève du juge.

Une précision quant à l'**auteur** de la qualification : on vient de dire qu'il s'agit du juge, mais de quel juge ? Lorsqu'il s'agit d'interpréter la *loi*, cela revient à la jurisprudence en général, sous l'autorité de la Cour de cassation (par ex. lorsqu'il s'agit de dire ce qu'est un contrat de vente, un contrat de prêt, un meuble, etc., alors que la loi ne le dit pas). Lorsqu'il s'agit d'interpréter la volonté d'une personne, en revanche, l'interprétation est souverainement faite par les juges du fond (Cass., sect. réun., 2 févr. 1808, *Lubert*), la Cour de cassation ne se réservant qu'un contrôle de l'absence de dénaturation, par les juges, d'un contrat clair (Civ. 15 avr. 1872, *Veuve Foucauld*). On ne doit interpréter que ce qui est obscur !

D'un point de vue **méthodologique**, l'opération de qualification est au cœur du cas pratique : vous devez, à la lecture de l'énoncé, chercher dans votre mémoire et votre Code la règle de droit qui vous semble adaptée, la rappeler dans la majeure, puis procéder à la qualification dans la *mineure* du syllogisme (pour savoir si Socrate est mortel, il faut savoir si Socrate est un homme : c'est là l'opération de qualification).

Il ne faudrait toutefois pas croire que la qualification est une science exacte : c'est une opération intellectuelle empreinte d'**opportunisme** : la qualification suppose un jugement de valeur, de trancher un débat (par ex., l'animal est-il une personne ou une chose ?), or il peut arriver qu'un juge oriente le choix de la qualification afin d'en tirer les conséquences de régime. C'est d'ailleurs tout le rôle de l'avocat : essayer de convaincre le juge que la qualification qu'il défend est la bonne, la plus conforme au texte de référence que le juge doit appliquer.

B – Exposé des distinctions

Si le droit est composé de multiples distinctions, il en est une fondamentale (c'est la *summa divisio*), celle opposant les personnes et les choses (1), qui cache presque les autres distinctions (2).

1. La *summa divisio* des personnes et des choses

Distinguons le principe de cette distinction (a) avant d'en évoquer les limites actuelles (b).

a) Le principe

L'opposition des personnes et des choses est **fondamentale**, structurante du droit français. Elle correspond à l'opposition de l'être et de l'avoir, du sujet et de l'objet de droit, du dominant et du dominé : si les choses peuvent être asservies, il n'en va pas de même des personnes (c'est d'ailleurs la raison pour laquelle les servitudes ne peuvent peser que sur un fonds, non sur son propriétaire, selon l'art. 637, C. civ.).

Cette distinction est **transversale** : elle structure le Code civil (qui, en 1804, ne comportait que trois livres, consacrés (même si les titres ne le révèlent pas expressément) aux choses, aux personnes et à leurs rapports) ; même au sein du livre IV, il est distingué entre sûretés réelles (qui portent sur des choses) et sûretés personnelles (qui s'exercent contre une personne, ou du moins contre son patrimoine). La distinction se retrouve également dans le code pénal, qui distingue (entre autres) les crimes et délits contre les biens et ceux contre les personnes.

Cette distinction ne doit pas marquer le **lien** intense entre les deux catégories, le pont jeté entre elles correspondant à la notion de **patrimoine**. En vertu du principe d'unité-unicité du patrimoine d'Aubry et Rau, seule une personne a un patrimoine, toute personne a un patrimoine et une personne ne peut avoir qu'un seul patrimoine : le patrimoine permet ainsi de faire le lien entre la personne et l'ensemble de ses biens, à savoir des choses et des droits qui constituent pour elle des richesses qui lui sont exclusivement rattachées. L'unité du patrimoine est un principe fondamental justifié tant par la morale que l'économie : en vertu de l'art. 2284, C. civ., tout débiteur doit répondre de ses dettes « sur tous ses biens », ce qui permet à tout créancier de faire saisir ses biens, et donc force le débiteur à respecter sa parole et à réparer les torts qu'il a causés.

b) Les limites

Dans toute distinction binaire, *a fortiori* lorsqu'il s'agit d'une *summa divisio*, l'une des catégories est **fermée** tandis que l'autre est **ouverte** : ici, le principe est que tout ce qui ne parvient pas à entrer dans la catégorie de personnes tombe dans celle de biens. De manière générale donc, les éléments qui sont à la frontière entre les deux catégories tombent dans la catégorie de biens.

Les limites de la distinction font l'objet d'une grande **actualité** : sans insister ici sur la question des limites chronologiques de la personne, évoquons les difficultés de définition *substantielle* de la personne, que l'on peine parfois à distinguer d'entités qui paraissent, sinon assimilables à la personne, du moins facilement distinguables des choses plus classiques. Plusieurs exemples de ces difficultés peuvent être évoqués :

• Les **animaux** sont des « êtres vivants doués de sensibilité » (art. 515-14 du C. civ., issu d'une L. nº 2015-177 du 16 févr. 2015 ; v. déjà, depuis 1976, art. L. 214-1 du C. rur.). Les animaux ne sauraient ainsi être l'objet de mauvais traitements, leur perte peut consister en préjudice moral indemnisable, etc. Il n'en demeure pas moins que, pour l'instant, les animaux demeurent « soumis au régime des biens » (art. 515-14, C. civ.). L'on peut ainsi en être propriétaire, l'on doit en répondre lorsqu'ils causent un dommage, ils peuvent faire l'objet d'une vente (même si la spécificité de l'animal conduit à adapter le régime de ce contrat, v. par ex. Civ. 1re, 9 déc. 2015, nº 14-25.910), etc. Précisons en outre que certains animaux, considérés comme dangereux, font l'objet de législation spéciales en matière pénale. Certains auteurs estiment qu'il faudrait aller plus loin et reconnaître aux animaux (notamment aux grands singes) la personnalité juridique (il s'agirait d'une personne juridique non humaine).

• Les **robots** font également l'objet de débats, notamment au niveau européen : l'on songe à une résolution 2015/2103 du 16 févr. 2017 du Parlement européen, qui recommande « la création, à terme, d'une personnalité juridique spécifique aux robots, pour qu'au moins les robots autonomes les plus sophistiqués puissent être considérés comme des personnes électroniques responsables, tenues de réparer tout dommage causé à un tiers ; il serait envisageable de conférer la personnalité électronique à tout robot qui prend des décisions autonomes ou qui interagit de manière indépendante avec des tiers » (§ 59, f). Pour le moment (faute notamment de développement technologique suffisant pour asseoir leur autonomie totale), les robots demeurent des choses : une proposition a été formulée au Parlement européen le 20 octobre 2020 pour encadrer le régime de responsabilité civile du fait de l'intelligence artificielle, en empêchant notamment les concepteurs d'échapper à leur responsabilité civile en se prévalant de l'autonomie du robot.

• Il est parfois proposé de reconnaître également la qualité de sujet de droit aux **générations futures** ou à la société civile, qui seraient des centres d'intérêt autonomes : elles auraient un patrimoine, celui de l'Humanité. La question rejoint celle de la personnification de la **nature** : l'environnement en lui-même serait considéré comme un sujet de droit. On sait ainsi que certains États personnifient leurs fleuves (ce qui a été proposé par le secrétaire national d'Europe Écologie-Les Verts pour la Seine), quand certains proposent de reconnaître des droits aux arbres.

En **synthèse**, il faut retenir deux choses. D'une part, la frontière entre les catégories de personnes et de choses est mouvante (jusqu'à l'abolition de l'esclavage, les esclaves étaient considérés comme des choses), elle est relative dans le temps et l'espace. D'autre part, le vocabulaire est sans doute pour beaucoup dans les crispations : ne faudrait-il pas parler d'une opposition entre *sujet* et *objet* de droit, plutôt qu'entre personne et chose ? Quoi qu'il en soit, cette distinction demeure la plus fondamentale.

Terminons en évoquant des **subdivisions** de cette *summa divisio* :

– au sein des *personnes*, il est possible de distinguer entre les *personnes physiques* et les *personnes morales* ;

– au sein des *choses*, il est possible de distinguer entre elles selon qu'elles sont *meubles ou immeubles* (art. 516, C. civ.), selon qu'elles sont *corporelles ou incorporelles*, selon qu'elles sont enregistrées ou non-enregistrées, etc.

2. Les autres distinctions

Les distinctions sont **essentielles** en droit et se retrouvent en toutes matières : crimes, délits et contravention ; commerçants et non-commerçants ; professionnels et consommateurs ; entreprises en sauvegarde, redressement ou liquidation ; sociétés anonymes, par actions simplifiées, en commandite, etc. ; les exemples pourraient être multipliés. L'on va se concentrer ici sur les grandes distinctions posées en droit civil.

• L'on songe déjà à la distinction **droit objectif / droits subjectifs**. Le droit objectif est l'ensemble des règles de conduite socialement édictées et sanctionnées : cela correspond aux règles de base de l'ordre juridique, à savoir le droit issu des traités internationaux, la Constitution, la loi, le règlement, la jurisprudence ou encore la coutume. Les droits subjectifs sont des prérogatives individuelles reconnues et sanctionnées par le droit objectif, offrant à leur titulaire la possibilité de faire, d'exiger ou d'interdire quelque chose dans son intérêt ou celui d'autrui. En somme, les droits subjectifs sont les règles du droit objectif, mais vus d'en bas, sous l'angle du sujet de droit. Le droit objectif vaut dans l'abstrait ; les droits subjectifs dans le concret. Or l'une des tendances fondamentales de notre droit est à l'absorption du droit objectif par les droits subjectifs : c'est le mouvement de subjectivisation du droit. Précisons que les droits subjectifs se distinguent des droits fondamentaux, jugés plus importants : dignité humaine (qui est le plus fondamental de ces droits), droit à la vie, droit au respect de l'intégrité physique, droit au respect de la vie privée, droit de propriété, etc.

• Au sein des droits subjectifs, il faut procéder à la subdivision **droits patrimoniaux / droits extra-patrimoniaux**. Les droits patrimoniaux relèvent du patrimoine et sont donc évaluables en argent (droits réels et droits personnels), tandis que les droits extra-patrimoniaux ne sont pas évaluables en argent, même si leur violation peut donner lieu à condamnation à des dommages-intérêts (par ex. le droit à l'honneur).

• Au sein des droits patrimoniaux, il faut procéder à la distinction **droits réels / droits personnels**. Les droits réels octroient des droits directs sur une chose, tandis que les droits personnels offrent des droits contre une autre personne. Quant aux différences de régime, le droit réel est opposable à tous, tandis que le droit personnel est relatif ; le titulaire d'un droit personnel peut certes faire saisir les biens de son débiteur, mais il n'accède auxdits biens que de façon indirecte.

• Au sein des droits réels, il est d'usage de procéder à de nouvelles distinctions entre la **propriété** (qui est le droit la plus absolu sur la chose, en vertu de l'art. 544 du C. civ., le propriétaire ayant le droit d'user, de jouir et de disposer de la chose) et les **droits démembrés** (qui n'offrent que l'accès à une partie des utilités de la chose : usage et jouissance pour *l'usufruit*, usage pour le *droit d'usage et d'habitation* ; à cet égard, la jurisprudence récente considère que les individus peuvent librement créer des droits réels, qui ne sont pas soumis à un *numerus clausus* : Civ. 3e, 31 oct. 2012, no 11-16.304, *Maison de Poésie*). On y ajoute aussi classiquement les **servitudes** (qui offrent au propriétaire du fonds dominant l'accès à certaines utilités offertes par le fonds servant, par ex. le passage sur le fonds) ou encore les **sûretés réelles** (qui offrent un accès prioritaire à la valeur d'échange du bien), même si leur qualification de droit réel peut être discutée.

• On peut également faire des distinctions au sein des droits personnels. Parfois, la distinction est justifiée par **l'objet de la créance**. Un régime spécifique est ainsi prévu en présence d'une *obligation alimentaire*, par laquelle une personne doit assurer la subsistance d'une autre personne qui se trouve dans le besoin (dépenses de nourriture, de vêtements, de chauffage, de logement, etc.) : cette créance est indisponible, insaisissable et intransmissible. Parfois, la distinction va se faire entre les **créanciers** : certains sont *ordinaires* (chirographaires) et soumis au principe d'égalité posé par l'art. 2285, C. civ., tandis que d'autres sont *privilégiés* et peuvent être payés en priorité. Il est encore possible de distinguer les droits personnels selon leur **source** : ils peuvent découler de *faits juridiques*, à savoir d'agissements ou d'événements auxquels la loi attache des effets de droit indépendamment de la volonté des parties (art. 1100-2, al. 1er, C. civ.), dont l'archétype est la responsabilité civile, ou d'*actes juridiques*, qui sont des manifestations de volonté destinées à produire des effets de droit (art. 1100-1, al. 1er, C. civ.), dont l'archétype est le contrat. Au sein des actes juridiques, l'on verra en envisageant *infra* la protection des personnes qu'il est possible de distinguer entre les actes de disposition, d'administration et conservatoires.

L'abus de droit

Si la tendance est à la subjectivisation du droit et donc à la multiplication des droits subjectifs, il ne faut pas croire que chacun peut user de ses droits sans aucune considération de l'intérêt des tiers. Si l'on peut exercer ses droits de la manière la plus profitable (l'on songe à l'optimisation juridique et fiscale, par exemple), il ne faut pas que cet exercice cause un préjudice à autrui. Tel est le principe qui découle de la consécration de la théorie de l'abus de droit.

Pour qu'il y ait abus de droit, il faut déjà un **droit** : une liberté, qui a contenu trop incertain (ainsi de la liberté de rompre un concubinage), ne saurait être susceptible d'abus (ce qui

►

n'empêche pas de qualifier une faute au sens du droit de la responsabilité civile des art. 1240 s. du C. civ.). L'abus de droit peut ainsi être qualifié à propos :
– de *droits subjectifs*, qui permettent à la personne de poursuivre ses propres intérêts : que l'on songe à l'abus du droit de propriété, à l'abus du droit d'agir en justice, etc. ;
– de *pouvoirs*, qui consistent en des prérogatives exercées dans l'intérêt d'autrui : que l'on songe à l'abus du droit des parents qui refuseraient aux grands-parents de voir leurs enfants encore à l'abus du droit de vote dans les assemblées d'associés d'une société.

Certaines **exclusions** existent néanmoins : certains droits sont *discrétionnaires*, donc insusceptibles d'abus. Il en va ainsi du droit des ascendants à s'opposer au mariage de leurs descendants (art. 173, C. civ.) ou encore du droit de demander la destruction de l'empiétement sur son propre terrain (v. ainsi Civ. 3e, 21 déc. 2017, n° 16-25.406 : la défense de la propriété contre l'empiétement ne saurait dégénérer en abus et l'auteur de l'empiétement ne peut même pas se prévaloir de la disproportion dans l'atteinte portée au droit au respect de ses propres biens ; pour un refus de transmission de QPC pour les mêmes motifs, v. Civ. 3e, 15 déc. 2016, n° 16-40.240 ; v. néanmoins Civ. 3e, 19 déc. 2019, n° 18-25.113 qui accepte le contrôle de proportionnalité dans le cadre d'un empiétement sur une servitude de passage).

Il faut également un **abus** (ce qui différencie notamment la théorie de l'abus de droit de la théorie des troubles anormaux de voisinage, qui constitue un cas de responsabilité objective fondé exclusivement sur le dommage, voire sur le simple risque de dommage ; v. par ex. Civ. 2e, 24 févr. 2005, *Bull. civ.* I, n° 50 : le stockage de paille ou de foin en limite de propriété et à proximité immédiate d'un immeuble d'habitation présente un risque d'incendie constitutif d'un trouble anormal de voisinage) :
– dans une conception *individualiste* ou *morale*, l'abus n'est constitué que si le droit a été exercé avec l'intention de nuire, donc de façon à causer un préjudice à autrui (c'est le célèbre exemple de l'arrêt Req., 3 août 1915, *Clément Bayard* : commet un abus du droit de propriété celui qui construit des piques pour détruire les ballons dirigeables de son voisin) ;
– dans une conception *finaliste* ou *sociale*, l'abus est constitué dès lors que l'acte considéré est contraire au but de l'institution, à son esprit et à sa finalité, donc dès lors que le droit est détourné de sa fonction, de sa destination sociale (v. ainsi Civ. 3e, 3 mars 2010, *Bull. civ.* I, n° 247 : « la valeur d'un forage à productivité réduite [relève] de la seule appréciation [du propriétaire] » et l'abus ne peut être caractérisé dès lors qu'il ne résulte de ce forage « ni absence d'utilité, ni intention de nuire, ni dommage causé »).

Cas pratique n° 1

› *Énoncé*

Il s'agit ici d'un simple exercice de qualification, donc la méthodologie du cas pratique n'est pas parfaitement applicable ici. L'exercice suivant sera le premier « vrai » cas pratique.

Dans les énoncés qui suivent, qualifiez la nature du droit en cause ainsi que sa source en fondant votre réponse juridiquement.

1° Deux parents décident d'envoyer leur enfant en pension.

2° Une personne décide de partir en vacances et se rend auprès d'une agence de location de voiture.

3° Une personne décide de partir en vacances avec la voiture qu'il a achetée il y a 3 ans.

4° Après la mort de sa femme, un homme bénéficie du droit de demeurer dans le logement de famille pour un an.

5° Une personne a acheté un immeuble. Dans le contrat de vente, il est stipulé une clause d'habitation bourgeoise lui interdisant d'utiliser l'immeuble pour son activité professionnelle.

6° Une personne a acheté un journal relatant un fait divers avec une photographie d'un de ses voisins, interviewé pour l'occasion. Elle se rend compte qu'elle apparaît en fond, étant parfaitement reconnaissable.

7° Une personne est propriétaire d'un terrain avec une vue magnifique alentours. Il y a 20 ans, elle a vendu une parcelle en imposant à son voisin de ne rien construire au-delà de 10 mètres de hauteur.

› *Correction*

À titre liminaire, tous les cas considérés correspondent à des droits subjectifs. Or, au sein des droits subjectifs, il faut distinguer :

– les *droits extrapatrimoniaux*, qui ne sont pas évaluables en argent ;

– et les *droits patrimoniaux*, qui le sont, relevant du patrimoine ; ces derniers se subdivisent eux-mêmes en *droits personnels* (qui confèrent au créancier le droit d'exiger du débiteur l'exécution d'une prestation) et *droits réels* (qui confèrent un droit direct à une personne sur une chose).

Il faut en outre distinguer, parmi les sources des droits subjectifs, les *actes juridiques* (l'effet de droit découle de la volonté des individus de les faire produire) des *faits juridiques* (c'est le législateur qui attache des effets de droit à un événement ou un comportement).

1° En principe, l'art. 371-1, al. 1er du C. civ., dispose que « l'autorité parentale est un ensemble de droits et de devoirs ayant pour finalité l'intérêt de l'enfant ». L'al. 2 précise qu'elle « appartient aux parents jusqu'à la majorité ou l'émancipation de l'enfant pour le protéger dans sa sécurité, sa santé et sa moralité, pour assurer son éducation et permettre son développement, dans le respect dû à la personne ». Le droit qu'ont les parents est ainsi un droit *extrapatrimonial* (que l'on peut dire familial), qui trouve sa source dans la naissance de l'enfant qui est un *fait juridique*.

2° En principe, l'art. 1709 du C. civ., définit le contrat de louage de choses comme le « contrat par lequel l'une des parties s'oblige à faire jouir l'autre d'une chose pendant un certain temps, et moyennant un certain prix que celle-ci s'oblige à lui payer ». Ce contrat génère ainsi un lien entre deux personnes : le bailleur s'engage à mettre le bien à disposition du locataire, qui s'engage quant à lui à en jouir de façon raisonnable.

Il s'agit donc d'un *droit patrimonial*, plus précisément d'un *droit personnel*, qui trouve sa source dans un contrat, donc dans un *acte juridique*.

3° L'art. 1582, al. 1er du C. civ., définit la vente comme « une convention par laquelle l'un s'oblige à livrer une chose, et l'autre à la payer », le transfert se faisant dès l'échange des consentements (on dit que le transfert est réalisé *solo consensu*). Il s'agit d'un mode d'acquisition de la propriété, cette dernière étant définie dans l'art. 544, C. civ. comme « le droit de jouir et de disposer des choses de la manière la plus absolue, pourvu qu'on n'en fasse pas un usage prohibé par les lois ou par les règlements ». Le droit sur la voiture est donc un *droit patrimonial*, plus précisément un *droit réel*, qui trouve sa source dans un contrat, donc dans un *acte juridique*.

4° L'art. 763 du C. civ. prévoit que le conjoint survivant qui occupe effectivement à titre d'habitation principale un logement dépendant de la succession bénéficie d'un droit annuel à la jouissance gratuite du logement. Ce texte est d'ordre public et ne peut donc être écarté par la volonté contraire du défunt. Les art. 625 s. du C. civ. régissent de manière générale le droit d'usage et d'habitation. Un tel droit est de nature patrimoniale (il est évaluable en argent, ce qui doit d'ailleurs conduire à le prendre en compte dans le calcul de la succession). Il s'agit d'un droit réel, qui porte directement sur la chose (conférant non pas la totalité des usages comme la propriété mais uniquement l'*usus*, le droit d'user de la chose). Ce droit est créé par la loi en cas de décès du conjoint, qui apparaît donc comme un *fait juridique*.

5° L'art. 637 du C. civ., définit la servitude comme « une charge imposée sur un héritage pour l'usage et l'utilité d'un héritage appartenant à un autre propriétaire ». Seul un fonds peut être grevé ou bénéficiaire de servitude, non une personne : dès lors, le droit du propriétaire du fonds dominant sur le service offert par le fonds servant est un droit réel (il s'agit, en somme, d'une extension de l'assiette du droit de propriété qui ne porte pas seulement sur le fonds servant, mais aussi sur l'utilité objet de la servitude). Un droit personnel, en revanche, oblige une personne envers une autre. La clause d'habitation bourgeoise relève-t-elle plutôt de la servitude (donc du droit réel) ou du service dû à la personne (donc du droit personnel) ? On pourrait *a priori* considérer qu'elle a, à l'instar de la clause de non-concurrence, les caractères d'un engagement personnel (Civ. 29 mars 1933, *DH* 1933. 282) ; mais la jurisprudence plus récente semble plutôt y voir une limitation du droit de propriété sur un local, qui accroît la valeur globale de l'immeuble, donc des autres appartements, ce qui la rapproche plutôt d'une servitude (Civ. 30 juin 1964, *D.* 1964. 589). À retenir cette seconde jurisprudence, il s'agit donc d'un *droit réel* (en toute hypothèse, c'est un *droit patrimonial*), qui naît en l'occurrence d'un contrat de vente, donc d'un *acte juridique*.

6° L'art. 9, al. 1er du C. civ., dispose que « chacun a droit au respect de sa vie privée ». Sur ce fondement, la jurisprudence a consacré le droit à l'image de la personne : une personne peut agir pour que soit supprimée l'utilisation de son image contre sa volonté, sauf exceptions. Si les atteintes à ce droit peuvent donner lieu à des dommages-intérêts, il ne s'agit pas d'une valorisation de ce droit lui-même mais de la réparation du préjudice subi. L'idée est que le droit à l'image est un *droit extrapatrimonial*, qui est une émanation de la personne. Or, ce droit découle de la personnalité juridique, laquelle apparaît avec la naissance ; or, la naissance est un *fait juridique*.

7° L'art. 689, al. 3 du C. civ., envisage l'hypothèse de la servitude qui entraîne « la prohibition de bâtir sur un fonds, ou ne bâtir qu'à une hauteur déterminé » : c'est la servitude *non aedificandi*. Il s'agit donc d'un *droit patrimonial*, plus précisément d'un *droit réel*. Or les servitudes peuvent découler, selon l'art. 639 du C. civ., « ou de la situation naturelle des lieux, ou des obligations imposées par la loi, ou des conventions entre les propriétaires » ; en l'espèce, elle découle d'un contrat, donc d'un *acte juridique*.

Cas pratique n° 2

› *Énoncé*

Monsieur Germain est un exploitant reconnu en région normande. Ses produits sont réputés de grande qualité et d'un goût sans pareil. Cela n'est guère étonnant : Monsieur Germain appartient à la catégorie des agriculteurs « à l'ancienne » et refuse de se mettre à l'élevage industriel d'animaux. Pour lui, un animal mérite autant, peut-être même plus d'affection qu'un être humain. Matin, midi et soir, il s'occupe avec amour et professionnalisme de ses bêtes. Mais cette façon de faire a un coût non négligeable et l'expose particulièrement à la concurrence. Pour cette raison, il se résigne, la mort dans l'âme, à vendre l'un de ses corps de ferme. Une société marseillaise s'avère intéressée et lui offre un bon prix. Quelques mois plus tard, il reçoit une assignation lui intimant de délivrer les bêtes qui étaient nécessaires à l'exploitation du corps de ferme, avec obligation de comparaître devant les juges marseillais.

Pour oublier ses soucis, Monsieur Germain décide de se procurer un nouvel animal de compagnie, un magnifique corgi racé, qu'il achète auprès d'un éleveur professionnel, et décide de le dénommer Marty. Quelques mois plus tard, Monsieur Germain s'aperçoit que son chiot est affecté de graves troubles de la vision. Il apprend, chez le vétérinaire, qu'il s'agit d'une maladie héréditaire et qu'il n'y a rien à faire pour lutter contre. Monsieur Germain demande donc au vendeur une indemnisation, et ce dernier souhaite lui imposer le remplacement par un autre animal, en raison du coût extrêmement important du traitement de la maladie. Monsieur Germain, évidemment attaché à Marty, est désespéré de se voir imposer le remplacement…

› *Correction*

Il faut distinguer ici les deux problématiques, l'une relative à la vente du corps de ferme (I), l'autre relative à la vente du corgi (II).

I/ Sur la vente du corps de ferme

Monsieur Germain a vendu un corps de ferme et a reçu une assignation de délivrance des bêtes nécessaires à l'exploitation. Il convient de commencer par identifier le contenu de la vente (A) avant de vérifier la compétence territoriale (B).

A – Sur le contenu de la vente

La **question** de droit qui se pose est la suivante : la vente d'un corps de ferme implique-t-elle la vente des animaux nécessaires à son exploitation ?

En **principe**, l'art. 515-14 du C. civ., dispose que si « les animaux sont des êtres vivants doués de sensibilité », ils n'en demeurent pas moins « soumis au régime des biens » (mais « sous réserve des lois qui les protègent »). Or, si l'art. 528 du C. civ., dispose que « sont meubles par nature les biens qui peuvent se transporter d'un lieu à un autre », l'art. 524 du C. civ., précise que « les animaux que le propriétaire d'un fonds y a placés [pour le service et l'exploitation de ce fonds] sont soumis au régime des immeubles par destination ». Dès lors, la vente de l'immeuble auquel des animaux sont affectés comprend la vente desdits animaux.

En l'**espèce**, Monsieur Germain a vendu un corps de ferme. L'acheteur prétend que des bêtes étaient nécessaires à son exploitation et lui intime donc de les délivrer. Le débat peut évidemment être porté sur la véracité d'une telle affirmation : Monsieur Germain pourrait se défendre en démontrant le défaut d'affectation des bêtes à l'exploitation. Néanmoins, si cette affectation existait avant la vente, les animaux seront effectivement considérés comme des immeubles par destination.

En **conclusion**, tout dépend de la preuve de la réalité de l'affectation antérieure à la vente mais, si elle est avérée, Monsieur Germain devra délivrer les bêtes, qui sont entrées dans le champ contractuel.

B – Sur la compétence territoriale

La **question** de droit qui se pose est la suivante : quel est le juge territorialement compétent en cas de litige relatif à la délivrance d'animaux affectés à un corps de ferme ?

En **principe**, l'art. 42, al. 1er du C. pr. civ., dispose qu'en principe, « la juridiction territorialement compétente est, sauf disposition contraire, celle du lieu où demeure le défendeur ». Par exception, l'art. 44 du C. pr. civ., précise qu'« en matière réelle immobilière, la juridiction du lieu où est situé l'immeuble est seule compétente ». [C'est là l'un des enjeux de la distinction des meubles et des immeubles].

En l'**espèce**, dès lors que les bêtes ont été qualifiées d'immeubles par destination, la compétence est celle du lieu de l'immeuble, donc du corps de ferme.

En **conclusion**, la demande formulée par l'acheteur est irrecevable, car l'assignation a été délivrée devant une juridiction incompétente : c'est le tribunal dans le ressort duquel est situé le corps de ferme qui est compétent (donc un tribunal normand, non un tribunal marseillais).

II/ Sur la vente du corgi

Monsieur Germain a acheté un corgi qui est affecté d'une maladie héréditaire. Il souhaite obtenir une indemnisation de la part du vendeur professionnel, qui souhaite lui imposer le remplacement de l'animal.

La **question** de droit qui se pose est la suivante : le vendeur professionnel peut-il imposer le remplacement de l'animal non-conforme au contrat ?

En **principe**, en cas de vente conclue entre un professionnel et un consommateur, le vendeur est tenu de délivrer une chose conforme au contrat. En cas de défaut de conformité, l'art. L. 217-9 du C. consom., dispose que « l'acheteur choisit entre la réparation et le remplacement du bien », même si « le vendeur peut ne pas procéder selon le choix de l'acheteur si ce choix entraîne un coût manifestement disproportionné au regard de l'autre modalité, compte tenu de la valeur du bien ou de l'importance du défaut », pouvant alors imposer son choix à l'acheteur. Néanmoins, l'art. 515-14 du C. civ., dispose que « les animaux sont des êtres doués de sensibilité ». Faut-il appliquer alors l'art. L. 217-9 du C. consom. à l'animal ? La Cour de cassation a pu approuver un tribunal d'instance qui avait « relevé que le chien en cause était un être vivant, unique et irremplaçable, et un animal de compagnie destiné à recevoir l'affection de son maître, sans aucune vocation économique » (Civ. 1re, 9 déc. 2015, nº 14-25.910), ce dont il était déduit que le remplacement était impossible.

En l'**espèce**, il s'agissait d'une vente entre un professionnel et un consommateur (car Monsieur Germain a acheté l'animal dans le cadre personnel). Il s'agissait néanmoins d'une vente ayant pour objet un animal, ce qui conduit donc à modifier le régime de la vente.

En **conclusion**, le vendeur ne saurait imposer à Monsieur Germain le remplacement de l'animal et devra l'indemniser des frais de traitement de la maladie.

Cas pratique nº 3

› *Énoncé*

Sylvain est propriétaire d'un terrain à flanc de montagne, avec une superbe vue alentours. Il a, depuis plusieurs mois, diverses difficultés avec ses voisins.

Il a ainsi récemment reçu une assignation de la société EauClaire, qui exploite l'eau minérale naturelle souterraine. Située en contrebas du terrain appartenant à Sylvain, la société se plaint de ce que ce dernier a, depuis quelque temps, décidé de procéder à un forage sur son propre terrain pour atteindre l'eau souterraine. Sylvain ne comprend pas le motif de la plainte de la société EauClaire, estimant avoir le droit de faire ce qu'il souhaite sur son terrain.

Sylvain a également été assigné par Marie, sa voisine, qui se plaint de la construction du garage flambant neuf de Sylvain. Selon Marie, le garage déborderait sur son terrain. Sylvain vient de procéder à des vérifications : son garage déborde de seulement cinquante-cinq centimètres et, en rabotant, ne devrait plus déborder que d'une dizaine de centimètres.

Lassé du comportement de Marie, qui a tendance à lui hurler dessus dès qu'ils se croisent, Sylvain décide de faire planter une haie haute et touffue. Et tant pis si, désormais, le soleil ne porte plus sur la piscine de Marie !

Que pensez-vous de tout ceci ?

› *Correction*

Il convient de distinguer la question du forage (I), celle de la construction du garage (II) et celle de la plantation de la haie (III).

I/ Le forage

Sylvain a reçu une assignation de la société EauClaire, qui lui reproche d'avoir foré sur son terrain pour accéder à la source souterraine exploitée par elle.

La **question** qui se pose est la suivante : le propriétaire d'un terrain peut-il se voir reprocher de procéder à un forage pour accéder à une source souterraine exploitée par une société voisine ?

En **principe**, l'art. 544 du C. civ. dispose que « la propriété est le droit de jouir et disposer des choses de la manière la plus absolue, pourvu qu'on n'en fasse pas un usage prohibé par les lois ou par les règlements ». En outre, l'art. 552, al. 1er du C. civ. dispose que « la propriété du sol emporte la propriété du dessus et du dessous ».

Néanmoins, la jurisprudence considère que l'exercice du droit de propriété ne saurait dégénérer en abus. L'abus de droit, dans une conception sociale, est constitué lorsque le droit est détourné de sa destination sociale. Or, le fait de forer sur son propre terrain relève de l'appréciation du propriétaire, sauf à ce qu'il résulte du forage une absence d'utilité, une intention de nuire ou un dommage causé (Civ. 3e, 3 mars 2010, *Bull. civ.* I, n° 247 ; dans cet arrêt, la Cour avait encore écarté l'argument tiré du principe de précaution, le forage ayant été réalisé par une entreprise spécialisée, dans les règles de l'art et le respect des autorisations administratives, sans risque de pollution des eaux).

En l'**espèce**, il est indiqué que la société EauClaire est située en contrebas du terrain de Sylvain, et exploite une source souterraine qui passe sous le terrain de Sylvain. L'énoncé laisse entendre qu'il n'y a aucune volonté malicieuse de la part de Sylvain, qui ne semble pas chercher à nuire à la société EauClaire, laquelle ne semble pas démontrer le moindre dommage.

En **conclusion**, le forage est réalisé conformément au droit de propriété et sans que soit constitué un abus du droit de propriété.

II/ La construction du garage

Sylvain a fait construire un garage qui déborde sur le terrain de Marie de cinquante-cinq centimètres (une dizaine de centimètres après rabotage).

La **question** qui se pose est la suivante : l'empiétement d'une construction de quelques centimètres sur le terrain voisin justifie-t-il la destruction ?

En **principe**, l'art. 544 du C. civ. dispose que « la propriété est le droit de jouir et de disposer des choses de la manière la plus absolue », l'article 545 venant préciser que « nul ne peut être contraint de céder sa propriété, si ce n'est pour cause d'utilité publique, et moyennant une juste et préalable indemnité ». Les deux conditions – cause d'utilité publique et indemnité – sont cumulatives.

Or la Cour de cassation juge qu'un empiétement de 0,5 centimètre peut être sanctionné, la Cour de cassation estimant que « peu importe la mesure de l'empiétement » (Civ. 3e, 20 mars 2002, *Bull. civ.* III, n° 71). Le principe est en effet que la défense de la propriété ne saurait dégénérer en abus, ni même faire l'objet d'un contrôle de proportionnalité (Civ. 3e, 21 déc. 2017, n° 16-25.406 ; Civ. 3e, 15 déc. 2016, n° 16-40.240). La jurisprudence n'accepte de faire un contrôle de proportionnalité qu'en cas d'empiétement sur une servitude (Civ. 3e, 19 déc. 2019, n° 18-25.113).

Le propriétaire victime d'un empiétement peut agir en destruction des constructions concernées. La jurisprudence décide que l'empiétement suffit à caractériser une faute génératrice de responsabilité civile (Civ. 3e, 10 nov. 1992, *Bull. civ.* II, n° 292). Mais l'obtention de dommages-intérêts ne vient pas remplacer la possibilité pour le propriétaire d'obtenir la démolition de l'ouvrage (Civ. 3e, 14 mars 1973, *Bull. civ.* III, n° 206). Le propriétaire du bâtiment qui empiète devra remettre en état.

En l'**espèce**, il est indiqué que le garage construit par Sylvain déborde d'une dizaine de centimètres seulement après rabotage. Néanmoins, Marie souhaite faire détruire le bâtiment, qui empiète sur son terrain. Or, le droit de demander la démolition d'un empiétement est un discrétionnaire, donc insusceptible d'abus.

En **conclusion**, Marie obtiendra la démolition du garage (du moins de la partie qui empiète).

III/ La haie

Sylvain a fait planter une haie pour ne plus voir Marie, la haie empêchant désormais le soleil de porter sur la piscine de Marie.

La **question** qui se pose est la suivante : la construction d'une haie qui empêche le soleil de passer sur le terrain voisin est-elle constitutive d'un abus de droit ?

En **principe**, l'art. 544 du C. civ. vient limiter le droit « le plus absolu » du propriétaire par la réserve de « lois ou règlements » contraires. Or, la Cour de cassation est venue reconnaître la théorie de l'abus de droit (Req., 3 août 1915, *Clément Bayard*).

Dans une conception morale, l'abus de droit est caractérisé en présence d'une intention de nuire ; cette intention peut découler de l'absence d'intérêt ou d'utilité de l'acte réalisé pour le propriétaire (v. ainsi Civ. 1re, 20 janv. 1964, *Bull. civ.* I, n° 34 : « l'exercice du droit de propriété, qui a pour limite la satisfaction d'un intérêt sérieux et légitime, ne saurait autoriser l'accomplissement d'actes malveillants, ne se justifiant par aucune utilité appréciable et portant préjudice à autrui »).

En l'**espèce**, si la haie n'a pas nécessairement été construite pour nuire à Marie, il s'agissait tout de même, pour Sylvain, de ne plus la voir ; à quoi s'ajoute qu'il avait pleinement conscience de ce que Marie ne pourrait plus profiter du soleil sur sa propriété. L'intention de nuire semble donc pouvoir être qualifiée.

En **conclusion**, la haie pourra être détruite en raison d'un abus du droit de propriété.

2. Les sources du droit

D'où provient le droit ? Qui le produit ? C'est à cette question que répond la théorie des sources du droit. Si la loi apparaît, encore aujourd'hui, comme une source fondamentale en ce qu'elle est « l'expression de la volonté générale » (art. 6, DDHC), elle cède devant des normes supra-législatives. C'est pourquoi, dans un cas pratique (spécialement pour la préparation aux concours), il faut toujours avoir à l'esprit la hiérarchie des normes ainsi que les organes de contrôle du respect de cette hiérarchie. Vous devez systématiquement vous interroger : quelle est la norme dont l'application est discutée ? Puis, deuxième question : quelle est l'autorité chargée du contrôle de l'application de cette norme ? Entre un contrôle de conventionnalité et un contrôle de constitutionnalité par ex., la procédure et l'autorité varient.

Si les places respectives des différentes sources dans la pyramide ne sont pas toujours claires (le droit international est-il au-dessus ou en dessous de la Constitution ? la jurisprudence a-t-elle sa place dans la hiérarchie), il semble légitime de distinguer en cinq temps les sources internationales (I), le bloc de constitutionnalité (II), la loi et le règlement (III), la jurisprudence (IV) et la coutume (V).

I/ Les sources internationales

Dans un cas pratique, il vous faut procéder à un double-travail : d'identification (A) puis de contrôle (B).

A – L'identification : est-on en présence d'une source internationale ?

Les textes internationaux produisant du droit sont des traités, donc des conventions entre États. Le principe est que « les traités ou accords régulièrement ratifiés [...] ont [...] une autorité supérieure à celle des lois » (art. 55, Const. 1958). Si, dans l'ordre interne, la Constitution prime les Traités (CE, ass., 3 juill. 1996, *Koné*, nº 169219) – sauf pour ce qui découle du droit de l'Union européenne (Cons. const. 10 juin 2004, nº 2004-496 DC) –, il n'en va pas de même dans l'ordre international (CJCE 15 juill. 1964, *Costa c/ ENEL*, aff. 6/64). En pratique, l'autorité du droit international peut conduire les juridictions étatiques à adapter le droit français pour le conformer au droit international.

Dès lors que les textes en cause sont issus d'une convention entre plusieurs États, l'on est en présence de droit international. Si l'on retrouvera par la suite certaines conventions (notamment en matière de droits de l'enfant), il convient ici de s'arrêter sur les deux sources internationales principales que sont le droit de l'Union européenne (1) et le droit résultant de la Convention de sauvegarde des droits de l'Homme et des libertés fondamentales (2).

1. Le droit de l'Union européenne

Sans entrer dans le détail de son fonctionnement et à se concentrer sur les sources du droit, l'Union européenne sécrète deux principaux types de **normes** :

– les *règlements* (qui ont une portée générale) et les *décisions* (qui ont une portée particulière, visant une personne ou un État membre spécifique) sont d'effet direct en droit interne ;

– les *directives* se bornent quant à elles à fixer un cap, un résultat, les États demeurant libre de choisir les moyens pour y parvenir. En pratique, les directives sont souvent trop précises pour laisser une marge d'appréciation. Il n'en demeure pas moins qu'elles doivent être transposées par le biais d'une loi ou d'un règlement (au sens du droit interne). Cependant, à l'issue du délai de transposition, elle peut être invoquée par un citoyen contre l'État, si elle est suffisamment précise ; en outre, les juges sont tenus d'interpréter leur droit interne à la lumière du texte ; enfin, l'État s'expose à un recours en manquement.

Quant au **domaine** du droit de l'Union européenne le constat est celui d'une extension progressive de sa compétence :

– sa *compétence exclusive*, qui écarte tout rôle normatif des États, concerne les douanes, la concurrence, la politique monétaire, la politique de pêche et la politique commerciale commune (art. 3, TFUE) ;

– sa *compétence partagée*, qui n'emporte dessaisissement des États que dans le silence du droit européen, se rattache, entre autres, à la protection des consommateurs, aux transports, à l'espace de liberté, de sécurité et de justice (art. 4, TFUE) ;

– sa *compétence d'appui, de coordination ou de complément*, qui n'emporte en aucun cas dessaisissement des États mais implique une complémentarité, concerne notamment la protection et l'amélioration de la santé humaine, la culture ou l'éducation (art. 6, TFUE) ;

– pour le reste, si l'on excepte les politiques économiques et de l'emploi ainsi que la politique étrangère et de sécurité commune, les États demeurent seuls compétents (c'est la logique du traité international, qui n'a qu'une vocation exceptionnelle au regard du principe de souveraineté des États). En pratique, le droit de l'Union régit des pans entiers de la vie des citoyens européens ; souvent, il ne génère d'ailleurs pas de difficulté en raison de sa transposition en droit interne (chacun a l'impression que c'est son droit national qui s'applique, alors même qu'il vient de l'Union).

En outre, il existe une **hiérarchie interne** au droit de l'Union européenne : le droit *primaire* (qui découle des Traités fondateurs) est supérieur au droit *dérivé* (le droit créé par les organes européens). En outre, la pratique des institutions conduit à considérer que les *règlements d'exécution* doivent être conformes aux *règlements de base*.

En matière de **droits fondamentaux**, l'Union s'est dotée d'une Charte des droits fondamentaux de l'Union européenne, qui a valeur contraignante depuis le Traité de Lisbonne de 2007.

Précisons enfin le rôle fondamental de la **Cour de justice de l'Union européenne (CJUE)**, dont le rôle est notamment de préciser le contenu des textes de l'Union, sa jurisprudence faisant corps avec les textes européens.

2. Le droit issu de la Convention de sauvegarde des droits de l'Homme et des libertés fondamentales

Le Conseil de l'Europe se distingue de l'Union européenne (il comprend notamment la Norvège, la Russie, la Suisse et la Turquie ; mais tous les États membres de l'Union le sont aussi du Conseil). Veillez donc à ne pas confondre le droit issu de l'un ou de l'autre. L'œuvre normative majeure au sein du Conseil est la Convention de sauvegarde des droits de l'Homme et des libertés fondamentales de 1950 (Conv. EDH). Précisons que la Charte des droits fondamentaux de l'Union européenne, dans son préambule, mentionne l'attachement des membres de l'Union aux droits consacrés par la Convention.

La **méthode** retenue par le texte est intéressante : nombre de ses articles sont structurés en deux paragraphes, le premier consacrant certains droits et libertés et le second y apportant des exceptions et limitations.

Son **contenu** est important : droit à la vie (art. 2), interdiction de la torture et des traitements inhumains (art. 3), interdiction de l'esclavage (art. 4), droit à la liberté et à la sûreté (art. 5), droit à un procès équitable (art. 6), principe de légalité des peines (art. 7), droit au respect de la vie privée et familiale (art. 8), liberté de pensée, de conscience et de religion (art. 9), liberté d'expression (art. 10), liberté de réunion et d'association (art. 11), droit au mariage (art. 12), droit à un recours effectif en cas de violation de la convention (art. 13), interdiction de la discrimination (art. 14). Certaines dérogations peuvent être justifiées en cas d'urgence (art. 15) et l'on ne saurait abuser des droits garantis (art. 17).

Il faut également compter avec les **protocoles additionnels**, qui ne sont pas adoptés par tous les États, par exemple : le droit au respect des biens (art. 1er du protocole n° 1), l'interdiction des discriminations au-delà des droits de la Convention (protocole n° 12), ou encore l'abolition de la peine de mort (protocole n° 13).

Il faut encore compter avec l'abondante **jurisprudence de la CEDH**, qui fait corps avec le texte : sa jurisprudence est un instrument d'harmonisation des régimes juridiques nationaux des droits de l'Homme.

B – Le contrôle : quels sont les organes assurant l'application des règles internationales ?

Si, évidemment, tous les organes nationaux sont chargés d'assurer la bonne application du droit international, la question est ici de savoir qui, précisément, vérifie et sanctionne cette bonne application. La réponse est claire : il s'agit du **juge**. Mais de quel juge ? Il peut s'agir d'un juge national (1) ou d'un juge international (2).

1. Le juge national

On a déjà évoqué le principe de **primauté** du droit international sur la loi (art. 55, Const. 1958). Reste à identifier le juge chargé du contrôle. Rappelons qu'en revanche, les juges internes refusent de faire primer les traités internationaux sur la Constitution (CE, ass., 30 oct. 1998, n° 200286, *Sarran et Levacher*; Cass., ass. plén., 2 juin 2000, n° 99-60.274, *Fraisse*).

Une **exclusion** pour commencer : le **Conseil constitutionnel** refuse de contrôler la conformité d'une loi à une convention internationale (Cons. const. 15 janv. 1975, n° 74-54 DC, *Loi relative à l'interruption volontaire de grossesse*).

Il en va différemment du **juge judiciaire** (Cass., ch. mixte, 24 mai 1975, n° 73-13.556, *Jacques Vabre*) et du **juge administratif** (CE, ass., 20 oct. 1989, n° 108243, *Nicolo*). Dès lors, tout juge, indépendamment de l'ordre (judiciaire ou administratif) ou du degré de juridiction (en première instance, en appel ou en cassation), peut contrôler la conventionnalité d'une loi. Il en ira de même d'un arbitre, juge privé désigné par les parties.

2. Le juge international

Certains traités internationaux peuvent, pour assurer leur application, prévoir la création d'une juridiction internationale *ad hoc*. L'on songe ainsi à la Cour internationale de justice ou encore à la Cour pénale internationale. Parfois, le juge international est une personne privée : c'est l'arbitrage international. Nous allons ici nous concentrer sur les deux ordres déjà évoqués que sont celui de l'Union européenne et celui du Conseil de l'Europe, en distinguant la Cour de justice de l'Union européenne (a), sise à Luxembourg, et la Cour européenne des droits de l'Homme (b), sise à Strasbourg.

a) La Cour de justice de l'Union européenne

La CJUE est régie par les art. 251 s., TFUE. Elle est **organisée** sous forme de chambres : elle peut statuer en assemblée plénière (tous les juges), en grande chambre (treize juges), ou en chambre simple (cinq ou trois juges). Il faut également compter avec le Tribunal (art. 254 s., TFUE) qui fait office de juge de première instance.

La **fonction** de la CJUE est d'assurer le respect par les États membres des traités européens : c'est elle qui interprète les traités européens en dernier ressort.

Concernant le **recours** à la CJUE, il peut être mis en œuvre pour faire sanctionner un manquement au droit de l'UE par un État membre. Il peut aussi être précontentieux : il est possible de formuler une *question préjudicielle* relative à l'interprétation des traités et à la validité et l'interprétation des actes pris par les institutions, organes ou organismes de l'UE (art. 267, TFUE). Rappelons que la CJUE veille également à l'application de la Charte des droits fondamentaux de l'Union.

b) La Cour européenne des droits de l'Homme

La CEDH est **organisée** en une Grande chambre (17 juges) et des chambres (7 juges), la première étant compétente en cas de question grave relative à l'interprétation de la Convention ou de ses protocoles (art. 30, Conv. EDH). Des comités (3 juges) se chargent des affaires dans lesquelles la jurisprudence de la Cour est bien établie (art. 28, Conv. EDH). Une procédure à juge unique est organisée pour déclarer les requêtes irrecevables (protocole n° 14).

Le **recours** peut émaner soit d'un État membre contre un autre État (art. 33, Conv. EDH), ce qui est rare, pour d'évidentes raisons diplomatiques, soit de toute personne physique via le recours individuel (art. 34, Conv. EDH), ce qui fait l'originalité de la Cour au niveau international.

Les **effets** des décisions sont importants : certes, il n'y a pas d'effet direct dans l'ordre national, mais les États tendent à se conformer aux décisions, pour éviter d'être condamnés de façon répétitive à des indemnités. En matière pénale et d'état des personnes, il est possible, en droit français, d'engager une procédure de révision après décision de la CEDH (art. 622-1, C. pr. pén. ; art. L. 452-1, COJ). La jurisprudence de la CEDH a autorité de la chose interprétée à l'égard du juge français, même pour les décisions rendues contre d'autres États (Cass., ass. plén., 15 avr. 2011, n° 10-17.049). La CEDH a parfois recours à la technique de l'*arrêt pilote*, formulé de manière générale pour s'appliquer à toutes les affaires dans lesquelles est soulevé le même problème.

II/ Le bloc de constitutionnalité

Dans un cas pratique, ici encore, il vous faut procéder à un double-travail : d'identification (A) puis de contrôle (B).

A – L'identification : est-on en présence d'une norme constitutionnelle ?

Formellement, la Constitution est la **norme fondamentale** de l'ordre juridique interne (on sait qu'en revanche, dans l'ordre international, elle est inférieure aux Traités). Nous sommes actuellement sous l'autorité de la **Constitution de la Ve République**, du 4 oct. 1958. Il s'agit d'un texte unique (par opposition aux nombreuses lois), stable en raison de la difficulté qu'il y a à la modifier (il faut passer par un référendum ou par un vote du Congrès réunissant les deux Chambres, à la majorité des 3/5) et court (ce qui ne rend pas pour autant l'identification de son contenu évident).

Quant à son **contenu**, il s'agit déjà de déterminer le *fonctionnement des institutions politiques* (mode de désignation des pouvoirs, répartition des compétences entre eux, etc.). Au-delà de ces questions qui relèvent du droit constitutionnel, la Constitution pose également certains *droits et libertés* : parfois directement dans le texte (par ex. la laïcité et l'égalité à l'art. 1er), parfois par renvoi. C'est pourquoi, d'un point de vue privatiste, c'est plutôt le **bloc de constitutionnalité** qu'il faut considérer (consacré par Cons. const. 16 juill. 1971, n° 71-44 DC, *Liberté d'association*) : il est assez rare qu'une question de constitutionnalité d'un texte de droit privé se pose au regard de la Constitution elle-même.

La **Déclaration des droits de l'Homme et du citoyen** du 26 août 1789 proclame des droits fondamentaux individuels et politiques, droits dits de 1re génération : liberté et égalité (art. 1er) ; liberté (art. 4) ; légalité (art. 5 et 6) ; sûreté (art. 7) ; nécessité et légalité des peines (art. 8) ; présomption d'innocence (art. 9) ; liberté d'opinion (art. 10) ; liberté d'expression (art. 11) ; propriété (art. 17) ; etc.

La Constitution renvoie également au **Préambule de la Constitution du 27 oct. 1946**, qui consacre des « principes politiques, économiques et sociaux particulièrement nécessaires à notre temps », droits dits de 2e génération égalité des sexes (al. 3) ; droit d'asile (al. 4) ; droit à l'emploi (al. 5) ; droit syndical (al. 6) ; droit de grève (al. 7) ; droit à la santé, au repos et aux loisirs (al. 11) ; solidarité (al. 12) ; accès à l'instruction, à la formation et à la culture (al. 13) ; etc. Ce Préambule vise également les *principes fondamentaux reconnus par les lois de la République*, qui visent certaines grandes libertés des lois de la IIIe République : liberté d'association, liberté d'enseignement, droits de la défense, indépendance des enseignants-chercheurs, etc.

Depuis 2005, la Constitution renvoie également à la **Charte de l'environnement** de 2004, qui consacre des droits dits de 3e génération : droit de vivre dans un environnement équilibré et sain (art. 1er), droit au développement durable (art. 6), etc. Il est intéressant de noter que cette Charte comprend surtout des devoirs (notamment de réparer les dommages causés à l'environnement (art. 4).

Il faut également compter sur des **principes constitutionnels**, « découverts » par le Conseil constitutionnel en dehors de tout fondement textuel, tels que la dignité de la personne humaine (Cons. const. 27 juill. 1994, n° 94-343/344, *Loi bioéthique*).

Deux **précisions** méritent d'être faites. 1° Certains « droits » ne sont en réalité que des *objectifs à valeur constitutionnelle*, qui ne font peser sur le législateur qu'une obligation de moyens, non de résultat. 2° Les droits et libertés issus du bloc de constitutionnalité ne sont pas hiérarchisés (alors que les générations de droit se contredisent, les principes environnementaux pouvant contredire la propriété, de même que le droit à un logement décent, les droits sociaux pouvant s'opposer aux droits individuels, etc.) : il y aura donc une balance réalisée par le Conseil constitutionnel. Le droit privé est traversé par un mouvement de constitutionnalisation, notamment depuis la consécration de la QPC.

B – Le contrôle : quels sont les organes assurant l'application des normes constitutionnelles ?

La Constitution est la **norme suprême** dans l'ordre interne. Toutes les autres normes y sont donc soumises. Mais qui contrôle la constitutionnalité des textes ? Si l'on excepte la possibilité pour le juge administratif de contrôler la constitutionnalité des *règlements* (CE, ass., 8 févr. 2007, n° 287110, *Société Arcelor*), le contrôle de la constitutionnalité des *lois* relève de la **compétence exclusive du Conseil constitutionnel**. Ni le juge administratif (CE, sect., 6 nov. 1936, *Arrighi*) ni le juge judiciaire (Crim. 16 janv. 1995, *Bull. crim.*, n° 19) ne peuvent contrôler la constitutionnalité des lois. En revanche, la constitutionnalité des règlements est contrôlée par le juge administratif, sauf lorsque le règlement est conforme à une loi, car cela reviendrait à contrôler la constitutionnalité de la loi elle-même (CE, sect., 6 nov. 1936, *Arrighi*), c'est la théorie de la loi écran.

Reste à déterminer les modalités de **saisine** du Conseil constitutionnel. Historiquement, n'existait que le **contrôle *a priori***, avant promulgation de la loi, sur saisine du président de la République, du Premier ministre, du président de l'Assemblée nationale, du président du Sénat ou par soixante députés ou soixante sénateurs (art. 61, al. 2, Const. 1958).

Depuis la réforme constitutionnelle du 23 juillet 2008 entrée en vigueur le 1er mars 2010, il existe également un **contrôle *a posteriori*** via la procédure de **question prioritaire de constitutionnalité**. Si, pendant l'instance, l'un des requérants soutient qu'une disposition législative porte atteinte aux droits et libertés garantis par la Constitution, il peut être renvoyé au Conseil constitutionnel pour juger de la constitutionnalité du texte (art. 61-1, Const. 1958). Le moyen tiré de l'inconstitutionnalité peut être soulevé à tout moment de la procédure, le juge (judiciaire ou administratif) transmettant à sa juridiction suprême (Cour de cassation ou Conseil d'État) si la disposition est applicable au litige, n'a pas déjà été déclarée conforme à la Constitution, sauf changement de circonstances, et si la question est sérieuse (art. 23-2, Ord. n° 58-1067 du 7 nov. 1958 portant loi organique sur le Conseil constitutionnel, modif. 2009), et sursoit à statuer en attendant la réponse (art. 23-3, Ord. du 7 nov. 1958) ; la Cour de cassation ou le Conseil d'État a alors 3 mois pour décider de renvoyer ou non au Conseil constitutionnel, aux mêmes conditions. Puis le Conseil constitutionnel doit statuer dans les 3 mois (art. 23-10, Ord. du 7 nov. 1958). Si la disposition est contraire à la Constitution, elle est abrogée, le Conseil pouvant prévoir un délai de disparition (art. 62, Const. 1958). Le double-filtre confère ainsi aux juges judiciaires et administratifs un pouvoir de contrôle *négatif* de la constitutionnalité des lois.

QPC *vs.* question préjudicielle : qui l'emporte ?

Le « P » de QPC désigne le caractère « prioritaire » de la question de constitutionnalité : l'objectif est de rappeler la supériorité, dans l'ordre interne, de la Constitution (Cons. const. 3 déc. 2009, n° 2009-595 DC, *Loi organique relative à l'application de l'art. 61-1 de la Constitution*). Néanmoins, l'on sait que dans l'ordre international, la Constitution est inférieure aux traités ; il y a ainsi un principe de primauté du droit de l'Union européenne.

Pour la CJUE (22 juin 2010, aff. C-188/10 et C-189/10, *Melki et Abdeli*), les juges nationaux sont libres de formuler une question préjudicielle à tout moment de la procédure. Si le droit national impose de déclencher une procédure d'inconstitutionnalité mais que le juge estime la loi contraire au droit de l'Union, le juge doit adopter des mesures provisoires de protection des droits. En outre, si la loi contestée transpose une directive, la question de la validité de la directive est préalable : en ce dernier cas, la QPC n'est plus prioritaire, contrairement à tous les autres cas.

Pour l'Assemblée plénière de la Cour de cassation (29 juin 2010, n° 10-40.001), lorsqu'une question porte à la fois sur la constitutionnalité et la conventionnalité d'une disposition législative, elle doit faire primer le contrôle de conventionnalité (soit elle-même, soit en formulant une question préjudicielle), faute pour la Cour de cassation d'avoir compétence pour ordonner des mesures provisoires.

Le Conseil constitutionnel, quant à lui, a pu saisir la CJUE d'une question préjudicielle avant de statuer sur la constitutionnalité du texte (Cons. const. 4 avr. 2013, n° 2013-314 QPC).

Quid de la conformité à la Conv. EDH ? Le protocole n° 16 permet de formuler une demande d'avis consultatif.

Il convient d'évoquer ici la décision Cons. const. 2 oct. 2020, n° 2020-858/859 QPC, *M. Geoffrey F. et autre*. Il s'agissait d'une QPC portant sur les textes relatifs à la détention provisoire, textes qui avaient donné lieu à condamnation de la France dans une décision CEDH 30 janv. 2020, n° 9671/15, *J.M.B et autres c/ France*. La Cour de cassation décida de procéder à une nouvelle interprétation des textes au regard du contrôle de conventionnalité (Crim. 8 juill. 2020, n° 20-81.731), tout en saisissant le Conseil constitutionnel par voie de QPC. Le Conseil constitutionnel, à cette occasion, apporte plusieurs précisions :

– le juge saisi d'une demande de transmission de QPC ne peut opposer la conventionnalité du texte pour refuser la transmission : cela découle du principe de priorité de la QPC, même si l'on peut s'interroger sur la portée de cette décision, qui pourrait donner lieu à résistance des juridictions judiciaires et administratives ;

– le Conseil constitutionnel n'est pas tenu par l'interprétation conforme aux conventions internationales dans l'exercice de son office ; en somme, les contrôles de constitutionnalité et de conventionalité sont complémentaires.

III/ La loi et le règlement

La loi et le règlement méritent d'être traités ensemble car ils présentent diverses similitudes, tenant notamment à leur rattachement à l'ordre juridique interne (contrairement aux textes internationaux), à leur variabilité (contrairement à la Constitution) et à leur édiction (il s'agit d'un droit posé par les autorités législatives et administratives, contrairement à la « simple » interprétation – qu'il faudra discuter (*cf.* IV) – faite par l'autorité judiciaire). Outre les deux questions habituelles de l'identification (A) et du contrôle (B) de ces normes, il conviendra de s'arrêter sur une question spécifique, qui peut assez aisément tomber en cas pratique, à savoir celle des conflits dans le temps (C).

A – L'identification : s'agit-il d'une loi ou d'un règlement ?

Il convient ici de procéder à une double identification, tant matérielle que temporelle : qu'est-ce qu'une loi ou un règlement (1) ? qu'est-ce qu'une loi ou un règlement en vigueur (2) ?

1. La qualification de loi ou de règlement

« La loi est l'expression de la volonté générale » selon l'art. 6, DDHC. Cette **vision révolutionnaire de la loi est dépassée** aujourd'hui : les lois sont diverses (ordinaires, constitutionnelles, organiques, de programmation, etc.), trop nombreuses, parfois mal écrites (en tout cas difficilement lisibles), peu démocratiques (car généralement élaborées, en amont, dans les ministères plutôt qu'au Parlement – qui demeure techniquement celui qui la vote, mais les exemples de parlementaires votant sans connaître le contenu du texte sont très nombreux –, même si l'on doit souligner un effort d'ouverture dans la conception gouvernementale des textes ; il faut aussi compter avec les lobbyistes), etc. L'initiative de la loi peut relever de parlementaires (on parle alors de *proposition* de loi) ou du Gouvernement (on parle alors de *projet* de loi), cette seconde modalité étant fréquente, notamment pour les textes d'envergure. La loi est en outre limitée par les exigences de constitutionnalité et de conventionnalité.

La loi (qui relève du Parlement) est en outre **concurrencée par le règlement** (qui relève de l'exécutif). L'art. 34 de la Constitution prévoit une liste, longue mais *limitative* du domaine de la loi : à s'en tenir aux matières intéressant le droit civil, le législateur est compétent pour régir les droits civiques et les garanties fondamentales pour l'exercice des libertés publiques, la nationalité, l'état et la capacité des personnes, la détermination des crimes, délits et peines, les règles d'imposition et d'émission de la monnaie, les principes fondamentaux de la préservation de l'environnement, du régime de la propriété, des droits réels et des obligations civiles et commerciales, etc. L'art. 37, al. 1er, précise que « les matières autres que celles qui sont du domaine de la loi ont un caractère réglementaire ». Il n'en demeure pas moins que cette concurrence est relative car la loi demeure hiérarchiquement au-dessus des règlements (ce qui conduit à tolérer que le législateur sorte du domaine de l'art. 34 plus facilement qu'un dépassement de pouvoir du pouvoir exécutif, même si le Conseil constitutionnel doit exercer un contrôle et que le Gouvernement peut demander le déclassement d'un texte pris sur son domaine d'action pour le modifier par règlement).

Comme la loi, le règlement peut prendre plusieurs formes : les *décrets* sont pris par le président de la République ou par le Premier ministre, les *arrêtés* émanent d'une autorité inférieure, telle qu'un ministre ou un préfet. À s'en tenir aux textes les plus importants, il est possible de distinguer :

– les *règlements autonomes*, qui interviennent dans le domaine de l'art. 37 de la Constitution, domaine ouvert par opposition à la liste limitative de l'art. 34 : l'on songe à la réforme du Code de procédure civile issue d'un décret du 5 déc. 1975 ;

– les *règlements d'application* viennent assurer l'exécution de la loi : ainsi, la loi du 15 nov. 1999 instaurant le Pacs donna lieu à huit décrets d'application, en matière de protection sociale, pour permettre la mise en œuvre de la déclaration, de la modification et de la dissolution du pacte, pour assurer la conservation des informations relatives à l'union, etc. ;

– les *ordonnances* de l'art. 38 de la Constitution correspondent à des règlements législatifs : il s'agit d'un règlement, adopté par le Gouvernement, mais dans le domaine de l'art. 34 sur autorisation du Parlement, qui doit assigner un objet, un objectif et un délai au Gouvernement. L'ordonnance a valeur réglementaire jusqu'à ratification par le Parlement. C'est aujourd'hui l'une des voies privilégiées de réforme en France (ainsi des nombreuses « ordonnances Covid ») : en droit civil, l'on songe à l'ord. du 4 juill. 2005 portant réforme de la filiation, à l'ord. du 23 mars 2006 réformant les sûretés (qui sera bientôt complétée par une autre réforme par voie d'ordonnance), à l'ord. du 10 févr. 2016 portant réforme du droit des contrats, du régime général et de la preuve des obligations, etc.

Lois d'habilitation et ordonnances à l'épreuve de la QPC

Nous avons vu *supra* que le Conseil constitutionnel était chargé de contrôler la conformité des lois à la Constitution, ce qu'il peut notamment faire par voie de question prioritaire de constitutionnalité. En 2020, le Conseil constitutionnel a apporté d'intéressantes précisions à cet égard :

– la QPC peut porter sur une loi d'habilitation à légiférer par voie d'ordonnance, mais seulement au regard des atteintes potentielles aux droits et libertés que la Constitution garantit, non au regard des critères du contrôle *a priori* (Cons. const. 3 juill. 2020, nº 2020-851/852 QPC, *M. Sofiane A. et autre*) ;

– la QPC peut porter sur une ordonnance non ratifiée après expiration du délai de ratification (Cons. const. 28 mai 2020, nº 2020-843 QPC, *Force 5*) ; plus précisément, les ordonnances non ratifiées ont désormais une valeur hybride, étant susceptibles de contrôle tant par le Conseil constitutionnel (en raison de cette nouvelle valeur législative) que par le Conseil d'État (en ce qu'elles consistent également en des textes réglementaires).

2. La vigueur de la loi ou du règlement

La **connaissance du droit** est un impératif de nos sociétés : si *nul n'est censé ignorer la loi* (pour éviter que chacun puisse y échapper en arguant de sa méconnaissance), la règle n'est admissible que si les citoyens peuvent, au moins théoriquement, accéder à la norme. C'est pourquoi les textes font l'objet d'une publication officielle : au *Journal officiel de la République française* pour les textes de droit interne (lois, règlements, conventions internationales, décrets, arrêtés, certaines circulaires et mesures nominatives), au *Journal officiel de l'Union européenne* pour les textes internationaux. Nous allons ici nous intéresser au droit interne, même si les principes sont similaires en droit de l'Union européenne.

Legifrance n'est pas le Journal officiel !

Pour participer à la diffusion du droit, un décret du 7 août 2002 a prévu la création du site www.legifrance.gouv.fr, qui met à disposition gratuite du public la Constitution, les codes, lois et actes caractère réglementaire émanant des autorités de l'État, les traités internationaux auxquels la France est partie, les jurisprudences du Conseil constitutionnel, du Conseil d'État, de la Cour de cassation, du Tribunal des conflits, de la Cour européenne des droits de l'Homme, de la Cour de justice de l'Union européenne, etc.
Si l'importance de ce site est indéniable, il faut être vigilant : *Legifrance* n'est pas le *Journal officiel*. Il s'agit d'un site internet d'information, placé sous la responsabilité du secrétaire général du Gouvernement. De même que les bases de données des éditeurs juridiques (notamment celle de Dalloz), il s'agit certes d'un site qui se veut le plus complet possible mais, en cas de divergence entre ce qui est indiqué sur *Legifrance* et ce qui est publié au *Journal officiel*, c'est le second qui doit prévaloir. Un avocat pourrait ainsi engager sa responsabilité en cas de production d'un texte mal reproduit sur *Legifrance* !
Dans la même veine, attention à ne pas citer dans un exercice juridique un article du Code des sociétés ou du Code des animaux : ce sont des codes réalisés par les éditeurs dans une optique d'organisation thématique, non par le législateur dans une logique normative.

L'accès n'est pas seulement matériel, il est aussi intellectuel : c'est pourquoi les normes doivent être accessibles et prévisibles, donc précises (CEDH 26 avr. 1979, n° 6538/74, *Sunday Times c/ Royaume-Uni*). Il existe également un « objectif à valeur constitutionnelle d'accessibilité et d'intelligibilité du droit » (Cons. const. 16 déc. 1999, n° 99-421 DC, *Loi portant habilitation du gouvernement à procéder, par ordonnance, à l'adoption de la partie législative de certains codes*).

Tout ceci précisé, les citoyens n'ont pas besoin de connaître toutes les normes ayant, un jour ou l'autre, régi les Français, mais seulement les textes en vigueur, donc des textes qui ont vocation à être effectivement appliqués. Il faut à cet égard distinguer la naissance et la mort des textes :

– l'entrée en vigueur est prévue par l'art. 1er, al. 1er, C. civ., pour les lois et les actes administratifs publiés au *Journal officiel* : ils « entrent en vigueur à la date qu'ils fixent »; par défaut, donc si rien n'est prévu, le texte entre en vigueur « le lendemain de leur publication ». Des exceptions existent : le texte peut voir son entrée en vigueur reportée à la prise des mesures d'applications qui y sont nécessaires (idem), il peut aussi voir son entrée en vigueur ramenée au moment même de sa publication en cas d'urgence (art. 1er, al. 2, C. civ.), ce qui est fréquent en période de crise sanitaire grave (ainsi des textes réglementaires en période Covid !) ;

– quant à la sortie de vigueur des textes, elle découle de l'abrogation par une autre loi, par le juge constitutionnel sur QPC ; plus exceptionnellement, la loi peut-être à durée déterminée (on parle alors de loi expérimentale) ; la question des lois obsolète est plus délicate, les juges interprétant les textes qui « réapparaissent » au regard des circonstances nouvelles pour les priver d'effet ; quant aux lois jugées inconventionnelles... elles demeurent en vigueur mais sans aucun effet !

B – Le contrôle : quels sont les organes s'assurant de l'application de la loi et du règlement ?

En principe, les lois et règlements s'imposent à tous : cette exécution peut être forcée par les **autorités de police** et l'**autorité judiciaire** peut être saisie à fin de sanctionner le défaut d'application des textes.

En outre, on a déjà évoqué le fait que le Conseil constitutionnel est en principe compétent pour vérifier le respect des **domaines de compétence** respectifs du Parlement (art. 34) et du Gouvernement (art. 37).

Reste la question des rapports **hiérarchiques** entre lois et règlements : c'est la question du **contrôle de légalité**. Il faut ici distinguer principe et exception :

– le principe est la *compétence du juge administratif* (T. confl. 24 oct. 1917, *Septfonds*), soit par voie d'action (le règlement peut être attaqué directement dans les 2 mois de sa publication, le juge administratif pouvant en ordonner l'annulation rétroactive), soit par voie d'exception (en défense, dans le cadre d'un litige qui n'a pas pour objet principal la nullité du règlement, le juge administratif pouvant refuser d'appliquer le règlement au litige) ;

– par exception, la *compétence du juge judiciaire* est prévue en présence d'un acte qui porte gravement atteinte à la liberté individuelle ou au droit de propriété (T. confl. 30 oct. 1947, *Barinstein*) ; il en va de même dans les contentieux fiscaux, douaniers et pénaux, qui relèvent pleinement du juge judiciaire.

C – Les conflits dans le temps : en présence de textes successifs de même niveau normatif, lequel appliquer à la situation considérée ?

Cette fois, il s'agit de s'intéresser aux conflits entre normes de même niveau : deux règlements entre eux, deux lois entre elles.

Le conflit peut être d'ordre *matériel*, auquel cas il faut faire application du principe *specialia generalibus derogant* (en droit des contrats, v. art. 1105, C. civ.). La loi spéciale (par ex. le régime des baux d'habitation) déroge à la loi générale (ici, le régime du bail de droit commun).

Le conflit peut encore être d'ordre *géographique*, lorsque des normes équivalentes mais issues de deux systèmes pourraient s'appliquer, par ex. une loi allemande et une loi française : la question relève du droit international privé.

À s'en tenir à la théorie des sources, il s'agit ici de s'intéresser aux seuls **conflits dans le temps**, donc à l'hypothèse d'une succession de normes régissant une même situation, ce qui est fréquent. Ainsi, un contrat pourrait être régi par le Code civil de 1804, par l'ordonnance du 10 février 2016 (entrée en vigueur le 1er oct. 2016) ou par la loi de ratification du 20 avril 2018 (entrée en vigueur le 1er oct. 2018). Cette question n'est pas évidente et peut aisément tomber en cas pratique. Le principe est pourtant formulé de façon *a priori* simple : selon l'art. 2, C. civ., « la loi ne dispose que pour l'avenir ; elle n'a point d'effet rétroactif ». Cette simplicité n'est toutefois qu'apparente, comme l'a montré Roubier : il faut distinguer l'effet rétroactif (dans le passé) et l'effet immédiat (dans le présent). Dans une perspective de cas pratique, il vous faut envisager deux grandes hypothèses : celle d'une loi comportant des dispositions transitoires (1) et celle d'une loi qui n'en comporte pas (2).

1. Première hypothèse : le texte comporte des dispositions transitoires

Les dispositions transitoires sont les dispositions d'un texte précisant son application dans le temps. Dans la perspective d'un cas pratique, deux questions doivent être posées en présence de dispositions transitoires : Quels principes posent-elles (a) ? Ces principes sont-ils conformes aux textes de niveau supérieur (b) ?

a) L'application : quels principes transitoires le texte pose-t-il ?

La question est en **principe** simple à résoudre : il suffit de se référer aux dispositions transitoires elles-mêmes (en général à la fin du texte) et d'en faire application. Prenez par ex. l'art. 9 de l'ord. du 10 févr. 2016 réformant le droit des contrats : il prévoit que « les contrats conclus avant [le 1er oct. 2016] demeurent soumis à la loi ancienne », réserve le cas de certaines dispositions qui s'appliquent immédiatement, et précise que « lorsqu'une instance a été introduite avant l'entrée en vigueur de la présente ordonnance, l'action est poursuivie et jugée conformément à la loi ancienne ». Il suffit alors de se référer à ce principe (ce qui n'empêche pas la jurisprudence de brouiller parfois les cartes en interprétant le droit ancien à la lumière du droit nouveau). Lorsque les dispositions sont claires, il n'y a pas de doute : elles s'imposent au juge (Civ. 1re, 8 nov. 2017, no 16-18.859).

Les choses se compliquent en présence de dispositions transitoires manquant de clarté : il faut alors procéder à leur **interprétation**. En ce cas, le juge doit faire application des principes généraux d'interprétation et rechercher la volonté réelle du législateur ; s'il s'avère que les dispositions transitoires sont lacunaires, le juge devrait les appliquer et, dans leur silence, se référer aux principes de l'art. 2, C. civ. Parfois, le juge va plus loin et décide d'interpréter là où il n'y a pas de doute : cette démarche est évidemment très discutable au regard du principe de supériorité de la loi. L'on songe à la loi ALUR du 24 mars 2014, dont l'art. 24 prévoyait de nouveaux délais de paiement favorables aux locataires, ce que l'art. 14 rendait applicable aux contrats de location conclus après son entrée en vigueur ; pour la Cour de cassation, l'art. 24 devait pourtant s'appliquer aux contrats conclus antérieurement, en se fondant, semble-t-il, sur l'idée de protection du locataire défaillant (Cass., avis, 16 févr. 2015, n° 14-70.011), donc sur une règle relevant plutôt de l'art. 2, C. civ. On notera d'ailleurs que la loi de ratification de la réforme des contrats est venue préciser que la réforme de 2016 ne s'appliquait que pour l'avenir « y compris pour leurs effets légaux et pour les dispositions d'ordre public », pour éviter de tels errements jurisprudentiels qui contredisent le principe de sécurité juridique.

b) Le contrôle : les principes transitoires sont-ils conformes aux textes supérieurs ?

L'art. 2, C. civ., pose le **principe de non-rétroactivité** : « la loi ne dispose que pour l'avenir ; elle n'a point d'effet rétroactif ». Il s'agit d'un principe à **valeur législative** (Cons. const. 29 déc. 1986, n° 83-223 DC, *Loi de finances rectificative pour 1986*), d'où la validité des dispositions transitoires contraires : la loi spéciale déroge à la générale, donc les dispositions relatives à l'application dans le temps spécifique à un texte dérogent à l'art. 2. Les mêmes principes valent pour les actes de nature réglementaire (CE 25 juin 1948, *Société du journal L'Aurore* ; Soc. 5 juin 1975, *Bull. civ.* V, n° 313).

De fait, les **lois rétroactives** sont assez nombreuses :

- Les *lois pénales plus douces* sont rétroactives : il en va de la paix sociale, car comment justifier que l'on condamne pénalement quelqu'un dont le comportement serait, pour l'avenir, jugé légitime ?

- Les *lois interprétatives*, qui viennent clarifier le sens ambigu d'une loi antérieure sans créer de droits nouveaux, sont nécessairement rétroactives car l'interprétation fait corps avec le texte interprété (Civ. 3e, 1er févr. 1984, *Bull. civ.* III, n° 25), même si la jurisprudence réserve l'hypothèse d'une décision passée en force de chose jugée (Cass., ass. plén., 21 déc. 1990, n° 88-15.744). Mais encore faut-il qu'il s'agisse d'une simple interprétation, ce que contrôle la Cour de cassation (v. par ex. Com. 7 avr. 1992, n° 89-20.418).

- Les *lois de validation* ont pour objet de valider des actes juridiques conclus avant leur entrée en vigueur : elles sont donc par essence rétroactives. De telles lois peuvent être salutaires, ainsi d'une célèbre loi de 1843 qui avait rétroactivement validé les actes notariés devant un seul notaire, pour éviter les annulations en chaîne, la pratique notariale étant alors contraire à la loi antérieure exigeant deux notaires. Mais, souvent, ces lois sont irritantes et portent atteinte à la séparation des pouvoirs, en ce qu'elles constituent une ingérence du pouvoir législatif dans l'administration de la justice dans le but d'influer sur le dénouement judiciaire d'un ou plusieurs litiges : l'on songe à une loi du 12 avr. 1996 qui est venue valider l'intégralité des prêts conclus au mépris des textes antérieurs, pour éviter que la déchéance du droit aux intérêts soit systématiquement ordonnée par la jurisprudence. Les lois rétroactives sont dangereuses.

C'est pourquoi des **limites** sont posées au pouvoir du législateur :

– certaines sont *constitutionnelles* : ainsi du principe de non-rétroactivité de la loi pénale plus sévère (Cons. const. 17 janv. 1989, n° 88-248 DC, *CSA*), du principe d'indépendance des juridictions qui interdit de remettre en cause les droits reconnus par une décision de justice passée en force de chose jugée (Cons. const. 29 déc. 1986 préc.), la nécessité pour la loi rétroactive de reposer sur un impérieux motif d'intérêt général (Cons. const. 14 déc. 2006, n° 2006-544 DC, *Loi de financement de la sécurité sociale pour 2007*), l'impossibilité de porter des atteintes graves à l'économie des contrats (Cons. const. 10 juin 1998, n° 98-401 DC, *Loi relative à la réduction du temps de travail*) ;

– certaines sont *conventionnelles* : il découle du principe de prééminence du droit et de la notion de procès équitable (art. 6, Conv. EDH) une interdiction pour le pouvoir législatif de s'ingérer dans l'administration de la justice dans le but d'influer sur le dénouement judiciaire d'un litige (CEDH 9 déc. 1994, n° 13427/87, *Stran et Stratis Andreadis c/ Grèce* ; pour une application au litige relatif aux tableaux d'amortissement, v. not. CEDH 14 févr. 2006, n° 67847/01 *Lecarpentier*). En outre, le « droit au respect de ses biens » consacré par l'art. 1er du Protocole n° 1 à la Conv. EDH interdit les lois anéantissement rétroactivement une « espérance légitime » (ainsi dans l'affaire *Perruche*).

2. Seconde hypothèse : le texte ne comporte pas de dispositions transitoires

Il est fréquent que les lois comportent des dispositions transitoires ; *quid* si ça n'est pas le cas où si ces dispositions sont lacunaires ? En ce cas, tout dépend de la qualification de la **situation juridique** en cause, selon qu'elle est future (a), passée (b) ou en cours (c).

a) Sous-hypothèse de la situation juridique future

Dans ce cas, les choses sont simples : il résulte de l'art. 2, C. civ., que la loi nouvelle vaut « pour l'avenir » : c'est le principe de l'**application immédiate**. C'est dire que les situations qui ont vocation à naître après l'entrée en vigueur de la loi nouvelle sont régies par elle.

b) Sous-hypothèse de la situation juridique passée

Dans ce cas, l'on peut renvoyer à ce qui a été dit *supra* (1.b) à propos du **principe de non-rétroactivité** : selon l'art. 2, C. civ., la loi « n'a point d'effet rétroactif » et, si ce principe est à valeur législative, la rétroactivité des lois est encadrée par les principes constitutionnels et européens.

c) Sous-hypothèse de la situation juridique en cours

Ce cas est le plus complexe, qui conduit à s'interroger sur la portée du principe d'**application immédiate**. Cette question appelle une réponse différente selon que l'on se trouve en présence, ou non (α), d'un contrat (β).

α) Les situations juridiques non-contractuelles

Le **principe général** est clair : la loi nouvelle a vocation à régir le plus grand nombre et s'applique donc **immédiatement** à toutes les situations juridiques non-contractuelles en cours. Avec une **nuance** néanmoins : les **effets passés** des situations juridiques en cours sont **révolus** (on assimile les effets passés des situations en cours aux effets passés des situations passées). Le principe est posé par la jurisprudence pour le droit civil (Civ. 1re 29 avr. 1960, *Veuve Auterbe*) et par la loi pour le droit administratif (art. L. 221-4, C. relations entre le public et l'administration).

L'on donnera quelques **applications** concrètes de ce principe en s'en tenant au droit civil :

• En matière de *responsabilité civile extracontractuelle*, c'est la loi en vigueur au moment du fait générateur qui s'applique pour déterminer les droits de la victime et les obligations du responsable.

• Les lois relatives au *statut personnel* s'appliquent immédiatement : l'abaissement, en 1974, de l'âge de la majorité de 21 à 18 ans s'est ainsi appliqué à tous (peu importe que l'on ait 5, 10 ou 20 ans). De même les règles de *filiation* s'appliquent immédiatement (un enfant né avant l'admission en 1912 de l'action en recherche de paternité peut l'exercer ; de même, l'ord. du 4 juill. 2005 s'applique aux enfants nés avant l'entrée en vigueur du texte, sous réserve des décisions de justice passées en force de chose jugée).

• Les lois modifiant les *droits réels* s'appliquent immédiatement mais ne sauraient remettre en cause les droits acquis antérieurement : si par exemple l'on supprimait la règle de l'usucapion trentenaire de mauvaise foi, seules les personnes ayant possédé plus de 30 ans pourraient se prévaloir de la règle ancienne, les autres se voyant opposer la nouvelle.

• L'on distingue généralement (avec nuances) les *règles de fond*, pour lesquelles le droit applicable est celui du fait générateur, et les *règles de procédure*, qui s'appliquent aux instances en cours (sauf si l'on est en cassation) : par exemple, l'abrogation des fins de non-recevoir à l'action en recherche de paternité par la loi du 8 janv. 1993 ont été immédiatement applicables.

• Concernant les *règles de preuve*, les règles relatives aux modes de preuve sont celles applicables au jour où le juge statue (on les assimile alors à des règles de procédure), sauf pour les règles préconstituées qui sont soumises aux règles au jour de l'acte ou du fait discuté : par exemple, si la preuve était libre au jour de l'acte, l'on ne saurait exiger rétroactivement un écrit, de même qu'on ne saurait exclure le témoignage s'il était admis au moment de l'acte ou du fait juridique. Les règles de charge de la preuve ne sont pas des règles de procédure et s'apprécient donc au jour du fait ou de l'acte.

• Les *règles de prescription* ont un droit transitoire prévu par l'art. 2222, C. civ., issu de la loi du 17 juin 2008 : lorsque la loi réduit la durée d'une prescription, la prescription réduite commence à courir du jour de l'entrée en vigueur de la loi nouvelle, sans que la durée totale puisse excéder le délai prévu par la loi antérieure ; lorsque la loi augmente la durée d'une prescription, la nouvelle durée s'applique immédiatement, sauf pour les droits déjà éteints (non-rétroactivité).

β) *Les situations juridiques contractuelles*

On sait que le principe général est celui de l'application immédiate de la loi nouvelle. Une **exception** à ce principe général est posée en matière contractuelle : il y a alors **survie de la loi ancienne**. Le contrat est un acte de prévision et appliquer la loi nouvelle serait une grave atteinte à la sécurité juridique. Cela vaut non seulement pour les contrats qui ont produit tous leurs effets avant l'entrée en vigueur de la loi nouvelle mais aussi pour les contrats qui ne sont pas encore terminés : les effets futurs du contrat ancien continueront d'être régis par la loi d'origine.

Cependant, il existe une **exception à l'exception**, qui justifie une application *immédiate* de la loi nouvelle aux contrats en cours : il en va ainsi si la loi nouvelle poursuit des *exigences impérieuses d'ordre public* (ce qui est si fréquemment prévu par le législateur que, dans les faits, l'exception tend à devenir la règle). Il ne suffit pas que la règle soit d'ordre public, il faut que ce dernier soit particulièrement impératif (Civ. 1re, 4 déc. 2001, *Bull. civ.* I, n° 307 ; comp. Cons. const. 18 mars 2009, n° 2009-578 DC, *Loi de mobilisation pour le logement et la lutte contre l'exclusion* : les juges y évoquent les « motifs d'intérêt général » ; comp. CE, ass., 8 avr. 2009, *Commune d'Olivet* : sont visées des « considérations d'ordre public particulièrement impératives »).

L'exemple de la réforme du droit des contrats de 2016-2018

On sait que l'importante réforme du droit des contrats a été faite par une ordonnance du 10 février 2016 ratifiée par une loi du 20 avril 2018. Si la loi reprend pour l'essentiel les dispositions de l'ordonnance, il y a eu certaines modifications. Dès lors, les questions de droit transitoire se posent pour les deux textes.

L'ordonnance de 2016 prévoyait que le nouveau droit des contrats s'appliquait pour les contrats conclus après le 1er octobre 2016, tandis que les contrats antérieurs demeuraient soumis au droit issu du Code de 1804. Néanmoins, par crainte d'un effet « loi ALUR » et donc d'une mise à l'écart par la jurisprudence des dispositions transitoires (*cf.* p. 43, 1.a), la loi de ratification a modifié le texte de l'ordonnance en précisant que cette dernière s'applique aux contrats conclus après le 1er octobre 2016 « y compris pour leurs effets légaux et pour les dispositions d'ordre public ». Mais la jurisprudence respectera-t-elle ce principe ?

►

Quid de l'application de la loi de ratification elle-même ? Pour l'essentiel, elle ne s'applique qu'aux actes juridiques conclus à compter du 1er octobre 2018, mais certaines règles ont un caractère interprétatif... et doivent donc s'appliquer au 1er octobre 2016 (par exemple la précision que seul le débiteur « de bonne foi » peut se prévaloir du caractère manifestement disproportionné de l'exécution forcée en nature, ce qui est pourtant plus qu'une interprétation...). Mais la jurisprudence validera-t-elle ce caractère interprétatif ?
Il faut encore compter avec la jurisprudence qui procède à une interprétation du droit ancien à la lumière des règles nouvelles, de manière à « lisser » au maximum l'entrée en vigueur du texte nouveau, pour les cas dans lesquels le législateur a remis en cause la jurisprudence antérieure.

Il faut enfin soulever certaines **difficultés spécifiques** :

- Il faut distinguer ce qui relève du contrat et ce qui n'en relève pas. Il est certain que ce qui relève de la *formation* du contrat demeure soumis à la loi de sa conclusion (Civ. 3e, 7 oct. 1980, *Bull. civ.* III, no 152). *Quid* des effets du contrat, qui sont encore en cours au moment de l'entrée en vigueur de la loi nouvelle ? En soi, il ne s'agit pas de revenir sur le passé puisque les effets ne sont pas encore survenus, ce qui conduit parfois la jurisprudence à appliquer la loi nouvelle (en passant par la notion d'effet « légal », qui ne se distingue pourtant guère de l'effet contractuel, par exemple dans le cas de la loi ALUR : Cass., avis, 16 févr. 2015, no 14-70.011). Cette jurisprudence n'en demeure pas moins très contestable : le contrat est un acte de prévision et les parties ont entendu faire produire les effets (conventionnels et légaux) dès la conclusion du contrat ; derrière cette soi-disant application immédiate se camoufle une application rétroactive (en ce sens, CE, ass., 24 mars 2006, *KPMG* ; Civ. 3e, 17 juill. 1968, *Bull. civ.* III, no 352) ou au moins « rétrospective », qui devrait être écartée.
- *Quid* lorsqu'un contrat porte sur un droit réel ? La modification législative doit-elle s'appliquer immédiatement (statut réel) ou faut-il maintenir le droit antérieur (régime du contrat) ? La jurisprudence fait primer le droit transitoire des contrats : la loi modifiant les effets des contrats ne s'applique pas même si elle porte sur un droit réel, la qualification contractuelle l'emportant en cas de doute (Crim. 19 mars 1926).

IV/ La jurisprudence

L'on ne saurait, dans un ouvrage de méthodologie, entrer dans le débat (insoluble) sur la nature de source du droit de la jurisprudence. Le débat existe néanmoins en arrière-plan : ainsi lorsqu'est affirmée l'absence de droit à une jurisprudence figée (contre la qualification de source) ou lorsqu'un revirement est prévu pour l'avenir (pour). Si, dans un cas pratique, ce sera généralement la question de l'évolution de la jurisprudence qui sera envisagée (B), cette question demeure dans la dépendance de l'identification de ce qu'elle est (A).

A – Qu'est-ce que la jurisprudence ?

La jurisprudence désigne les règles de droit nées de l'activité judiciaire. Or, s'il est si difficile de trancher le débat sur sa qualité de source du droit (allez donc placer la jurisprudence dans la pyramide de Kelsen !), c'est qu'elle est à la fois servante des autres sources mais aussi autonome. La jurisprudence est en effet tant une autorité qui interprète (1) qu'un pouvoir qui crée (2).

1. L'interprétation

L'art. 4, C. civ., dispose que « le juge qui refusera de juger, sous prétexte du silence, de l'obscurité ou de l'insuffisance de la loi, pourra être poursuivi comme coupable de déni de justice ». C'est la consécration du **pouvoir d'interprétation** du juge : interpréter, c'est donner un sens, donc la jurisprudence doit permettre de rendre concret les textes de loi formulés dans l'abstrait. Ce pouvoir d'interprétation est fondamental : « aussi clair que le libellé d'une disposition légale puisse être, [...] il existe immanquablement un élément d'interprétation judiciaire. Il faudra toujours élucider les points douteux et s'adapter aux changements de situation » (CEDH 22 nov. 1995, aff. 20166/92, *S. W. c/ Royaume-Uni*, § 36).

On ne peut interpréter que ce qui existe : l'interprétation **fait corps** avec le texte interprété. C'est là la raison de la difficulté qu'il peut y avoir à placer la jurisprudence dans la hiérarchie des normes : en réalité, la jurisprudence du juge constitutionnel s'incorpore au bloc de constitutionnalité, la jurisprudence internationale et nationale interprétant les traités s'incorpore aux traités, la jurisprudence interprétant la loi s'incorpore à la loi, etc.

C'est pour cela que la jurisprudence est, par essence, **rétroactive** : il ne s'agit que de déceler le sens d'un texte préexistant. Par fiction, on considère que cette interprétation a toujours été. Dès lors, elle s'applique à l'affaire en cause, alors même que les faits ont précédé cette interprétation (ce qui est particulièrement problématique en cas de revirement).

Cette idée de « simple » interprétation est généralement avancée pour justifier le refus de voir dans la jurisprudence une source de droit (ce qui est déjà discutable : l'interprète d'un rôle n'a-t-il pas, par son interprétation, un pouvoir créateur ?). Il n'en demeure pas moins que cette interprétation peut être répétée, avoir de l'**autorité**, *faire jurisprudence* (ce qui ne doit pas être confondu avec l'*autorité de chose jugée*, qui désigne l'impossibilité, pour les parties, de demander qu'il soit de nouveau jugé sur une affaire définitivement tranchée par une décision de justice). Si, en France, cette autorité n'est pas de droit (comme dans les systèmes de *Common law*), elle existe en fait : les jurisprudences de la CJUE, de la CEDH, du Conseil constitutionnel, de la Cour de cassation et du Conseil d'État ont une autorité particulière, de même que les jurisprudences de certaines cours d'appel.

Le développement du dialogue des juges

L'autorité de fait des jurisprudences de certaines juridictions est particulièrement visible avec le développement du dialogue des juges : outre la multiplication des questions préjudicielles et demandes d'avis, il n'est désormais pas rare qu'un juge se réfère aux décisions d'une autre juge pour justifier de sa propre décision.
Cela va sans doute se renforcer encore avec la nouvelle manière dont les arrêts de la Cour de cassation sont rédigés, sous forme de phrases « normales » et, surtout, de manière enrichie, avec des paragraphes (la motivation enrichie étant utilisée dans les arrêts : opérant un contrôle de proportionnalité, de principe, d'unification de la jurisprudence, de revirement, ou statuant sur une question préjudicielle, enfin pour les avis). Au sein de la motivation de sa décision, la Cour de cassation va désormais pouvoir procéder à une sorte d'exposé des motifs, en explicitant notamment l'inscription de sa décision dans le dialogue des juges.
Un exemple topique peut être trouvé dans un arrêt Crim. 25 nov. 2020, n° 18-86.955, qui motive sa décision en trente paragraphes, se référant tant à la jurisprudence de la Cour de cassation qu'à celle de la CJUE et celle de la CEDH, pour finalement se rallier (apparemment) à ces dernières.

2. La création

Le juge n'est pas une simple « bouche de la loi » mais a un pouvoir créateur. Outre l'interprétation qui est une forme de création, le juge va parfois plus loin ou contre la loi. Certes, l'art. 5, C. civ., prohibe les arrêts de règlement (« il est défendu aux juges de prononcer par voie de disposition générale et réglementaire sur les causes qui leur sont soumises »), mais cela signifie simplement que les juges ne peuvent se lier pour l'avenir (donc c'est une prohibition de l'autorité *de droit* de la jurisprudence), sans interdire aux juges de créer du droit au cas par cas (l'art. 4, C. civ., prohibe le déni de justice y compris lorsque la loi est silencieuse, ce qui implique que le juge puisse, dans le silence de la loi, décider et donc créer du droit). Précisons d'ailleurs qu'il est parfaitement envisageable que les parties à un litige s'entendent pour demander au juge de statuer comme « amiable compositeur » (art. 12, C. pr. civ.), sans être lié par la loi (faculté qui demeure rarement utilisée par les parties, car peu conforme à l'idée de sécurité juridique).

Ce pouvoir créateur est particulièrement visible par le recours à divers **principes correcteurs** des excès de la loi :

- L'*équité* est un correctif classique de la loi : puisque la loi est générale, son application au cas par cas peut révéler des lacunes ou ambiguïtés qui doivent être levées, ce qui pourrait conduire à écarter la loi lorsqu'elle se révèle injuste (au risque que l'équité apparente dissimule un arbitraire réel). La loi renvoie expressément à l'équité pour l'interprétation des contrats (art. 1194, C. civ.) et passe parfois par d'autres notions (par ex. la sanction du « déséquilibre significatif » entre les droits et obligations des parties de l'art. 1171, C. civ.). C'est encore l'équité qui a justifié la consécration de l'action en enrichissement sans cause (Cass., req., 15 juin 1892, *Boudier*; v. désormais art. 1303 s., C. civ.). L'équité vient parfois contre la loi : elle est parfois invoquée pour justifier la théorie jurisprudentielle de l'abus de droit (Cass., req., 3 août 1915, *Clément-Bayard*).

• La *proportionnalité* tend aujourd'hui à être de plus en plus sollicitée, qui consiste à préférer au raisonnement abstrait une balance des intérêts. Cette méthode a ainsi été utilisée pour écarter la nullité du mariage incestueux après écoulement ayant duré plus de vingt années (Civ. 1re, 4 déc. 2013, no 12-26.066). Si cette méthode est critiquée (notamment en ce qu'elle conduit à une jurisprudence concrète et donc imprévisible, empêchant toute unification du droit, mais aussi en ce qu'elle est arbitraire, *a fortiori* si elle n'est pas systématiquement utilisée), elle semble adaptée à la fondamentalisation du droit : en présence de droits fondamentaux (par nature assez flous), seule la balance des intérêts permet de faire primer l'un ou l'autre, ce qui suppose une appréciation au regard de la situation de fait.

Parfois, la jurisprudence va plus loin et exprime à plein son **pouvoir créateur** en écartant purement et simplement la loi. L'exemple le plus célèbre est celui de la jurisprudence *Desmares* (Civ. 2e, 21 juill. 1982, no 81-12.850), qui a durci le régime de responsabilité du fait des choses en empêchant le gardien de s'exonérer partiellement en cas de faute de la victime, de manière à rendre la responsabilité des conducteurs de véhicules tellement importante que le législateur serait obligé d'intervenir (ce qu'il a fait en 1985). Il s'agit alors d'arrêts dits de *provocation*, qui sont en soi rares (et heureusement, car ils ne sont pas sans dommage pour les justiciables, ici le conducteur !). Parfois, même sans arrêt de provocation, les conflits surviennent entre jurisprudence et loi : il n'est que de songer à la loi anti-Perruche (affaire étudiée *infra*). Fort heureusement, le « dialogue » n'est parfois pas conflictuel : l'on songe aux propositions formulées par la Cour de cassation au législateur, dans son rapport annuel.

B – Comment appréhender l'évolution de la jurisprudence ?

De même que des lois nouvelles peuvent être votées, la jurisprudence peut évoluer. Paradoxalement, pourtant, la jurisprudence est par certains aspects plus statique que la loi : elle est plus stable que la loi, ce qui conduit parfois les juges à avoir une politique des petits pas en faisant évoluer la jurisprudence par touches. Il n'en demeure pas moins que certaines évolutions sont nécessaires : d'où l'importance du **revirement de jurisprudence**. Au regard de leur gravité, les revirements supposent un « motif valable » (CEDH 14 janv. 2010, req. 36815/03, *Atanasovski c/ République Yougoslave de Macédoine*) : désormais, la Cour de cassation a, en cette matière notamment, recours à la motivation enrichie.

Les revirements de jurisprudence posent un certain nombre de **difficultés**, qui tiennent notamment à l'incertitude quant à sa qualité de source de droit :

• Dès lors que la jurisprudence est une autorité d'*interprétation*, le revirement est, par essence, *rétroactif* : l'interprétation fait corps avec le texte, qui préexistait, ce qui justifie que le revirement s'applique aux faits d'espèce considérés ainsi qu'à toutes les espèces, même passées, qui n'ont pas déjà donné lieu à une décision définitive. Dans un important revirement (Cass. ass. plén., 2 avr. 2021, n° 19-18.814), la Cour de cassation a décidé que, désormais, les juges doivent prendre en considération tout changement de norme, dont les revirements de jurisprudence, tant qu'une décision insusceptible de recours n'a pas mis fin au litige ; en l'espèce, la Cour de cassation avait cassé un arrêt d'appel, avant de revirer dans une autre affaire : les juges de la cour d'appel de renvoi auraient donc dû se conformer à la solution issue du revirement (donc statuer… dans le même sens que les juges d'appel dont la décision avait été cassée !).

• Puisque la jurisprudence trouve à s'appliquer rétroactivement, est-il possible d'engager la *responsabilité des professionnels de droit* qui ne l'auraient pas anticipée ? Ils sont en effet tenus d'un devoir de conseil concernant l'état du droit positif. Or, la jurisprudence a pu exiger du notaire et de l'avocat qu'ils préviennent leur client d'un revirement *prévisible* (Civ. 1re, 5 févr. 2009, n° 07-20.196 ; Civ. 1re, 12 oct. 2016, n° 15-18-659 ; *contra* Civ. 1re, 15 déc. 2011, n° 10-24.550). Mais cela ne conduit qu'à déplacer le débat sur le caractère prévisible ou non d'un revirement, sans qu'un critère soit posé…

• *Quid* ensuite de la *date de connaissance* du revirement ? La question est particulièrement importante pour déterminer la responsabilité des professionnels du droit (v. ainsi, estimant que le revirement était trop récent pour qu'il puisse être exigé du notaire qu'il le connût : Civ. 1re, 12 oct. 2016, préc.). Il faut en avoir une vision concrète, la durée du délai de connaissance variant « en fonction des circonstances, en particulier de la publicité dont ladite décision a fait l'objet » (CEDH 21 oct. 2003, n° 27928/02, *Broca et Texier-Micault C/ France* ; v. ainsi, retenant un délai d'un mois à compter de la publication sur le site Internet de la Cour de cassation : CEDH 21 mars 2017, n° 16470/15, *Poulain c/ France*).

• Dès lors que la jurisprudence n'est qu'une interprétation du texte, il faut considérer que « nul ne peut se prévaloir d'un *droit acquis à une jurisprudence figée* » (Civ. 1re, 9 oct. 2001, n° 00-14.564). En l'espèce, cela avait conduit à condamner un obstétricien pour ne pas avoir, en 1974, délivré une information déclarée obligatoire par la jurisprudence… en 1998 ! C'est là une conséquence excessive de la rétroactivité de la jurisprudence.

• C'est pourquoi, de manière exceptionnelle, la jurisprudence ne vaut que pour l'avenir, que ce soit au niveau européen (CJCE 8 avr. 1976, aff. C-43/75, *Defrenne* ; CEDH 13 juin 1979, n° 6833/74, *Marckx c/ Belgique*) ou, de plus en plus, en droit interne (Civ. 2e, 8 juill. 2004, n° 01-10.426 ; Cass., ass. plén., 21 déc. 2006, n° 00-20.493 ; CE, ass., 16 juill. 2007, *Tropic*). Il faut néanmoins noter que la Cour de cassation seule considère que le revirement ne vaut pas pour l'instance ayant donné lieu audit revirement. Le fondement de cette modulation exceptionnelle de la loi dans le temps diverge : il s'agit parfois du droit à un procès équitable, parfois du principe de sécurité juridique et de bonne administration de la justice, parfois de l'atteinte au respect des biens (qui protège les « espérances légitimes »).

Un exemple récent peut être tiré de l'arrêt Crim. 25 nov. 2020, n° 18-86.955 : pour ne pas porter atteinte au principe de prévisibilité juridique découlant de l'art. 7, Conv. EDH, le revirement (prévoyant que la société absorbante peut être pénalement condamnée pour les faits de l'absorbée) « ne s'appliquera qu'aux opérations de fusion conclues postérieurement au prononcé du présent arrêt et sera donc sans effet dans la présente affaire » (§ 39), précisant néanmoins que si la fusion a été faite en fraude au droit pénal, elle pourrait donner lieu à condamnation car cette réserve de fraude « n'était pas imprévisible » (§ 42). On notera néanmoins qu'il est difficile d'admettre que la décision soit réputée connue de tous les citoyens dès le lendemain de l'arrêt : ne faudrait-il pas qu'il y ait eu, à tout le moins, publication officielle, au-delà de la diffusion sur Internet ? Si la jurisprudence est une source de droit, ne faut-il pas appliquer les principes de l'art. 2, C. civ., donc prévoir une publication similaire à celle de la loi ?

V/ La coutume

La coutume peut être **définie** comme une pratique juridique répétée au point d'être considérée comme normative par le groupe social. Si elle a évidemment décliné avec le légicentrisme révolutionnaire, mais elle n'a pas disparu pour autant (elle est notamment très importante dans les relations internationales).

La **qualification** de la coutume suppose (théoriquement) deux éléments : l'un *matériel*, à savoir l'exigence d'une pratique ancienne, constante et répétée, l'autre *psychologique*, à savoir le sentiment du caractère obligatoire de la coutume.

Le terme « coutume » recouvre une grande **diversité** de cas :

• Ce peut être la *tradition locale* : ainsi, l'art. 521-1, C. pén., qui prohibe les sévices graves ou de nature sexuelle ainsi que les actes de cruauté envers les animaux, réserve deux exceptions : les « courses de taureaux lorsqu'une tradition locale ininterrompue peut être invoquée » ainsi que les « combats de coqs dans les localités où une tradition ininterrompue peut être établie ».

• L'on songe aux *usages professionnels*, pratiques couramment suivies et considérées comme normales dans un milieu déterminé. Il est parfois distingué entre les usages de fait, qui sont les pratiques commerciales courantes, qui sont supposées avoir été voulues par les parties (par exemple, entre professionnels, le prix stipulé s'entend hors taxe), et les usages de droit, que la communauté professionnelle considère comme obligatoire (par exemple la présomption de solidarité entre commerçants, coutume *contra legem* puisque contraire à l'art. 1310, C. civ.).

• Peuvent encore être évoqués les *contrats-types*, qui sont prérédigés par des professionnels (notaires et avocats notamment) et réutilisés avec une simple adaptation au cas par cas (par exemple les contrats sur l'utilisation des cartes bancaires). En droit des transports, les contrats-types sont considérés comme ayant un rôle normatif. On trouve aussi des clausiers, recueils de clauses dans lesquels il suffit de piocher au cas par cas.

• On envisagera enfin les *codes de bonnes conduites*, qui se multiplient à l'heure de la promotion de l'*éthique*. Il s'agit de sources de droit souple (*soft law*), qui ne sont pas sanctionnés juridiquement mais peuvent l'être économiquement : une société cotée en bourse qui ne les respecterait pas risquerait de voir ses investisseurs se détourner d'elle. Il y a une juridicisation avec de nouveaux principes, par exemple le *comply or explain* (il faut expliquer les raisons de non-respect du code de bonne conduite) ou le *name and shame* (ceux ne respectant pas ces codes seront pointés du doigt, par exemple par l'autorité des marchés financiers).

Une difficulté concrète tient à la **connaissance** de la pratique : elle n'est évidemment pas publiée au *JO*, étant souvent purement orale. L'idée est que si le groupe a connaissance de la pratique, toute personne qui appartient au groupe doit en avoir connaissance. C'est ainsi que devant les juges, la preuve de la pratique se fera généralement par le témoignage de représentants de la profession.

Cas pratique n° 4

› *Énoncé*

Monsieur Germain est gérant d'un magasin d'une petite ville française, durement touchée par la Covid-19. Il a entendu parler d'un nouveau produit révolutionnaire permettant de ne pas être affecté par les effets de la maladie, produit pourrait être administré très facilement même par des personnes n'ayant aucune compétence médicale. Il a donc décidé d'acquérir diverses doses et de les mettre en vente, à prix cassé (il se fiche de perdre de l'argent, il veut seulement aider les autres).

Monsieur Germain vient de recevoir une décision administrative lui interdisant de continuer à vendre les produits et apprend qu'il est convoqué à une audience pénale pour exercice illégal de la profession de pharmacien, infraction prévue à l'art. L. 4223-1 du Code de la santé publique (CSP). Selon l'acte de convocation, il aurait vendu des vaccins, au sens de l'art. L. 5121-1, CSP (« tous agents utilisés en vue de provoquer une immunité active ou passive ou en vue de diagnostiquer l'état d immunité »), alors qu'il s'agit de médicaments dont la vente est réservée aux pharmaciens (art. L. 4211-1, CSP).

Monsieur Germain vient vous consulter, jeune avocat spécialiste de sources du droit. Il est assez bouleversé : peut-on vraiment parler de vaccin en présence d'un produit permettant de ne pas être affecté par les effets de la Covid-19 ? Il lui semble que les textes sont trop imprécis et qu'il ne mériterait pas d'être condamné pénalement !

Vous souhaitez soutenir que L. 4223-1, CSP, est contraire au principe selon lequel la loi pénale doit être précise, en raison de la définition trop large des médicaments posée par l'art. L. 5121-1, CSP. La précision de la loi découle en effet de l'art. 8, DDHC (Cons. const. 27 juill. 2006, n° 2006-540 DC) et de l'art. 7, Conv. EDH (v. par ex. CEDH 15 oct. 2015, n° 37553/05, *Kudrevičius et autres c/ Lituanie*). Votre stagiaire, spécialisé en droit médical, vous indique que la définition posée par l'art. L. 5121-1, CSP, est directement reprise de l'art. 1er, de la directive 2011/83/CE du 6 nov. 2001 instituant un code communautaire relatif aux médicaments à usage humain.

Quelles sont les juridictions compétentes en ces matières ? Quelles sont les procédures qu'il vous faut intenter ?

› *Correction*

Monsieur Germain souhaite soulever la contrariété d'une règle de droit interne transposant une directive aux droits fondamentaux issus de la Conv. EDH et de la Constitution. Cela conduit à s'intéresser au regard de trois ordres : celui de l'Union européenne (I), celui de la Convention de sauvegarde des droits de l'Homme (II) et celui interne correspondant au bloc de constitutionnalité (III).

I/ Sur la conformité au droit de l'Union européenne

Il convient de vérifier que le droit de l'Union européenne s'applique (A) avant d'identifier l'autorité chargée d'en assurer l'application (B).

A – L'identification

La **question** est la suivante : le texte discuté, relatif à la qualification de médicament, relève-t-il du droit de l'Union européenne ?

En **principe**, les art. 168 s. du TFUE organisent la compétence de l'Union européenne en matière de santé publique. Il s'agit d'un cas de compétence de coordination de l'action des États membres (art. 6, TFUE) et, pour ce qui est des grands enjeux, d'une compétence commune avec les États (art. 4, TFUE). Pour ce faire, l'Union peut édicter des règlements et décisions ainsi que des directives. Précisons également que la Charte des droits fondamentaux, qui a valeur contraignante depuis le Traité de Lisbonne, mentionne l'attachement des membres de l'Union aux droits consacrés par la Conv. EDH.

En l'**espèce**, l'art. L. 5121-1, CSP, reproduit l'art. 1er, de la directive 2011/83/CE du 6 nov. 2001 instituant un code communautaire relatif aux médicaments à usage humain. Une directive ne fixe en principe qu'un résultat à atteindre mais elle est ici transposée littéralement en droit français.

En **conclusion**, le texte de droit interne, en ce qu'il vient transposer une directive, relève du droit de l'Union européenne.

B – Le contrôle

La **question** est la suivante : quelle est l'autorité chargée du contrôle du respect par le législateur du droit de l'Union européenne ?

En **principe**, le droit de l'Union européenne prime la loi (art. 55, Const. 1958). Tout juge, qu'il relève de l'ordre judiciaire (Cass., ch. mixte, 24 mai 1975, n° 73-13.556, *Jacques Vabre*) ou administratif (CE, ass., 20 oct. 1989, n° 108243, *Nicolo*) peut contrôler la conventionnalité (et donc la conformité au droit de l'Union) des lois, contrairement au Conseil constitutionnel (Cons. const. 15 janv. 1975, n° 74-54 DC, *IVG*). En dernier ressort, c'est la CJUE (sur question préjudicielle notamment) qui est chargée de vérifier l'application et d'interpréter les traités européens.

En l'**espèce**, il s'agit bien de vérifier la conformité de la loi (art. L. 5121-1, CSP) au droit de l'Union européenne (la directive de 2001 et les droits fondamentaux de la Conv. EDH tels que visés par la Charte des droits fondamentaux).

En **conclusion**, il est possible de demander vérification au juge de la conventionnalité de la loi. Sur la conformité à la directive, il n'y a que peu de chances d'obtenir quoi que ce soit, puisque la loi reproduit scrupuleusement le texte de la directive, laquelle est elle-même dans le champ de compétence de l'UE. Reste à s'intéresser à l'aspect droits fondamentaux, qui suppose de poser la question de la conformité du texte à la Conv. EDH.

II/ Sur la conformité à la Convention de sauvegarde des droits de l'Homme

Il convient ici de s'intéresser au contenu pertinent de la Conv. EDH (A) avant d'envisager son application (B).

A – L'identification

1. Une première **question** se pose : un texte de loi issu d'une directive doit-il être conforme à la Conv. EDH ?

En **principe**, les ordres que sont celui de l'Union européenne et du Conseil de l'Europe sont distincts, sans hiérarchie entre eux (l'Union européenne, même si cela fut un temps en projet, n'a pas adhéré elle-même à la Conv. EDH, même si l'ensemble de ses États membres oui). Or, le fait que la loi d'un État partie à la Conv. EDH reproduise « presque mot pour mot » une directive ne le soustrait pas au contrôle de la CEDH (CEDH 15 nov. 1996, req. 17862/91, *Cantoni c/ France*, § 30).

En l'**espèce**, le texte attaqué est bien une loi, transposant certes une directive mais relevant bien du droit interne d'un État membre de la Conv. EDH.

En **conclusion**, l'art. L. 5121-1, CSP peut être contrôlé au regard de la Conv. EDH.

2. Une seconde **question** alors : le texte attaqué est-il conforme à la Conv. EDH ?

En **principe**, l'art. 7, Conv. EDH, pose le principe de légalité criminelle, qui suppose qu'une incrimination soit prévue par la loi. Sur le fondement de cet article, la CEDH a précisé que ce texte impliquait que les textes d'incrimination soient précis (v. par ex. CEDH 15 oct. 2015, n° 37553/05, *Kudrevičius et autres c/ Lituanie*). La CEDH a eu l'occasion de valider la définition du médicament telle que résultant des anciens textes (CEDH 15 nov. 1996, *Cantoni* préc.).

En l'**espèce**, la définition du médicament est certes générale, mais la prévisibilité de la loi n'est pas exclusive de la nécessité pour la personne concernée de consulter un professionnel pour déterminer ce qu'est un médicament (arrêt *Cantoni*). Ici, il faut même aller plus loin : l'on doit sans doute considérer que chacun doit avoir une idée minimale de ce qu'est un vaccin, qualification évidemment retenue en l'espèce.

En **conclusion**, si la Conv. EDH a vocation à s'appliquer, il ne semble pas qu'il y ait de non-conformité. Il n'en demeure pas moins possible de l'invoquer, ce qui conduit à s'interroger sur les organes de contrôle de la conventionnalité.

B – Le contrôle

La **question** est la suivante : quelle est l'autorité chargée du contrôle du respect par le législateur de la Conv. EDH ?

En **principe**, la Conv. EDH prime la loi (art. 55, Const. 1958). Tout juge, qu'il relève de l'ordre judiciaire (Cass., ch. mixte, 24 mai 1975, n° 73-13.556, *Jacques Vabre*) ou administratif (CE, ass., 20 oct. 1989, n° 108243, *Nicolo*) peut contrôler la conventionnalité (et donc la conformité à la Conv. EDH) des lois, contrairement au Conseil constitutionnel (Cons. const. 15 janv. 1975, n° 74-54 DC, *IVG*). En dernier ressort, c'est la CEDH qui est chargée de vérifier l'application et d'interpréter la Conv. EDH.

En l'**espèce**, il s'agit bien de vérifier la conformité de la loi (art. L. 5121-1, CSP) à l'art. 7 de la Conv. EDH.

En **conclusion**, il est possible de demander vérification au juge de la conventionnalité de la loi. Il est néanmoins peu probable que le texte soit jugé non conforme.

III/ Sur la conformité au bloc de constitutionnalité

Il convient ici de s'intéresser au contenu pertinent du bloc de constitutionnalité (A) avant d'envisager son application (B).

A – L'identification

1. Une première **question** se pose : une loi issue de la transposition d'une directive peut-elle faire l'objet d'un contrôle de constitutionnalité ?

En **principe**, si la loi doit être conforme aux traités internationaux, la Constitution est la norme suprême dans l'ordre interne (CE, ass., 30 oct. 1998, n° 200286, *Sarran et Levacher* ; Cass., ass. plén., 2 juin 2000, n° 99-60.274, *Fraisse*).

En l'**espèce**, il s'agit d'une loi transposant une directive européenne.

En **conclusion**, le contrôle de constitutionnalité n'est pas exclu, même si le Conseil constitutionnel préférera sans doute solliciter l'avis de la CJUE sur la conformité au droit de l'Union avant de censurer, dans une perspective de dialogue des juges.

2. Une seconde **question** se pose dès lors : le texte attaqué est-il conforme au bloc de constitutionnalité ?

En **principe**, l'art. 8, DDHC, prévoit le principe de légalité des délits et des peines, qui relève donc du bloc de constitutionnalité. Or, il faut déduire de ce principe celui de la précision de la loi pénale (Cons. const. 27 juill. 2006, n° 2006-540 DC).

En l'**espèce**, le texte est probablement suffisamment précis, pour les mêmes raisons que celles envisagées concernant la conformité à la Conv. EDH. Le dialogue des juges conduit en effet à une uniformisation du contenu des droits fondamentaux.

En **conclusion**, il est peu probable que le texte soit déclaré inconstitutionnel. Il convient néanmoins, si le client le souhaite, de formuler une demande de contrôle, ce qui suppose d'identifier l'autorité compétente.

B – Le contrôle

La **question** qui se pose est la suivante : quelle est la procédure à suivre pour demander l'inconstitutionnalité d'un texte ?

En **principe**, le contrôle *a posteriori* de constitutionnalité peut être exercé via la question prioritaire de constitutionnalité (art. 61-1, Const. 1958). Le moyen peut être soulevé à tout moment de la procédure, le juge saisi vérifiant le sérieux et la nouveauté de la question pour transmettre à sa juridiction suprême, laquelle opère le même contrôle pour transmettre au Conseil constitutionnel, chargé *in fine* du contrôle de constitutionnalité.

En l'**espèce**, Monsieur Germain est convoqué à une audience pénale, relevant donc de l'ordre judiciaire.

En **conclusion**, Monsieur Germain peut soulever une QPC qui serait, le cas échéant, transmise à la Cour de cassation puis au Conseil constitutionnel, même s'il est peu probable que sa demande aboutisse.

Cas pratique n° 5

› Énoncé

Maître Dupont est un avocat spécialisé en droit des affaires. Comme tout avocat, il est confronté à l'inflation normative et jurisprudentielle, qui lui cause parfois bien des tracas. Il craint ainsi d'être assigné en responsabilité professionnelle par deux clients, Madame Durand et Monsieur Germain.

La première est directrice juridique d'une grande entreprise dont Maître Dupont est le conseil. Elle reproche à Maître Dupont de l'avoir mal conseillée quant à l'application dans le temps de la loi de modernisation de l'économie du 4 août 2008. En effet,

Maître Dupont lui a indiqué que la modification réalisée par cette loi de l'ancien article L. 442-6 du Code de commerce (désormais L. 442-1), relatif au déséquilibre significatif, s'appliquait à compter du 1er janvier 2009. Ayant réeffectué des recherches, Maître Dupont s'est aperçu d'une erreur sur Légifrance. En effet, en consultant le *Journal officiel*, il s'est aperçu que si l'art. 21 de la LME modifiait bien l'art. L. 442-6, le report de l'application du texte au 1er janvier 2009 ne concernait… que la modification du 7° du texte !

Monsieur Germain est quant à lui directeur du département fusions-acquisitions d'un grand établissement. Après le *closing* d'une grosse opération de fusion-absorption datée du 31 décembre 2020, il a appris que sa société (absorbante) pouvait être condamnée pénalement pour les faits commis par l'absorbée avant l'opération. Pourtant, Maître Dupont, dans sa consultation du 1er décembre 2020, n'avait nullement fait mention du revirement permettant une telle reprise de la responsabilité pénale, découlant d'une décision du 26 novembre 2020, laquelle est applicable « aux opérations de fusion conclues postérieurement au prononcé de l'arrêt » (Crim. 25 nov. 2020, n° 18-86.955, n° 39). Maître Dupont s'est alors rendu compte que plusieurs commentateurs estimaient que ce revirement était attendu, car conforme à la jurisprudence de la CEDH et de la CJUE, même si la Cour de cassation faisait, jusqu'ici, de la résistance.

Pensez-vous que Maître Dupont ait commis des fautes susceptibles d'engager sa responsabilité professionnelle ?

› *Correction*

Il convient de distinguer le dossier de Madame Durand (I) et celui de Monsieur Germain (II).

I/ Sur le dossier de Madame Durand

Maître Dupont a mal conseillé Madame Durand, s'étant fondé sur Légifrance, dont le contenu était erroné. La **question** qui se pose est la suivante : un avocat commet-il une faute en se prévalant d'une mention sur Légifrance qui ne correspond pas au contenu de la loi ?

En **principe**, l'art. 21 de la loi de modernisation de l'économie du 4 août 2008 a modifié l'anc. art. L. 442-6, I, du Code de commerce ; l'art. 21, IV, a précisé que la modification du 7° du texte n'entrait en vigueur que le 1er janvier 2009. Or, selon l'art. 1er, C. civ., les lois entrent en vigueur « à la date qu'ils fixent ou, à défaut, le lendemain de leur publication ». Dès lors, pour les dispositions non spécifiquement visées par l'art. 21, IV, l'entrée en vigueur est le 6 août 2008 (la loi ayant été publiée le 7).

Or, en principe encore, les avocats sont tenus d'un devoir de conseil et, en tant que professionnels du droit, doivent avoir connaissance du droit positif. Cela implique qu'ils aient connaissance des textes en vigueur, donc publiés au *Journal officiel*. Il se trouve que si Légifrance met à disposition gratuite les lois françaises, il ne s'agit que d'un site d'information (décr. du 7 août 2002). Un avocat ne saurait donc se prévaloir d'une erreur de Légifrance [même si, en pratique, rares sont ceux qui vérifient le contenu du *Journal officiel*... sans compter que, sur la question du cas pratique, nombre de juridictions se sont également trompées !].

En l'**espèce**, Maître Dupont a mal conseillé sa cliente quant à l'application dans le temps de la LME de 2008, ayant reproduit l'erreur de Légifrance.

En **conclusion**, cette erreur est constitutive d'un manquement au devoir de conseil dû par l'avocat, donc d'une faute professionnelle.

II/ Sur le dossier de Monsieur Germain

Maître Dupont, dans une consultation du 1er décembre 2020, n'a pas mentionné à Monsieur Germain le revirement (attendu) du 26 novembre, applicable aux opérations postérieures au prononcé de l'arrêt. La **question** qui se pose est la suivante : l'avocat qui n'indique pas à son client un revirement récent qui lui est applicable engage-t-il sa responsabilité professionnelle ?

En **principe**, il découle des art. 4 et 5, C. civ., que si les arrêts de règlement sont prohibés, il n'en demeure pas moins que la jurisprudence a un rôle normatif, que ce soit dans l'interprétation ou dans la création. Or, les professionnels du droit doivent connaître le contenu du droit positif, ce qui inclut la jurisprudence. En principe encore, la jurisprudence a un effet rétroactif ; par exception, l'arrêt peut prévoir qu'il ne vaudra que pour l'avenir (CEDH 13 juin 1979, *Marckx c/ Belgique* ; Cass., ass. plén., 21 déc. 2006, n° 00-20.493).

Reste à s'interroger sur l'évolution de la jurisprudence. Si nul n'a de droit acquis à une jurisprudence figée Civ. 1re, 9 oct. 2001, n° 00-14.564), les professionnels du droit doivent avoir connaissance de la jurisprudence dès lors qu'elle a fait l'objet d'une publicité importante (l'appréciation se fait concrètement, décision par décision). Ainsi, les professionnels du droit doivent en avoir connaissance lorsqu'un mois s'est écoulé depuis la publication sur le site Internet de la Cour de cassation (CEDH 21 mars 2017, *Poulain c/ France*). En outre, les professionnels du droit engagent leur responsabilité professionnelle s'ils n'ont pas anticipé un revirement prévisible (Civ. 1re, 12 oct. 2016, n° 15-18.659).

En l'**espèce**, le revirement résulte d'un arrêt du 25 novembre 2020, qui n'a pas été mentionné dans la consultation faite par Maître Dupont le 1er décembre. Or, l'arrêt a fait l'objet d'une publicité le jour même de son rendu, avec une publication également sur Twitter. Précisons en outre que si le revirement était attendu par certains (au regard de la jurisprudence de la CEDH et de la CJUE), la Cour de cassation avait déjà montré sa résistance aux juridictions européennes sur cette thématique. La question demeure donc ouverte : la publicité de la décision a été très efficace [il n'est que de voir le nombre de commentaires de la décision sur les réseaux sociaux le jour de sa publication] mais l'on peut sans doute considérer qu'un délai d'une semaine est trop court pour exiger la connaissance de la décision [ce qui peut étonner puisque les justiciables se verront appliquer cette jurisprudence dès le 26 novembre !].

En **conclusion**, et sauf appréciation contraire de l'exigence de connaissance de la décision liée à la publicité intense de celle-ci, il ne semble pas que Maître Dupont ait commis de faute en n'ayant pas connaissance d'un revirement une semaine après le rendu de la décision.

Cas pratique n° 6

› Énoncé

Monsieur Durand est propriétaire de divers immeubles et locaux d'habitation. Il sollicite vos conseils d'avocat réputé en droit transitoire.

Il a ainsi donné à bail d'habitation un appartement bordelais à Madame Dupont, le 1er décembre 1988. La loi alors en vigueur offrait au propriétaire bailleur la possibilité, après 3 ans, de donner congé au locataire sans motivation. La loi du 6 juillet 1989 exige désormais du propriétaire qu'il justifie du congé (art. 15). Monsieur Durand souhaite savoir s'il est tenu par les motifs limitativement énumérés par ce texte.

Il a également donné à bail commercial un local situé sur les Champs-Élysées à Monsieur Germain, par contrat daté du 1er juillet 2013, stipulant notamment une clause empêchant le renouvellement du bail commercial. En 2016, Monsieur Germain demande le renouvellement du contrat de bail, malgré la volonté de Monsieur Durand de se prévaloir de la clause. Monsieur Germain a ainsi demandé en justice que la clause soit réputée non-écrite. Monsieur Durand estime qu'il peut se prévaloir de la prescription biennale de l'ancien article L. 145-15 du Code de commerce, jugeant donc la demande de Monsieur Germain irrecevable. Monsieur Germain, lui, estime qu'il peut se prévaloir du non-écrit, nouvelle sanction issue de la loi Pinel du 18 juin 2014. Les deux parties savent que la sanction du réputé non-écrit est imprescriptible.

Il a enfin donné à bail commercial un local situé rue Victor Hugo, à Lyon, à Madame Petit, par contrat du 1er septembre 2020. Monsieur Durand a néanmoins appris que le Parlement envisageait de soumettre la validité de tous les baux commerciaux à une condition de vérification des règles sanitaires Covid par le locataire. Il craint que ce texte s'applique à son contrat.

Que pensez-vous de tout ceci ?

› Correction

Il convient de distinguer les trois dossiers de Monsieur Durand, relatifs aux baux de Madame Dupont (I), de Monsieur Germain (II) et de Madame Petit (III).

I/ Le bail de Madame Dupont

Monsieur Durand et Madame Dupont ont conclu un contrat de bail d'habitation le 1er décembre 1988. La **question** qui se pose est de savoir si les règles de la loi du 6 juillet 1989 relatives au congé s'appliquent à un contrat conclu antérieurement à cette loi.

En **principe**, selon l'article 2 du Code civil, « la loi ne dispose que pour l'avenir ; elle n'a point d'effet rétroactif ». Ce texte a valeur législative (Cons. const. 29 déc. 1989), ce qui autorise les dispositions transitoires spéciales. Or, l'article 25, II, alinéa 1er, de la loi du 6 juillet 1989 prévoit de telles dispositions : il dispose que les « contrats de location en cours à la date de la publication de la présente loi demeurent soumis aux dispositions qui leur étaient applicables », sauf exceptions dont l'article 15 limitant les motifs justifiant un congé.

En l'**espèce**, le contrat a été conclu avant l'entrée en vigueur de la loi de 1989 mais est toujours en cours. Dès lors, il faut appliquer les dispositions transitoires spécifiques à l'article 15 de la loi.

En **conclusion**, Monsieur Durand ne peut donner congé librement à Madame Durand mais doit justifier le congé par les motifs limitativement énumérés par la loi de 1989.

II/ Le bail de Monsieur Germain

Le contrat de bail commercial conclu le 1er juillet 2013 entre Monsieur Durand et Monsieur Germain comporte une clause empêchant le renouvellement du contrat. Une telle clause était sanctionnée par la nullité ; elle est, depuis la loi Pinel du 18 juin 2014, réputée non-écrite. La **question** qui se pose est la suivante : la substitution légale du réputé non-écrit à la nullité est-elle applicable aux contrats en cours au jour de la réforme ?

[L'énoncé invite à ne pas s'intéresser au caractère imprescriptible du réputé non-écrit, question de droit des contrats. Si l'art. 1184, al. 2, C. civ., assimile le non-écrit à la nullité partielle, il semble possible d'y voir un cas d'inexistence, donc imprescriptible (Civ. 3e, 19 nov. 2020, no 19-20.405).]

En **principe**, selon l'article 2 du Code civil, « la loi ne dispose que pour l'avenir ; elle n'a point d'effet rétroactif ». En matière contractuelle, la jurisprudence décide que les contrats demeurent soumis à la loi du jour de leur conclusion (v. par ex. Civ. 2e, 7 déc. 2006, no 05-13.391). La jurisprudence précise toutefois que la loi nouvelle régit « immédiatement les effets légaux des situations juridiques ayant pris naissance avant son entrée en vigueur et non définitivement réalisées », y compris en matière contractuelle (Cass., avis, 16 févr. 2015, no 14-70.011). Or, le droit au renouvellement d'un bail commercial, qui découle des articles L. 145-8 et suivants du Code de commerce, peut être considéré comme un effet légal du contrat, ce qui doit rendre applicable immédiatement la loi relative à ce droit (Civ. 3e, 19 nov. 2020, préc.).

En l'**espèce**, le contrat a été conclu le 1er juillet 2013, soit avant la loi Pinel du 18 juin 2014. Néanmoins, le litige est relatif à la sanction des clauses venant limiter le droit du preneur au renouvellement de son bail, la nouvelle sanction (le non-écrit) étant imprescriptible alors que l'ancienne (la nullité) étant prescrite. Puisqu'il s'agit d'un effet attaché par la loi au contrat, il faut considérer que le texte est d'application immédiate.

En **conclusion**, la sanction de la clause est le réputé non-écrit et la demande de Monsieur Germain n'est pas prescrite.

III/ Le bail de Madame Petit

Monsieur Durand et Madame Petit ont conclu un contrat de bail commercial le 1er septembre 2020 et le Parlement envisage de consacrer une nouvelle condition de validité de ce type de contrat. La **question** qui se pose est la suivante : une loi créant une nouvelle condition de validité d'un contrat s'applique-t-elle aux contrats antérieurs à son entrée en vigueur ?

En **principe**, il découle de l'article 2 du Code civil que « la loi ne dispose que pour l'avenir; elle n'a point d'effet rétroactif ». Ce principe a valeur législative et peut être remis en cause par des dispositions transitoires. Néanmoins, les lois nouvelles ne peuvent porter atteinte aux situations juridiques déjà constituées; dès lors, une loi nouvelle régissant les conditions d'un acte juridique ne saurait s'appliquer aux contrats déjà conclus (Civ. 3e, 7 oct. 1980, *Bull. civ.* III, n° 152). [En effet, si l'on peut songer à l'application immédiate de la loi nouvelle pour ce qui a trait aux *effets légaux* du contrat, les conditions de validité s'apprécient au jour de la conclusion du contrat uniquement.]

En l'**espèce**, le contrat a été conclu le 1er septembre 2020 et la loi hypothétique n'a pas encore été votée. Or l'objet de cette loi serait de modifier les conditions de validité des baux commerciaux. Une telle loi ne saurait jouer rétroactivement.

En **conclusion**, les craintes de Monsieur Durand sont injustifiées : le contrat n'est pas concerné par le texte discuté.

Cas pratique n° 7

› *Énoncé*

Résoudre les cas pratiques suivants.

Monsieur Durand a conclu un contrat de plomberie avec Madame Petit le 5 novembre 2002. Ce contrat n'a pas été correctement exécuté et Monsieur Durand souhaite demander l'exécution forcée en 2020, soit dans le délai de prescription de 30 ans existant à l'époque. Madame Petit estime que la réforme du 17 juin 2008 s'applique et que son action est prescrite.

Madame Germain a conclu avec Monsieur Dupont un contrat de construction d'une piscine le 1er décembre 2016. La piscine a été livrée le 1er avril 2017. Le 1er septembre 2020, Madame Germain a assigné Monsieur Dupont en exécution forcée, arguant de l'existence d'une fissure affectant la piscine. Monsieur Dupont s'étonne de cette assignation, car Madame Germain était parfaitement au courant de cette fissure bégnine, et avait malgré tout indiqué à Monsieur Dupont que cela était indifférent. Il estime donc que Madame Germain est de mauvaise foi; celle-ci rétorque que sa bonne ou mauvaise foi est indifférente, puisque l'article 1221 du Code civil résultant de l'ordonnance de 2016 avant sa modification en 2018 ne posait nullement cette exigence.

Madame Thomas est née en 2001 d'une Procréation médicalement assistée (PMA). Une loi est en projet, qui permet aux enfants nés de PMA d'accéder à l'identité du donneur. Elle s'interroge sur la portée de ce texte s'il venait à être voté : elle imagine que le donneur ne voulait pas que son identité soit dévoilée et imagine que le législateur ne saurait remettre en cause une telle situation.

› Correction

Il convient de distinguer le dossier Durand-Petit (I), le dossier Germain-Dupont (II) et le dossier Thomas (III).

I/ Sur le dossier Durand-Petit

Monsieur Durand et Madame Petit ont conclu un contrat le 5 novembre 2002, qui n'a pas été correctement exécuté. La **question** qui se pose est la suivante : les actions dérivant d'un contrat conclu en 2002 sont-elles prescrites en 2020 ?

En **principe**, l'article 2219 du Code civil définit la prescription extinctive comme « un mode d'extinction d'un droit résultant de l'inaction de son titulaire pendant un certain laps de temps ». Or, la prescription a été réformée par une loi du 17 juin 2008 : auparavant, les actions personnelles se prescrivaient par 30 ans (anc. art. 2262, C. civ.) ; désormais, elles se prescrivent par 5 ans à compter de la connaissance des faits permettant d'exercer les droits (art. 2224, C. civ.). Or l'article 2222, alinéa 2, précise l'application dans le temps des modifications de prescription : « en cas de réduction de la durée du délai de prescription [...], ce nouveau délai court à compter du jour de l'entrée en vigueur de la loi nouvelle, sans que la durée totale puisse excéder la durée prévue par la loi antérieure ».

En l'**espèce**, il s'agit d'une action personnelle (il y a bien un droit personnel entre Monsieur Durand et Madame Petit, dérivant d'un contrat). Or le contrat date de 2002 et la prescription devait alors expirer en 2032. Néanmoins, la loi de 2008 est venue réduire le délai à 5 ans. Dès lors, l'action se trouvait prescrite de façon anticipée, en 2013 (sauf à ce que la personne n'ait pas eu connaissance du fait permettant d'exercer ses droits).

En **conclusion**, la prescription est acquise est peut-être opposée à Monsieur Durand.

II/ Sur le dossier Germain-Dupont

Madame Germain et Monsieur Dupont ont conclu un contrat de construction de piscine le 1er décembre 2016, avec livraison le 1er avril 2017 ; Madame Germain a agi en exécution forcée le 1er septembre 2020 et Monsieur Dupont se prévaut de la formulation de l'article 1221 découlant de la loi de 2018 (interprétative de l'ordonnance de 2016). La **question** qui se pose est la suivante : une loi interprétative s'applique-t-elle aux contrats antérieurs régis par la loi interprétée ?

En **principe**, il découle de l'article 2 du Code civil que « la loi ne dispose que pour l'avenir ; elle n'a point d'effet rétroactif ». Or l'article 1221 du Code civil a été créé par l'ordonnance du 10 février 2016 et modifié par la loi de ratification du 20 avril 2018 : « le créancier d'une obligation peut, après mise en demeure, en poursuivre l'exécution en nature sauf si cette exécution est impossible ou s'il existe une disproportion manifeste entre son coût pour le débiteur [de bonne foi : ajout en 2018] et son intérêt pour le créancier ». L'article 16 de la loi de ratification précise que la modification apportée à l'article 1221 a « un caractère interprétatif ». Or les lois interprétatives jouent rétroactivement (Civ. 3e, 1er févr. 1984, *Bull. civ.* III, n° 25), sauf à ce que les juges estiment qu'il n'y a pas simple interprétation (Com. 7 avr. 1992, n° 89-20.418).

En l'**espèce**, le contrat date du 1er décembre 2016 et est donc régi par l'ordonnance de 2016. Monsieur Dupont estime que Madame Germain est de mauvaise foi [le cas ne comporte pas d'éléments permettant de trancher sur ce point] et ne pourrait donc se prévaloir de l'article 1221 du Code civil. Si l'on considère que la loi de ratification est effectivement interprétative de l'ordonnance de 2016, la précision n'était pas nécessaire et l'exigence de bonne foi était posée dès l'origine (ce qui semble avoir la préférence de la doctrine). En revanche, si l'on considère que cette exigence de bonne foi ne découlait pas du texte initial, il s'agit d'une fausse loi interprétative, ce qui devrait conduire la jurisprudence à écarter la rétroactivité du texte.

En **conclusion**, il semble que l'exigence de bonne foi puisse être exigée, sauf à ce que les juges écartent le caractère interprétatif de la loi de ratification.

III/ Sur le dossier Thomas

Madame Thomas est née d'une PMA ; un projet de loi prévoit la possibilité pour les enfants nés de PMA d'accéder à l'identité du donneur de gamètes. La **question** qui se pose est la suivante : une loi modifiant les règles d'encadrement de la filiation est-elle applicable aux personnes nées avant son entrée en vigueur ?

En **principe**, il découle de l'article 2 du Code civil que « la loi ne dispose que pour l'avenir ; elle n'a point d'effet rétroactif ». Si des dispositions transitoires sont possibles, la question, à défaut, est celle de la qualification de la situation : pour les situations extracontractuelles en cours, le principe est celui de l'application immédiate de la loi nouvelle. Ainsi, en matière d'état des personnes, la loi du 16 novembre 1912 admettant la recherche de paternité naturelle fut déclarée applicable aux enfants nés avant son entrée en vigueur (Civ. 20 févr. 1917, *Gabrielle Dominicé*).

En l'**espèce**, le projet de loi vise à modifier certaines règles d'état des personnes, en permettant à un enfant né de PMA d'accéder à ses origines personnelles, donc à l'identité du donneur de gamètes. Il s'agit d'un texte d'application immédiate car il n'y a pas de contrat entre le donneur et le couple bénéficiant de la PMA [ce que laisserait entendre l'idée de « prévisibilité » pour le donneur, qui n'aurait pas consenti au don s'il avait su : il ne s'agit pas d'un consentement à un contrat, qui « scellerait » l'application du droit antérieur].

En **conclusion**, Madame Thomas pourra rechercher l'identité de son parent biologique si la loi venait à entrer en vigueur.

Cas pratique n° 8

› *Énoncé*

En raison de la pandémie de Covid-19, le président de la République a annoncé, dans une allocution télévisuelle du 5 mai, le confinement de toute la population à compter du soir-même, à minuit. Dès lors, toute personne souhaitant se déplacer doit obéir à certaines conditions énumérées par le chef de l'État, dont la détention d'une attestation mentionnant le motif de la sortie.

Monsieur Petit, qui travaille dans un service de réanimation, n'a pas eu la moindre seconde pour suivre cette allocution, travaillant non-stop depuis une semaine. Alors qu'il termine enfin sa « journée » de travail à 2 heures du matin il est verbalisé pour irrespect du confinement, n'ayant aucune attestation sur lui. Il a beau arguer de son ignorance, les forces de police ne veulent rien entendre.

Après une courte nuit de sommeil, il décide de se renseigner sur les nouvelles législatives. Il se connecte sur un site journalistique et apprend que le décret organisant le confinement a été publié au journal officiel le 6 mai à 7 heures, avec indication qu'il entre en vigueur immédiatement. Monsieur Petit se connecte sur Légifrance et trouve le décret… daté du 5 mai ! Il vient vous consulter pour savoir s'il peut obtenir l'annulation de l'amende prononcée contre lui pour irrespect du confinement. La solution serait-elle la même si le décret avait été daté du 6 mai et publié le 7 ? Et si le décret avait été daté du 7 mai et publié le 8 tout en se déclarant applicable le 6 mai ?

› *Correction*

Monsieur Petit a été verbalisé pour irrespect du confinement le 6 mai alors que le décret l'ordonnant n'était pas encore paru. Il convient d'envisager trois hypothèses, selon que le décret est daté du 5 et publié le 6 mai à 7 heures (I), que le décret est daté du 6 et publié le 7 mai (II) et que le décret est daté du 7 et publié le 8 mai (III).

I/ Première hypothèse : décret du 5 mai, publié le 6 mai

La **question** qui se pose est de savoir si un décret daté du 5 mai et publié le 6 mai à 7 heures du matin est applicable le 6 mai à 2 heures du matin ?

En **principe**, l'art. 1er, al. 1er, C. civ., dispose que « lorsqu'ils sont publiés au *Journal officiel* de la République française, les actes administratifs entrent en vigueur à la date qu'ils fixent ou, à défaut, le lendemain de leur publication », l'al. 2 précisant qu'« en cas d'urgence, entrent en vigueur dès leur publication […] les actes administratifs pour lesquels le Gouvernement l'ordonne par une disposition spéciale ». Le *Journal officiel* est daté mais n'est pas horodaté : seule la date peut donc être prise en compte.

En l'**espèce**, le décret a été publié le 6 mai et il est indiqué que le décret entre en vigueur immédiatement, ce qui est justifié par l'urgence sanitaire. Il est donc applicable le 6 mai à 0 heures.

En **conclusion**, Monsieur Petit ne peut contester sa verbalisation, prise sur la base d'un décret d'application immédiate avant ladite verbalisation.

II/ Deuxième hypothèse : décret du 6 mai, publié le 7 mai

La **question** qui se pose est de savoir si un décret daté du 6 mai et publié le 7 mai est applicable le 6 mai ?

En **principe**, l'art. 1er, al. 1er, C. civ., dispose que « lorsqu'ils sont publiés au *Journal officiel* de la République française, les actes administratifs entrent en vigueur à la date qu'ils fixent ou, à défaut, le lendemain de leur publication », l'al. 2 précisant qu'« en cas d'urgence, entrent en vigueur dès leur publication [...] les actes administratifs pour lesquels le Gouvernement l'ordonne par une disposition spéciale ».

Néanmoins, un décret qui n'a pas été publié mais dont les destinataires ont « nécessairement connaissance » leur est opposable même avant sa publication (Civ. 1re, 31 janv. 1989, *Bull. civ.* I, n° 50). La jurisprudence a pu admettre qu'un arrêté puisse être applicable avant sa publication dès lors qu'un communiqué de presse l'avait annoncé, et que tant son objet que son contenu présentaient un caractère d'urgence (CE 24 févr. 1999). Précisons néanmoins que ces deux jurisprudences ont été rendues avant la réforme de l'art. 1er réalisée en 2004, donc sous l'empire de l'anc. art. 1er, C. civ., qui disposait que les lois doivent être exécutées « du moment où la promulgation en pourra être connue ».

En l'**espèce**, le décret est daté du 6 mai et publié le 7 mai. Or, la verbalisation est intervenue le 6 mai à 2 heures du matin, soit avant la publication du décret. Ce dernier précise néanmoins qu'il est applicable immédiatement. Au regard de l'urgence liée à la situation sanitaire, peut-être les juges appliqueraient-ils la jurisprudence antérieure à la réforme de 2004 ; toute la question serait alors de savoir si le texte était suffisamment connu par la population au moment de la verbalisation. [Il ne s'agit pas de savoir si Monsieur Petit connaissait le texte mais bien l'ensemble de la population, car l'on peut alors appliquer l'adage *nul n'est censé ignorer la loi*.] L'on peut penser que oui, au regard de la situation sanitaire connue de tous et en raison de l'intervention télévisée du chef de l'État, qui a forcément été largement diffusée. Il reviendra néanmoins aux juges de procéder à l'appréciation et, le cas échéant, à refuser de reconnaître la connaissance du texte.

En **conclusion**, il semble que la verbalisation pourra être validée, car Monsieur Petit aurait dû connaître l'existence du texte. Néanmoins, les juges pourront juger en sens contraire.

III/ Troisième hypothèse : décret du 7 mai, publié le 8 mai

La **question** qui se pose est de savoir si un décret daté du 7 mai, publié le 8 mai, peut prévoir son application à compter du 6 mai et fonder la condamnation à une amende ?

En **principe**, l'art. 2, C. civ., dispose que « la loi ne dispose que pour l'avenir ; elle n'a point d'effet rétroactif ». Ce principe de non-rétroactivité, de valeur législative (Cons. const. 29 déc. 1986, n° 83-223 DC, *Loi de finances rectificative pour 1986*), a valeur constitutionnelle (Cons. const. 17 janv. 1989, n° 88-248 DC, *CSA*) et conventionnelle (CEDH 9 févr. 1995, nº 17440/90, *Welch c/ Royaume-Uni*) en matière pénale lorsqu'il s'agit d'une loi pénale plus sévère.

En l'**espèce**, si le décret ordonnant le confinement n'a pas qu'une portée pénale, il prévoit notamment l'édiction d'une infraction d'irrespect du confinement, qui a donné lieu à verbalisation de Monsieur Petit. Or, ce décret est daté et publié de dates postérieures à la verbalisation et a donc un effet rétroactif.

En **conclusion**, Monsieur Petit pourra faire annuler la verbalisation.

Cas pratique nº 9

› *Énoncé*

Monsieur Martin connaît diverses problématiques juridiques. Il a appris que votre cabinet était spécialiste en sources du droit et a décidé de vous consulter.

Il vous fait déjà part d'une question de droit des successions. Il a en effet décidé de donner à son fils Gérard un tableau de maître, qu'il a remis en mains propres il y a 3 ans. Il s'inquiète de ce que sa fille Géraldine puisse invoquer la nullité de la donation qui n'aurait pas été passée devant notaire (selon l'art. 931) ; il a pourtant cru entendre parler de la pratique du don manuel.

Monsieur Martin subit également des difficultés dans sa vie professionnelle, lui qui est tenancier d'une boutique marseillaise. Il a récemment accepté de fournir des marchandises pour un prix de 10 000 euros. Or, après livraison, l'acquéreur a refusé de lui verser les taxes supplémentaires, estimant que le prix devait s'entendre toutes taxes comprises. C'est pourtant l'usage !

Il a en outre, avec son associée Madame Germain, décidé de l'acquisition à crédit d'une nouvelle machine-outil. Madame Germain ayant des difficultés financières, elle a cessé de rembourser sa part. Monsieur Martin a reçu une assignation en paiement de cette part. Pourtant, la solidarité « ne se présume pas », selon l'article 1310, et rien n'est écrit à ce sujet dans le contrat !

La fille de Monsieur Martin, Géraldine, a de son côté été traumatisée par un combat de coqs organisé clandestinement en région parisienne. Elle souhaiterait dénoncer au Procureur de la République ce comportement mais croit savoir que de tels combats sont admis par coutume.

Que pensez-vous de tout ceci ?

› *Correction*

Il convient de distinguer les questions relatives au tableau (I), à la vente de marchandises (II), à la solidarité (III) et au combat de coqs (IV).

I/ Le tableau

Monsieur Martin a donné un tableau par remise en mains propres à son fils. La **question** qui se pose est la suivante : la pratique, *contra legem*, du don manuel est-elle valide ?

En **principe**, l'article 931 du Code civil dispose que « tous actes portant donation entre vifs seront passés devant notaires, dans la forme ordinaire des contrats ; et il en restera minute, sous peine de nullité ». Le don manuel est donc un contrat solennel, la règle étant d'ordre public (Civ. 1re, 11 sept. 2013, nº 12-15.618). Une coutume veut toutefois que la « tradition » (donc la mise en possession réelle) soit équivalente à l'acte notarié : c'est le don manuel, qui est valable dès lors qu'il y a dépossession irrévocable (Civ. 1re, 10 oct. 2012, nº 10-28.363). [Précisons en outre que le possesseur qui prétend avoir reçu une chose en don manuel est présumé tel (Civ. 1re, 30 mars 1999, nº 97-11.948).]

En l'**espèce**, il est indiqué que Monsieur Martin a donné le tableau par remise en mains propres il y a 3 ans ; tout indique donc qu'il y a bien eu transfert de la possession de la chose, de manière irrévocable (en tout cas, cela sera présumé).

En **conclusion**, malgré la lettre de l'article 931 du Code civil, le don manuel est valide car conforme à une règle coutumière.

II/ La vente de marchandises

Monsieur Martin a conclu un contrat pour un prix de 10 000 euros ; le cocontractant estime que ce prix s'entend TTC. La **question** qui se pose est la suivante : entre commerçants, à défaut de précision, le prix stipulé s'entend-il avec ou hors taxes ?

En **principe**, l'article 1591 du Code civil dispose que « le prix de la vente doit être déterminé et désigné par les parties », sans évoquer la question des taxes. La jurisprudence a pu décider que « selon un usage constant entre commerçants, les prix s'entendent hors taxes, sauf convention contraire » (Com. 9 janv. 2001, nº 97-22.212).

En l'**espèce**, il s'agit bien d'un contrat entre commerçants (Monsieur Martin tient une boutique et il a conclu un contrat avec un fournisseur) avec stipulation d'un prix de 10 000 euros sans plus de précision. Rien ne permet de penser qu'une convention contraire puisse être démontrée par le fournisseur.

En **conclusion**, l'usage s'applique et le prix est stipulé hors taxes.

III/ La solidarité

Monsieur Martin et Madame Germain, commerçants, ont acheté une machine-outil à crédit ; Monsieur Martin est assigné en raison du non-paiement par Madame Germain. La **question** qui se pose est la suivante : deux codébiteurs commerçants sont-ils engagés solidairement si cela n'a pas été expressément stipulé ?

En **principe**, l'article 1310 du Code civil dispose que « la solidarité est légale ou conventionnelle ; elle ne se présume pas ». La coutume veut que ces dispositions ne soient pas applicables en matière commerciale (Com. 21 avr. 1980, *Bull. civ.* IV, nº 158) dès lors que la dette est née d'une opération commerciale commune aux codébiteurs (Com. 5 juin 2012).

En l'**espèce**, Monsieur Martin et Madame Germain sont associés commerçants et ont acquis ensemble à crédit une machine-outil. Il s'agit bien de dettes nées d'une opération commerciale commune.

En **conclusion**, la coutume commerciale qui veut que les codébiteurs soient solidaires s'applique et Monsieur Martin est tenu de la part de Madame Germain.

IV/ Le combat de coqs

Géraldine a appris l'organisation clandestine d'un combat de coqs en région parisienne et s'interroge sur sa légalité. La **question** qui se pose est de savoir si l'organisation d'un tel combat relève d'une coutume autorisée par le Code pénal ?

En **principe**, l'article 521-1 du Code pénal punit de 2 ans d'emprisonnement et de 30 000 euros d'amende « le fait, publiquement ou non, d'exercer des sévices graves, ou de nature sexuelle, ou de commettre un acte de cruauté envers un animal domestique, ou apprivoisé, ou tenu en captivité ». Toutefois, l'alinéa 5 précise que « les dispositions du présent article ne sont pas applicables [...] aux combats de coqs dans les localités où une tradition ininterrompue peut être établie ». Une telle tradition existe dans certaines localités françaises : dans les Hauts-de-France, en Guadeloupe, à la Martinique et à La Réunion.

En l'**espèce**, le combat de coqs clandestin a été organisé en région parisienne, où n'existe pas de tradition locale ininterrompue de tels combats.

En **conclusion**, les organisateurs sont susceptibles d'être poursuivis pour l'organisation de ces combats.

3. La preuve

La preuve est, en pratique, fondamentale : c'est la même chose de ne pas être ou de ne pas être prouvé (*idem est non esse aut non probari*). Celui qui ne parvient pas à prouver son droit succombera au procès.

Formalisme *ad probationem* ou *ad validitatem*

Même si la preuve est fondamentale *en pratique* pour exercer ses droits, il n'en demeure pas moins qu'une règle de preuve n'est pas une règle de fond. On le constate à l'étude du formalisme.

Certains actes supposent de respecter un formalisme *ad validitatem* : il faudra un écrit pour la validité même de l'acte. Un testament (olographe) est nul s'il n'est pas « écrit en entier, daté et signé de la main du testateur » (art. 970, C. civ.). Autrement dit, un testament qui ne comporte pas ces conditions n'est tout simplement pas valable.

Pour la majorité des actes, le formalisme éventuellement exigé ne l'est qu'*ad probationem* : l'acte est valable sans forme mais ne pourra être prouvé que par écrit. Le principe en droit français est le consensualisme, donc la validité d'un contrat par le seul échange de consentements, sans forme : un contrat de vente d'une voiture qui n'est pas conclu par écrit est valable. Néanmoins, dans certains cas (not. si l'acte juridique porte sur une valeur de plus de 1 500 euros), la *preuve* de l'acte ne pourra être apportée que par écrit. L'absence d'écrit n'empêche pas l'acte d'être valable ; mais en cas de contestation, il faudra prouver par écrit.

La question de la preuve appelle des réponses différentes selon que l'on se place en matière pénale ou en matière civile. Schématiquement, le droit pénal obéit au système de la *preuve morale*, ce qui implique une admission large des modes de preuve : le principe est que « les infractions peuvent être établies par tout mode de preuve et le juge décide d'après son intime conviction » (art. 427, C. pr. pén.). En droit civil, l'on est plutôt dans un système de *preuve légale* : la force probante et la recevabilité des modes de preuve sont prévus par la loi elle-même. C'est le droit civil qui va nous intéresser dans cet ouvrage ; la preuve en matière civile est régie notamment par le Code civil et le Code de procédure civile.

Dans un cas pratique de droit (civil) de la preuve, il faut vous poser trois questions fondamentales : qui doit prouver ? que doit-on prouver ? comment prouver ? Il s'agit de déterminer la *charge* (II), l'*objet* (III) et les *modes* de preuve (IV). Ponctuellement, d'autres questions peuvent se poser, qui seront envisagées à titre liminaire (I).

I/ Remarques liminaires : questions ponctuelles

Il s'agit ici d'envisager des questions qui peuvent ponctuellement se poser dans un cas pratique : contrairement aux II, III et IV, elles ne se poseront pas toujours. Parfois (rarement), le cas pratique vous invitera à vous intéresser au droit transitoire (A) ; parfois (très rarement), il vous conduira à vous interroger au regard des règles de droit international privé (B) ; parfois (plus souvent), il sera question de l'aménagement contractuel de la preuve (C).

A – Le droit transitoire

Le droit transitoire a déjà été étudié ; il s'agit ici de s'intéresser au conflit de lois dans le temps en matière de preuve. Le droit de la preuve a en effet connu plusieurs réformes importantes : ainsi de la loi du 13 mars 2000 (dont l'apport essentiel fut la proclamation de l'équivalence entre l'écrit sur support papier et sur support électronique) et, surtout, de l'ordonnance du 10 février 2016 de réforme du droit des obligations. Or, en cas de réforme, il y a des conflits de lois dans le temps : comment les résoudre en matière de preuve ?

La jurisprudence procède à des **distinctions** :

• Pour ce qui est de la *charge de la preuve* : on considère qu'il s'agit d'une règle de fond qui s'applique donc immédiatement, sauf aux instances en cours (Soc., 13 déc. 2007, *Bull. civ.* V, n° 208 ; art. 9, al. 4, de l'ord. du 10 févr. 2016).

• Pour ce qui est de l'*objet de la preuve* : on applique les principes transitoires de droit commun car il s'agit d'une question de fond.

• Pour ce qui est des *modes de preuve*, il faut faire une sous-distinction :

– les preuves préconstituées (écrits) et les présomptions légales sont soumises à la loi applicable au jour de leur constitution (par ex. Civ. 1re, 9 mai 2019, n° 18-10.885) ;

– les preuves administrées dans le cadre du procès (présomptions de fait, témoignages, aveu, serment…) sont quant à elles régies par la loi au jour du procès, qui est donc d'application immédiate (Com. 15 nov. 2011, n° 10-15.049) ; par exception, l'ord. de 2016 ne s'applique pas aux instances en cours (en vertu de dispositions transitoires spécifiques : art. 9, al. 4, préc.).

B – Le droit international privé

Le droit international privé a (notamment) pour objet de résoudre les hypothèses de conflit de lois dans l'espace : en cas de situation d'extranéité (par ex. si l'objet du litige est transfrontalier ou que le litige est entre deux personnes de nationalités différentes), quel droit choisir ?

En matière de preuve, il faut procéder à la même distinction qu'en droit transitoire :

• Pour ce qui est de la *charge de la preuve* : la question ne se pose guère car la règle selon laquelle la charge pèse sur le demandeur est universelle ; elle concerne néanmoins les présomptions légales, pour lesquelles c'est le droit applicable au fond qui trouve à s'appliquer (Règlement Rome I du 17 juin 2008, art. 18-1).

• Pour ce qui relève de l'*objet de la preuve* : là encore, il s'agit d'une question de fond, qui relève donc du droit applicable substantiellement (Civ. 25 mars 1948).

• Pour ce qui concerne les *modes de preuve* : leur validité et leur recevabilité sont appréciées au regard de la loi du for (celle du juge saisi) mais le plaideur peut se prévaloir de la loi du lieu de l'acte (Règlement Rome I, art. 18-2) ; leur force probante dépend de la loi du for pour ce qui est des modes de preuve non-écrits (on renvoie à l'intime conviction du juge), de la loi régissant la forme pour les preuves écrites (Civ. 10 janv. 1951).

C – L'aménagement contractuel

Peut-on, par contrat, aménager les règles de charge, d'objet ou de modes de preuve ?

Depuis 2016, le **principe** est clair : il est légalement prévu que la liberté contractuelle trouve à s'appliquer en la matière. C'est le début de l'art. 1356 du C. civ. : « les contrats sur la preuve sont valables ». La *charge de la preuve* peut ainsi être renversée par des présomptions conventionnelles ; ces sanctions ne sauraient toutefois être irréfragables (art. 1356, al. 2, C. civ. ; la sanction est la disqualification en présomption simple, v. par ex. Com., 6 déc. 2017, n° 16-19.615). L'*objet de la preuve* peut être modifiée : par ex. une jurisprudence classique (désormais vidée de sa substance par la loi) avait pu affirmer que l'usage d'une carte bancaire avec composition du code prouvait l'ordre de paiement (Civ. 1re, 8 nov. 1989, n° 86-16.197, v. désormais art. L. 133-23, C. mon. fin.). Les *modes de preuve* peuvent être aménagés : ainsi d'un contrat qui prévoirait la preuve libre au-delà de 1 500 euros.

Ce principe connaît des **limites** :

– l'art. 1356, C. civ., précise que les contrats sur la preuve sont valables « lorsqu'ils portent sur des droits dont les parties ont la libre disposition ». Ainsi, l'on ne saurait renverser la charge de la preuve de la violation d'une clause de non-concurrence (Soc. 25 mars 2009, *Bull. civ.* V, n° 85) ; de même, les clauses des contrats de consommation faisant peser la charge de la preuve sur le consommateur sont des clauses irréfragablement présumées abusives (art. R. 212-1, 12°, C. consom.), tandis que les clauses encadrant les modes de preuve du consommateur sont simplement présumées abusives (art. R. 212-2, 9°, C. consom.) ;

– l'art. 1353, al. 2, C. civ., interdit de déroger à des présomptions irréfragables posées par la loi ou d'en créer ; la liberté ne vaut ainsi que pour les présomptions simples.

II/ La charge de la preuve : qui doit prouver ?

La question de la charge de la preuve doit être bien comprise : il ne s'agit pas tant de déterminer qui doit prouver quoi dans le procès (car, en pratique, chacun essaie de convaincre le juge du bien-fondé de ses prétentions et du mal-fondé des prétentions adverses) que de prévoir une règle de solution du litige à défaut de preuve. En somme, la question est de savoir qui supporte le *risque* de la preuve : puisque le juge doit statuer (art. 4, C. civ.), il doit donner tort à celui qui supportait la charge de la preuve mais ne l'a pas convaincu (*adde* art. 9, C. pr. civ. : « il incombe à chaque partie de prouver conformément à la loi les faits nécessaires au succès de sa prétention »). Cette précision faite, il faut distinguer le principe (A) et les exceptions (B).

A – Le principe

Le principe est *a priori* simple : la charge de la preuve incombe au **demandeur**. L'art. 1353, al. 1er, C. civ., dispose que « celui qui réclame l'exécution d'une obligation doit la prouver ». Mais ce n'est pas le demandeur au sens procédural (celui qui initie l'instance) : l'al. 2 précise que « réciproquement, celui qui se prétend libéré, doit justifier le paiement ou le fait qui a produit l'extinction de son obligation ».

Pour **identifier** le demandeur au sens probatoire, il faut prendre en considération deux éléments : 1° chaque partie doit prouver les faits desquels elle entend tirer des conséquences juridiques ; 2° les parties ne doivent prouver que les faits anormaux ou contraires à l'apparence (ainsi, le possesseur n'a pas à prouver sa propriété car il est apparemment propriétaire).

Quelques **exemples** : en responsabilité extracontractuelle, la victime doit prouver la faute, le préjudice et le lien de causalité, tandis que l'auteur doit prouver l'existence d'une cause d'exonération ; le bénéficiaire de l'assurance doit prouver la survenance d'un sinistre couvert ; celui qui demande l'exécution du contrat doit en prouver l'existence, mais celui qui se prévaut du vice du consentement doit prouver ce vice (en revanche, il n'est pas nécessaire de prouver qu'un contrat a été valablement conclu pour demander son exécution forcée : c'est bien à l'autre de se défendre en prouvant un vice) ; celui qui se prévaut d'une intention libérale de son cocontractant doit la prouver ; etc.

B – Les exceptions

Souvenez-vous déjà qu'il est possible d'aménagement conventionnellement la charge de la preuve, avec certaines limites.

Ce sont ici les **présomptions légales** qui vont nous intéresser : il s'agit de règles qui procèdent à un renversement de la charge de la preuve : ce n'est plus le demandeur mais son adversaire qui supporte le risque de la preuve. On parle parfois de « présomptions de droit » pour y faire entrer les présomptions découvertes par la jurisprudence (qui diffèrent des présomptions judiciaires) : l'on songe à la présomption de causalité entre la transfusion sanguine et la contamination par le virus de l'hépatite C (Civ. 1re, 9 mai 2001, *Bull. civ.* I, nº 130). En ce cas, la jurisprudence se fait législateur et l'on peut donc y voir des quasi-présomptions légales.

Présomptions légales et présomptions judiciaires

Malgré la proximité de vocabulaire, les présomptions légales (ou présomptions de droit) et les présomptions judiciaires (ou présomptions du fait de l'homme) diffèrent largement. Les présomptions légales viennent renverser la charge de la preuve : selon l'art. 1354, C. civ., une telle présomption « dispense celui au profit duquel elle existe d'en rapporter la preuve ». Au contraire, les présomptions judiciaires ne sont pas des présomptions : il s'agit de modes de preuve spécifiques (elles n'affectent donc pas la charge de la preuve). Il s'agit pour le juge de déduire de la réunion d'indices concordants la preuve d'un élément de fait inconnu. En somme, dans la présomption légale, le fait présumé est *supposé établi* par la loi, alors que dans la présomption judiciaire, il est *proposé* un raisonnement probatoire au juge.
Il y a une différence de régime essentielle : tandis que les présomptions légales s'imposent au juge, les présomptions judiciaires, en tant que modes de preuves, ne lui sont que proposées : le juge peut souverainement les écarter ou les retenir. Ainsi, avant l'arrêt précité de 2001, la reconnaissance d'une causalité entre la transfusion sanguine et la contamination par le virus de l'hépatite C était abandonnée au pouvoir souverain des juges du fond et relevait donc de la présomption judiciaire ; depuis 2001, la Cour de cassation en a fait une règle s'imposant au juge et donc y a vu une présomption « légale » (mais en tant que la jurisprudence s'incorpore à la loi).

À se concentrer donc sur les présomptions légales, elles peuvent être de **force différente.**

- Les présomptions *simples* peuvent être renversées par la preuve contraire. Il s'agit alors de procéder à une inversion de la situation initiale de risque de preuve, tout en permettant au nouveau titulaire du risque de prouver contre la présomption. Par ex., l'art. 2274 du C. civ. dispose que « la bonne foi est toujours présumée, et c'est à celui qui allègue la mauvaise foi à la prouver » : il est évidemment possible de prouver que la personne présumée de bonne foi ne l'était pas (tout comme le *présumé innocent* peut être déclaré coupable si le Ministère public parvient à démontrer la culpabilité) ; autre ex., l'art. 2276 dans sa fonction probatoire fait présumer le possesseur d'un meuble propriétaire, mais celui qui se prétend son auteur (donc celui qui lui a transmis le bien) peut prouver la mauvaise foi ; on songe encore à la présomption que l'enfant a été conçu entre 300 et 180 jours avant la date de sa naissance, qui supporte la preuve contraire (art. 311, C. civ.).
- Les présomptions *irréfragables* ne peuvent jamais être renversées : ce sont des *fictions légales* qui subsisteraient même s'il était démontré qu'elles ne correspondraient pas à la réalité. De telles présomptions sont ainsi des règles de fond : on ne peut jamais les contester lorsque leurs conditions sont réunies

(on peut en revanche en contester les conditions). Par ex., l'art. 2276 du C. civ. a également une fonction acquisitive dans les rapports *a non domino* (donc lorsque le propriétaire (A) a remis le bien à un tiers (B) qui a transmis la propriété à autrui (C), alors qu'il n'avait pas le droit de transmettre la propriété) : le tiers acquéreur de bonne foi est alors irréfragablement présumé propriétaire (le seul moyen pour A de revendiquer le bien entre les mains de C est de prouver qu'il n'est pas entré en possession de bonne foi mais, sinon, il ne pourra rien faire). De même, les clauses listées dans l'art. R. 112-1 du C. consom. sont irréfragablement présumées abusives, donc le professionnel ne pourra jamais prouver qu'elles sont justifiées et non déséquilibrantes pour le contrat.

• *Les présomptions mixtes* sont, comme leur nom l'indique, entre les deux précédentes : elles peuvent certes être renversées, mais seulement à l'aide de certains modes de preuves spécifiques. Par ex. le gardien d'une chose est présumé responsable, sauf si le dommage découle d'un cas de force majeure : toute autre preuve serait insuffisante.

Précisons que les parties ne sont pas laissées seules dans leur rôle probatoire : le **juge** peut aider à la fourniture de preuve, notamment en ordonnant la production de certains documents ou en ordonnant des mesures conservatoires des modes de preuve. Avant tout procès, il est ainsi possible de saisir le juge des référés ou des requêtes sur le fondement de l'art. 145, C. pr. civ. ; pendant le procès, le juge saisi peut ordonner la transmission de pièces entre les parties (v. art. 133 et 134, C. pr. civ.).

III/ L'objet de la preuve : que doit-on prouver ?

Là encore, il convient de distinguer le principe (A) et les exceptions (B).

A – Le principe

La détermination de l'objet de la preuve relève plus de la **procédure civile** que du fond du droit : savoir ce que l'on doit prouver, c'est déterminer le rôle des parties à l'instance. Or, le système français est mixte, empruntant à l'inquisitoire (système dans lequel le juge a un rôle actif) et à l'accusatoire (système dans lequel les parties s'occupent elles-mêmes de la détermination de l'objet de l'instance, le juge n'ayant qu'un rôle d'arbitre entre les prétentions opposées). En procédure civile française, le principe est que les parties doivent apporter les faits, tandis que le juge doit apporter le droit. L'art. 4, al. 1er, du C. pr. civ. dispose ainsi que ce sont les parties qui fixent l'objet du litige ; l'art. 6 exige d'elles qu'elles allègent les faits propres à fonder leurs prétentions ; l'art. 7 interdit au juge de se fonder sur des faits qui ne sont pas dans le débat ; l'art. 12 impose au juge de trancher le litige conformément aux règles de droit, quitte à requalifier les faits et actes litigieux sans s'arrêter à la dénomination proposée par les parties.

Cette répartition des rôles a une incidence évidente en matière de **preuve** (section IV du premier chapitre du C. pr. civ. posant les « principes directeurs du procès »). L'art. 9 du C. pr. civ. pose le principe : « il incombe à chaque partie de prouver conformément à la loi les faits nécessaires au succès de sa prétention », même si les art. 10 et 11 offrent au juge la possibilité d'ordonner des mesures d'instruction et d'injonction. Il y a donc une distinction claire entre les *faits* et le *droit*.

Quant aux **faits**, ils doivent être prouvés par les parties. Mais il n'en va pas ainsi de tous les faits :

– cela vise certes les faits *en général*, par opposition au droit, sans se limiter donc aux seuls faits juridiques : les actes juridiques sont des faits au sens de l'art. 9 ;

– il ne faut toutefois pas prouver tous les faits mais seulement ceux qui sont *pertinents*, qui ont une incidence sur la solution du litige ; à défaut d'incidence, il n'y a pas de raison d'exiger d'une partie qu'elle prouve le fait demeurant indifférent ;

– de même, seuls les faits *contestés* doivent être prouvés, pour éviter de faire supporter sur les parties une preuve trop importante : si l'autre partie acquiesce, inutile de prouver ; pour autant, le silence ne suffit pas à démontrer l'acquiescement (Com. 21 mars 2018, n° 15-27.213) car, de manière générale, le silence ne vaut pas acceptation en droit, sauf exceptions.

Pour ce qui est du **droit**, en revanche, il n'est pas compris dans l'objet de la preuve que doivent apporter les parties : le juge connaît le droit. Néanmoins, la portée de ce texte est relative : les charges procédurales pesant sur les parties sont de plus en plus lourdes puisqu'elles doivent procéder à la qualification des faits dans leurs écritures, concentrer les moyens, élaborer un dispositif comprenant toutes leurs demandes, etc., tandis que, de son côté, le juge n'a que rarement l'obligation de relever d'office des arguments de droit qui n'auraient pas été soulevés par les parties. En outre, lorsque les parties se fondent sur une coutume ou sur une règle de droit étranger, il leur revient de prouver la règle : le juge n'est supposé connaître que le droit interne écrit (et la jurisprudence qui s'y incorpore). Vous approfondirez cette problématique du rôle du juge et des parties dans l'identification du droit applicable en procédure civile : ces questions ne relèvent pas, à proprement parler, du droit de la preuve.

B – Les exceptions

Là encore, souvenez-vous du principe de liberté contractuelle : les parties peuvent, dans les matières dont elles ont la libre disposition, modifier contractuellement l'objet de la preuve.

Ce sont les **exceptions légales** qui vont ici nous intéresser : parfois, le législateur intervient pour déplacer l'objet de la preuve. Par ex., la preuve de la propriété étant quasiment impossible (il faudrait remonter la chaîne des propriétaires successifs à l'infini, puisque la propriété est imprescriptible), il suffit de prouver la possession (pendant un certain temps en matière immobilière : c'est pourquoi, lors d'une acquisition notariée, les notaires vont décrire l'historique des mutations de l'immeuble pour remonter jusqu'à 30 ans). Un autre ex. peut être tiré de la présomption de paternité : il n'est pas nécessaire de prouver la paternité tant que l'on prouve que la conception de l'enfant a eu lieu pendant le mariage (art. 312, C. civ.).

L'on songe encore aux **exceptions judiciaires**, qui correspondent aux *présomptions judiciaires* ou présomptions du fait de l'homme. Dès lors qu'elles sont graves, précises et concordantes (art. 1382, C. civ.), elles peuvent justifier que le juge s'estime convaincu par la preuve d'un objet autre que celui normalement exigé, l'objet démontré impliquant selon toute vraisemblance l'objet exigé (songez à la causalité en matière d'hépatite, déjà évoquée).

IV/ Les modes de preuve : comment prouver ?

Une fois identifié le titulaire du risque de preuve et l'objet qu'il doit prouver, il reste à déterminer les modes de preuve qu'il peut employer. En matière civile en effet, nous sommes dans un système de preuve légale et non morale : c'est la loi qui prévoit les modes de preuve admissibles ainsi que leur force probante. Dans un cas pratique, il vous faudra systématiquement vous interroger sur les modes de preuve admissibles dans votre hypothèse (A) ; ceci fait, un conflit de preuves pourra survenir, ce qui imposera que vous déterminiez la force probante de ces différents modes de preuve (B).

A – L'admissibilité : quel mode de preuve faut-il apporter ?

Avant 2016, il fallait raisonner en distinguant les actes juridiques des faits juridiques. Depuis la réforme du droit des obligations, le raisonnement est différent, même si la distinction demeure fondamentale : le principe est celui de liberté de la preuve (1), principe qui connaît des exceptions (2).

1. Le principe de liberté de la preuve

Le **principe** est posé par l'art. 1358 du C. civ. : « hors les cas où la loi en dispose autrement, la preuve peut être apportée par tous moyens » (v. aussi, en matière commerciale, art. L. 110-3, C. com.). Le principe vaut pour tous les faits juridiques (donc des faits auxquels la loi attache des conséquences juridiques qui ne sont pas nécessairement voulues par l'agent), mais aussi pour certains actes juridiques (donc des manifestations de volonté destinées à produire des effets de droit). Ainsi, la naissance, la mort, un accident, l'achat d'une baguette, un paiement, se prouvent par tous moyens.

Avant d'envisager les exceptions techniques, il faut envisager les **limites** à la liberté de la preuve : si la jurisprudence reconnaît ponctuellement un *droit à la preuve* fondé sur l'art. 6, § 1, de la Conv. EDH (v. par ex. Civ. 1re, 5 avr. 2012, n° 11-14.177), ce droit connaît des limites. La fin ne justifie pas toujours les moyens ! Le droit à la preuve est ainsi limité par :

– les *droits fondamentaux* de l'adversaire, notamment le droit à la vie privée (v. par ex. art. 259-1, C. civ., qui interdit la preuve de l'adultère obtenue « par violence ou par ruse » ; pour un ex. récent refusant de considérer l'atteinte, v. CEDH, gde ch., 17 oct. 2019, n° 1874/13, *Lopez Ribalda et a. c/ Espagne*) ; toutefois, la logique des droits fondamentaux joue ici à plein, puisque le droit à la preuve est lui-même un droit jugé fondamental : le conflit entre droits fondamentaux suppose ainsi d'effectuer un contrôle de proportionnalité entre le droit à la preuve et le droit au respect de la vie privée (v. par ex. Civ. 1re, 25 févr. 2016, n° 15-12.403 : « le droit à la preuve ne peut justifier la production d'éléments portant atteinte à la vie privée qu'à la condition que cette production soit indispensable à l'exercice de ce droit et que l'atteinte soit proportionnée au but poursuivi » ; comp. Soc. 30 sept. 2020, n° 19-12.058) ;

– le respect du *secret professionnel*, qui lie certains professionnels comme les notaires (Civ. 1re, 4 juin 2014, n° 12-21.244) mais, vraisemblablement, plus les banquiers (Com. 15 mai 2019, n° 18-10.491) ;

– le *secret des affaires* des art. L. 151-1 s. du C. com., issus d'une loi de 2018 ;

– le principe de *loyauté*, qui interdit la production de preuves recueillies à l'insu de celui auquel elles sont opposées, par ex. des enregistrements téléphoniques secrets (Cass., ass. plén., 7 janv. 2011, n° 09-14.316) ; toutefois, lorsque l'on sait que l'on est enregistré, l'enregistrement peut être produit contre nous (v. par ex., pour un SMS, dont l'auteur sait qu'il sera enregistré sur l'appareil du destinataire, Soc. 23 mai 2007, n° 06-43.209) ; de même, lorsque les enquêteurs justifient de leur qualité et n'agissent pas à l'insu d'autrui, leur enquête est recevable à titre de preuve (Com. 8 juill. 2020, n° 17-31.536).

2. Les exceptions

Par exception à l'art. 1358 du C. civ., la preuve de certains actes juridiques suppose la production d'un écrit. Dans un cas pratique, il vous faut ainsi vérifier la qualification des exceptions (a), tout en réservant le jeu d'exceptions aux exceptions (b).

a) Qualification des exceptions

Par exception au principe de liberté de la preuve, il faut parfois apporter une **preuve par écrit** : ce sont les deux exceptions.

1° L'art. 1359, al. 1er, du C. civ. dispose que « l'acte juridique portant sur une somme ou une valeur excédant un montant fixé par décret doit être prouvé par écrit sous signature privée ou authentique ». Selon l'art. 1er, al. 1er, du décret n° 80-533 du 15 juill. 1980, cette somme est fixée à **1 500 euros**.

Veillez à bien vérifier le **domaine** de ce texte :

– il ne concerne que les *actes juridiques*, non les faits juridiques : par hypothèse, l'on ne saurait imposer la pré-constitution d'un écrit pour un fait juridique, puisque l'agent n'a pas la volonté de produire les effets de droit qui en découlent ;

– en dessous de 1 500 euros, la preuve est libre ; le montant s'apprécie au regard de l'*objet de l'acte* et non de l'objet de la demande en justice (art. 1359, al. 3 : on ne peut éviter cette exigence d'écrit en restreignant la demande en deçà de 1 500 euros) ;

– ici comme ailleurs, un *contrat sur la preuve* est possible : l'art. 1359 n'est pas d'ordre public et les parties peuvent donc prévoir expressément que, même au-delà de 1 500 euros, la preuve est libre (mais il faudra alors prouver le contrat sur la preuve !) ; en revanche, les parties ne peuvent priver le juge de son pouvoir d'appréciation de la force probante des modes de preuve prévus par contrat ;

– la règle ne vaut qu'*entre les parties* : un acte juridique entre les parties est en effet un *fait juridique à l'égard des tiers*, car les tiers n'ont pas de prise sur l'opération ; les tiers peuvent donc prouver un acte juridique par tous moyens (Civ. 1re, 3 juin 2015, nº 14-19.825) ;

– la règle ne joue pas entre commerçants, pour lesquels la preuve est toujours libre (art. L. 110-3, C. com.) ; précisons qu'en présence d'un acte mixte conclu entre un commerçant et un non-commerçant, la preuve est libre pour le non-commerçant mais l'exigence d'écrit s'impose au commerçant (Com. 12 juin 2019, nº 18-13.846 ; Civ. 1re, 23 sept. 2020, nº 19-11.443).

2° Il faut noter une **autre exception**, qui découle de l'art. 1359, al. 2 du C. civ. : « il ne peut être prouvé outre ou contre un écrit établissant un acte juridique, même si la somme ou la valeur n'excède pas ce montant, que par un autre écrit sous signature privée ou authentique ». En somme, dès lors qu'il s'agit de réagir à une preuve par écrit, il faut produire un écrit, indépendamment du montant de l'acte juridique.

Précisons enfin que, dans certains cas, il est possible de **suppléer à l'écrit** en produisant autre chose :

– une copie fiable ;

– un aveu judiciaire ou un serment décisoire (art. 1361, C. civ.) ;

– un commencement de preuve par écrit, qui suppose plusieurs conditions :
  - il doit s'agir d'un écrit, qui peut correspondre à l'acte préconstitué mais ne remplissant pas les conditions de l'écrit valant preuve parfaite, par ex. un engagement sans signature, un engagement unilatéral sans mention de la somme due en chiffres et en lettres (art. 1376), un reçu (Civ. 1re, 19 oct. 2004, nº 01-03.812), ou même une simple signature sur un document (Civ. 1re, 9 mars 1970, *Bull. civ.* I, nº 82) ; la loi assimile à l'écrit « la mention d'un écrit authentique ou d'une signature privée sur un registre public » ainsi que « les déclarations faites par une partie lors de sa comparution personnelle, son refus de répondre ou son absence à la comparution » (art. 1362) ;

- l'écrit doit émaner de la personne à laquelle il est opposé ou de son mandataire (Civ. 1re, 28 juin 1989, n° 86-19.012) ;
- l'écrit doit rendre vraisemblable le fait allégué, ce qui est apprécié souverainement par les juges du fond (Civ. 1re, 21 oct. 1997, n° 95-18.787) ;
- enfin, le commencement de preuve par écrit ne suffit pas en lui-même, devant être corroboré par d'autres éléments de preuve (art. 1361), lesquels doivent lui être extérieurs (Com. 31 mai 1994, n° 92-10.795), lesquels peuvent consister en un témoignage par ex. Cette dernière condition montre que l'on est bien dans la suppléance et non dans l'exception à l'exception, contrairement à d'autres cas.

b) Exceptions aux exceptions

Par exception à l'exception, il est possible de revenir au principe de liberté de la preuve. L'art. 1360 envisage trois cas :

– l'*impossibilité de se préconstituer un écrit* : elle peut être matérielle (les circonstances de fait ont empêché la pré-constitution d'un écrit, par ex. pour le contrat conclu un sauveteur et un sauvé) ou morale (les liens entre les contractants empêchaient d'exiger un écrit, par ex. au sein de la famille voire entre un avocat et son client : Civ. 1re, 9 mai 1996, n° 94-14.022) ;

– l'*usage contraire* : il peut s'agir d'un usage professionnel ou encore d'une habitude entre les parties, qui concluent habituellement des actes juridiques similaires sans écrit ;

– la *perte par force majeure* : en ce cas, il faut démontrer que l'écrit a existé mais a été perdu dans un événement présentant les caractères de la force majeure (extériorité, imprévisibilité, irrésistibilité).

Une fois la preuve de ces exceptions rapportée, il sera loisible à la personne concernée de prouver le contenu de l'acte juridique par tous moyens.

B – La force probante : quel mode de preuve l'emporte ?

Il convient d'envisager séparément les différents modes de preuves : les écrits (1), le témoignage (2), l'aveu (3) et le serment (4). Il faudra enfin envisager l'appréciation judiciaire des différents modes de preuve (5).

1. Les écrits

L'écrit est la preuve reine : il est préconstitué par les parties pour se procurer une preuve de leur acte juridique. Il est **défini** par l'art. 1365 du C. civ. comme « une suite de lettres, de caractères, de chiffres ou de tous autres signes ou symboles dotés d'une signification intelligible, quel que soit leur support ». Notamment, le support peut être *électronique* : il y a *équivalence* entre l'électronique et le papier (art. 1366). Simplement, pour que cette équivalence soit possible, il faut pouvoir identifier l'auteur de l'écrit et que l'écrit soit établi et conservé dans des conditions assurant son intégrité. Puisqu'il n'y a pas de hiérarchie, le juge apprécie librement, en cas de conflit, le titre le plus vraisemblable.

L'art. 1363 pose tout de même une **prohibition** : celle de se *préconstituer un titre à soi-même* (v. par ex. Civ. 2e, 23 sept. 2004, nº 02-20.497). Autrement dit, il faudra démontrer que l'écrit émane de celui auquel il est opposé. Ce principe ne vaut que pour les actes juridiques, non pour les faits juridiques (Civ. 1re, 13 févr. 2007, nº 05-12.016), et connaît ponctuellement des exceptions (ainsi, le commerçant peut se prévaloir de sa propre comptabilité dès lors qu'elle est correctement tenue).

Cela précisé, il existe une grande **diversité** d'écrits : les principaux sont l'acte authentique (a), l'acte sous signature privée (b) et l'acte sous signature privée contresigné par un avocat (c), auxquels s'ajoutent d'autres écrits (d).

a) L'acte authentique

L'acte authentique obéit à diverses **conditions** (art. 1369, al. 1er, C. civ.) :

– l'acte doit obéir à certaines *formalités* : rédaction en français, encre indélébile, signature de l'officier public ; il peut s'agir d'un acte sous forme électronique à certaines conditions ;

– l'acte doit être dressé par un *officier public ayant compétence et qualité* pour ce faire : chaque profession a sa propre compétence (les notaires se chargent des contrats, les officiers d'état civil des actes d'état civil, les huissiers des significations, etc.).

La **sanction** est la perte d'authenticité ; si l'acte a été signé par les parties, il vaudra comme acte sous signature privée entre elles (art. 1370, C. civ. ; Civ. 1re, 28 sept. 2011, nº 10-13.733), sous réserve que les conditions de ce type d'écrit soient réunies.

Une fois les conditions réunies, les **effets** de l'acte authentique sont importants :

– il *fait foi jusqu'à inscription de faux* (art. 1371, C. civ.) : pour l'attaquer, il faut suivre une procédure spécifique complexe et sanctionnée pénalement en cas d'échec ; l'instrumentaire d'un acte authentique erroné peut être condamné pénalement, même s'il n'a pas eu conscience de l'erreur (v. par ex. Civ. 1re, 25 févr. 2016, nº 14-23.363) ;

– cette force probante ne vaut toutefois que pour la *date* (qui est certaine) et la *signature* ; quant au fond, l'acte authentique ne fait foi que pour ce que l'officier public a personnellement accompli ou constaté (art. 1371, C. civ.), non pour les autres mentions (v. par ex., pour l'exclusion du paiement « hors la vue » du notaire, Civ. 1re, 9 mai 2019, nº 18-10.885).

b) L'acte sous signature privée

L'acte sous signature privée obéit à diverses **conditions** :

– les parties doivent avoir *apposé leur signature* (en pied de page, à défaut de quoi la signature est équivoque : v. par ex. Civ. 1re, 14 janv. 2003, *Bull. civ.* I, nº 14), ce qui permet de les identifier et d'exprimer leur consentement (art. 1367, al. 1er, C. civ.) ; c'est pourquoi, en cas de *signature électronique*, il faut passer par un « procédé fiable d'identification » (al. 2) ;

– en revanche, il n'y a *pas de condition de forme*, l'*instrumentum* pouvant être écrit par une partie seulement, par voie électronique ou manuscrite, etc. (v. par ex. Civ. 1re, 30 oct. 2008, nº 07-20.001).

Pour **certains contrats**, des formes spécifiques sont exigées :
– pour les *contrats synallagmatiques* (qui créent des obligations réciproques), il faut établir « autant d'originaux qu'il y a de parties ayant un intérêt distinct », lesquels doivent mentionner le nombre d'originaux faits (art. 1375, C. civ.) ;
– pour les *contrats unilatéraux* avec engagement de verser une somme ou une certaine quantité de choses fongibles, il faut que la somme ou quantité soit inscrite en lettres et en chiffres, les premières l'emportant (art. 1376, *in fine*, C. civ.).

Quant à ses **effets** une fois les conditions réunies, l'acte sous signature privée *fait foi* entre les signataires et à l'égard de leurs ayants cause. Trois précisions à cet égard :
– l'acte ne fait foi que jusqu'à *preuve contraire* ;
– une *procédure de vérification d'écriture* est organisée en cas de contestation (art. 1373, C. civ.) ;
– la *date* de l'acte ne vaut que sauf preuve contraire entre les parties et ayants cause ; pour les tiers, la date ne devient certaine qu'avec l'enregistrement, la mort d'un signataire ou la transcription du contenu dans un acte authentique (art. 1377, C. civ.) : l'une des forces de l'acte authentique est en effet de conférer date certaine à l'acte.

c) L'acte sous signature privée contresigné par un avocat

L'acte sous signature privée contresigné par avocat, prévu par l'art. 1374 du C. civ., est entre l'acte sous signature privée et l'acte authentique, présentant deux avantages par rapport au premier :
– il a une *force probante* plus importante, faisant foi de l'écriture et de la signature des parties (sauf inscription de fond) ; cela ne vaut en revanche pas pour le contenu et la date (contrairement à l'acte authentique) ;
– il conduit à une *dispense des mentions manuscrites exigées par la loi*, en raison de la présence d'un avocat pour expliciter le sens de la loi (mais va-t-on payer un avocat pour simplement se dispenser des mentions légales, par ex. pour souscrire un cautionnement ?).

d) Les autres écrits

Diverses **preuves littérales** sont envisagées : les *registres* et *documents* que les professionnels doivent tenir ou établir qui ont la même force probante qu'un acte sous signature privée contre eux (art. 1378, C. civ.) ; n'ont en revanche pas cette force probante : les *registres domestiques* qui font preuve contre celui qui les a écrits lorsqu'ils énoncent un paiement reçu ou mentionnent qu'ils ont été établis pour suppléer le défaut de titre (art. 1378-1, C. civ.) et la *mention d'un paiement* sur le titre original ou sur une quittance, qui vaut présomption simple de libération dès lors que le document a été remis au débiteur (art. 1378-2, C. civ.) ; pour ces deux types d'écrit, il est donc possible de contester par tous moyens.

Il faut encore envisager le cas de la **copie fiable** qui « a la même force probante que l'original » (art. 1379, al. 1er). Est *réputée fiable* la copie exécutoire ou authentique d'un écrit authentique : c'est une présomption irréfragable. Est simplement présumée fiable toute copie résultant d'une reproduction à l'identique de la forme et du contenu de l'acte, et dont l'intégrité est garantie dans le temps. En revanche, « si l'original subsiste, sa présentation peut toujours être exigée » (art. 1379, al. 3, C. civ.).

L'on songe enfin à l'**acte recognitif**, par lequel une personne reconnaît l'existence d'une obligation à sa charge, constatée par un acte antérieur auquel il est fait référence : cet acte ne dispense pas de la présentation du titre original, sauf si sa teneur y est spécialement relatée (art. 1380, C. civ.).

2. Le témoignage

Le témoignage est une déclaration faite par une personne tierce au fait contesté. La déclaration est faite au juge, lequel apprécie la force probante de la déclaration (art. 1381, C. civ.).

3. L'aveu

L'aveu est une déclaration également, mais qui émane cette fois de celui contre lequel il produit des effets (art. 1383, C. civ.). Il y en a deux formes :

– l'**aveu judiciaire** est fait en justice par une partie ou son représentant spécialement mandaté (art. 1383-2, al. 1er, C. civ.) ; il fait foi contre celui qui l'a fait et est indivisible, ce qui empêche de ne le considérer qu'en partie (art. 1383-2, al. 2 et 3, C. civ.) ; il est irrévocable, sauf erreur de fait (art. 1383-2, al. 4, C. civ.) ;

– l'**aveu extrajudiciaire** est « purement verbal », n'est admissible que lorsque la preuve peut être rapportée par tous moyens, et laissé à l'appréciation du juge quant à sa valeur probante (art. 1383-1, C. civ.).

4. Le serment

Le serment émane de celui qui veut bénéficier de ses effets (c'est le miroir de l'aveu). Il en existe deux types (art. 1384, C. civ.) :

– le **serment décisoire** peut être déféré par une partie à l'autre : une partie va demander au juge d'inviter l'autre partie à prêter serment, l'acceptation du serment lui permettant d'emporter le procès (et empêchant de rétracter la demande de serment : art. 1385-3, C. civ.) ; en cas de refus, le fait est réputé non-établi et la partie succombe (art. 1385-2, C. civ.), mais elle peut inviter l'autre partie à juger elle-même le cas échéant ; le serment permet de pallier l'absence de preuve (art. 1386-1, C. civ.), pouvant être utilisé en tous domaines (art. 1385-1, C. civ.) mais ne pouvant porter sur un fait personnel à la partie déférée (art. 1385-1, C. civ.) ;

– le **serment déféré d'office** suppose que d'autres éléments de preuve existent (art. 1386-1, C. civ.) et sa valeur probante est laissée à l'appréciation du juge (art. 1386, C. civ.).

5. L'appréciation judiciaire des différents modes de preuve

Parfois, le juge est **privé** de sa liberté d'appréciation : ainsi, des présomptions judiciaires ne sauraient faire échec à un aveu judiciaire ; de même, sauf inscription de faux, les actes authentiques s'imposent au juge.

En revanche, la loi prévoit parfois une **pleine liberté** d'appréciation : ainsi de l'appréciation du témoignage, de l'aveu extrajudiciaire, du serment supplétoire, des conclusions d'un rapport d'expertise, etc. Enfin, les présomptions judiciaires sont abandonnées à son pouvoir souverain (art. 1382, C. civ.), sous réserve de respecter le contradictoire.

Cas pratique n° 10

› *Énoncé*

Gérard est heureux de vivre dans la *start up nation* : il a lancé une application (*tous anti solitude*) qui permet à des étudiants confinés de rencontrer des « amis », rémunérés *via* la publicité intégrée à l'application, mais sans être sous contrat de travail car la législation du travail est tout de même trop protectrice des salariés.

L'un de ses clients lui a indiqué qu'un salarié, Thomas, ne respectait pas les horaires de « *happy* rendez-vous » et qu'il arrivait systématiquement en retard, pour ensuite passer une bonne partie de la discussion à se plaindre de son employeur. Gérard est ulcéré de voir tant d'ingratitude : comment peut-on se plaindre de ses conditions de travail quand beaucoup n'ont tout simplement aucune activité ?

Gérard a ainsi décidé de recourir à l'agence « Chères Loques, détectives privés » pour vérifier les dires du client et obtenir des éléments pour agir en responsabilité contre son salarié, en raison de l'atteinte à l'image de marque de sa *start up*. Arsène Lutin, détective chargé de son affaire, accepte de se faire passer pour un client de *tous anti solitude*, avec indication des éléments de personnalité permettant de *match* avec Thomas, pour ensuite vérifier son comportement néfaste pour le *business* de Gérard.

Quelques semaines plus tard, Arsène adresse à Gérard un rapport détaillé. Il lui indique que Thomas passe effectivement la majeure partie de son temps de « *happy* rendez-vous » à se plaindre de Gérard ; il est en outre devenu « ami » avec Thomas sur un réseau social bien connu pour accéder à ses informations privées, et fournit des captures d'écran de « statuts » dans lesquels Thomas n'hésite pas à fustiger (à la limite de l'insulte) son employeur.

Gérard souhaite se prévaloir de ces éléments de preuve pour agir en responsabilité contre Thomas. *Qu'en pensez-vous ?*

› *Corrigé*

Gérard souhaite agir en responsabilité contre Thomas en raison de son comportement peu professionnel qui porterait atteinte à l'image de sa société. Il convient d'envisager la charge de la preuve (I), l'objet de la preuve (II) et les modes de preuve (III).

I/ Sur la charge de la preuve

La **question** qui se pose est la suivante : qui, de l'auteur ou de la victime, doit prouver la faute alléguée ?

En **principe**, l'art. 1353, al. 1er du C. civ. dispose que « celui qui réclame l'exécution d'une obligation doit la prouver ». Ainsi, avant d'exiger du débiteur qu'il prouve sa libération, il faut au préalable que celui qui réclame l'exécution d'une obligation la prouve (Civ. 1re, 14 févr. 2018, n° 16-23.205).

En l'**espèce**, Gérard se prétend victime d'une faute de Thomas, donc se prétend créancier d'une obligation extracontractuelle. C'est donc à Gérard qu'il revient de prouver l'existence de l'obligation, donc que ses conditions sont réunies.

En **conclusion**, c'est à Gérard, victime prétendue, qu'il revient de prouver la faute de Thomas.

II/ Sur l'objet de la preuve

La **question** qui se pose est la suivante : que doit prouver celui qui se prétend victime d'une faute ?

En **principe**, l'art. 9 du C. pr. civ. impose à chaque partie « de prouver conformément à la loi les faits nécessaires au succès de sa prétention ». Seuls les faits pertinents et contestés doivent être prouvés.

En l'**espèce**, le débat porte sur l'existence d'une obligation pesant sur Thomas, qui découlerait de sa responsabilité civile. Or, les conditions de la responsabilité civile sont, cumulativement, la faute, le dommage et le lien de causalité.

En **conclusion**, Gérard devra prouver la faute de Thomas, le dommage subi par lui-même et le lien de causalité entre la faute et le dommage.

III/ Sur les modes de preuve

À l'appui de sa prétention, Gérard souhaite se prévaloir d'une enquête (A) et d'une capture d'écran (B).

A – Sur l'enquête

Gérard a mandaté un détective privé qui s'est fait passer pour un client de la société pour laquelle Thomas travaille. La **question** qui se pose est la suivante : une enquête clandestine (donc sans indication par l'enquêteur de sa qualité) est-elle constitutive d'un mode de preuve recevable ?

En **principe**, l'art. 1358 du C. civ. dispose que « la preuve peut être apportée par tous moyens ». Les exceptions tiennent à certains actes juridiques : les faits juridiques se prouvent toujours par tous moyens. Plus généralement, sur le fondement de l'art. 6, § 1, de la Conv. EDH, la jurisprudence reconnaît parfois un droit fondamental à la preuve (Civ. 1re, 5 avr. 2012, n° 11-14.177).

Or, en principe encore ce droit à la preuve est limité par l'exigence de loyauté de la preuve : nul ne saurait se prévaloir d'une preuve obtenue par procédé déloyal. Ainsi, une enquête est valable dès lors que les enquêteurs justifient de leur qualité et n'agissent pas à l'insu d'autrui (Com. 8 juill. 2020, n° 17-31.536). *A contrario*, des enquêteurs qui n'informeraient pas la personne enquêtée de leur qualité feraient preuve de déloyauté.

En l'**espèce**, Gérard et Arsène (l'enquêteur) sont convenus que le second se ferait passer pour un client de la société du premier, de manière à juger la manière dont Thomas exécute ses prestations. Arsène s'est ainsi présenté en tant que client sans jamais indiquer sa véritable qualité d'enquêteur.

En **conclusion**, le comportement d'Arsène est déloyal et son rapport, de ce point de vue, est irrecevable en raison de la déloyauté de la preuve.

B – Sur la capture d'écran

Arsène, dans le cadre de son enquête sur les agissements de Thomas, est devenu ami avec lui sur un réseau social et a fait des captures d'écran de statuts dans lesquels Thomas se plaignait de son employeur. La **question** est celle de la recevabilité en justice de captures d'écran de comptes privés sur les réseaux sociaux.

En **principe**, l'on vient d'envisager le droit à la preuve, fondé sur l'art. 6, § 1. Or les droits fondamentaux peuvent entrer en conflit, lequel doit être réglé par le biais d'un contrôle de proportionnalité (Civ. 1re, 25 févr. 2016, n° 15-12.403). Il en va ainsi en cas de conflit entre le droit à la preuve et le droit au respect de la vie privée : « le droit à la preuve ne peut justifier la production d'éléments portant atteinte à la vie privée qu'à la condition que cette production soit indispensable à l'exercice de ce droit et que l'atteinte soit proportionnée au but poursuivi » (même arrêt). La chambre sociale a ainsi pu admettre la loyauté de captures d'écran spontanément communiquées par un autre salarié à l'employeur (Soc. 30 sept. 2020, n° 19-12.058), la déloyauté étant retenue si l'employeur a lui-même recherché la preuve (v. par ex. Soc. 20 déc. 2017, n° 16-19.609).

En l'**espèce**, si ce n'est pas l'employeur lui-même qui a procédé à la recherche de la preuve, il n'en demeure pas moins qu'il a procédé par l'intermédiaire d'autrui, l'enquêteur ayant agi à sa demande.

En **conclusion**, et sauf appréciation contraire des juges, la preuve ainsi obtenue l'a été de façon déloyale et le mode de preuve sera irrecevable.

Cas pratique n° 11

› Énoncé

1° Edmond est un vendeur aguerri de machines agricoles. Il a récemment été contacté par Pierre, un agriculteur, auquel il a vendu un chariot élévateur télescopique rotatif. Pierre, qui avait pourtant l'air ravi de son achat, est revenu le voir il y a quelques jours, en lui reprochant de lui avoir vendu un bien non conforme à la vente : en effet, un dispositif de sécurité intégré au chariot l'empêche de faire fonctionner la rotation en mouvement, ce qui complique fortement l'utilisation que Pierre avait prévu de faire de l'objet. Pierre souhaite donc remettre en question la vente et obtenir des dommages-intérêts. Edmond vient vous consulter : il vous indique que Pierre ne lui a jamais indiqué le besoin d'utiliser ainsi la machine. Edmond connaît bien le fond du droit et vous interroge uniquement sur les questions de preuve.

2° Géraldine est furieuse. En week-end hors de sa ville pour le mariage d'une très bonne amie, sa chambre d'hôtel a fait l'objet d'un cambriolage, son plus beau collier ayant été dérobé à l'occasion. Outre la tristesse de ne pas l'avoir porté, elle souhaite obtenir indemnisation par l'hôtel, qui a manqué à ses obligations de dépositaire (art. 1952 s., C. civ.). L'hôtel estime que Géraldine ne prouve nullement l'existence du contrat de dépôt, puisqu'elle se contente de produire des photocopies de factures et des attestations. *Qu'en pensez-vous ?*

› Corrigé

I/ Edmond et Pierre

Pierre a acheté un bien non conforme à ses besoins et souhaite agir en nullité de la vente et en paiement de dommages-intérêts par Edmond, le vendeur. La **question** qui se pose est la suivante : sur qui pèse la charge de la preuve quant à l'échange précontractuel d'informations entre un vendeur professionnel et un acheteur ? La question se pose toute entière sur le terrain de la *charge de la preuve*, sans qu'il soit besoin de s'arrêter sur l'objet et les modes de preuve.

En **principe**, l'art. 1353, al. 1er du C. civ. dispose que « celui qui réclame l'exécution d'une obligation doit la prouver ». L'al. 2 précise que « réciproquement, celui qui se prétend libéré doit justifier le paiement ou le fait qui a produit l'extinction de son obligation ».

Or, en principe encore, l'art. 9 du C. pr. civ. impose à chaque partie « de prouver conformément à la loi les faits nécessaires au succès de sa prétention ». Seuls les faits pertinents et contestés doivent être prouvés. Cela conduit à s'intéresser au fond : en matière d'information précontractuelle, est-ce le vendeur professionnel ou l'acquéreur qui est tenu d'une obligation d'information ? Plus précisément, le vendeur professionnel doit-il s'enquérir des besoins de l'acheteur, ou l'acheteur doit-il spontanément fournir les informations ? L'acquéreur doit démontrer qu'il est créancier d'une obligation de délivrance ; mais le vendeur doit, quant à lui, prouver qu'il a bien exécuté son obligation de conseil. Or, le devoir de conseil suppose, pour le professionnel, de se renseigner sur les besoins de l'acquéreur, et c'est donc sur lui que pèse la charge de la preuve.

En l'**espèce**, Pierre a acheté un bien non conforme et Edmond estime qu'il ne connaissait pas les besoins en question. Or Edmond est un vendeur professionnel tenu d'un devoir de conseil, ce qui doit le conduire à s'enquérir des besoins de l'acquéreur.

En **conclusion**, c'est sur Edmond que pèse la charge de la preuve de l'exécution de son devoir de conseil.

II/ Géraldine et l'hôtel

Géraldine a vu sa chambre d'hôtel cambriolée et un collier dérobé. Elle souhaite obtenir une indemnisation par l'hôtel, qui estime que les preuves apportées par Géraldine sont insuffisantes. Il convient de distinguer la charge (A), l'objet (B) et les modes (C) de preuve.

A – La charge de la preuve

La **question** qui se pose est la suivante : sur qui pèse la charge de la preuve de l'obligation d'indemnisation pesant sur l'hôtel à l'égard de son client victime d'un vol au sein de l'établissement ?

En **principe**, l'art. 1353, al. 1er du C. civ. dispose que « celui qui réclame l'exécution d'une obligation doit la prouver » ; l'al. 2 précise que « Réciproquement, celui qui se prétend libéré doit justifier le paiement ou le fait qui a produit l'extinction de son obligation ». Ainsi, avant d'exiger du débiteur qu'il prouve sa libération, il faut au préalable que celui qui réclame l'exécution d'une obligation la prouve (Civ. 1re, 14 févr. 2018, no 16-23.205).

En l'**espèce**, Géraldine s'estime créancière d'une obligation pour l'hôtel d'assurer la conservation des objets déposés dans la chambre (dépôt hôtelier) ; quant à l'hôtel, il estime que le dépôt des objets n'est pas prouvé.

En **conclusion**, il revient à Géraldine de prouver le dépôt des objets ; il reviendra ensuite à l'hôtel de prouver qu'il n'a pas manqué à ses obligations de dépositaire.

B – L'objet de la preuve

La **question** qui se pose est la suivante : que doit prouver celui qui se prétend créancier d'une obligation de conservation née d'un dépôt hôtelier, et que doit prouver, réciproquement, le débiteur pour échapper à sa responsabilité ?

En **principe**, l'art. 9 du C. pr. civ. impose à chaque partie « de prouver conformément à la loi les faits nécessaires au succès de sa prétention ». Seuls les faits pertinents et contestés doivent être prouvés.

En l'**espèce**, le débat porte sur l'existence d'une obligation pesant sur l'hôtel, qui serait débiteur d'obligations nées d'un dépôt hôtelier. Or, cela suppose de démontrer que les objets ont bien été déposés dans la chambre.

En **conclusion**, Géraldine doit prouver la remise du collier dans la chambre.

C – Les modes de preuve

La **question** qui se pose est la suivante : quels sont les modes de preuve offerts au client d'un hôtel qui se prétend déposant d'un objet auprès de l'hôtel ?

En **principe**, l'art. 1358 du C. civ. dispose que « la preuve peut être apportée par tous moyens ». Par exception, les actes juridiques dont le montant est supérieur à 1 500 euros se prouvent par écrit (art. 1359, al. 1er du C. civ. ; art. 1er, al. 1er du décret n° 80-533 du 15 juill. 1980). Par exception à l'exception, l'art. L. 110-3 du C. com. écarte l'exigence d'écrit pour les actes de commerce entre commerçants. En présence d'un acte mixte entre un commerçant et un non-commerçant, le second bénéficie de la liberté de la preuve (Com. 12 juin 2019, n° 18-13.846 ; Civ. 1re, 23 sept. 2020, n° 19-11.443).

[Précisons en outre, mais la question relève du droit des contrats spéciaux et est omise par la Cour de cassation elle-même dans l'arrêt du 23 sept. 2020 préc., que l'art. 1950 du C. civ. permet la preuve par témoins même au-dela de 1 500 euros pour le dépôt nécessaire, le dépôt hôtelier y étant assimilé en législation.]

En l'**espèce**, le contrat de dépôt hôtelier a été conclu entre Géraldine et un hôtel, qui est nécessairement un commerçant (par définition). Or Géraldine est un non-professionnel, et le contrat de dépôt hôtelier correspond donc à un acte mixte.

En **conclusion**, Géraldine peut prouver par tous moyens le contrat, y compris par la production de photocopies de factures et des attestations, dont la force probante sera laissée à l'appréciation du juge.

Cas pratique n° 12

› *Énoncé*

Monsieur Germain est le directeur d'un hypermarché. Suspectant des vols perpétrés par le personnel, il décide de mettre en place un système de vidéosurveillance, indiquant à son personnel que les entrées et sorties seraient surveillées. Ce qu'il ne leur a en revanche pas dit, c'est que leurs postes de travail aussi seraient surveillés. Grâce à ce stratagème, il parvient à démontrer que Stéphane, pourtant caissier depuis 6 ans, emporte régulièrement une partie des revenus de la caisse. Il décide ainsi de licencier Stéphane. Or ce dernier n'a pas hésité à partir avec des documents appartenant à l'entreprise, dont le contenu démontre des manquements évidents au droit du travail. Monsieur Germain souhaite ainsi porter plainte pour vol et procéder au licenciement de Stéphane.

› *Corrigé*

Il convient ici de distinguer deux aspects qui concernent la preuve de la cause du licenciement, liée à la plainte pour vol des produits appartenant au magasin (I), et le vol de documents appartenant à l'entreprise comportant la preuve de manquements par l'employeur au droit du travail (II).

I/ La preuve du vol de produits du magasin

Monsieur Germain, suspectant des vols au sein de son supermarché, souhaite porter plainte, ayant obtenu des preuves par vidéo-surveillance à l'insu de ses salariés. Distinguons la charge (A), l'objet (B) et les modes (C) de preuve.

A – La charge de la preuve

La **question** qui se pose est la suivante : sur qui pèse la charge de la commission d'un vol ?

En **principe**, en matière pénale, le ministère public se charge des poursuites (sous réserve de l'opportunité des poursuites). Si le ministère public ne s'exécute pas, la victime peut se constituer partie civile (*idem*). La victime peut aussi agir en responsabilité civile devant les juridictions civiles; l'employeur peut décider de licencier son salarié, devant, en cas de recours, démontrer les causes du licenciement. Plus généralement, l'art. 1353, al. 1er du C. civ. dispose que « celui qui réclame l'exécution d'une obligation doit la prouver ».

En l'**espèce**, Monsieur Germain s'estime victime d'agissements de Stéphane, qu'il souhaite invoquer au soutien d'une plainte pénale et d'une procédure de licenciement.

En **conclusion**, c'est à Monsieur Germain qu'il revient de prouver la faute de Stéphane, sous la réserve de l'assistance du ministère public en matière pénale.

B – L'objet de la preuve

La **question** qui se pose est la suivante : que doit prouver celui qui se prétend victime d'une faute ?

En **principe**, l'art. 9 du C. pr. civ. impose à chaque partie « de prouver conformément à la loi les faits nécessaires au succès de sa prétention ». Seuls les faits pertinents et contestés doivent être prouvés. Au regard du principe de présomption d'innocence, il revient pareillement au ministère public de démontrer la réunion des conditions de la responsabilité pénale.

En l'**espèce**, le débat porte sur l'existence d'une faute de Stéphane, justifiant une condamnation pénale et un licenciement.

En **conclusion**, Monsieur Germain (ou le ministère public pour le volet pénal) devra prouver la faute de Stéphane, cause du licenciement et de la condamnation pénale.

C – Les modes de preuve

La **question** qui se pose est la suivante : est-il possible de se prévaloir d'une preuve obtenue par un procédé occulte ?

En **principe**, en matière pénale, l'art. 427 du C. pr. pén. dispose que « les infractions peuvent être établies par tout mode de preuve et le juge décide d'après son intime conviction ». En matière civile, l'art. 1358 du C. civ. dispose que « la preuve peut être apportée par tous moyens ». En outre, sur le fondement de l'art. 6, § 1, de la Conv EDH, la jurisprudence reconnaît parfois un droit fondamental à la preuve (Civ. 1re, 5 avr 2012, n° 11-14.177). Néanmoins, la liberté de la preuve est limitée par l'exigence de loyauté et par le respect des libertés fondamentales, dont le droit au respect de la vie privée. Ainsi, dans une décision *Ribalda et a. c/ Espagne*, la Cour européenne a estimé qu'un enregistrement vidéo fait par l'employeur à l'insu de ses salariés ne porte pas atteinte à la vie privée de ses salariés, dès lors qu'il est réalisé pour établir l'origine des vols dont il a été victime (CEDH, gde ch., 17 oct. 2019, n° 1874/13). Il faut néanmoins qu'il n'existe pas d'autres moyens, moins intrusifs, de parvenir aux mêmes fins, et que des garanties adéquates soient offertes aux salariés.

En l'**espèce**, l'atteinte à la vie privée mérite d'être discutée, de même que la déloyauté. S'il semble que les faits entrent exactement dans le cadre de l'arrêt *Ribalda*, il faut néanmoins souligner la déloyauté de l'employeur, qui a informé quant à certaines caméras, mais non toutes ; néanmoins, il ne semble pas que l'employeur ait eu d'autres moyens de protéger ses biens que celui-ci.

En **conclusion**, il est vraisemblable que la production des enregistrements vidéo sera admise devant les juridictions.

II/ Le vol de documents relatifs au litige prud'homal

La **question** qui se pose est la suivante : un salarié qui soustrait des documents à son employeur en vue d'un litige prud'homal peut-il être condamné pour vol ?

En **principe**, l'art. 311-1 du C. pén. dispose que « le vol est la soustraction frauduleuse de la chose d'autrui », l'art. 311-3 précisant que « le vol est puni de 3 ans d'emprisonnement et de 45 000 euros d'amende ». La jurisprudence est néanmoins venue préciser que lorsque le salarié « a appréhendé des documents dont il avait eu connaissance à l'occasion de l'exercice de ses fonctions et dont la production était strictement nécessaire à l'exercice de sa défense dans la procédure prud'homale qu'il a engagée peu après », il ne saurait être condamné pour vol (Crim. 16 juin 2011, *Bull. crim.*, n° 134). La circonstance est alors constitutive d'un fait justificatif spécial qui, malgré la réunion des éléments constitutifs du vol, permet au salarié d'être pénalement exonéré. En revanche, lorsque les éléments « n'ont pas été emportés par le prévenu pour assurer sa défense dans un dossier prud'homal, le fait justificatif spécial est exclu et le vol caractérisé » (Crim. 21 juin 2011, *Bull. crim.*, n° 149).

En l'**espèce**, Stéphane, au moment de son licenciement, est parti avec des documents appartenant à l'entreprise (il s'agit donc bien de la soustraction de la chose d'autrui), dont le contenu démontre des manquements évidents au droit du travail. Il apparaît donc qu'il s'agit de documents utiles pour la procédure prud'homale et soustraits à cette fin.

En **conclusion**, Stéphane ne saurait être condamné pour vol.

Cas pratique n° 13

› *Énoncé*

Paul est très heureux : lassé de vivre à Paris et de souffrir la pollution et le bruit sans pouvoir profiter des cinémas et des musées fermés depuis plus d'un an pour cause de pandémie mondiale, il a décidé d'acquérir un pavillon de banlieue avec un bout de jardin (si seulement son employeur était plus télétravail *friendly*, il aurait pu aller plus loin encore !).

Ce pavillon lui a été vendu par Jacques, l'acte authentique de vente ayant été dressé devant notaire en septembre 2020. Il se trouve que Paul et Jacques sont de vieilles connaissances, qui ont profité de l'opération pour renouer de solides liens d'amitié remontant au collège. Lorsque Paul a indiqué à Jacques qu'il n'avait pas besoin de souscrire d'emprunt et qu'il lui fallait simplement quelques mois pour libérer le *cash* nécessaire au paiement des 800 000 euros de prix du pavillon, Jacques lui a donc fait aveuglément confiance.

C'est pourquoi les deux contractants ont indiqué au notaire que le paiement avait été fait avant la vente, alors même que tel n'était pas le cas. Le notaire indiqua donc dans l'acte authentique la mention suivante : « le prix de l'immeuble, fixé à 800 000 euros par les parties, a été payé par l'acquéreur hors la vue du notaire ». En sortant de l'office, Paul a indiqué de vive voix à Jacques qu'il lui paierait effectivement le prix 6 mois plus tard, le secrétaire de l'office notarial ayant entendu la conversation.

Pourtant, 10 mois plus tard, Jacques n'a toujours pas reçu paiement et, contactant Paul, se voit rétorquer que le prix a été payé et constaté dans un acte authentique. En outre, Paul exige de Jacques des dommages-intérêts car des malfaçons affectant l'immeuble ont été constatées par lui, et confirmées par deux rapports d'expertise concordants effectués l'un à la demande de Paul, l'autre à la demande de son assureur.

Jacques vient vous consulter sur sa situation.

› *Corrigé*

Il convient de distinguer d'une part la preuve du paiement (I) et d'autre part la preuve des malfaçons (II).

I/ La preuve du paiement

Jacques et Paul ont conclu un contrat de vente immobilière par acte authentique, l'acte indiquant que le prix a été versé « hors la vue » du notaire. Paul a indiqué devant témoin à Jacques qu'il paierait plus tard. Jacques n'ayant pas reçu paiement, il souhaite agir contre Paul, qui conteste la demande et affirme avoir d'ores et déjà payé, comme le constate l'acte.

Il convient de distinguer la charge (A), l'objet (B) et les modes (C) de preuve.

A – La charge de la preuve

La **question** qui se pose est la suivante : en cas de contestation du paiement du prix de vente d'un immeuble, qui du vendeur ou de l'acquéreur doit prouver le paiement ?

En **principe**, l'art. 1353 du C. civ. dispose que « celui qui réclame l'exécution d'une obligation doit la prouver » et que, « réciproquement, celui qui se prétend libéré doit justifier le paiement ou le fait qui a produit l'extinction de son obligation ».

En l'**espèce**, Jacques estime être créancier de Paul pour le paiement du prix de son pavillon.

En **conclusion**, Jacques doit prouver être créancier du paiement (donc prouver la vente du pavillon), tandis que Paul doit prouver sa libération.

B – L'objet de la preuve

La **question** qui se pose est la suivante : en cas de litige relatif au paiement du prix de vente d'un immobilier, que doivent prouver les litigants ?

En **principe**, l'art. 6 du C. pr. civ. prévoit que les parties ont la charge d'alléguer les faits propres à fonder leurs prétentions, l'art. 9 précisant que chacune doit « prouver conformément à la loi les faits nécessaires au succès de leur prétention ». Néanmoins, les parties ne doivent prouver que les faits pertinents et contestés, le silence de l'autre partie étant insuffisant (Com. 21 mars 2018, n° 15-27.213).

En l'**espèce**, Jacques doit prouver être créancier du paiement, donc l'existence du contrat de vente de l'immeuble. Ce fait n'est nullement contesté par Paul, qui se contente d'affirmer que le prix a bien été payé par lui.

En **conclusion**, l'objet de la preuve concerne le seul paiement.

C – Les modes de preuve

La **question** est la suivante : comment prouver le paiement du prix de vente réglé « hors la vue » du notaire ?

En **principe**, l'art. 1358 du C. civ. dispose que « hors les cas où la loi en dispose autrement, la preuve peut être apportée par tout moyen ». Par exception, l'art. 1359 précise que « l'acte juridique portant sur une somme ou une valeur excédant un montant fixé par décret doit être prouvé par écrit sous signature privée ou authentique », étant entendu que la preuve contre ou outre un écrit ne peut se faire que par écrit. Le seuil est fixé à 1 500 euros par le décret du 15 juill. 1980.

Or, en principe encore, l'art. 1100-1 définit l'acte juridique comme une manifestation de volonté destinée à produire des effets de droit, l'art. 1100-2 définissant le fait juridique comme l'agissement ou l'événement auquel la loi attache des effets de droit. *Quid* du paiement ? La jurisprudence y a vu un fait juridique (Civ. 1re, 16 sept. 2010, n° 09-13.947); désormais, la question ne se pose plus car, selon l'art. 1342-8 du C. civ., « le paiement se prouve par tout moyen ».

En outre, l'art. 1371 du C. civ. précise que l'acte authentique fait foi jusqu'à inscription de faux, dans la limite de ce que l'officier public dit avoir personnellement accompli ou constaté. Pour les autres éléments, l'authenticité est indifférente et il faut appliquer les règles habituelles en matière de preuve : ainsi, entre les parties, l'acte, d'une valeur supérieure à 1 500 euros, devra être prouvé par écrit (Civ. 1re, 9 mai 2019, nº 18-10.885).

Enfin, il peut être fait exception à l'exigence d'écrit en cas d'impossibilité matérielle ou morale de l'établir (art. 1360, C. civ.), l'impossibilité morale pouvant être retenue en présence de liens amicaux.

En l'**espèce**, la discussion porte sur le paiement du prix de vente du pavillon. L'acte authentique n'est pas suffisant à cet égard puisqu'il indique que le prix a été payé « hors la vue » du notaire, qui n'a donc pas personnellement constaté que le paiement a bien eu lieu. Il n'en demeure pas moins que, signé par les deux parties, cet acte peut valoir comme écrit sous signature privée, contre lequel il n'est en principe possible de prouver que par écrit. Néanmoins, Jacques pourrait attaquer cet écrit en excipant de l'impossibilité morale de se procurer un écrit en sens contraire : l'on retombera ainsi sur la preuve par tous moyens. En ce cas, Jacques pourra faire mander le secrétaire de l'office notarial qui pourra témoigner de ce que le prix n'avait pas été payé au jour de la conclusion de l'acte authentique.

En **conclusion**, Jacques pourrait contester la preuve écrite que constitue l'acte authentique et prouver par tous moyens le non-paiement, sauf appréciation souveraine contraire des juges du fond.

II/ La preuve des malfaçons

Paul exige de Jacques des dommages-intérêts en vertu de malfaçons affectant l'immeuble qui ont été constatées par lui et confirmées par deux rapports d'expertise concordants effectués à sa demande et celle de son assureur.

Il convient de distinguer la charge (A), l'objet (B) et les modes (C) de preuve.

A – La charge de la preuve

La **question** qui se pose est la suivante : qui, du prétendu créancier ou du supposé débiteur, doit prouver l'existence d'une obligation de versement de dommages-intérêts ?

En **principe**, l'art. 1353, al. 1er du C. civ. dispose que « celui qui réclame l'exécution d'une obligation doit la prouver ».

En l'**espèce**, Paul estime que Jacques est débiteur de dommages-intérêts.

En **conclusion**, c'est à Paul qu'il revient de démontrer l'obligation pesant sur Jacques.

B – L'objet de la preuve

La **question** qui se pose est la suivante : que doit prouver celui qui se prétend victime de malfaçons affectant l'immeuble objet de la vente ?

En **principe**, l'art. 9 du C. pr. civ. impose à chaque partie « de prouver conformément à la loi les faits nécessaires au succès de sa prétention ». Seuls les faits pertinents et contestés doivent être prouvés.

En l'**espèce**, le débat porte sur l'existence d'une obligation pesant sur Thomas, qui découlerait de sa responsabilité civile contractuelle. Or, les conditions de la responsabilité contractuelle sont, cumulativement, l'inexécution du contrat, le dommage et le lien de causalité. À amener le débat sur les actions issus de la vente (notamment l'action en garantie des vices cachés relevant du droit des contrats spéciaux), il faudra prouver les conditions de la garantie (notamment l'existence d'un vice, caché et antérieur à la conclusion du contrat).

En **conclusion**, Paul doit démontrer que les conditions de la responsabilité contractuelle de Jacques (ou les conditions de la garantie due par lui au titre de la vente) sont réunies.

C – Les modes de preuve

La **question** qui se pose est celle de la valeur probante de rapports d'expertise privée concordants.

En **principe**, l'art. 1358 du C. civ. pose le principe de liberté de la preuve en matière de faits juridiques. Lorsqu'il s'agit d'actes juridiques au-delà de 1 500 euros en revanche, la preuve doit être rapportée par écrit (art. 1359 et décret de 1980). Sauf à ce que soit contestée l'existence du contrat, la responsabilité contractuelle ou encore le vice caché sont des faits juridiques.

Or, selon la jurisprudence, le rapport d'expertise non judiciaire réalisé à l'instigation de l'une des parties doit être corroboré par d'autres éléments de preuve (Civ. 2e, 13 sept. 2018, n° 17-20.099 ; Civ. 2e, 12 déc. 2019, n° 18-12.587 ; Civ. 3e, 14 mai 2020, n° 19-16.278). Or, un tel élément corroborant est exigé aussi pour les expertises judiciaires, ledit élément pouvant consister en une expertise privée (Civ. 1re, 9 sept. 2020, n° 19-13.755). Par analogie, l'on peut donc considérer que deux expertises privées se corroborent l'une l'autre. Néanmoins, il sera également possible de prouver contre par d'autres moyens ou de solliciter une expertise judiciaire ; en outre, ces expertises n'auront force probante que sous réserve d'être soumises à un débat contradictoire à l'audience.

En l'**espèce**, il y a deux expertises privées, l'une établie à la demande de l'une des parties (Paul), l'autre à la demande de son assureur. Les deux rapports vont dans le même sens. Ils pourront être produits à l'instance contre Jacques, et semblent suffire, sauf contestation.

En **conclusion**, Jacques risque d'être condamné sur la base de ces deux rapports concordants, pouvant se défendre en sollicitant une expertise judiciaire ou tout autre mode de preuve, le juge pouvant apprécier librement la force probante des éléments qui sont produits au procès.

Cas pratique n° 14

› Énoncé

« Il faut refaire de la France une Nation qui compte ! Et c'est pourquoi nous devons accélérer sur les nouvelles technologies. Telle est l'ambition du projet de loi *Blockchain* que je vous propose aujourd'hui. »

Le discours de présentation du texte à l'Assemblée nationale est représentatif du contenu très ambitieux du texte (fictif !) relatif à cette technologie. Touchant à l'ensemble des règles de droit, ce projet intervient notamment en matière de preuve.

La loi, promulguée le 2 mai 2021, prévoit notamment que pour les contrats relatifs à la technologie *blockchain*, un seuil spécifique doit être prévu pour exiger la preuve par écrit. Le décret d'application fixant ce montant à 1 000 euros paraît au *Journal officiel* le 10 octobre 2021.

En outre, le texte prévoit une présomption d'authenticité pour les éléments inscrits sur une *blockchain* lorsque le bloc la contenant a été validé par une majorité de *mineurs* de la chaîne et que le bloc est correctement inscrit dans la chaîne. Il est également prévu que la référence faite dans la *blockchain* à un contrat qui lui est extérieur doit être prise en considération par le juge saisi de la question de l'existence de ce contrat.

Le 17 juillet 2021, Monsieur Dupont a conclu deux contrats de garantie avec la Banque de Paris. Le premier contrat, principal, est inscrit sur la *blockchain* (et validé par une majorité de *mineurs*) avec mention de l'existence du second contrat, qui n'est quant à lui pas authentifié *via* cette technologie. Les deux contrats portent sur une valeur de 1 200 euros. Dans les conditions générales imposées par la Banque de Paris, il est en outre indiqué que la preuve de l'extinction de l'obligation garantie ne peut être apportée que par un document préétabli par la banque et contresigné par le bénéficiaire de la garantie.

Le 20 octobre, le bénéficiaire de la garantie demande paiement à Monsieur Dupont. La banque estime que les garanties ne sont pas dues, et refuse en outre de mettre à disposition de Monsieur Dupont le document de libération des fonds. Monsieur Dupont décide d'assigner la banque.

Monsieur Dupont se demande s'il peut bénéficier des règles issues de la nouvelle loi et s'il peut contester la clause des conditions générales.

› Corrigé

Deux problématiques doivent être ici distinguées : celle relative au droit transitoire (I) et celle relative au contrat sur la preuve (II).

I/ Le droit transitoire

La **question** qui se pose ici est celle de l'application dans le temps d'une réforme affectant le droit de la preuve. Le cas pratique invite à distinguer la charge (A) et les modes (B) de preuve (le texte ne concerne pas l'objet de la preuve, qui touche en toute hypothèse au fond du droit).

A – La charge de la preuve

En **principe**, l'art. 1er du C. civ. dispose que les textes de loi entrent en vigueur « à la date qu'ils fixent ou, à défaut, le lendemain de leur publication », l'art. 2 précisant que « la loi ne dispose que pour l'avenir ; elle n'a point d'effet rétroactif ». La jurisprudence considère que les modifications relatives à la charge de la preuve concernent le fond du droit et doivent donc s'appliquer immédiatement (Soc. 13 déc. 2007, *Bull. civ.* V, n° 208). L'ordonnance du 10 févr. 2016 relative notamment à la preuve des obligations a pu décider de même (art. 9, al. 4). Néanmoins, la jurisprudence considère que les présomptions légales sont soumises à la loi applicable au jour de leur constitution (Civ. 1re, 9 mai 2019, n° 18-10.885).

En l'**espèce**, le texte prévoit notamment de poser une présomption d'authenticité lorsque le contrat a été inscrit sur une *blockchain* et validé par une majorité de *mineurs* de la chaîne. Il s'agit d'une présomption légale, qui renverse donc la charge de la preuve. En l'espèce, les contrats de garantie ont été conclus le 17 juillet 2021 soit après le 3 mai 2021, lendemain de la promulgation du texte.

En **conclusion**, les parties au contrat peuvent invoquer la présomption posée par le nouveau texte.

B – Les modes de preuve

En **principe**, l'art. 1er du C. civ. dispose que les textes de loi entrent en vigueur « à la date qu'ils fixent ou, à défaut, le lendemain de leur publication », l'art. 2 précisant que « la loi ne dispose que pour l'avenir ; elle n'a point d'effet rétroactif ». Or, la jurisprudence distingue, pour les modes de preuve :

– les preuves préconstituées, à l'instar des présomptions légales, sont régies par la loi applicable au jour de leur constitution (v. par ex. Civ. 1re, 28 avr. 1986, n° 82-16.347 : « si, en général, les règles gouvernant les modes de preuve sont celles en vigueur au jour où le juge statue, il en est autrement en ce qui concerne les preuves préconstituées, qui sont soumises aux règles en vigueur au jour de l'acte qu'il s'agit de prouver ») ;

– les lois modifiant les preuves administrées dans le procès sont d'application immédiate (Com. 15 nov. 2011, n° 10-15.049 ; v. néanmoins ord. du 10 févr. 2016, art. 9, al. 4, qui prévoit l'absence d'application aux instances en cours)

En l'**espèce**, la loi fictive du 2 mai 2021 envisage deux modes de preuve. Une présomption judiciaire est posée en cas de référence dans la *blockchain* à un contrat qui lui est extérieur : il s'agit d'une modification relative à la preuve administrée dans le procès. L'autre concerne l'écrit préconstitué : les contrats relatifs à la *blockchain* doivent être prouvés par écrit lorsqu'ils sont d'un montant supérieur à 1 000 euros, comme c'est le cas ici, mais le seuil n'a été fixé que par décret d'application publié le 10 octobre 2021. Or, le contrat discuté a été conclu le 17 juillet 2021.

En **conclusion**, la présomption judiciaire sera applicable au procès, puisqu'il n'a débuté qu'après le 20 octobre. En revanche, l'exigence d'écrit préconstitué ne s'applique pas au contrat conclu le 17 juillet.

En **conclusion générale**, sans préjuger de la solution au fond, Monsieur Dupont pourra prouver son contrat par tous moyens (puisqu'en dessous de 1 500 euros, seuil seul applicable découlant du décret de 1980) ; il pourra bénéficier de la présomption d'authenticité découlant de l'inscription sur la *blockchain*, ainsi que de la présomption judiciaire pour le second contrat non inscrit mais mentionné dans le premier.

II/ Le contrat sur la preuve

La **question** qui se pose est la suivante : les conditions générales d'un contrat conclu entre un établissement bancaire et son client peuvent-elles imposer au client de prouver l'extinction de l'obligation garantie par un document préétabli par la banque et contresigné par le bénéficiaire de la garantie ?

En **principe**, l'art. 1356 du C. civ. dispose que « les contrats sur la preuve sont valables lorsqu'ils portent sur des droits dont les parties ont la libre disposition ». Toutefois, l'art. L. 121-1 sanctionne les clauses abusives dans les contrats conclus entre professionnel et consommateur. Or sont présumées abusives les clauses qui encadrent les modes de preuve à disposition du consommateur, sauf au professionnel à rapporter la preuve contraire (art. R. 212-2, 9°).

En l'**espèce**, il s'agit bien d'un contrat relevant du droit de la consommation puisque la banque est un professionnel et son client un consommateur. Or, les conditions générales viennent restreindre la liberté de la preuve du consommateur en exigeant de lui une preuve par écrit sur un document préétabli par la banque (que cette dernière refuse en outre de fournir !).

En **conclusion**, cette clause est abusive et doit être réputée non écrite. Monsieur Dupont pourra donc se prévaloir du droit commun et prouver par tous moyens.

4. La prescription

La prescription est un mode d'acquisition ou d'extinction d'un droit, par l'écoulement d'un certain laps de temps et dans les conditions déterminées par la loi. L'idée est qu'après un certain temps, il faut aligner le droit sur le fait : si un bien est possédé, en fait, par quelqu'un, il faut au bout d'un certain temps admettre que cette personne est propriétaire ; si une créance n'est pas réclamée depuis 5 ans à quelqu'un, tout se passe comme si le débiteur n'était pas tenu, et il faut éteindre sa créance ; si des poursuites pénales ne sont pas engagées contre l'auteur de l'infraction pendant de nombreuses années, il faut acter de cet oubli des faits.

Avant 2008, on considérait que le système français était unitaire : toute prescription avait pour objet d'aligner le fait sur le droit lorsque la situation de fait s'était installée suffisamment longuement pour justifier l'alignement. Or, la prescription a été profondément remaniée à par la loi n° 2008-561 du 17 juin 2008, qui est venue distinguer la prescription extinctive (I) et de la prescription acquisitive (II) On notera simplement que l'art. 2259 du C. civ. procède par renvoi et rend applicable à la seconde de nombreuses règles prévues pour la première.

I/ La prescription extinctive

La prescription extinctive est définie par l'art. 2219 du C. civ. : elle est « un mode d'extinction d'un droit résultant de l'inaction de son titulaire pendant un certain laps de temps ». D'un point de vue théorique, on discute sur l'objet réel de l'extinction : s'agit-il du droit substantiel (thèse substantialiste) ou de l'action en justice (thèse processuelle) ? Une autre discussion existe : la prescription est-elle un mécanisme d'alignement du droit sur le fait ou un délai pour agir ? La réforme de 2008 n'a pris parti sur aucune des deux questions.

Dans un cas pratique, il vous faudra vous poser diverses questions. À titre liminaire, il vous faudra vous interroger sur l'applicabilité de la prescription extinctive, donc sur son domaine (A). Il faudra ensuite vous questionner sur la durée et le point de départ (B), le déroulement (C), l'invocation (D), les effets (E) et l'aménagement contractuel (F) de la prescription extinctive.

Deux **précisions préalables** :

• L'art. 2222 prévoit un **droit transitoire** spécifique : l'allongement du délai de prescription ou de forclusion est sans effet sur la prescription ou la forclusion acquise ; en revanche, la loi nouvelle s'applique au délai non expiré, le délai déjà écoulé étant imputé sur la durée totale ; enfin, en cas de réduction du délai, il faut faire application du nouveau délai, sans que la durée totale excède la durée ancienne ; il semble que les causes d'interruption ou de suspension s'appliquent immédiatement dès lors que le fait interruptif ou suspensif intervient après l'entrée en vigueur du texte (Civ. 3e, 22 mai 2013, nº 12-19.120).

• L'art. 2223 prévoit une règle de conflit entre **droit commun** et **droit spécial** : il dispose que « les dispositions du présent titre ne font pas obstacle à l'application des règles spéciales prévues par d'autres lois » ; ainsi, en matière pénale, l'art. 10, al. 1er du C. pr. pén. dispose que « lorsque l'action civile est exercée devant une juridiction répressive, elle se prescrit selon les règles de l'action publique » mais « lorsqu'elle est exercée devant une juridiction civile, elle se prescrit selon les règles du Code civil ».

A – Question liminaire : est-on dans le domaine de la prescription extinctive ?

Malgré la définition large de la prescription extinctive, il faut procéder à certaines **exclusions** :

– l'art. 2227 du C. civ. dispose que « le droit de propriété est imprescriptible » : il s'agit d'un rejet de la prescription extinctive (car il est possible d'acquérir la propriété par prescription) ;

– la prescription ne saurait être opposée pour certaines sanctions que sont l'inexistence ou le réputé non-écrit : en ce cas en effet, l'on peut constater à tout moment ce qui n'existe pas.

Il faut également mentionner la différence entre prescription et **forclusion** (on parle aussi parfois de délais préfix) :

– tandis que la prescription repose sur l'idée d'une inaction prolongée du créancier qui rend acceptable la perte de son droit, ce qui justifie que l'on puisse interrompre le délai si le créancier ne peut exercer son droit, la forclusion a un tour beaucoup plus objectif (peu importe la diligence ou non de son titulaire) : l'action en rescision pour lésion doit être exercée dans les 2 ans (art. 1676, C. civ.), la revendication d'un meuble perdu ou volé doit être exercée dans les 3 ans (art. 2276, al. 3, C. civ.) ; il n'y a pas de critère totalement certain de distinction mais l'on peut trouver un indice dans la brièveté du délai de forclusion, dans son caractère purement objectif, ou dans son régime (notamment l'impossibilité de suspendre la forclusion) ;

– il y a diverses différences de régime : un délai de forclusion ne peut être suspendu (v. par ex. Civ. 1re, 17 juill. 1996, nº 94-13.875) ; il ne peut être interrompu par la reconnaissance du débiteur (mais les autres causes d'interruption sont applicables) ; son point de départ n'est pas régi par l'art. 2224 du C. civ. ; on ne saurait l'invoquer de façon perpétuelle par voie d'exception (exception à la règle *quae temporalia*) ; etc.

B – Première question : quels sont la durée et le point de départ de la prescription ?

Pour savoir si la prescription est acquise, il faut déterminer la durée (1), le point de départ (2) et vérifier l'existence d'un délai butoir (3).

1. Quelle est la durée de la prescription ?

Malgré la réforme de 2008, il existe encore plus de 250 délais de prescription… il faut donc veiller à l'articulation du droit commun et du droit spécial en faisant du cas par cas.

En **droit commun** de la prescription, le délai est quinquennal : « les actions personnelles ou mobilières se prescrivent par 5 ans à compter du jour où le titulaire d'un droit a connu ou aurait dû connaître les faits lui permettant de l'exercer » (art. 2224 du C. civ. ; avant 2008, le délai était de 30 ans). La jurisprudence a ainsi fait application de ce délai à l'action en répétition de l'indu (Civ. 2e, 4 juill. 2013, nº 12-17.427) ou au recours d'un constructeur contre un autre constructeur coobligé (Civ. 3e, 16 janv. 2020, nº 18-25.915). Précisons que le délai est identique en matière commerciale mais a un fondement spécifique (art. L. 110-4 du C. com.).

À s'en tenir au droit civil et sans souci d'exhaustivité, des **délais spéciaux** sont prévus tant par le droit commun que par le droit spécial de la prescription :

– 30 ans pour les actions réelles immobilières telles que la protection de l'usufruit, du droit d'usage et d'habitation ou des servitudes (art. 2227, C. civ. ; le droit de propriété n'est pas concerné puisqu'il est imprescriptible), l'action en nullité absolue du mariage (art. 184, C. civ.), et les atteintes à l'environnement (art. L. 152-1, C. envir.) ;

– 20 ans pour la réparation d'un dommage corporel résultant de tortures ou d'actes de barbarie ou de violences ou agressions sexuelles sur mineurs (art. 2226, al. 2) ;

– 10 ans pour les actions en réparation d'un dommage corporel (art. 2226, al. 1er), l'exécution des titres exécutoires (art. L. 111-4, C. pr. civ. ex.) ou encore les actions relatives à la filiation (art. 321, C. civ. ; le régime est néanmoins plus complexe et sera étudié *infra* avec la filiation) ;

– 3 ans pour l'action en réparation fondée sur la responsabilité du fait des produits défectueux (art. 1245-16, C. civ.) ou en revendication d'un meuble perdu ou volé (art. 2276, al. 2, C. civ.) ;

– 2 ans pour l'action des professionnels pour les biens et services fournis aux consommateurs (art. L. 137-2, C. consom.) ;

– un an pour le recours du fournisseur d'un produit défectueux contre le producteur (art. 1245-6, C. civ.).

Concernant le **cours** de la prescription, plusieurs règles sont posées :

– le *décompte* du délai est simple : la prescription se compte par jours (art. 2228, C. civ.) ;

– le *début* de la prescription est le lendemain du jour de la survenance de l'événement qui y donne naissance, à zéro heure (v. par ex. Com. 10 juill. 1989, *Bull. civ.* IV, n° 220) ;

– l'*expiration* du délai est le même quantième pour les délais en mois ou années, ou à défaut le dernier jour du mois correspondant (par ex. un délai d'un mois qui commence le 31 janvier se termine le 28 ou le 29 février selon les années) ; mais le référentiel est le jour de la survenance de l'événement, non le début de la prescription (v. par ex. Civ. 2e, 29 nov. 1973, *Bull. civ.* II, n° 315).

2. Quel est le point de départ de la prescription ?

En **droit commun** de la prescription, le point de départ est flottant et est prévu par l'art. 2224 du C. civ. : il s'agit « du jour où le titulaire d'un droit a connu ou aurait dû connaître les faits lui permettant de l'exercer » (v. aussi, répétant la règle en matière immobilière, art. 2227). Il faut donc articuler deux règles :

– en *principe*, le point de départ est la connaissance effective des faits pertinents, qu'il s'agisse du titre (contrat, jugement), des conditions de naissance d'un droit (par ex. les conditions de la responsabilité civile) ; en revanche, peu importe que le titulaire ne puisse pas agir (par ex. parce qu'il n'a pas d'éléments de preuve) ; la charge de la preuve de la connaissance des faits pertinents incombe à celui qui se prévaut de la prescription (Civ. 3e, 7 juill. 2015, n° 14-14.388), certains faits étant présumés connus du débiteur (par ex. la survenance d'un dommage : Civ. 1re, 11 mars 2010, n° 09-12.710) ;

– à titre *subsidiaire*, la prescription commence à courir contre celui qui ignore les faits pertinents mais « aurait dû » les connaître, ce qui est apprécié *in abstracto*, par référence à la connaissance qu'aurait eu une personne raisonnable placée dans les mêmes circonstances.

Il existe toutefois des **points de départ spéciaux**. À s'en tenir au droit civil et sans exhaustivité, l'on songe ainsi :

– la prescription de l'action en responsabilité contre les avocats (notamment) qui est de 5 ans « à compter de la fin de leur mission » (art. 2225, C. civ.) ;

– la prescription de l'action en responsabilité née d'un dommage corporel qui est de 10 ans « à compter de la date de la consolidation du dommage initial ou aggravé » (art. 2226, C. civ.) ;

– la prescription trentenaire en matière de mariage démarre avec la célébration du mariage (art. 184 et 191, C. civ.).

3. Y a-t-il un délai butoir ?

Le point de départ flottant ne doit pas conduire une possible extension infinie de la prescription : c'est pourquoi un délai butoir (ou secondaire) a été fixé.

En **principe**, l'art. 2232, al. 1er, C. civ. dispose que « le report du point de départ, la suspension ou l'interruption de la prescription ne peut avoir pour effet de porter le délai de la prescription extinctive au-delà de 20 ans à compter du jour de la naissance du droit ».

Une *incertitude* subsiste sur la possibilité de faire jouer l'adage *contra non valentem*, qui permettrait d'écarter le délai butoir en cas d'ignorance par le titulaire de son droit pendant toute la durée de prescription. Selon l'art. 2234 du C. civ., « la prescription ne court pas ou est suspendue contre celui qui est dans l'impossibilité d'agir par suite d'un empêchement résultant de la loi, de la convention ou de la force majeure » ; certains auteurs estiment que l'adage subsiste malgré ce texte et peut être invoqué pour éviter les conséquences néfastes du délai butoir de l'art. 2232.

Par **exception**, le délai butoir ne joue pas dans certains cas : actions relatives à l'état des personnes, action en responsabilité en cas de dommage corporel, etc. (art. 2232, al. 2, C. civ.).

C – Deuxième question : comment se déroule la prescription ?

Entre le point de départ et le terme de la prescription, des événements peuvent justifier une suspension (1) ou une interruption (2) du délai, dans la limite évoquée *supra* du délai butoir.

1. La suspension du délai

L'art. 2230 du C. civ. **définit** la suspension : « la suspension de la prescription en arrête temporairement le cours sans effacer le délai déjà couru ». L'idée est alors que le cours du délai s'arrête et reprendra là où il en était une fois la cause de suspension disparue.

Il existe diverses **causes** de suspension :

– pour les créances : la prescription ne court, le cas échéant, qu'à la survenance de la *condition* ou du *terme* ou de la survenance de l'éviction pour les actions en garantie (art. 2233, C. civ.) ;

– l'art. 2234 du C. civ. prévoit que la prescription est suspendue « contre celui qui est dans l'impossibilité d'agir par suite d'un empêchement résultant de la loi, de la convention ou de la force majeure », ce qui suppose que la cause de suspension soit apparue pendant le délai de prescription (Civ. 1re, 29 mai 2013, n° 12-15.001) : il en va ainsi en présence d'une clause de conciliation préalable (ch. mixte, 14 févr. 2003, n° 00-19.423) ;

– pour les incapacités : la prescription est suspendue « contre les mineurs non émancipés et les majeurs en tutelle » (art. 2235 et art. 1152, C. civ.) ;

– en matière de couple : la prescription ne court pas ou est suspendue entre époux et entre partenaires de Pacs (art. 2236, C. civ.) ;

– en droit des successions, la prescription des créances contre la succession ne court pas contre l'héritier qui a accepté à concurrence de l'actif net (art. 2237, C. civ.) ;

– en procédure civile, la prescription est suspendue en cas de décision des parties de recourir à la médiation ou à la conciliation (art. 2238, C. civ.) ou lorsque le juge fait droit à une mesure d'instruction avant procès (art. 2239, C. civ.).

2. L'interruption du délai

L'art. 2231 du C. civ. **définit** l'interruption : « l'interruption efface le délai de prescription acquis. Elle fait courir un nouveau délai de même durée que l'ancien ». Le compteur est remis à zéro mais recommence à courir immédiatement. Par exception, la reprise de la prescription peut être différée : ainsi, l'interruption résultant d'une demande en justice « produit ses effets jusqu'à l'extinction de l'instance » (art. 2242, C. civ.).

Il existe diverses **causes** d'interruption :

– la reconnaissance par le débiteur du droit de celui contre lequel il prescrivait (art. 2240, C. civ.), étant entendu qu'elle peut émaner de son mandataire (Civ. 1re, 4 mai 2012, n° 11-15.617), mais doit être certaine (v. par ex. Civ. 1re, 5 févr. 2014, n° 13-10.791 : il n'en va pas ainsi en cas de simples pourparlers en vue d'une transaction) ;

– la demande en justice, même en référé (art. 2241, al. 1er), qui doit être faite à la personne bénéficiant de la prescription (v. par ex. Civ. 2e, 29 nov. 1995, n° 93-21.063) ; précisons que l'interruption est acquise même lorsque la demande est présentée devant une juridiction incompétente ou que l'acte de saisine est annulé par l'effet d'un vice de procédure (art. 2241, al. 2), la jurisprudence estimant qu'il faut entendre par là non seulement les vices de forme de l'art. 112 du C. pr. civ. mais aussi les irrégularités de fond de l'art. 117 du même code, soit l'ensemble des exceptions de procédure (Civ. 3e, 11 mars 2015, n° 14-15.198) ; enfin, l'interruption disparaît en cas de désistement, de péremption d'instance ou de rejet définitif de la demande (art. 2243, C. civ.) ;

– de même, les mesures conservatoires et actes d'exécution forcée interrompent la prescription (art. 2244 du C. civ.), ce qu'il faut entendre largement pour y inclure notamment les commandements aux fins de saisie-vente (Civ. 2e, 13 mai 2015, n° 14-16.025) ;

– des textes spéciaux viennent également prévoir des causes spécifiques d'interruption, par ex. la désignation d'un expert ou la lettre recommandée en matière d'assurances (art. L. 141-2, C. assur.) ; une demande de surendettement est elle aussi interruptive (art. L. 337-1, al. 5, C. consom.).

D – Troisième question : comment invoquer la prescription ?

Pour pouvoir se prévaloir de ses effets, il faut **invoquer** la prescription (ce qui peut être fait dans une procédure diligentée à cette seule fin : Civ. 1re, 9 juin 2011, n° 10-10.348). Quelques précisions à cet égard :

– l'art. 2248 du C. civ. prévoit que « la prescription peut être opposée en tout état de cause, même devant la cour d'appel » ;

– toutefois, le même texte précise que « les juges ne peuvent pas suppléer d'office le moyen résultant de la prescription »; cela vaut y compris si la prescription est d'ordre public (Civ. 1re, 9 déc. 1986, *Bull. civ.* I, n° 293) ; v. toutefois art. L. 141-4 du C. consom. qui permet au juge de soulever d'office toutes les dispositions du code, ce qui inclut notamment l'art. L. 137-2 posant une prescription spécifique ;

– il n'est pas possible de se prévaloir de la prescription après paiement (art. 2249 du C. civ.) : il s'agit d'un cas d'obligation naturelle, qui empêche de demander la restitution (v. égal. art. 1302, al. 2, C. civ.).

En outre, il ne faut pas avoir procédé à une **renonciation** : l'art. 2250 du C. civ. permet en effet de renoncer à une prescription acquise (on ne peut le faire par anticipation), la renonciation pouvant être « expresse ou tacite » (art. 2251, al. 1er) ; précisons qu'il faut avoir la capacité d'exercer le droit pour pouvoir y renoncer (art. 2252 : « celui qui ne peut exercer par lui-même ses droits ne peut renoncer seul à la prescription acquise ») ; la renonciation fait courir un nouveau délai de prescription, de la même durée que l'ancien.

E – Quatrième question : quels sont les effets de la prescription ?

L'effet est évident : il y a **extinction** de l'objet. Certains estiment que c'est l'action qui est éteinte (mais que le droit continue d'exister, étant simplement privé de sa mise en œuvre processuelle) tandis que d'autres considèrent que c'est le droit dans son entier qui est éteint, la jurisprudence semblant opter pour la conception processuelle (v. par ex. Civ. 2e, 9 juill. 2009, n° 08-16.894 : la prescription « n'éteint pas le droit du créancier, mais lui interdit seulement d'exiger l'exécution de son obligation »).

Toutefois, si l'action est temporaire, l'**exception** est **perpétuelle** : c'est l'adage *quae temporalia* qui est désormais transcrit dans l'art. 1185 du C. civ. (donc en droit des contrats) : « l'exception de nullité ne se prescrit pas si elle se rapporte à un contrat qui n'a reçu aucune exécution ». En somme, la prescription peut être soulevée par voie d'exception, même après son expiration.

F – Cinquième question : peut-on aménager la prescription par contrat ?

L'art. 2254 du C. civ. offre une prise à la **liberté contractuelle** : selon l'al. 1er, « la durée de la prescription peut être abrégée ou allongée par l'accord des parties », étant précisé qu'elle « ne peut toutefois être réduite à moins d'un an ni étendue à plus de 10 ans ». L'al. 2 offre également aux parties la possibilité d'« ajouter aux causes de suspension ou d'interruption » légalement prévues (par ex. de prévoir l'interruption de prescription par mail).

Par **exception** toutefois, cette liberté est exclue pour certaines actions : salaires, rentes, pensions alimentaires, loyers, intérêts de sommes prêtées et « aux actions en paiement de tout ce qui est payable par années ou à des termes périodiques plus courts » (art. 2254, al. 3, C. civ.). En outre, la liberté est totalement exclue pour les contrats entre professionnels et consommateurs (art. L. 137-1, C. consom.) ainsi que dans les contrats d'assurance (art. L. 114-1, C. assur.).

II/ La prescription acquisitive

La prescription acquisitive (ou « usucapion ») est **définie** à l'art. 2258 du C. civ. comme « un moyen d'acquérir un bien ou un droit par l'effet de la possession sans que celui qui l'allègue soit obligé d'en rapporter un titre ou qu'on puisse lui opposer l'exception déduite de la mauvaise foi ». Il s'agit d'un mode d'acquisition de la propriété (art. 712, C. civ.) qui relève du droit des biens. L'art. 2259 du C. civ. procède par **renvoi** partiel au régime de la prescription extinctive. En reprenant la distinction fondamentale de l'art. 516 du C. civ. (« tous les biens sont meubles ou immeubles »), il convient d'envisager distinctement le cas des immeubles (A) et celui des meubles (B).

Précisons, quant aux **effets** de l'usucapion, qu'ils sont doubles :

– l'usucapion a un rôle *probatoire* : elle permet de dispenser le possesseur de produire son titre d'acquisition ;

– elle a également un rôle *acquisitif* : elle rend propriétaire le possesseur qui ne l'était pas immédiatement ; il s'agit alors d'un mode originaire d'acquisition, opposable à tous ; cet effet acquisitif joue rétroactivement au jour du début de la possession (v. par ex. Civ. 3e, 26 janv. 2017, no 15-24.190).

A – Les immeubles

L'usucapion immobilière peut être trentenaire (2) ou abrégée (3), devant en toute hypothèse obéir à certaines conditions communes (1).

1. Vérification des conditions communes à l'usucapion

Il faut déjà que l'objet soit **prescriptible** : « on ne peut prescrire les biens ou les droits qui ne sont point dans le commerce » (art. 2260, C. civ.), car la possession a le même champ que la propriété (ce qui exclut la possession des choses communes de l'art. 714, C. civ.) ; cela dit, l'on peut acquérir la filiation par possession d'état, de même que le nom s'acquiert par l'usage. Tous les droits réels sont susceptibles d'usucapion (notamment la propriété, qui ne peut s'éteindre par prescription mais peut s'acquérir par ce biais).

Il faut ensuite une **possession** :

– cette possession doit être à titre de propriétaire : le détenteur précaire ne peut pas prescrire (art. 2266, C. civ.) car il possède pour autrui (sauf interversion de titre, lorsque le détenteur change de comportement et fait désormais comme s'il était propriétaire : v. par ex. Civ. 3e, 26 nov. 2008, no 07-17.836) ; celui qui conteste la possession doit prouver que le possesseur apparent n'était que détenteur et n'avait pas l'*animus domini* (Civ. 3e, 6 juill. 2017, no 16-19.539) ;

– la possession doit en outre présenter certaines *qualités* : elle doit être utile donc non viciée, ce qui suppose qu'elle soit « continue et non interrompue, paisible [donc non entachée de violence], publique [et non clandestine], non équivoque [donc il ne faut pas que l'on puisse douter de la possession] ».

Il faut enfin l'écoulement d'un certain **temps** : à cet égard, l'art. 2259 procède par renvoi aux règles de prescription extinctive pour ce qui est du cours de la prescription, de sa durée, de la suspension et de l'interruption, ou encore de la liberté contractuelle. Quelques précisions simplement : il est possible de procéder à une *jonction des possessions*, donc d'additionner les possessions de personnes distinctes (art. 2265, C. civ.). Cela dit, la durée varie selon les cas.

2. Première hypothèse : l'usucapion trentenaire

L'art. 2272, al. 1er du C. civ. pose la règle de principe quant au délai d'usucapion en matière immobilière : « le délai de prescription requis pour acquérir la propriété immobilière est de 30 ans ». Ce délai fait office de droit commun en la matière, connaissant une exception notable.

3. Seconde hypothèse : l'usucapion abrégée

L'exception est fixée par l'art. 2272, al. 2 du C. civ. : « toutefois, celui qui acquiert de bonne foi et par juste titre un immeuble en prescrit la propriété par 10 ans ». L'idée est de protéger l'acquéreur *a non domino* qui tient le bien d'un non propriétaire mais peut se croire légitime à être propriétaire.

Il faut déjà un **juste titre** : ce doit être un acte juridique qui, s'il était émané du véritable propriétaire, aurait transféré la propriété du droit au possesseur (v. par ex. Civ. 3e, 12 juin 2003, no 01-14.817) il n'en va pas ainsi des successeurs à titre universel qui continuent la personne du défunt (Civ. 1re, 7 oct. 2015, no 14-16.946). En outre, le titre doit remplir les conditions de validité prévues par la loi. C'est le possesseur qui doit prouver le juste titre.

Il faut en outre que le possesseur soit de **bonne foi**, dont qu'il ait eu la croyance en la titularité du droit de celui duquel il tient ses droits (v. par ex. Civ. 3e, 15 juin 2005, no 03-17.478). La bonne foi est présumée (art. 2274, C. civ.) mais est appréciée souverainement par les juges. La bonne foi doit en outre exister au moment de l'acquisition (art. 2275, C. civ.) : son apparition ultérieure est indifférente.

B – Les meubles

Pour les meubles, il faut distinguer selon que le possesseur est de bonne (1) ou de mauvaise foi (2).

1. Première hypothèse : le possesseur est de bonne foi

Le principe en matière mobilière est posé dans l'art. 2276, al. 1er du C. civ. : « en fait de meubles, la possession vaut titre ». Ce texte (que la jurisprudence restreint aux biens corporels : v. par ex. Com. 7 mars 2006, nº 04-13.569) peut servir deux fonctions :

– sur le plan **probatoire**, l'hypothèse est celle d'une acquisition *a domino*, donc d'un conflit qui surviendrait entre le revendiquant (soi-disant propriétaire) et le possesseur actuel (par ex. un père qui transmet la possession à son enfant) : le possesseur est alors présumé propriétaire (donc l'enfant qui prétendrait avoir reçu le bien en donation serait présumé de bonne foi et ce serait à son parent de démontrer qu'il n'a remis le bien qu'à titre de détenteur précaire) ;

– sur le plan **acquisitif**, l'hypothèse est celle d'une acquisition *a non domino* : en ce cas, le véritable propriétaire a transmis la détention précaire à une personne, laquelle a excédé ses pouvoirs et transmis la propriété à une troisième personne, le possesseur tenant alors bien ses droits d'un non-propriétaire ; en ce cas, le possesseur *de bonne foi* est présumé propriétaire ; sauf à prouver sa mauvaise foi, la présomption de propriété est alors irréfragable.

Dans le premier cas, il s'agit de présumer la bonne foi ; dans le second, la bonne foi est une condition pour bénéficier de la règle. En tout cas, il s'agit alors d'une usucapion instantanée, donc du jeu d'une prescription sans l'écoulement du temps (ce qui apparaît comme une contradiction dans les termes).

Par exception, l'art. 2276, al. 2 du C. civ. offre au véritable propriétaire une action en revendication lorsque le bien lui a été volé ou qu'il l'a perdu : en ce cas, l'usucapion ne sera parfaite qu'après l'écoulement du délai de 3 ans.

2. Seconde hypothèse : le possesseur est de mauvaise foi

L'art. 2276 du C. civ. n'envisage pas l'hypothèse du possesseur de mauvaise foi : il est certain que ce possesseur ne peut se prévaloir de l'usucapion abrégée (v. par ex. Com. 15 déc. 2015, nº 13-25.566).

Dans le silence des textes, la doctrine est divisée, certains prônant l'imprescriptibilité (ce qui paraît excessivement sévère et peu cohérent), d'autres estimant qu'il faut alors se référer à l'art. 2224 du C. civ. et appliquer le délai de prescription de 5 ans, un troisième courant postulant plutôt qu'il faudrait appliquer l'art. 2272, al. 1er du C. civ. (qui pose le délai trentenaire de l'usucapion des immeubles) par analogie. En l'état donc, il demeure une incertitude (même si un vieil arrêt Civ. 7 févr. 1910 a eu recours au délai de prescription trentenaire de l'art. 2272, solution qui semble avoir les faveurs de la doctrine).

Cas pratique n° 15

› Énoncé

Monsieur et Madame Dupont ont décidé d'acquérir un appartement qu'ils ont acheté en prêt viager hypothécaire : une banque a en effet accepté de leur prêter 250 000 euros par acte du 1er février 2007, le remboursement étant exigible au jour du décès du dernier vivant des deux époux. Monsieur Dupont est décédé le 12 décembre 2008 et Madame Dupont est décédée le 25 juin 2010.

Le 10 juin 2012, Marie Dupont, fille unique des emprunteurs, informe la banque du décès de sa mère. Par lettre recommandée du 23 juin 2012, la banque met en demeure l'héritière de procéder au remboursement. La demande étant restée sans réponse, la banque assigne Marie Dupont par exploit d'huissier du 1er octobre 2012.

Le juge saisi décide de relever d'office le moyen tiré de la prescription et de soumettre la question aux parties à l'audience. La banque se prévaut de ses conditions générales, qui prévoient que la lettre recommandée est suffisante pour interrompre la prescription. Elle conteste en outre que le juge ait relevé d'office le moyen tiré de la prescription. Enfin, elle estime que l'action n'était pas prescrite, même à considérer que la lettre recommandée n'avait pas joué un rôle interruptif.

Que pensez-vous des arguments de la banque ?

› Corrigé

Il convient de distinguer les trois questions du relevé d'office (I) de la cause d'interruption de la prescription telle que fixée par contrat (II) et du point de départ de la prescription (III).

I/ Le relevé d'office de la prescription

La **question** qui se pose est la suivante : dans un litige entre une banque et l'héritier de son client, le juge peut-il relever d'office le moyen tiré de la prescription ?

En **principe**, l'art. 2248 du C. civ. dispose notamment que « les juges ne peuvent pas suppléer d'office le moyen résultant de la prescription », la jurisprudence décidant qu'il en va même ainsi lorsque la prescription est d'ordre public (Civ. 1re, 9 déc. 1986 *Bull. civ.* I, n° 293). Par exception, l'art. L. 141-4 du C. consom. permet au juge de soulever d'office toutes les dispositions issues de ce Code. Or l'art. L. 173-2 du C. consom. dispose que « l'action des professionnels, pour les biens ou les services qu'ils fournissent aux consommateurs, se prescrit par 2 ans ». Il faut néanmoins, en application du principe du contradictoire, que tout relevé d'office soit soumis au débat entre les parties.

En l'**espèce**, il s'agit d'un service (le crédit) fourni par un professionnel (la banque) à des consommateurs (les époux décédés, qui sont « continués » par la personne de leur fille). Le juge a relevé d'office l'argument tiré de la prescription pour le soumettre au débat entre les parties.

En **conclusion**, il n'est pas possible de contester le relevé d'office de la prescription. Sur ce point donc, la banque succombera.

II/ Les contrats relatifs aux causes d'interruption

La **question** qui se pose est la suivante : entre professionnels et consommateurs, la prescription est-elle interrompue par lettre recommandée lorsque les conditions générales imposées par le professionnel le prévoient ?

En **principe**, les causes d'interruption de la prescription sont prévues par les art. 2240 et 2241 du C. civ. ainsi que par des textes spéciaux. Est notamment visée la demande en justice ; le Code civil n'envisage en revanche pas le cas de la lettre recommandée [contrairement, par ex., au Code des assurances]. Or, selon l'art. 2254, al. 2 du C. civ., les parties à un contrat peuvent « ajouter aux causes de suspension ou d'interruption ». Par exception néanmoins, l'art. L. 137-1 du C. consom. dispose que « par dérogation à l'art. 2254 du C. civ., les parties au contrat entre un professionnel et un consommateur ne peuvent, même d'un commun accord, ni modifier la durée de la prescription, ni ajouter aux causes de suspension ou d'interruption de celle-ci ».

En l'**espèce**, il s'agit, on l'a vu, d'un contrat conclu entre un professionnel et un consommateur, les conditions générales du premier prévoyant que la lettre recommandée peut interrompre la prescription. Or une lettre recommandée a été envoyée à cette fin le 23 juin 2012 ; l'assignation a quant à elle été adressée par acte du 1er octobre 2012.

En **conclusion**, une telle clause n'est pas valable et la lettre recommandée est donc impuissante à interrompre la prescription. L'assignation le serait mais encore faut-il qu'elle ait été adressée dans le délai de prescription, ce qui conduit à s'interroger sur son point de départ.

III/ Le point de départ de la prescription

La **question** qui se pose est la suivante : le point de départ de la prescription d'une obligation à terme est-il la date de la survenance du terme ou la date de connaissance par le créancier de cette survenance ?

En **principe**, l'art. 2224 du C. civ. dispose que la prescription débute à compter « du jour où le titulaire d'un droit a connu ou aurait dû connaître les faits lui permettant de l'exercer ». Le principe est donc celui de la connaissance effective des faits pertinents, dont la preuve doit être apportée par celui qui se prévaut de la prescription (Civ. 3e, 7 juill. 2015, nº 14-14.388) sauf si l'on démontre que le titulaire du droit « aurait dû » connaître ces faits. En outre, l'art. 2233 du C. civ. dispose que « la prescription ne court pas [...] 3° à l'égard d'une créance à terme, jusqu'à ce que ce terme soit arrivé ».

Simplement, le report du point de départ de la prescription ne peut avoir pour effet de porter le délai de prescription extinctive au-delà de 20 ans à compter de la naissance du droit (art. 2232, al. 1er, C. civ.). La jurisprudence estime ainsi que la survenance du terme rendant une créance exigible n'est pas suffisante pour constituer le point de départ de prescription de l'action en paiement, qui ne court qu'à compter de la connaissance par le prêteur de la survenance du décès ainsi que de l'identité du débiteur de l'obligation de remboursement.

En l'**espèce**, le terme est survenu au 25 juin 2010, date du décès de Madame Dupont, dernière vivante puisque son mari était prédécédé en 2008. Or, l'héritière n'a informé la banque, créancière, du décès que le 10 juin 2012. La banque ne pouvait donc avoir connaissance du décès avant cette date, qui constitue le point de départ de la prescription. Or la banque a procédé à assignation de l'héritière par acte du 1er octobre 2012. Le point de départ de la prescription étant le 10 juin 2012 et le délai étant de 2 ans, l'assignation est bien dans le délai.

En **conclusion**, la prescription n'était pas acquise au jour de l'assignation et elle a été valablement interrompue.

En **conclusion générale**, l'irrecevabilité de la demande de la banque n'est pas fondée, la prescription n'étant nullement acquise.

Cas pratique nº 16

› *Énoncé*

Par l'intermédiaire d'une société civile immobilière, Monsieur et Madame Durand ont acquis, par acte authentique du 7 juin 2005, un immeuble à usage d'habitation, l'acte précisant qu'existe sur la parcelle un passage commun au profit d'autres propriétaires. Par lettre adressée aux époux le 3 février 2005, leur notaire avait indiqué que la parcelle leur appartiendrait en totalité et qu'ils n'avaient pas de souci à se faire, qu'il ne s'agissait que d'une servitude.

Le 2 août 2006, les voisins des époux Durand leur ont délivré une assignation pour que soit judiciairement constatée que la parcelle était en réalité soumise au régime de l'indivision, ce qui fut effectivement décidé par un jugement de septembre 2012, confirmé par une cour d'appel le 20 février 2014 devenu irrévocable après rejet du pourvoi en cassation le 29 septembre 2015.

Le 20 septembre 2016, les époux Durand ont assigné son notaire en responsabilité et indemnisation en se prévalant de la lettre du 3 février 2005. Le notaire leur a rétorqué que sa demande était prescrite.

En se plongeant dans ce dossier, Madame Durand s'est aperçue que la cession qu'elle avait faite de 25 % des parts de la société à son époux par acte du 3 septembre 2007 était entachée de nullité en vertu des règles de droit des sociétés. Les deux époux envisageant actuellement de divorcer, elle souhaiterait demander la nullité de cette cession pour bénéficier d'une force de négociation. Son époux estime que sa demande serait irrecevable car prescrite.

Craignant que le divorce en vue lui pose des difficultés financières, Monsieur Durand s'interroge sur la possibilité de récupérer de l'argent auprès de son plombier. En effet, ce dernier avait exécuté sa mission en septembre 2015 et, en mars 2021, Monsieur

Durand a décidé de le payer malgré l'expiration du délai de prescription. Mais pourquoi l'avoir payé alors que le plombier n'avait rien réclamé ?

Qu'en pensez-vous ?

› *Corrigé*

I/ La responsabilité du notaire

Monsieur et Madame Durand souhaitent se prévaloir de la faute du notaire qui leur avait assuré que le fonds acheté l'était en pleine propriété, alors qu'un arrêt ultérieur a reconnu qu'une partie de la parcelle était en indivision avec leurs voisins. La **question** qui se pose est la suivante : le point de départ de la prescription de la responsabilité du notaire est-elle le mauvais conseil donné (la faute) ou la décision judiciaire faisant apparaître l'inexactitude du conseil ?

En **principe**, l'art. 2224 du C. civ. dispose que « les actions personnelles ou mobilières se prescrivent par 5 ans à compter du jour où le titulaire d'un droit a connu ou aurait dû connaître les faits lui permettant de l'exercer ». Ainsi, en matière de responsabilité civile, le point de départ est fixé par la jurisprudence à la manifestation du dommage ou son aggravation (v. par ex. Civ. 3e, 13 sept. 2006, no 05-12.018). Or la réalisation d'un dommage n'est pas constituée par l'assignation mais par la décision de justice reconnaissant les droits du requérant : l'assignation ne crée qu'une éventualité de dommage, l'éventualité devenant certitude avec la décision définitive (Civ. 1re, 9 sept. 2020, no 18-26.390).

En l'**espèce**, l'acte authentique de vente a été conclu le 7 juin 2005, la lettre litigieuse du notaire adressée le 3 février 2005, l'assignation délivrée le 2 août 2006 et la décision définitive donnant raison aux voisins du client du notaire obtenue le 29 septembre 2015. Enfin, les époux Durand ont assigné leur notaire en responsabilité le 20 septembre 2016. La faute, constituée en 2005, n'a donc provoqué le préjudice que 10 ans plus tard. Or le point de départ de la prescription est le préjudice et non la faute.

En **conclusion**, la prescription quinquennale a commencé à courir en 2015 et les époux Durand avaient jusqu'à 2020 pour agir ; leur action intentée le 20 septembre 2016 est donc recevable.

II/ Le litige entre époux

La **question** qui se pose est la suivante : le mariage entraîne-t-il une suspension de la prescription entre époux ?

En **principe**, l'art. 2224 du C. civ. prévoit que les actions mobilières se prescrivent par 5 ans. Par exception, l'art. 1844-14 du C. civ. prévoit que l'action en nullité d'un acte relatif à une société se prescrit par 3 ans à compter du jour où la nullité est encourue.

Néanmoins, l'art. 2234 du C. civ. dispose que « la prescription ne court pas ou est suspendue contre celui qui est dans l'impossibilité d'agir par suite d'un empêchement résultant de la loi, de la convention ou de la force majeure ». En application de ce principe général, l'art. 2236 précise que la prescription « ne court pas ou est suspendue entre époux, ainsi qu'entre partenaires liés par un pacte civil de solidarité ». Ce principe vaut de manière générale, et notamment pour l'action en nullité d'une cession de parts entre époux associés d'une société civile immobilière (C v. 3e, 30 nov. 2017, nº 15-22.861).

En l'**espèce**, Madame Durand s'est aperçue après 2016 que l'acte de cession de droits sociaux daté du 3 septembre 2007 était entaché d'une cause de nullité. L'acte de cession la liait néanmoins à Monsieur Durand, son époux et elle peut donc se prévaloir de la règle de suspension de la prescription.

En **conclusion**, l'action Madame Durand n'est pas prescrite (et ne commencera à se prescrire, le cas échéant, qu'avec le divorce des époux Durand).

III/ Le remboursement demandé au plombier

La **question** qui se pose est la suivante : le débiteur qui a payé alors que la dette était prescrite peut-il obtenir la restitution de la somme versée ?

En **principe**, l'art. 1302, al. 2 du C. civ. dispose que « la restitution n'est pas admise à l'égard des obligations naturelles qui ont été volontairement acquittées ». L'art. 1100 définit (sans le dire expressément) les obligations naturelles en précisant que les obligations « peuvent naître de l'exécution volontaire ou de la promesse d'exécution d'un devoir de conscience envers autrui ». Or, sur le terrain de la prescription, l'art. 2249 en tire la conséquence que « le paiement effectué pour éteindre une dette ne peut être répété au seul motif que le délai de prescription était expiré ».

En l'**espèce**, Monsieur Durand avait payé son plombier en mars 2021, pour une prestation réalisée en septembre 2015, soit plus de 5 ans après que la créance de somme d'argent fut exigible. Néanmoins, Monsieur Durand ne conteste pas la réalité de la dette née en 2015.

En **conclusion**, puisque la dette existait bien, le paiement effectué après l'expiration du délai de prescription équivaut à l'exécution d'une obligation naturelle (obligation civile qui, prescrite, a perdu sa force juridique) et ne saurait donc lieu à répétition.

Cas pratique nº 17

› *Énoncé*

Géraldine a longtemps été dans une relation toxique avec François, qui était systématiquement violent. Un jour de mars 1997, elle a cherché à échapper à son agresseur en sautant par la fenêtre, se blessant en chutant du deuxième étage. Son état a connu des complications mais son dommage corporel s'est consolidé en janvier 2001. En 2009, elle a appelé le greffe du tribunal correctionnel qui lui a indiqué que l'action publique était prescrite et qu'elle n'aurait aucune chance d'être entendue au pénal.

En février 2010, Géraldine décida donc de saisir la Commission d'indemnisation des victimes d'infractions (CIVI), indiquant dans ses écritures qu'elle n'avait jusqu'alors pas eu conscience des voies de droit qui lui étaient ouvertes. Sa demande fut rejetée en raison de l'irrespect de la procédure.

Par acte du 15 juin 2013, Géraldine décida donc d'assigner François en responsabilité civile. À l'audience, elle invoqua l'existence de troubles psychologiques qui avaient généré une amnésie post-traumatique l'ayant conduite à ne pas agir contre François, ainsi que l'acte de saisine de la CIVI qui aurait été interruptif de prescription contre François.

Que pensez-vous de ses chances de succès sur le terrain de la prescription ?

› *Corrigé*

Géraldine présente deux arguments, l'un relatif à la suspension de la prescription (II), l'autre concernant l'interruption de la prescription (III). À titre liminaire, il conviendra de s'interroger sur le délai de la prescription (I).

I/ Le délai de prescription

La **question** est la suivante : quel est le délai de prescription en présence d'un dommage corporel ? Une autre **question** : quel est le point de départ de ce délai ?

En **principe**, si l'art. 2224 du C. civ. prévoit un délai quinquennal de prescription pour les actions personnelles, l'art. 2226, al. 1er pose une exception pour les actions en réparation d'un dommage corporel, qui se prescrivent par 10 ans. Le même texte prévoit en outre un point de départ spécifique : il s'agit de « la date de la consolidation du dommage initial ou aggravé ».

En l'**espèce**, Géraldine a subi un dommage corporel en mars 1997, son état s'étant consolidé en janvier 2001. La prescription court donc pour 10 ans à compter de cette date.

En **conclusion**, l'action en réparation du dommage corporel de Géraldine est prescrite au mois de janvier 2011 (sans que l'on connaisse la date exacte au vu des faits du cas pratique).

II/ La suspension de la prescription

La **question** qui se pose est la suivante : la suspension de la prescription peut-elle être invoquée en présence d'un trouble psychologique ?

En **principe**, l'art. 2230 du C. civ. dispose que « la suspension de la prescription en arrête temporairement le cours sans effacer le délai déjà couru ». L'art. 2234 prévoit ainsi que la prescription est suspendue « contre celui qui est dans l'impossibilité d'agir par suite d'un empêchement résultant de la loi, de la convention ou de la force majeure », dès lors que la cause de suspension est apparue pendant le délai de prescription (Civ. 1re, 29 mai 2013, no 12-15.001). En outre, la jurisprudence décide que la règle de suspension pour impossibilité d'agir « ne s'applique pas lorsque le titulaire de l'action disposait encore, à la cessation de l'empêchement, du temps nécessaire pour agir avant l'expiration du délai de prescription » (Com. 11 janv. 1994, n° 92-10.241 ; Civ. 1re, 13 mars 2019, n° 17-50.053). L'amnésie post-traumatique peut constituer une impossibilité d'agir, sous réserve qu'un expert ne conclue pas à son absence (Civ. 2e, 13 sept. 2018, n° 17-20.966).

En l'**espèce**, Géraldine s'est manifestée auprès du tribunal correctionnel en 2009 et a saisi la commission d'indemnisation des victimes d'infractions en février 2010 estimant qu'elle n'avait pas eu conscience des voies de droit (ce qui relativise son affirmation ultérieure de l'existence d'une amnésie post-traumatique, laquelle serait appréciée par expert). Il est en tout cas certain qu'en février 2010, elle n'était plus sous l'emprise de cette amnésie. Or, à cette époque, il restait un an au délai de prescription.

En **conclusion**, même à supposer l'amnésie post-traumatique établie, elle avait disparu en février 2010, soit pendant le délai de prescription : Géraldine aurait donc dû agir dans les délais initiaux, sans pouvoir se prévaloir de la suspension.

III/ L'interruption du délai de prescription

La **question** qui se pose est la suivante : la saisine de la commission d'indemnisation des victimes d'infraction est-elle interruptive de la prescription de l'action en réparation contre le supposé responsable ?

En **principe**, l'art. 2231 du C. civ. dispose que « l'interruption efface le délai de prescription acquis » et « fait courir un nouveau délai de même durée que l'ancien ». L'art. 2241, al. 1er précise que la demande en justice, même en référé, interrompt la prescription. Toutefois, cette demande doit être faite à la personne bénéficiant de la prescription (Civ. 2e, 29 nov. 1995, n° 93-21.063). Il n'en va pas ainsi de la saisine de la CIVI par rapport au supposé responsable, qui n'est pas partie à l'instance devant la CIVI (Civ. 2e, 13 sept. 2018, préc.).

En l'**espèce**, Géraldine a saisi la CIVI en février 2010, soit avant l'expiration du délai de prescription. Néanmoins, si la saisine était interruptive de prescription à l'égard de la Commission, elle ne l'était pas à l'égard de François.

En **conclusion**, la prescription n'a pas été interrompue et l'action de Géraldine contre François est donc prescrite.

Cas pratique n° 18

› *Énoncé*

[Ce cas pratique nécessite des connaissances en droit des biens ainsi qu'en procédure civile et s'adresse donc prioritairement aux candidats aux concours.]

« Le futur… » Marty est quelque peu déçu, lui qui croyait, en arrivant le 21 octobre 2015, trouver des voitures volantes, des portes s'ouvrant par lecture d'empreintes, ces laisses automatiques pour chiens, des micro-ondes hydratant les pizzas, des skates flottant au-dessus du sol... Même la suppression des avocats, garante d'une justice bien plus efficace, n'est pas advenue ! Que de raisons pour retourner dans ce bon vieux 1985, et ses technologies finalement guère moins développées.

Marty décide donc de retourner d'où il vient. Non : de quand il vient – Marty a toujours du mal à penser en quatre dimensions. À sa grande surprise, son garagiste, Biff Tannen, n'a pas conservé le véhicule qui lui avait été remis en dépôt, mais l'a utilisé pour aller dans le passé pour modifier son existence. Marty est furieux, et décide d'agir en revendication. Biff lui rétorque qu'il doit prouver sa propriété, et que cela est impossible puisque le possesseur d'un bien meuble est nécessairement propriétaire.

En attendant que la justice examine sa situation, Marty décide d'aller visiter son « moi » du futur, dans sa maison de Hilldale. En y passant, il s'aperçoit que le trou creusé dans la haie par son voisin en 1983 est toujours là, et s'étonne de ce qu'il n'ait pas été comblé. Le nouveau propriétaire du terrain lui soutient que, désormais, le trou dans la haie constitue une servitude de vue qui n'est pas susceptible d'être retirée. Il ajoute que puisque rien n'a été construit dans le champ de vision des propriétaires successifs pendant 30 ans, son fonds bénéficie également d'une servitude de ne pas bâtir.

Ne résistant pas à la tentation de voir l'état de la maison dans laquelle il finira par habiter un jour, Marty décide finalement d'y pénétrer. Tandis qu'il passe de salle en salle, il entend soudain son *alter ego* du futur rentrer. Craignant de le croiser – et de provoquer une rupture du continuum espace-temps –, Marty décide de se cacher dans un placard. Il constate que le vieux Marty est préoccupé. En effet, un certain Needles lui devant de l'argent, il a décidé de l'assigner en paiement *in extremis*, quelques jours seulement avant l'expiration du délai de prescription. Seulement, son avocat vient de lui apprendre qu'il s'était trompé dans les règles de postulation, et ne pouvait le représenter. Partant, l'acte de saisine de la juridiction étant nul, les droits de Marty seraient prescrits ! « Vous êtes viré ! » envoie Marty à son avocat. Nom de Zeus, c'est tout de même frustrant de perdre ainsi ses droits !

Le Marty de 1985, afin de sortir de la maison, se glisse sans bruit dans une autre pièce. Son père, George, dont la vue a tellement baissé qu'il ne se rend pas compte de ce que son interlocuteur est beaucoup trop jeune, commence à lui demander conseil. Grâce à ses succès littéraires, il a en effet pu acheter de nombreux immeubles, tellement nombreux qu'il ne les a pas très bien gérés. Il s'est ainsi rendu compte que l'oncle de Marty, Joey, à qui il avait prêté l'un des immeubles à sa sortie de prison, avait décidé de le vendre sans solliciter George, à une personne qui l'occupe depuis maintenant 12 ans. Plus récemment, le 2 octobre 2016, George a fait une petite erreur, en vendant le même immeuble à 2 jours d'intervalle, d'abord à Marvin Berry, puis à M. Strickland. Ce dernier, détestant les retards, s'est empressé de publier ses droits à la publicité foncière. Marvin demande une indemnisation à Georges, mais aussi qu'il convainque Strickland de libérer les lieux, vendus alors que George n'était plus propriétaire.

Marty remercie George pour cette question, et fait mine d'aller faire des recherches dans son bureau. Il vous voit soudain à travers la fenêtre. « Doc ? C'est vous, Doc ? J'ai besoin de votre aide, mon père m'a pris pour mon autre moi et m'a posé des questions juridiques auxquelles je dois répondre ! Et il faut le faire vite, car mon autre moi ne va pas tarder à revenir dans le salon, et ils se douteront de quelque chose ! »

› *Corrigé*

I/ La possession de la DeLorean

Marty avait confié sa DeLorean à son garagiste, Biff Tannen, en dépôt, mais ce dernier en a profité pour l'utiliser et retourner dans le passé pour le modifier. Marty agit en revendication, mais Biff lui rétorque qu'il doit prouver sa propriété. La **question** qui se pose est la suivante : le déposant d'une chose mobilière corporelle peut-il revendiquer celle-ci entre les mains du dépositaire ?

En **principe**, lorsque deux personnes se prétendent propriétaires d'un même bien, sans qu'aucune ne puisse fournir un titre, la preuve de la qualité de propriétaire pèse sur le revendiquant. C'est l'art. 2276 du C. civ. – « en fait de meubles, la possession vaut titre » – pris dans sa fonction probatoire : le possesseur est présumé propriétaire. Le possesseur est alors présumé de bonne foi. Cette fonction doit être distinguée de celle acquisitive du même texte : lorsque le conflit n'est pas entre l'auteur et son ayant cause, mais entre un tiers dépossédé et l'ayant cause de celui qui avait la possession, le principe est que la possession de bonne foi emporte présomption irréfragable de propriété.

En l'**espèce**, le conflit est entre une personne se présentant comme ayant déposé la chose et le dépositaire. Ce dernier argue de ce qu'il est, en réalité, propriétaire. Marty, quant à lui, revendique le bien en estimant qu'il avait été donné en dépôt.

En **conclusion**, c'est à Marty, le revendiquant, qu'il revient de prouver le contrat de dépôt. À défaut, Biff sera considéré comme propriétaire.

II/ L'usucapion des servitudes

Marty s'aperçoit que le trou creusé dans la haie par son voisin en 1983 est toujours là en 2015. Marty s'étonne qu'il n'ait pas été comblé, mais le voisin lui rétorque qu'il s'agit d'une servitude de vue, qui est donc acquise par prescription. Par ailleurs, il prétend que faute pour Marty d'avoir construit quelque bâtiment que ce soit pendant 30 ans, son voisin avait également acquis une servitude de ne pas bâtir. La **question** qui se pose est la suivante : est-il possible d'acquérir une servitude de vue ou une servitude *non aedificandi* par usucapion ?

En **principe**, la servitude est définie à l'art. 637 du C. civ. comme « une charge imposée sur un héritage pour l'usage et l'utilité d'un héritage appartenant à un autre propriétaire ». Or, il est d'usage de distinguer deux critères de classification. L'art. 688 distingue les servitudes continues, définies comme « celles dont l'usage est ou peut être continuel sans avoir besoin du fait actuel de l'homme », quand celles discontinues supposent un « fait actuel de l'homme pour être exercées ». L'art. 689 distingue quant à lui les servitudes apparentes, à savoir « celles qui s'annoncent par des ouvrages extérieurs », de celles non apparentes, « qui n'ont pas de signe extérieur de leur existence ». Or l'usucapion n'est possible que pour les servitudes qui sont à la fois apparentes et continues.

En l'**espèce**, la première servitude invoquée est de vue. Il y a un trou dans la haie, donc la servitude est apparente. Et de ce trouble résulte la possibilité d'y regarder : il faut donc sans doute considérer, comme en présence d'une fenêtre, que la servitude est également continue. En revanche, la servitude *non aedificandi*, si elle est continue puisque l'homme ne construit pas et que ce comportement négatif est nécessaire, n'est évidemment pas apparente.

En **conclusion**, si la servitude de vue est acquise par usucapion trentenaire – car il y a mauvaise foi du voisin –, tel n'est pas le cas de la servitude *non aedificandi*.

III/ L'effet interruptif d'un acte de procédure annulé

Le Marty du futur décide d'assigner Needles en paiement d'une somme d'argent quelques jours avant l'expiration du délai de prescription. Son avocat s'étant trompé dans les règles de postulation, il indique à Marty qu'il est finalement prescrit dans ses droits. L'acte annulé pour violation des règles de postulation d'avocat est-il interruptif de prescription ? Il convient de qualifier le vice (A) pour en déduire les conséquences sur le plan de la nullité (B).

A – La qualification procédurale de la violation des règles de postulation

En **principe**, le code de procédure civile, parmi les moyens de défense (titre V du livre I), distingue entre les défenses au fond, les fins de non-recevoir et les exceptions de procédure. Parmi ces dernières, il liste les exceptions d'incompétence, de litispendance et de connexité, les exceptions dilatoires, les exceptions de nullité. L'on sait ainsi que tandis que la fin de non-recevoir sanctionne le défaut de droit d'action (art. 122, C. pr. civ.), les exceptions de nullité viennent sanctionner l'irrespect de règles procédurales.

Or, parmi les exceptions de nullité sont distingués les vices de forme – qui correspondent à l'inobservation de formalités posées par les textes (art. 112 s., C. pr. civ.) – et les irrégularités de fond, énumérées à l'art. 117 : défaut de capacité d'ester en justice, défaut de pouvoir d'une partie, défaut de capacité ou de pouvoir du représentant. Comment qualifier les règles de postulation à cet égard ?

En l'**espèce**, il s'agissait d'un problème de postulation, même si les faits ne nous en apprennent pas plus sur les règles applicables à Hill Valley. L'on sait qu'en principe, un avocat ne peut postuler que devant les juridictions du ressort du tribunal auquel est rattaché son barreau. Ainsi, un avocat parisien ne peut plaider devant la cour d'appel de Versailles que s'il a représenté son client devant le tribunal de Nanterre en première instance. Dès lors, l'avocat qui ne respecte pas les règles de postulation n'a pas de capacité de représentation.

En **conclusion**, les règles de postulation, lorsqu'elles sont violées, sont sanctionnées sur le plan des irrégularités de fond. Qu'en déduire sur le plan de l'effet interruptif de prescription ?

B – L'effet interruptif de l'acte pris en violation des règles de postulation

En **principe**, l'art. 2241, al. 1er du C. civ. dispose que « la demande en justice, même en référé, interrompt le délai de prescription ainsi que le délai de forclusion ». Or, ce qui est nul ne produisant aucun effet, l'effet interruptif de l'assignation devrait tomber en présence d'une irrégularité de fond, dès lors que celle-ci est sanctionnée par la nullité de l'acte de procédure. Pourtant, l'al. 2 précise que l'interruption de prescription vaut également lorsque la demande en justice « est portée devant une juridiction incompétente ou lorsque l'acte de saisine de la juridiction est annulé par l'effet d'un vice de procédure ». Que recouvre l'expression « vice de procédure » issue de la loi de 2008 ?

Le législateur n'ayant que faire des qualifications techniques, il a employé une expression inconnue de la procédure civile. Faut-il considérer le mot « procédure » comme dans « exception de procédure » – recoupant donc toutes les exceptions de procédures –, ou le mot « vice » comme dans « vice de forme » ? La Cour de cassation a retenu la première interprétation, très large, dans un arrêt Civ. 2e, 16 oct. 2014, no 13-22.088, à propos des règles de postulation. Elle estime que l'effet interruptif était acquis en la matière, alors même qu'il s'agissait d'une irrégularité de fond, comme en témoigne d'ailleurs l'art. 117 évoqué dans l'arrêt.

En l'**espèce**, on l'a dit, les règles de postulation, lorsqu'elles sont violées, conduisent à une annulation pour irrégularité de fond. Or si l'on peut douter que le législateur ait souhaité maintenir l'effet interruptif de prescription dans une telle hypothèse, telle est pourtant la solution retenue par la jurisprudence.

En **conclusion**, il faudra considérer que l'effet interruptif de prescription de l'assignation formulée par l'avocat de Marty est acquis, nonobstant l'annulation de l'acte.

IV/ Les acquisitions immobilières

Le père de Marty, George, est propriétaire de nombreux immeubles. Il a donc décidé d'en prêter un à son oncle Joey, lequel avait décidé de le vendre sans solliciter George, à une personne qui l'occupe depuis maintenant 12 ans. La **question** qui se pose alors est de savoir si l'acheteur d'un bien immobilier qui le possède ensuite pendant 12 ans peut se prévaloir de la propriété du bien (A) ? Par ailleurs, George a vendu deux fois de suite le même immeuble, d'abord à Marvin Berry, puis à M. Strickland. Ce dernier, détestant les retards, s'est empressé de publier à la publicité foncière. La **question** est alors la suivante : celui qui acquiert un bien immeuble déjà vendu mais qui publie son droit avant le premier acquéreur doit-il être considéré comme propriétaire (B) ?

A – L'usucapion immobilière

En **principe**, l'écoulement du temps permet à la possession de faire acquérir la propriété en matière immobilière. En ce cas, il faut distinguer : l'art. 2272, al. 1er prévoit que la possession d'un immeuble pendant 30 ans en fait acquérir la propriété. Et l'art. 2272, al. 2 de préciser que « celui qui acquiert de bonne foi et par juste titre un immeuble en prescrit la propriété par 10 ans ». Il faut donc la bonne foi au jour de l'acquisition, qui est présumée en vertu de l'article 2274. Et s'y ajoute l'exigence d'un juste titre, c'est-à-dire de l'acte juridique qui, s'il était émané du véritable propriétaire, aurait investi le possesseur du droit sur l'immeuble.

En l'**espèce**, en l'espèce, George avait prêté un immeuble à son oncle Joey, qui l'a vendu à un tiers il y a 12 ans. La bonne foi du tiers doit être présumée. Mais *quid* du juste titre ? *A priori*, tout portait à croire que Joey s'était comporté comme le véritable propriétaire, et que, par conséquent, le titre de vente était parfaitement valable, du moins en apparence. Si tel est le cas, la prescription sera acquise par 10 ans.

En **conclusion**, ici, la possession étant de 12 ans, elle serait acquisitive de propriété. Mais c'est, encore une fois, sous réserve de prouver le juste titre.

B – Les ventes successives d'un même immeuble

En **principe**, il faut se référer au décret du 4 janvier 1955 relatif à la publicité foncière. L'article 28, 1° prévoit que les actes translatifs de droits réels immobiliers doivent être publiés, l'article 30, 1° sanctionnant le défaut de publication du droit par l'inopposabilité aux tiers ayant acquis des droits concurrents. Condition d'opposabilité, la publicité foncière ne pouvait donc jouer au bénéfice de celui qui avait connaissance de droits concurrents non-inscrits acquis antérieurement au sien, sa mauvaise foi excluant toute possibilité pour lui de se prévaloir de ce qui n'était qu'une forme de publicité.

La jurisprudence a évolué en la matière. Par un arrêt Civ. 3e, 12 janv. 2011, *Bull. civ.* III, n° 5, la jurisprudence décide que les actes immobiliers « sont, s'ils n'ont pas été publiés, inopposables aux tiers qui, sur le même immeuble ont acquis du même auteur des droits concurrents en vertu d'actes ou de décisions soumis à la même obligation de publicité et publiés ». Or, en l'espèce, le second acquéreur mais premier publiant était de mauvaise foi, ce qui montre bien qu'il s'agit d'un revirement. La publicité foncière est ainsi constitutive de droit, et ce sans condition de bonne foi du publiant. La solution est confirmée par un arrêt Civ. 1re, 11 sept. 2013, n° 12-23.357 refusant d'engager la responsabilité du notaire qui avait connaissance du droit antérieur non publié, montrant la force de la solution mais étant aussi contestable, le notaire ayant une obligation professionnelle de respect des droits des tiers.

Mais le législateur a fini par intervenir, avec la réforme des obligations. Désormais, l'art. 1198, al. 2 dispose que « Lorsque deux acquéreurs successifs de droits portant sur un même immeuble tiennent leur droit d'une même personne, celui qui a, le premier, publié son titre d'acquisition passé en la forme authentique au fichier immobilier est préféré, même si son droit est postérieur, à condition qu'il soit de bonne foi ». Le principe est donc que l'opposabilité de la publicité foncière ne joue que sous réserve de la bonne foi.

En l'**espèce**, en l'espèce, il est indiqué que M. Strickland a publié rapidement car il n'aime pas les retards. Rien n'est, en revanche, indiqué relativement à une éventuelle mauvaise foi de celui-ci. Par conséquent, il est présumé de bonne foi.

En **conclusion**, M. Strickland a valablement acquis son droit de propriété.

5. Les personnes physiques

À l'envisager dans une perspective de cas pratiques, le droit des personnes obéit à des logiques assez différentes selon que l'on est en présence d'une personne physique (qui est une réalité saisie par le droit) ou d'une personne morale (qui apparaît comme une fiction juridique, quoique cela soit discuté). À se concentrer ici sur les personnes physiques, il convient de se poser trois questions : comment les qualifier (I) ? comment individualiser la personne physique parmi toutes (II) ? quelle protection accorder aux personnes physiques qui en ont besoin (III) ?

I/ Première question : comment qualifier les personnes physiques ?

La qualification des personnes physiques est fondamentale, car cette qualité emporte des conséquences de régime évidentes qui tiennent à la nécessité de protéger son titulaire. Il convient ainsi de s'interroger tant sur ce qu'est une personne physique (A) que sur les conséquences de cette qualité (B).

A – Qu'est-ce qu'une personne physique ?

La *summa divisio* des personnes et des choses a déjà été évoquée : la catégorie des personnes apparaît comme la catégorie fermée et celle des choses comme la catégorie ouverte, tout ce qui n'est pas personne étant relégué à n'être que chose. Cette distinction a une incidence évidente lorsqu'il s'agit d'attribuer la personnalité : ainsi, l'esclavage, quand il n'était pas prohibé, permettait d'exercer un droit de propriété sur des êtres humains qui n'étaient pas considérés, juridiquement, comme des personnes. Désormais, le principe est que tout être humain a la personnalité juridique de sa naissance (1) à sa mort (2).

1. L'acquisition de la qualité par la naissance

Puisque la naissance est fondamentale à la détermination de la qualité de personne physique, il convient de l'identifier (a). En outre, il convient de s'intéresser à la situation qui lui est antérieure car la naissance ne conduit pas à une rupture brutale : il faut s'intéresser à l'appréhension par le droit de la période antérieure à la naissance (b).

a) L'identification : qu'est-ce que la naissance ?

Depuis l'abolition de l'esclavage en 1848, la naissance, qui est un *fait juridique*, confère à tout être humain la personnalité juridique. La naissance est ainsi **suffisante** à l'acquisition de la personnalité mais elle lui est aussi **nécessaire**.

Il reste que la naissance doit remplir deux **conditions** cumulatives :
- l'enfant doit être né *vivant*, ce qui suppose qu'il ait respiré ;
- l'enfant doit être né *viable* (art. 318, 725 et 906, al. 3, C. civ.) : selon l'OMS, il en va ainsi de l'enfant né après 22 semaines d'aménorrhée ou d'un poids supérieur à 500 grammes (critères repris dans une circulaire du ministère de la Santé du 22 juill. 1993).

En outre – mais il ne s'agit pas d'une condition de la personnalité –, l'enfant doit être **déclaré à l'état civil** dans les 5 jours qui suivent l'accouchement (art. 55, C. civ.). C'est alors que seront attribués ses nom et prénom(s).

À défaut de réunion des deux conditions précédentes, un **acte d'enfant sans vie** peut être dressé qui produira des effets limités (car il a une finalité essentiellement symbolique) : attribution possible d'un prénom mentionné à l'état civil et au livret de famille, possibilité d'organiser des obsèques et d'obtenir certains avantages sociaux (art. 79-1, C. civ.). En revanche, l'enfant né vivant et viable décède avant la déclaration à l'état civil, l'officier devra établir un acte de naissance puis un acte de décès, la personnalité ayant été acquise dans l'intervalle (ce qui peut avoir des incidences successorales par ex.).

La naissance peut-elle être constitutive d'un préjudice ?

La question est délicate et appelle des réponses différentes selon les cas :
- lorsqu'un enfant naît handicapé par suite d'une faute médicale, il peut obtenir réparation du fautif lorsque la faute a causé directement le handicap, l'a aggravé ou n'a pas permis de prendre des mesures susceptibles de l'atténuer (art. L. 114-5, al. 2, CASF) ;
- lorsqu'un enfant naît handicapé mais que la faute a consisté dans un défaut d'information sur le handicap, laquelle faute a empêché la mère de recourir à une interruption médicale de grossesse, la jurisprudence judiciaire admit la réparation du préjudice dans la célèbre affaire *Perruche* (Cass., ass. plén., 17 nov. 2000, *Bull. AP*, n° 9), ce qu'avait refusé la jurisprudence administrative (CE 14 févr. 1997, *Centre hospitalier de Nice c/ Quarez*) ; le législateur intervint en 2002 (on parle parfois de loi « anti-Perruche ») et, désormais, le principe est que « nul ne peut se prévaloir d'un préjudice du seul fait de sa naissance » (art. L. 114-5, al. 1er, CASF), sauf le jeu de la solidarité nationale et la réparation du préjudice moral des parents en cas de faute caractérisée (al. 3) ; cette loi prévoyait une application rétroactive, ce qui conduisit à une condamnation de la France (CEDH 6 oct. 2005, n° 1513/03 et n° 11810/03, *Draon et Maurice c/ France*), le Conseil constitutionnel ayant jugé le texte d'application immédiate sauf pour les instances en cours (Cons. const. 11 juin 2010, n° 2010-2 QPC) tandis que la Cour de cassation refuse de faire application de la loi même pour les instances non débutées avant son entrée en vigueur (Civ. 1re, 15 déc. 2011, n° 10-27.473) ;

►

– lorsqu'un enfant naît sans handicap, le principe est qu'il ne peut se prévaloir d'un préjudice du seul fait de sa naissance (art. L. 114-5, al. 1er, préc.), pouvant néanmoins agir en responsabilité contre l'auteur d'un viol qui aurait causé sa naissance (Crim. 23 sept. 2010, *Bull. crim.*, n° 139).

b) L'anticipation : quel régime juridique avant la naissance ?

Avant la naissance, l'enfant se confond en principe avec sa mère, qui peut décider d'**interrompre sa grossesse** dans les conditions prévues par la loi : l'interruption *volontaire* peut être pratiquée avant la 12e semaine de grossesse (art. L. 2212-1, CSP ; il est actuellement discuté de porter le délai à 14 semaines) et l'interruption *médicale* peut être pratiquée à tout moment « lorsque la poursuite de la grossesse met en péril grave la santé de la femme » ou que la probabilité est forte que l'enfant soit atteinte d'une maladie incurable à la naissance (art. L. 2213-1, CSP ; il est actuellement discuté d'admettre l'IMG jusqu'au neuvième mois en cas de « détresse psychosociale »).

Cela dit, avant la naissance, l'**embryon** n'est qu'une **chose** au sens juridique, ce qui explique que l'homicide ne soit pas qualifié à l'égard de celui qui provoque la mort d'un *fœtus*, même viable (v. par ex. Cass., ass. plén., 29 juin 2001, *Bull. civ.*, n° 8). Il ne s'agit néanmoins pas d'un bien qui serait dans le commerce (CEDH 27 août 2015, n° 46470/11, *Parrillo c/ Italie*). L'art. 16 du C. civ. proclame ainsi solennellement que l'embryon a droit au **respect de l'être humain** dès le commencement de sa vie (ce qui vaut pour l'embryon *in utero* seulement : Cons. const. 27 juill. 1994, n° 94-343/344 DC).

Aperçu du régime applicable à l'embryon *in vitro*

L'embryon *in vitro* résulte d'une Assistance médicale à la procréation (AMP) qui sera envisagée en matière de filiation.

À s'en tenir au régime applicable à l'embryon *in vitro* une fois celui-ci conçu, diverses règles viennent encadrer les pratiques les concernant :

– le *clonage* est interdit, qu'il soit reproductif ou thérapeutique (art. 16-4, al. 2, C. civ. ; des infractions pénales spécifiques sont également prévues) ;

– les embryons *in vitro* sont créés pour permettre la naissance d'un enfant, sans pouvoir l'être à d'autres fins (art. L. 2151-3 s., CSP) ; on admet qu'il soit procédé à un diagnostic préimplantatoire (DPI) pour éviter la transmission d'une maladie d'une particulière gravité, et même à un double DPI pour faire naître un enfant dont les cellules pourront être utilisées pour « sauver » un aîné frappé d'une maladie grave (on parle de bébé-médicament ; v. art. L. 2131-4 et L. 2131-4-1, CSP) ;

– les embryons surnuméraires peuvent être détruits avec le consentement du couple ou accueillis par un autre couple (art. L. 2141-4, CSP) ; ils peuvent en outre, dans des hypothèses spécifiques et à des conditions strictes, faire l'objet de recherches scientifiques (art. L. 2151-5, CSP).

Parce que l'embryon est une personne en devenir, sa personnalité est parfois anticipée en application de l'adage ***infans conceptus*** : l'enfant simplement conçu est considéré comme né à chaque fois qu'il en va de son intérêt (v. art. 725, C. civ. en matière de successions et l'art. 906 pour les libéralités ; la jurisprudence a généralisé le principe, v. par ex. Civ. 1re, 10 déc. 1985, *Bull. civ.* I, no 339 : une assurance-vie garantissant, en cas de décès, un capital majoré en fonction du nombre d'enfants doit prendre en considération les enfants à charge conçus quoique non encore nés au moment du décès ; v. égal. Civ. 2e, 11 févr. 2021, no 19-23.525 : « l'enfant qui était conçu au moment du décès de la victime directe de faits présentant le caractère matériel d'une infraction peut demander la réparation du préjudice que lui cause ce décès »). Pour bénéficier de cette *fiction* de rétroactivité de la personnalité juridique, il faut non seulement prouver que l'enfant était conçu (l'art. 311, al. 1er, C. civ. posant une présomption simple de conception entre le 300e et le 180e jour avant la naissance) mais aussi vérifier certaines *conditions* :

– 1° l'enfant doit être *né vivant* et *viable*, car telles sont les conditions d'obtention de la personnalité juridique pour les personnes physiques ;

– 2° le report de la personnalité doit *profiter* à l'enfant et ne saurait être une charge pour lui (v. néanmoins Civ. 1re, 28 janv. 2009, *Bull. civ.* I, no 12 : l'enfant peut être débiteur des frais d'obsèques de son père décédé alors qu'il n'était que conçu, dès lors qu'il a perçu un capital-décès d'un montant supérieur).

2. La perte de la qualité par la mort

Là encore, il faut commencer par procéder à l'identification de la mort (a) avant d'envisager le régime applicable après la mort (b).

a) L'identification : qu'est-ce que la mort ?

La mort est un *fait juridique* qui suppose un arrêt cardiaque et respiratoire persistant, avec défaut total de conscience, de réflexes du tronc cérébral, d'activité motrice et de ventilation spontanée (art. R. 1232-1, CSP) ; il faut en outre produire deux électroencéphalogrammes plats de 30 minutes à quatre heures d'intervalle ou une angiographie (art. R. 1232-2). À ce stade, il est possible de prélever les organes du mort, sauf opposition de son vivant (art. L. 1232-1). L'état végétatif chronique, en revanche, n'est pas la mort (il est ainsi possible à la personne dans un tel état – évidemment représentée – d'obtenir indemnisation de ses préjudices, mêmes moraux : v. not. Crim. 5 janv. 1994, *Bull. crim.*, no 5).

À l'instar de la naissance, la mort doit être déclarée à l'officier d'état civil (art. 78, C. civ.).

Un droit subjectif à la mort ?

Mourir peut être considéré comme une *liberté* en ce sens que le suicide ou sa tentative n'est pas sanctionné ; en revanche, la provocation au suicide et la non-assistance à personne en péril sont pénalement sanctionnées (art. 223-6 et 223-13, C. pén.).

►

Si mourir est une liberté, ce n'est pas un droit pouvant être opposé à autrui : le suicide assisté n'est ainsi pas un droit de l'homme (CEDH 29 avr. 2002, n° 2346/02, *Pretty c/ Royaume-Uni*). Si l'euthanasie passive par l'arrêt des soins pour un patient en phase avancée ou terminale d'une affection grave et incurable est admise en vue d'éviter l'acharnement thérapeutique (art. L. 1111-10, CSP), l'euthanasie active, par l'administration de substances mortifères, est interdite ; simplement, la sédation profonde et continue jusqu'à la mort est possible pour garantir un droit à une fin de vie digne et apaisée (art. L. 1110-5-2). Le patient en fin de vie inconscient peut avoir donné des directives pour arrêter les soins en ces hypothèses (art. L. 1111-11, CSP), à défaut desquelles le médecin doit consulter la personne de confiance désignée par le malade ou, à défaut, consulter ses proches (art. L. 1111-6). La difficulté peut alors naître d'un conflit entre les proches comme dans l'affaire *Vincent Lambert*, l'épouse étant favorable à l'arrêt des soins, contrairement aux parents du patient : l'arrêt des soins fut finalement ordonné (CE 24 juin 2014, n° 375081 ; validé après suspension à titre provisoire par CEDH 5 juin 2015, n° 46043/14, *Lambert et a. c/ France* ; puis confirmé par CE 19 juill. 2017, n° 402472 et enfin par CE 24 avr. 2019, n° 428117 ; les juridictions judiciaires refusèrent d'y voir une voie de fait, estimant que « le droit à la vie n'entre pas dans le champ de la liberté individuelle au sens de l'art. 66 de la Constitution » : Cass., ass. plén., 28 juin 2019, n° 19-17.330 ; Vincent Lambert est finalement décédé le 11 juill. 2019).

Quid lorsque la mort est **incertaine** parce que la personne a disparu sans que son corps ait été retrouvé ? Il faut distinguer selon le degré d'incertitude :

- La *disparition* correspond au cas dans lequel le décès est hautement probable : l'art. 88, al. 1er du C. civ. vise l'hypothèse dans laquelle la personne a disparu « dans des circonstances de nature à mettre sa vie en danger » et où « son corps n'a pu être retrouvé » (par ex. la personne disparue alors que le navire qui la transportait était au large, par mer agitée à une température de 9 °C : Civ. 1re, 14 mars 1995, *Bull. civ.* I, n° 125) ou en cas de décès certain (al. 3), par ex. pour un crash d'avion ; il y aura alors un jugement déclaratif de décès prononcé par le tribunal judiciaire, qui tiendra lieu d'acte de décès, le juge devant fixer la date du décès selon des présomptions judiciaires ; en cas de réapparition (peu probable), le procureur ou tout intéressé peut demander l'annulation du jugement déclaratif de décès (les effets étant les mêmes qu'en cas d'annulation d'un jugement déclaratif d'absence).

- L'*absence* correspond au cas dans lequel la mort est plus incertaine, par ex. pour une personne partie du jour au lendemain sans laisser d'adresse : il faut que la personne ait cessé de paraître à son domicile et qu'il n'y ait plus de nouvelles (art. 112, C. civ.) ; le tribunal judiciaire pourra alors déclencher une présomption d'absence, l'absent étant présumé vivant mais le juge pouvant nommer un représentant pour administrer les biens de l'absent (art. 121) ; cette présomption prend fin en cas de réapparition de l'absent, qui recouvre ses biens (art. 118), en cas de décès de l'absent ou de déclaration d'absence ; la déclaration d'absence peut ainsi être prononcée après 10 ans de présomption d'absence ou 20 ans d'absence (art. 122), cette déclaration faisant présumer le décès, transcrit à l'état civil ; en cas de retour du déclaré absent, le jugement peut être annulé et l'absent recouvre ses biens dans l'état où ils se trouvent (art. 130) ; lorsque l'absent est marié, le mariage subsiste pendant la présomption d'absence mais disparaît avec la déclaration d'absence, sans possibilité de « ressusciter » en cas de retour.

b) Les suites : quel régime juridique après la mort ?

Le décès entraîne la **perte de la personnalité** : elle emporte ainsi dissolution du mariage (art. 227, C. civ.) et ouverture d'une succession (art. 711, C. civ.).

Puisque la personne n'est plus, ses restes deviennent **chose** : l'homicide est ainsi exclu lorsqu'il porte sur un cadavre. Pour autant, il s'agit d'une chose « sacrée » : selon l'art. 16-1-1 du C. civ., « le **respect dû au corps humain** ne cesse pas avec la mort », les restes de la personne devant être traités avec respect. Ainsi le prélèvement d'organes suppose-t-il un consentement du vivant de la personne, lequel est désormais présumé (art. L. 1232-1, CSP) ; de même, il n'est pas possible de faire une exploitation commerciale du cadavre, par ex. en exposant des cadavres dans le cadre d'une exposition Civ. 1re, 16 sept. 2010, n° 09-67.456, *Our Body*).

Quant à la **sépulture**, elle est choisie par le défunt car cela relève de ses convictions personnelles, les proches pouvant être consultés pour déterminer cette intention (Civ. 1re, 15 juin 2005, *Bull. civ.* I, n° 267) ; néanmoins, l'ordre public et la santé publique justifient une restriction du choix entre l'inhumation et la crémation (pour une exclusion de la cryogénisation, v. CE 6 janv. 2006, req. n° 260307, *Martinot*).

B – Qu'implique la qualité de personne physique ?

Être une personne n'est évidemment pas neutre : il faut être une personne (morale, le cas échéant) pour être titulaire d'un patrimoine (1) et de droits de la personnalité (2).

1. Le patrimoine

La notion de patrimoine n'est pas expressément envisagée par le C. civ. mais a pu être déduit par Aubry et Rau du principe de continuation de la personne du défunt par ses héritiers (art. 785) et du droit de gage général des créanciers (art. 2285).

Le principe est celui de l'**unité du patrimoine** : seule une personne peut avoir un patrimoine ; toute personne a nécessairement un patrimoine ; et une personne ne peut avoir qu'un patrimoine (ce qui est relativisé par la consécration de la fiducie en 2007 et de l'EIRL en 2010). Le patrimoine est une **universalité de droit** qui comprend l'ensemble des biens affectés à l'ensemble des dettes du titulaire, cette universalité étant considérée elle-même comme un tout.

Le patrimoine comporte les **droits patrimoniaux** de la personne, à savoir les droits *réels* portant sur les choses et les droits *personnels* de créance.

2. Les droits de la personnalité

Outre les droits patrimoniaux, toute personne physique a des droits extrapatrimoniaux ou droits de la personnalité (on les distingue parfois en faisant entrer dans la première notion les droits familiaux). Il convient de les énoncer (a) avant d'en envisager le régime (b).

a) Que sont les droits de la personnalité ?

Les droits de la personnalité sont très nombreux, que l'on songe, sans souci d'exhaustivité, aux suivants :

- Le **droit à la vie** et le **droit au respect de l'intégrité physique** (art. 2 de la Conv. EDH et art. 16 s., C. civ.) : il en découle le principe d'inviolabilité du corps humain ainsi que l'exclusion du corps humain, de ses éléments et produits du champ de la commercialité ; c'est de ce principe que découle également l'interdiction de l'atteinte matérielle au corps humain (sauf la nécessité médicale pour la personne et l'intérêt thérapeutique pour autrui, selon l'art. 16-3) ou l'exigence de consentement en matière médicale (art. 16-3) ainsi que la prohibition de la gestation pour autrui.

- Le **droit au respect de la vie privée** (art. 8 de la Conv. EDH et art. 9, C. civ.), qui porte sur l'identité, le domicile, la vie sentimentale, l'état de santé, la religion, etc. (il n'en va pas ainsi des informations patrimoniales des personnes publiques : Civ. 1re, 4 oct. 1989, *Bull. civ.* I, n° 307) ; ce droit doit être concilié avec le droit à l'information, lequel peut justifier des atteintes à la vie privée lorsque l'atteinte participe à un débat d'intérêt général ou est justifiée par l'actualité (pour des ex. où la vie privée l'emporte, v. Civ. 1re, 9 juill. 2003, *Bull. civ.* I, n° 172 et Civ. 1re, 11 mars 2020, n° 19-13.716 ; pour un ex. où le droit à l'information l'emporte, v. Civ. 1re, 12 juill. 2005, *Bull. civ.* I, n° 329) ; les faits anodins n'entrent en revanche pas dans la protection de la vie privée (Civ. 1re, 3 avr. 2002, *Bull. civ.* I, n° 110) ; en outre, la distinction entre vie privée et vie publique (ou sociale) n'est pas évidente, comme en témoigne le principe selon lequel le salarie conserve une vie privée sur son lieu de travail, ce qui interdit, sauf exception, l'ouverture par l'employeur de fichiers « personnels » sur l'ordinateur du salarié (Soc. 2 oct. 2001, *Bull. civ.* V, n° 291, *Nikon* ; Soc. 17 mai 2005, *Bull. civ.* V, n° 165).

- Le **droit à l'image de la personne** : il est protégé même si l'image ne concerne pas la vie privée (ce qui peut justifier une double-indemnisation sur les deux fondements, v. par ex. Civ. 1re, 12 déc. 2000, n° 98-21.161) ; lorsque la photographie est prise dans un lieu public (ce qui n'est pas le cas d'une photographie prise dans une voiture : Crim. 12 avr. 2005, *Bull. crim.*, n° 122), elle peut être publiée sans accord si elle participe d'une œuvre artistique ou de l'impératif d'information (v. par ex. Civ. 1re, 5 juill. 2005, *Bull. civ.* I, n° 298) ; même lorsque la publication participe d'un débat d'intérêt général, il faut que soit respectée la dignité de la personne humaine (v. par ex. Civ. 1re, 20 févr. 2001, *Bull. civ.* I, n° 42), dignité qui survit à la personne (Civ. 1re, 20 déc. 2000, n° 98-13.875, *Préfet Erignac*).

- Le **droit au respect de la présomption d'innocence** (art. 9-1).
- Le **droit à l'honneur** : il interdit notamment la diffamation.
- Le **droit des données personnelles** tend aujourd'hui à s'autonomiser par rapport au droit au respect de la vie privée.

b) Quel est le régime applicable aux droits de la personnalité ?

Les droits de la personnalité sont **extrapatrimoniaux**, ce dont il découle plusieurs conséquences :
– ils sont *indisponibles*, donc ne sauraient être cédés ; pour autant, il est possible de conclure des contrats relatifs à des signes les symbolisant (par ex. l'on peut admettre qu'autrui utilise son nom, diffuse une image, enregistre la voix) tant que l'attribut de la personnalité n'est pas transmis (par ex. on ne peut s'interdire de parler parce que l'on a cédé un enregistrement de sa propre voix) ;
– ils sont *intransmissibles* car ils disparaissent avec la personne ; pour autant, les héritiers peuvent demander réparation du préjudice personnel qu'ils subiraient du fait d'une atteinte à la mémoire ou à l'image de la personne décédée ; en outre, les héritiers de l'auteur d'une œuvre littéraire ou artistique peuvent demander réparation en cas d'atteinte au droit moral de l'auteur (art. L. 121-1, CPI) ;
– ils sont *non estimables en argent*, ce qui n'empêche pas la victime d'obtenir une indemnisation en cas d'atteinte ;
– ils sont *imprescriptibles* : même en cas d'atteinte prolongée, leur titulaire peut demander une cessation des atteintes.

Les **sanctions** en cas d'irrespect des droits de la personnalité sont diverses :
– elles peuvent être *pénales*, par ex. en cas de violation du domicile, de diffamation, d'injure, d'atteinte à la présomption d'innocence ;
– elles peuvent être *civiles*, consistant dans une indemnisation (fondée sur la responsabilité civile de l'art. 1240 voire, parfois, directement sur les textes prévoyant le droit de la personnalité) ou dans d'autres mesures telles que la mise sous séquestre de journaux ou la publication d'une mention rectificative.

II/ Deuxième question : comment individualiser la personne physique ?

Si tous les êtres humains nés vivants et viables ont la personnalité juridique et jouissent des droits qui y sont afférents, il est néanmoins nécessaire de distinguer entre eux : c'est l'individualisation (ou identification) de la personne. Tel est le rôle de l'**état civil**, qui correspond aux qualités inhérentes à la personne prises en considération par la loi civile pour y attacher des effets, qu'il s'agisse de règles de police (contrôle d'identité par ex.) ou de règles civiles (capacité à se marier par ex.). Les éléments d'identification sont très nombreux : nationalité, filiation, alliance, etc. Dans un cas pratique de droit civil, vous serez généralement interrogés sur le nom (A) le sexe (B) ou le domicile (C).

À titre liminaire, il faut indiquer que l'état civil des personnes physiques est d'**ordre public**. Il en découle deux conséquences :

– l'état des personnes est *indisponible* : la personne ne peut céder ou abandonner ces éléments, ce qui n'empêche pas de changer certaines qualités (par ex. par mariage), à certaines conditions et sous réserve de modifier l'état civil avec contrôle de l'autorité publique ;

– l'état des personnes est *imprescriptible* : le temps ne fait pas acquérir ou perdre un état (sauf certaines exceptions pour le nom).

A – Le nom

Le nom est l'appellation servant à désigner une personne. Il comprend le nom de famille (1) et le prénom (2).

1. Le nom de famille

Le nom de famille se rattache à la fois à la vie publique, en ce qu'il permet d'identifier les personnes au sein de la société, et à la vie privée, en ce qu'il permet de nouer des relations avec les autres (CEDH 17 juin 2003, req. n° 63056/00, *Mustafa c/ France*). Trois questions peuvent se poser en cas pratiques, relatives à l'acquisition (a), à la modification (b) et à l'exploitation (c) du nom.

a) Comment le nom s'acquiert-il ?

Classiquement, l'enfant portait le nom de son père (on parlait d'ailleurs de *patronyme*) ; depuis la loi n° 2002-304 du 4 mars 2002, applicable aux enfants nés après le 1er janv. 2005, le principe est celui de la **liberté de choix** par les parents du nom de l'enfant, ainsi que l'égalité entre l'homme et la femme, permettant de transmettre le nom de l'un ou de l'autre ou les deux. La liberté n'est toutefois pas absolue car le nom découle de la **filiation**, ce qui implique de distinguer selon le mode de filiation.

En présence d'une **filiation naturelle**, il faut procéder à une distinction :

– en cas de *double filiation simultanée*, l'art. 311-21, al. 1er du C. civ. pose la liberté de choix du nom de famille de l'enfant, lequel peut être le nom du père, de la mère ou les deux noms accolés dans l'ordre choisi, dans la limite d'un nom de famille pour chacun ; le choix est définitif (art. 311-24 ; Civ. 1re, 8 mars 2017, n° 16-13.032) sauf procédure de changement de nom ; en outre, le nom doit être le même pour toute la fratrie (art. 311-21, al. 3) ; en cas de désaccord des parents, l'enfant prend les deux noms accolés dans l'ordre alphabétique ; en outre, à défaut de déclaration conjointe à l'officier d'état civil, le principe est celui de la transmission du nom du père (art. 311-21, al. 1er) ;

– en cas d'*établissement successif des filiations*, l'enfant prend le nom de celui à l'égard duquel le premier lien est établi (art. 311-21, al. 1er) ; une fois le second lien établi et pendant la minorité de l'enfant (mais avec son consentement s'il a plus de 13 ans), les parents peuvent y substituer le nom de l'autre parent ou les deux noms (art. 311-23).

En présence d'une **filiation adoptive**, il faut distinguer :

– en cas d'*adoption plénière* (qui est aussi forte qu'une filiation naturelle et a vocation à remplacer celle préexistante), le jugement d'adoption confère à l'adopté le nom de l'adoptant ; en cas d'adoption par des époux ou d'adoption par l'un des époux de l'enfant de son conjoint, l'art. 357 du C. civ. pose les mêmes règles que l'art. 311-21 ; simplement, à défaut de déclaration conjointe, l'enfant prend le nom des deux adoptants accolés dans l'ordre alphabétique ;

– en cas d'*adoption simple* (qui ne rompt pas avec la filiation d'origine), il y a addition du nom de l'adoptant au nom initial de l'adopté (ou l'un des deux noms, choisi par les parents adoptifs, en cas d'adoption simple par un couple), avec le consentement nécessaire de l'adopté de plus de 13 ans et possibilité pour le tribunal de procéder à une substitution de nom (art. 363, C. civ.).

Il peut exceptionnellement y avoir une **attribution administrative** : cela concerne les enfants trouvés ou qui n'ont pas de filiation connue, l'officier d'état civil choisissant trois prénoms dont le troisième sert de nom (art. 57, al. 2) ; en cas d'accouchement sous X, la mère peut faire connaître les prénoms qu'elle souhaite voir attribués à l'enfant.

En outre, il est possible (ce n'est jamais obligatoire) de porter un **nom d'usage**, qu'il s'agisse du nom de celui de ses parents qui n'a pas été transmis (art. 43, C. civ.) ou du nom de son conjoint (art. 225-1, C. civ.) – le divorce entraînant la perte du nom, sauf autorisation de l'ex-époux (qui est révocable en cas d'usage abusif) ou du juge en raison d'un intérêt particulier pour le bénéficiaire de l'usage ou les enfants (art. 264, al. 2). En revanche, l'usage d'un autre nom (par ex. un pseudonyme), s'il est en principe possible (sauf usurpation), n'est pas officiel et peut être interdit pour certaines professions (par ex. médicales).

Le nom ainsi obtenu présente divers **caractères** :

– il est *immuable* : l'art. 1er de la loi du 6 fructidor an II (23 août 1794) interdit de porter un autre nom ;

– il est *indisponible*, étant hors du commerce et ne pouvant donc être cédé ;

– il est *imprescriptible* en ce sens qu'il ne se perd pas par le non-usage ; en revanche, il est susceptible d'usucapion (le délai étant incertain mais la doctrine estimant qu'elle doit être centenaire ; v. par ex., pour un délai de 10 ans jugé insuffisant, Civ. 1re, 23 juin 2010, no 08-20.239) ; il est toujours possible de revendiquer en justice le nom de ses ancêtres et de revenir sur la possession prolongée du nom (pour un ex., v. Civ. 1re, 30 sept. 2003, *Bull. civ.* I, no 202).

b) Comment modifier son nom ?

Le changement de nom peut découler d'un **changement de filiation**.

Il est possible de changer de nom en justifiant d'un **intérêt légitime** (art. 61, C. civ.), par ex. lorsque le nom a une consonance ridicule, reprendre le nom illustre d'un ancêtre, pour des raisons affectives (CE 31 janv. 2014 req. n° 362444), ou éviter l'extinction du nom d'un ascendant ou d'un collatéral (art. 61, al. 2). Le changement de nom est autorisé par décret, avec recours possible devant le Conseil d'État. L'on peut également changer de nom pour le franciser ou pour éviter la disparition du nom d'un citoyen mort pour la patrie.

c) Est-il possible d'exploiter le nom ?

Le titulaire d'un nom peut s'opposer à l'**exploitation par autrui** de son nom, mais à la condition qu'il existe un risque de confusion : il en va ainsi en cas d'utilisation du nom dans une œuvre littéraire ou artistique (v. par ex. Civ. 1re, 8 oct. 2009, *Bull. civ.* I, n° 205) ou à des fins commerciales ou publicitaires (v. par ex. Civ. 1re, 19 déc. 1967, *Bull. civ.* I, n° 372).

Le titulaire peut en outre procéder à l'**exploitation économique de son propre nom**, sauf s'il existe un risque de confusion avec un nom commercial identique qui a été utilisé précédemment par un tiers (v. par ex. l'affaire *Leclerc* : Com. 9 nov. 1987, *Bull. civ.* IV, n° 234).

Une dernière question se pose : est-il possible d'**autoriser l'exploitation par autrui** ? *A priori* l'indisponibilité du nom devrait l'exclure mais la jurisprudence a admis de telles conventions : « le principe de l'inaliénabilité et de l'imprescriptibilité du nom patronymique, qui empêche son titulaire d'en disposer librement pour identifier au même titre une autre personne physique, ne s'oppose pas à la conclusion d'un accord portant sur l'utilisation de ce nom comme dénomination sociale ou nom commercial », ce qui conduit à détacher le nom de la personne physique pour l'attribuer à une personne morale et devenir « objet de propriété incorporelle » (Com. 12 mars 1985, *Bull. civ.* IV, n° 95, *Bordas*). En revanche, l'autorisation d'utiliser le nom n'implique pas l'autorisation de le déposer à titre de marque (Com. 6 mai 2003, *Ducasse*, *Bull. civ.* IV, n° 69). La cession est alors irrévocable et le nom relève alors du fonds de commerce et se transmet avec lui (Civ. 3e, 25 nov. 2009, *Bull. civ.* III, n° 262).

2. Le prénom

Le prénom permet d'identifier l'individu au sein de la famille. Il convient de s'intéresser à son attribution (a) et sa modification (b).

a) Comment le prénom est-il attribué ?

Le prénom est **librement** choisi par les parents, étant déclaré à l'officier d'état civil au moment de la naissance, dans la limite de quatre prénoms (art. 57, al. 1er, C. civ.). Si les parents sont inconnus, l'officier d'état civil choisit les prénoms. Les prénoms peuvent ou non être tirés du calendrier et doivent simplement être en alphabet français.

Des **limites** sont posées à cette liberté par un contrôle *a posteriori* : si l'officier d'état civil estime que les prénoms sont contraires à l'intérêt de l'enfant ou aux droits des tiers, il en avise le Procureur de la République qui peut saisir le juge aux affaires familiales (art. 57, al. 3). L'exemple récent célèbre de non-conformité a concerné le prénom Titeuf (Versailles, 7 oct. 2010).

b) Comment modifier le prénom ?

Si le principe d'**immutabilité** existe aussi pour le prénom, l'art. 60 du C. civ. dispose que « toute personne peut demander à l'officier d'état civil [avant 2016, il s'agissait d'une procédure judiciaire] à changer de prénom », le mineur de 13 ans devant consentir. Ce n'est que si l'officier estime que la demande « ne revêt pas un intérêt légitime » par ex. en ce qu'elle est contraire à l'intérêt de l'enfant que le procureur de la République sera saisi et, en cas d'opposition de ce dernier, que le juge aux affaires familiales pourra être saisi. Le changement ne peut être demandé par pure convenance personnelle (Civ. 1re, 20 févr. 1996, *Bull. civ.* II, no 98)

B – Le sexe

Le sexe est un élément de l'**état civil** qui doit être mentionné dans l'acte de naissance (art. 57, C. civ.), sur la base de l'observation des organes génitaux externes. En droit positif, une personne physique est nécessairement homme ou femme. Or, en dehors du droit, à côté du sexe *objectif* (anatomique, chromosomique et hormonal), il existe un sexe *subjectif* (psychologique et psychosocial).

Quid de l'individu **intersexué**, né avec un sexe anatomique indéterminé ? La jurisprudence estime que « la loi française ne permet pas de faire figurer, dans les actes de l'état civil, l'indication d'un sexe autre que le masculin ou le féminin », jugeant l'atteinte au droit au respect de la vie privée proportionnée (Civ. 1re, 4 mai 2017, no 16-17.189) ; néanmoins, une circulaire du 28 oct. 2011 autorise à laisser vide la mention du sexe à l'état civil pendant 2 ans dans certains cas d'intersexualité ; quant aux traitements pour favoriser l'orientation du sexe, ils doivent obéir à une finalité médicale (art. R. 4127-41, CSP).

La situation doit être distinguée du **transsexualisme**, qui est un trouble de l'identité sexuelle découlant d'une discordance entre le sexe objectif et le sexe subjectif. Pour y remédier, il est possible de procéder à une opération de conversion sexuelle, laquelle répond à une finalité thérapeutique.

Juridiquement, le **changement de sexe** a donné lieu à une évolution récente :

– *jusqu'en 2016*, il était placé par la jurisprudence sous le signe du principe d'indisponibilité de l'état des personnes, dont elle déduisait l'impossibilité de changer de sexe, avant d'évoluer sous l'influence de la CEDH ; dans un arrêt ass. plén., 11 déc. 1992, no 91-11.900, elle finit par admettre le changement de sexe à une quadruple-condition : 1° qu'un traitement chirurgical ait été subi dans un but thérapeutique, 2° que la personne présente le syndrome du transsexualisme, 3° qu'elle ait pris une apparence physique la rapprochant de l'autre sexe, 4° et qu'y corresponde son comportement social ; ultérieurement, elle exigea la démonstration de la réalité du syndrome transsexuel ainsi que le caractère irréversible de la transformation de son apparence (Civ. 1re, 7 juin 2012, n° 11-30.262) ; cette exigence conduisit à une condamnation de la France par une décision CEDH 6 avr. 2017, req. n° 79885/12, *Garçon et Nicot c/ France*) ;

– le législateur est intervenu dans le cadre de la *loi n° 2016-1547 du 18 nov. 2016* de modernisation de la justice du XXIe siècle : désormais toute personne « qui démontre par une réunion suffisante de faits que la mention relative à son sexe dans les actes de l'état civil ne correspond pas au sexe dans lequel elle se présente et dans lequel elle est connue peut en obtenir la modification » (art. 61-5, C. civ.) ; il suffit désormais de démontrer que le sexe psychosocial diffère du sexe objectif (par ex. si la personne se présente publiquement comme tel et a demandé un changement de prénom) pour obtenir un changement de sexe ; il est expressément exclu que l'opération chirurgicale soit exigée pour le changement (art. 61-6) ; la procédure de changement de sexe demeure judiciaire (art. 61-6) et la modification ne vaut que pour l'avenir (art. 61-8).

Quelles sont les *conséquences* du changement de sexe ? Il n'a plus en soi d'effet sur le mariage puisque, depuis 2013, le sexe des époux est indifférent, ce qui n'empêche pas le conjoint de demander le divorce ; le transsexuel peut aussi parfaitement se marier. La filiation avec les enfants du transsexuel n'est pas touchée par le changement de sexe (art. 61-8). Demeure la question de la personne qui a changé de sexe juridiquement tout en conservant son sexe objectif d'origine : le législateur n'est pour l'instant pas intervenu pour régler les questions de filiation (not. la question de savoir si la présomption de paternité pourrait jouer au bénéfice d'un homme devenu femme). Ainsi, un arrêt Civ. 1re, 16 sept. 2020, n° 18-50.080 a considéré qu'en l'état du droit positif, une personne transgenre homme devenue femme qui, après la modification de la mention de son sexe dans les actes de l'état civil, procrée avec son époux au moyen de des gamètes mâles, n'est pas privée du droit de faire reconnaître un lien de filiation biologique avec l'enfant, mais ne peut le faire qu'en ayant recours aux modes d'établissements de la filiation réservés au père.

C – Le domicile

Le domicile permet la localisation juridique de la personne, jouant ainsi un rôle de **police** (pour l'inscription électorale, le paiement des impôts, le confinement par ex. ; le domicile permet aussi de régler des questions procédurales, par ex. en matière de compétence territoriale) mais étant aussi constitutif d'un **attribut de la personnalité** (le droit à la vie privée de l'art. 9 du C. civ. s'y étend et l'art. 226-4 du C. pén. Sanctionne la violation de domicile).

Le domicile est **défini** comme le lieu où la personne demeure effectivement, de façon normale et habituelle, c'est son « principal établissement » (art. 102, C. civ.) ; il s'agit généralement du lieu de *résidence* (mais pas toujours : certains peuvent faire de leur résidence secondaire leur domicile). L'on prend en compte tantôt le domicile (par ex. pour déterminer le lieu d'ouverture d'une succession : art. 720, C. civ.), tantôt la résidence (par ex. pour la compétence du juge aux affaires familiales : art. 1070, C. pr. civ.), tantôt les deux (par ex. pour le lieu du mariage : art. 74, C. civ.). Parfois, le domicile réel n'est pas pris en considération, par ex. pour ce qui est du *domicile élu*, qui est fictif, pour localiser les conséquences d'un acte (art. 111, C. civ.) : l'on songe à une partie qui élit domicile chez son avocat pour que ce soit ce dernier qui reçoive les actes de procédure.

La **fixation** du domicile obéit à un principe de *liberté* : il faut que la personne soit effectivement établie au lieu considéré elle qu'elle ait la volonté d'y être domiciliée (v. ainsi, pour le changement de domicile, art. 103, C. civ.).

III/ Troisième question : comment protéger certaines personnes physiques ?

Si toute personne mérite une protection (ce sont les droits de la personnalité étudiés *supra*), certaines personnes méritent une protection spécifique en raison de leur vulnérabilité.

À titre liminaire, il faut néanmoins distinguer deux formes de **capacité** :

– la *capacité de jouissance* est l'aptitude juridique à devenir *titulaire* d'un droit : elle est de principe pour chacun depuis la disparition de la mort civile ; elle peut connaître des exceptions à caractère spécial (par ex. l'incapacité du médecin de recevoir une libéralité faite par un patient qu'il a soigné dans sa dernière maladie : art. 909) ;

– la *capacité d'exercice* est l'aptitude à *exercer* ses droits : c'est elle qui est concernée par le droit des incapacités, pouvant connaître des exceptions qui tendent à empêcher la personne protégée d'exercer elle-même ou seule les droits dont elle a la jouissance. L'incapacité d'exercice concerne les mineurs (A) et certains majeurs protégés (B).

Avant d'envisager les règles de protection, il convient de procéder, à titre liminaire, à une distinction entre les **actes**, préalable nécessaire à l'identification des limites apportées aux actes faits par les personnes protégées ; cette classification est faite selon la gravité (plus l'acte est grave, moins la personne protégée ne sera admise à l'effectuer seule) :

– les plus graves sont les *actes de disposition*, définis comme ceux qui engagent le patrimoine « de manière durable et substantielle » (art. 496, al. 3, C. civ.) : il en va ainsi de la vente ou de la donation d'un bien immeuble ;

– moins graves sont les *actes d'administration* qui sont relatifs à la « gestion courante du patrimoine » (art. 496, al. 3, C. civ.) et qui ne sont donc pas particulièrement risqués : il en va ainsi de la conclusion de certains contrats ou du paiement ;

– un peu à part sont les *actes conservatoires* qui peuvent être en soi graves mais ont une finalité particulière qui est de sauvegarder le patrimoine en soustrayant le bien à un péril imminent.

Soyez vigilants : Les catégories ne sont pas étanches (ce qui est particulièrement vrai pour les actes conservatoires, qui sont essentiellement qualifiés par leur fonction conservatoire et peuvent donc recouvrir beaucoup d'actes). Pour vous y retrouver (notamment pour procéder au travail de qualification fondamental dans un cas pratique), vous pouvez vous référer au tableau résultant du décret n° 2008-1484 du 22 déc. 2008 reproduit dans les codes des éditeurs (dans le Code Dalloz, vous trouverez le tableau sous l'art. 496, C. civ.).

A – La protection des mineurs

L'art. 388 du C. civ. pose le **principe** et dispose que « le mineur est l'individu [...] qui n'a point encore l'âge de 18 ans accomplis », l'art. 414 répétant que « la majorité est fixée à 18 ans accomplis ; à cet âge, chacun est capable d'exercer les droits dont il a la jouissance ».

Par **exception**, un mineur peut être **émancipé** : il s'agit d'une majorité anticipée pour le mineur suffisamment mature, qui est traité « comme un majeur » pour les actes de la vie civile (art. 413-6, al. 1er, C. civ.). L'émancipation peut être demandée au juge des tutelles par les deux parents ou l'un d'eux pour justes motifs lorsque l'enfant a atteint 16 ans (art. 413-2, C. civ.) ; l'émancipation peut aussi découler du mariage, mais le mariage du mineur est aujourd'hui très exceptionnel – comme l'émancipation d'ailleurs. Le mineur émancipé a tout de même une incapacité résiduelle : il a besoin d'une autorisation pour se marier, et seule une autorisation spécifique du juge des tutelles lui permet de devenir commerçant (art. 413-8, C. civ. et art. L. 121-2, C. com.).

La prise en considération de la maturité n'est pas l'apanage de l'émancipation : l'art. 371-1, al. 3 du C. civ. dispose ainsi que « les parents associent l'enfant aux décisions qui le concernent, selon son âge et son degré de maturité ». Il n'en demeure pas moins qu'à se concentrer uniquement sur le cas le plus fréquent du mineur non émancipé, le principe est qu'il est frappé d'une incapacité d'exercice (1), ce qui rend son autonomie exceptionnelle (2).

1. Le principe : l'incapacité d'exercice du mineur non émancipé

L'incapacité d'exercice implique que le mineur soit représenté pour l'accomplissement des actes juridiques : ses représentants sont tout trouvés en ses parents, qui ont l'autorité parentale (a). Parfois néanmoins la représentation sera faite par un tiers : il y a alors tutelle (b). Précisons que, dans tous les cas, les titulaires de l'autorité parentale ou le tuteur peuvent voir leur responsabilité engagée en cas de fait dommageable du mineur (art. 1242, C. civ.).

a) L'autorité parentale

L'**autorité parentale** est définie comme « un ensemble de droits et de devoirs ayant pour finalité l'intérêt de l'enfant » (art. 371-1, al. 1er, C. civ.) : elle appartient aux parents jusqu'à la majorité de l'enfant. Les parents sont ainsi chargés de l'éducation et de la santé de l'enfant.

Sur le plan patrimonial, cette autorité parentale se dédouble :

– les parents ont la **jouissance des biens** du mineur : les parents sont considérés comme des usufruitiers, qui usent des biens et en perçoivent les fruits pour leur propre compte ; cette jouissance légale cesse lorsque le mineur atteint 16 ans ou se marie, ou encore en cas de disparition de l'autorité parentale ou de l'administration légale ;

– il est aussi confié aux parents l'**administration légale** des biens du mineur : le principe est celui de la plénitude des pouvoirs de l'administrateur légal, qui concerne les actes conservatoires et d'administration ainsi que certains actes de disposition (l'art. 387-1, C. civ. soumet par ex. à autorisation du juge la vente d'un immeuble ou d'un fonds de commerce appartenant au mineur ; l'art. 387-2 interdit par ex. la donation des biens du mineur) ; cette gestion se fait sous la responsabilité pour faute des administrateurs légaux (art. 386, C. civ.) qui doivent « apporter dans la gestion des biens du mineur des soins prudents, diligents et avisés, dans le seul intérêt du mineur » (art. 385, C. civ.) ; par exception, le juge peut prévoir une autorisation judiciaire préalable à certains actes (art. 387-3, C. civ.) voire substituer à l'administration légale une tutelle (art. 391, C. civ.).

En cas de difficultés, il est possible de saisir le **juge aux affaires familiales**, dont le rôle est de sauvegarder les intérêts des enfants mineurs :

– il peut ainsi prendre toutes mesures permettant de « garantir la continuité et l'effectivité du maintien des liens de l'enfant avec chacun de ses parents », par ex. l'interdiction de sortie de l'enfant du territoire français sans l'autorisation des deux parents (art. 373-2-6, al. 2, C. civ.) ;

– il peut en outre être saisi pour homologuer la convention d'organisation des modalités d'exercice de l'autorité parentale et de fixation de la contribution à l'entretien et à l'éducation de l'enfant (art. 373-2-7, C. civ.) ;

– il peut encore être saisi par l'un des parents ou le ministère public pour statuer sur les modalités d'exercice de l'autorité parentale et sur la contribution à l'entretien et à l'éducation de l'enfant (art. 373-2-8, C. civ.), devant régler les conflits en recherchant l'intérêt de l'enfant (art. 373-2-11, C. civ.) ;

– il peut aller plus loin et ordonner diverses mesures :

- une mesure d'*assistance éducative*, ce qui peut passer par le retrait de l'enfant et son placement dans un centre spécialisé (art. 375, C. civ.) ; il peut prendre une mesure d'assistance éducative pour assister et non écarter les parents (art. 375-1 s., C. civ.) ; il peut, à titre exceptionnel, placer le mineur chez un tiers (art. 375-3, C. civ.), les parents bénéficiant d'un droit de correspondance, de visite et d'hébergement dans la limite de l'intérêt de l'enfant ;

- une mesure d'*aide à la gestion du budget familial* lorsque les prestations familiales ne sont pas employées dans l'intérêt de l'enfant et que l'accompagnement n'apparaît pas suffisant, les fonds pouvant alors être versés à un tiers délégué aux prestations familiales (art. 375-9-1 s., C. civ. ; art. L. 222-3, CASF) ;
- un *retrait d'autorité parentale*, qui peut être ordonné par la juridiction pénale en cas de condamnation pénale pour crime contre l'enfant, de complicité d'un crime ou d'un délit commis par l'enfant ou de crime commis sur l'autre parent (art. 378, C. civ.), et qui peut être ordonné par le juge civil en cas d'inconduite des parents mettant en danger la sécurité, la santé ou la moralité de l'enfant (art. 378-1, C. civ.) ;
- une *délégation d'autorité parentale* (art. 376 s. du C. civ.), soit en faisant produire effet aux accords parentaux (art. 230, 232 et 376-1, C. civ.), soit en admettant la délégation volontaire par les parents, notamment au sein des familles recomposées (art. 377, C. civ.), soit en cas de désintérêt manifeste des parents à l'égard de l'enfant (art. 377, C. civ.) ;
- le *retrait de l'enfant* et son *placement* à un tiers (art. 373-3 et 374-1), par ex. en cas de séparation des parents ou de décès de l'un alors que l'autre est privé de l'autorité parentale.

b) La tutelle

La tutelle est **exceptionnelle**, ne jouant qu'à défaut de l'administration légale : soit que le mineur n'ait pas de père ou mère exerçant l'autorité parentale en raison de leur décès ou du retrait de l'autorité (art. 390 C. civ.), soit que l'administration légale soit transformée en tutelle « pour cause grave ».

La tutelle est confiée à un **tuteur** (ou plusieurs) nommé par le juge des tutelles ou par testament des titulaires de l'autorité parentale, chargé de la gestion du patrimoine du mineur (art. 405, C. civ.), sous le contrôle d'un subrogé tuteur (art. 410, C. civ.) et du Conseil de famille (art. 398, C. civ.).

Le tueur a différents **pouvoirs** : il doit prendre soin du mineur et l'entretenir, (art. 408, C. civ.) et le représenter dans « tous les actes de la vie civile » (art. 408). À cette fin, le tuteur peut seul prendre les actes d'administration et conservatoires (art. 504, C. civ.) mais doit solliciter une autorisation du Conseil de famille ou du juge aux affaires familiales pour les actes de disposition (art. 505, C. civ.). Enfin, certains actes lui sont interdits tels que l'aliénation gratuite de biens du pupille (art. 509, C. civ.).

2. Les exceptions : l'autonomie résiduelle du mineur non émancipé

Il existe divers **fondements** à cette règle. En matière contractuelle, elle découle de l'art. 1148 du C. civ. : « toute personne incapable de contracter peut néanmoins accomplir seule les actes courants autorisés par la loi ou l'usage, pourvu qu'ils soient conclus à des conditions normales » (la sanction est la nullité du contrat) ; la règle est répétée pour le mineur sous administration légale (art. 388-1-1, C. civ.) ou sous tutelle (art. 408, al. 1er, C. civ.). Dans un cas pratique, il faut identifier ce qu'est un *acte courant* :

- pour les *actes à titre onéreux*, on jugera qu'il en va ainsi des actes non dangereux conclus pour les besoins quotidiens de l'existence : par ex. il a été jugé que la location de voiture est un acte de la vie courante (Civ. 1re, 4 nov. 1970, nº 69-12.788), contrairement à l'achat d'une voiture (Civ. 1re, 9 mai 1972, nº 70-10.361) ;
- pour les *actes à titre gratuit*, ils ne relèvent pas des actes courants ; néanmoins, le mineur de 16 ans peut disposer de ses biens par testament (art. 904, C. civ.) ; en revanche, le mineur ne peut effectuer de donation (art. 903, C. civ.).

Il n'y a pourtant pas de rupture avec la majorité : par *anticipation*, il est possible de prendre en considération la *maturité* du mineur (v. not. art. 371-1, al. 3, C. civ.) : le mineur peut être entendu dans toute procédure qui le concerne (art. 12 de la Conv. de New-York sur les droits de l'enfant du 26 janv. 1990 ; art. 388-1, C. civ.), il peut agir en recherche de paternité ou de maternité (art. 328, C. civ.) ; en outre, sur autorisation de ses représentants, il peut demander à changer de nom (art. 60, C. civ.) ou de prénom (art. 61-3, C. civ.) ou à se marier (art. 148, C. civ.).

Le mineur peut en outre engager sa **responsabilité civile** même s'il n'a pas le discernement (Cass., ass. plén., 9 mai 1984, *Bull. civ.* II, nº 2 et 3, arrêts *Lemaire* et *Derguini*). À certaines conditions (mais sous réserve de discernement et, évidemment avec une adaptation de la peine), le mineur peut également être condamné pénalement (v. ainsi la réforme du 16 février 2021 qui entrera en vigueur en septembre prochain).

B – La protection de certains majeurs

À l'inverse de ce que l'on a vu pour les mineurs, les majeurs ont une **capacité de principe**, l'**incapacité** ne pouvant donc être que l'**exception** (qui s'interprète donc strictement).

Ainsi, pour ce qui est de la **responsabilité civile**, l'incapacité est indifférente (sauf à envisager la responsabilité du fait d'autrui de l'art. 1242, al. 1er du C. civ.) : selon l'art. 414-3 du C. civ., « celui qui a causé un dommage à autrui alors qu'il était sous l'empire d'un trouble mental n'en est pas moins obligé à réparation ».

En outre, ponctuellement, la personne physique peut être protégée contre les conséquences d'une altération passagère de ses facultés mentales : l'art. 414-1 du C. civ. dispose que « pour faire un acte valable, il faut être **sain d'esprit** », à défaut de quoi la nullité de l'acte peut être demandée à certaines conditions posées par l'art. 414-2 (du vivant de la personne, il faudra prouver le trouble mental de l'auteur et l'existence du trouble au moment de l'acte ;

après sa mort, la nullité des actes à titre onéreux ne pourra être demandée que si la personne était sous mesure de protection ou qu'une action à fin d'ouverture d'une telle mesure avait été intentée avant le décès, la preuve de l'insanité au moment de l'acte devant être dans l'acte lui-même ; pour les actes à titre gratuit, la preuve pourra être faite par tous moyens).

Concentrons-nous sur les **régimes de protection**. L'art. 415 du C. civ. précise ainsi que la protection suppose que l'état ou la situation de la personne la rende nécessaire (al. 1er), la protection ayant « pour finalité l'intérêt de la personne protégée », ce qui implique qu'elle « favorise, dans la mesure du possible, l'autonomie de celle-ci » (al. 3 ; sur l'intérêt de la personne protégée comme critère de décision quant aux questions des relations personnelles de cette personne, v. par ex. Civ. 1re, 14 mai 2018, no 17-12.594 ; Civ. 1re, 24 juin 2020, no 19-15.781). Contrairement à ce que l'on a vu pour les mineurs, il y a ainsi une *gradation* dans la protection des majeurs (2), les mesures étant néanmoins soumises à des principes directeurs communs (1).

1. Les principes directeurs communs

L'art. 428 du C. civ. pose trois principes directeurs (outre l'application des principes généraux que sont la liberté, la dignité, la solidarité et la responsabilité).

Le premier est le principe de **nécessité** : l'altération des facultés doit empêcher l'expression de la volonté de la personne et lui rendre impossible de pourvoir seule à ses intérêts. C'est pourquoi la mesure suppose un certificat médical circonstancié (art. 431), une lettre attestant du refus de se soumettre à un examen médical ne suffisant pas (Civ. 1re, 29 juin 2011, no 10-21.879). La mesure doit être réexaminée périodiquement (sauf altération irrémédiable) et les mesures sont limitées dans le temps (5 ans pour la tutelle et la curatelle, un an pour la sauvegarde de justice).

Le deuxième est le principe de **subsidiarité** : dans une optique de protection des libertés individuelles, les règles de protection des majeurs ne s'appliquent que si d'autres, moins attentatoires, ne le peuvent, par ex. les règles de régimes matrimoniaux (v. ainsi Civ. 1re, 1er févr. 2012, no 11-11.346 : le régime de communauté universelle est suffisamment protecteur des biens de l'époux incapable) ou le mandat de protection future.

Le troisième est le principe de **proportionnalité** : la mesure choisie doit être calquée sur l'état de la personne vulnérable, ce qui suppose de réévaluer périodiquement l'intérêt de la mesure. Cette proportionnalité est souverainement appréciée par les juges du fond (Civ. 1re, 4 oct. 2005, no 03-11.545). Cette proportionnalité est permise par l'existence de diverses mesures de protection, qui permettent une gradation.

2. La gradation des mesures

À titre liminaire, deux mécanismes permettent de protéger des majeurs sans entrer dans les mesures plus restrictives :

• Le **mandat de protection future** permet à la personne d'organiser elle-même les modalités de désignation du tiers qui la représentera le jour où elle ne pourra plus gérer seule ses affaires (art. 477, C. civ.), le mandat pour autrui existant dans le cas des enfants handicapés (al. 3) ; le mandat notarié permet au mandataire de faire les actes d'administration et de disposition, sauf autorisation du juge des tutelles pour les actes à titre gratuit ; le mandat sous signature privée en revanche n'offre que la possibilité d'accomplir les actes conservatoires et d'administration, sauf à solliciter l'autorisation du juge pour les actes de disposition ; le juge peut toujours ouvrir une mesure de protection complémentaire s'il estime le mandat insuffisant (art. 485, C. civ.).

• **L'habilitation familiale** est prononcée par le juge des tutelles afin de désigner un proche pour représenter ou passer certains actes au nom de la personne protégée lorsque le prononcé d'une mesure de protection n'est pas nécessaire (art. 494-1, C. civ.) ; la représentation est variable selon les cas, pouvant être générale ou spéciale, le juge ayant un large pouvoir d'appréciation à cet égard (art. 494-6).

Cela dit, il convient d'envisager, de la moins grave à la plus grave, les trois mesures que sont la sauvegarde de justice (a), la curatelle (b) et la tutelle (c).

Autre précision liminaire : une **période suspecte** est prévue pour les actes qui ont été conclus par le majeur dans les 2 ans qui précèdent l'ouverture de la mesure. L'art. 464 du C. civ. permet au juge de réduire les actes disproportionnés voire d'annuler les actes faits au préjudice de la personne protégée. Néanmoins, il faut que l'incapacité du majeur à défendre ses intérêts en raison de l'altération de ses facultés personnelles ait été notoire.

a) La sauvegarde de justice

Les **conditions** d'ouverture d'une sauvegarde de justice sont diverses :

– la personne doit être dans l'impossibilité de pourvoir seule à ses intérêts en raison d'une altération de ses facultés mentales ou corporelles de nature à l'empêcher d'exprimer sa volonté ; l'altération n'est pas profonde, la mesure étant temporaire ;

– il faut une déclaration médicale adressée au Procureur de la République, à la demande de ce dernier, de l'intéressé ou de ses proches (art. 433 et 434, C. civ.) ;

– la mesure fait l'objet d'une publicité sur un répertoire spécifique (art. 1251 et 1251-1, C. pr. civ.) ;

– la mesure est temporaire, durant un an sauf renouvellement ou terme fixé par le juge.

Quant aux **effets** de la mesure, ils demeurent assez limités :

– le *principe* est la capacité du majeur (art. 435, C. civ.), qui continue à gérer son patrimoine ; néanmoins, certains actes qu'il prend pourront être rescindés (donc annulés) pour lésion (donc en cas de déséquilibre) ou réduits en cas d'excès (art. 465, 1°) ;

– par *exception*, le juge peut désigner un mandataire spécial pour l'accomplissement de certains actes (en représentation ou simple assistance du majeur) : en l'absence de ce mandataire, l'acte est frappé de nullité relative et facultative (art. 465, 2°, C. civ.).

b) La curatelle

Les **conditions** d'ouverture de la curatelle sont diverses

– il s'agit des personnes que leur altération des facultés empêche d'exprimer leur volonté : il est nécessaire de les assister ou de les contrôler de manière continue dans les actes de la vie civile (art. 440, al. 1er, C. civ.) ; pour ces personnes, la sauvegarde de justice doit être insuffisante ;

– la mesure est ordonnée par le juge des tutelles sur saisine de l'intéressé, de ses proches ou du procureur de la République, avec production d'un certificat médical circonstancié et audition de l'intéressé (art. 431, C. civ.) ; la décision est susceptible d'appel dans les 15 jours (mais au seul demandeur en cas de rejet de la demande) ;

– la mesure fait l'objet d'une publicité sur un répertoire spécifique (art. 1251 et 1251-1, C. pr. civ.) ; la mesure n'est opposable aux tiers qu'une fois un délai de 2 mois passé après publicité (art. 444, C. civ.) ;

– le juge doit fixer la durée de la mesure qui ne peut excéder 5 ans (art. 441 du C. civ.) mais peut être renouvelée (art. 442, C. civ.).

Le juge va procéder à la désignation des **organes** de la curatelle : en principe, un *curateur* suffit, sauf si la situation de l'intéressé exige qu'il y en ait plusieurs (art. 447, C. civ.) ; le juge peut en outre nommer un subrogé curateur chargé de surveiller le curateur. En cas de conflit d'intérêts, un curateur *ad hoc* pourra être désigné pour tel ou tel acte.

Quant aux **effets** de la mesure :

– pour ce qui est des *actes relatifs à la personne*, le majeur continue d'accomplir les actes strictement personnels par ex. la reconnaissance d'un enfant (art. 458, al. 2, C. civ.) ; l'assistance est nécessaire pour les actes énumérés par le juge des tutelles, la conclusion d'un Pacs, le divorce ; une autorisation judiciaire est nécessaire pour le mariage (art. 458 s., C. civ.) ;

– pour ce qui est des *actes relatifs au patrimoine*, le principe est que la personne peut accomplir les actes conservatoires et d'administration mais doit bénéficier de l'assistance du curateur pour les actes de disposition (art. 467, C. civ.).

c) La tutelle

Les **conditions** d'ouverture de la tutelle sont diverses :

– elle vise les majeurs dont l'expression de volonté est altérée au point qu'ils doivent être représentés de façon continue dans les actes de la vie civile (art. 440, al. 3, C. civ.) ; la sauvegarde de justice ou la curatelle doivent être insuffisantes pour protéger la personne ;

– la mesure est ordonnée par le juge des tutelles, saisi par l'intéressé, un proche ou le Procureur de la République, sous réserve de production d'un certificat médical circonstancié et après audition de l'intéressé (art. 431, C. civ.) ; la décision est susceptible d'appel dans les mêmes conditions que la curatelle ;
– la mesure fait l'objet d'une publicité sur un répertoire spécifique (art. 1251 et 1251-1, C. pr. civ.) ; la mesure n'est opposable aux tiers qu'une fois un délai de 2 mois passé après publicité (art. 444, C. civ.) ;
– le juge doit fixer la durée de la mesure qui ne peut excéder 5 ans (art. 441, C. civ.) mais peut être renouvelée (art. 442, C. civ.).

Le juge doit désigner les **organes** de la tutelle : le principe est qu'un seul tuteur est désigné, sauf nécessité d'une pluralité de tuteurs comme dans la curatelle (art. 447, C. civ.). Un subrogé tuteur peut être nommé pour surveiller le tuteur et un tuteur *ad hoc* peut être désigné en cas de conflit d'intérêts. Le juge peut en outre, si la protection de la personne et le contenu de son patrimoine le justifient, mettre en place un Conseil de famille présidé par lui.

Quant aux **effets** de la mesure :
– pour ce qui est des *actes relatifs à la personne*, le majeur protégé continue d'accomplir seul les actes strictement personnels (art. 458, al. 2), sauf décision contraire du juge des tutelles ; il doit être assisté dans les cas visés par le juge des tutelles ; l'autorisation du juge est nécessaire pour le mariage, le divorce et le Pacs ; le tuteur représente le majeur en justice ; le tuteur peut imposer des mesures pour mettre fin à un danger pour le majeur ; le tuteur peut par ex. saisir le juge des tutelles d'une demande relative à une décision qui pourrait porter gravement atteinte à l'intégrité corporelle de la personne protégée ou à l'intimité de sa vie privée (Civ. 1re, 13 déc. 2017, nº 17-18.437) ;
– pour ce qui est des *actes relatifs au patrimoine*, le principe est que le tuteur représente l'incapable dans tous les actes de la vie civile (à défaut de quoi l'acte est frappé de nullité si un préjudice en est résulté pour le majeur) ; le tuteur accomplit seul les actes conservatoires et d'administration (art. 504, C. civ.) ; les actes de disposition supposent une autorisation du juge des tutelles ou du conseil de famille (art. 505, C. civ. ; la sanction est la nullité : art. 465, 4°) ; certains actes sont interdits par ex. l'aliénation gratuite des biens du majeur (art. 509) ; quant au majeur, il pourra passer les actes autorisés par la loi ou l'usage (art. 473, al. 1er, C. civ.), par ex. les actes conservatoires.

Cas pratique nº 19

› Énoncé

Sophie, enceinte de jumeaux, est bouleversée : Edmond, son époux, a disparu depuis maintenant 2 mois, ayant pour la dernière fois été vu prenant le large avec son bateau de pêche avant le début d'une importante tempête. Sophie, accablée de chagrin, est aussi criblée de dettes et sollicite donc sa compagnie d'assurance, auprès de laquelle Edmond avait souscrit une assurance-vie en cas de décès. Elle craint néanmoins que l'assureur ne refuse en arguant de ce qu'Edmond n'est pas décédé.

Le stress lié à cette situation jouant probablement un rôle, Sophie commence à ressentir des contractions et décide de prendre la route pour l'hôpital. Alors qu'il fait assez sombre sur la route, un véhicule procède à un dépassement à toute vitesse en face d'elle. Mais la vitesse n'était pas suffisante et le conducteur ne parvient pas à rabattre son véhicule à temps, percutant la voiture de Sophie qui part en tête-à-queue. Une ambulance arrive rapidement sur les lieux et constate le décès *in utero* de l'un des jumeaux ; l'autre, prématuré, présente des difficultés respiratoires et est donc emmené au bloc opératoire, où il décède quelques heures plus tard. Sophie, pour calmer son chagrin, souhaite que ses deux enfants soient déclarés à l'état civil et aimerait porter plainte contre le conducteur.

Que pensez-vous de tout ceci ?

› *Corrigé*

Il convient de distinguer deux questions, relative à la disparition d'Edmond (I) et au décès des enfants à naître (II).

I/ La disparition d'Edmond

Edmond a disparu en mer pendant une tempête et Sophie souhaite bénéficier du jeu de l'assurance-vie en cas de décès. La **question** qui se pose est la suivante : l'assurance-vie en cas de décès peut-elle jouer lorsque l'assuré a disparu dans des circonstances laissant supposer son décès ?

En **principe**, la mort est un fait juridique caractérisé par un arrêt cardiaque et respiratoire persistant (art. R. 1232-1, CSP) ; à sa survenance, elle doit être déclarée à l'officier d'état civil (art. 78, C. civ.). L'art. 87 du C. civ. prévoit que lorsque le corps d'une personne décédée est retrouvé et peut être identifié, l'officier de l'état civil établit un acte de décès.

L'art. 88 du C. civ. envisage le cas de la disparition : « peut être judiciairement déclaré, à la requête du procureur de la République ou des parties intéressées, le décès de tout Français disparu en France ou hors de France, dans des circonstances de nature à mettre sa vie en danger, lorsque son corps n'a pu être retrouvé ». Les circonstances en question sont appréciées souverainement et ont ainsi pu être retenues pour la disparition d'une personne à bord d'un navire, au large, par mer agitée, d'une température de 9 °C (Civ. 1re, 14 mars 1995, n° 92-21.226).

En ce cas, l'art. 89 prévoit une procédure de saisine du tribunal judiciaire sur requête, et l'art. 90, al. 3 prévoit que si le décès est déclaré, le juge doit fixer sa date en tenant compte des présomptions tirées des circonstances de la cause. Il y a bien, en ce cas, une déclaration de décès.

En l'**espèce**, un contrat d'assurance-vie en cas de décès a été souscrit par Edmond au bénéfice de Sophie. Edmond a disparu depuis 2 mois alors qu'il a été vu prenant le large avec son bateau de pêche avant le déclenchement d'une importante tempête. Les circonstances laissent supposer la disparition et les conditions de la déclaration judiciaire de décès paraissent réunies. Or, la déclaration de décès équivaut à la mort.

En **conclusion**, Sophie peut enclencher la procédure pour obtenir une déclaration judiciaire de décès, qui lui permettra de se prévaloir de l'assurance-vie en cas de décès souscrite par Edmond.

II/ Le décès des enfants à naître

Sophie a subi un accident de la circulation qui a conduit au décès *in utero* de l'un des embryons qu'elle portait, l'accident ayant provoqué l'accouchement du second enfant, lequel est décédé quelques heures plus tard en raison de difficultés respiratoires. Sophie s'interroge sur la possibilité de procéder à une inscription des enfants à l'état civil (A) et sur la possibilité de porter plainte contre le conducteur (B).

A – L'inscription des enfants à l'état civil

La **question** qui se pose est la suivante : est-il possible d'inscrire à l'état civil un embryon décédé *in utero* et un enfant mort après l'accouchement ?

En **principe**, l'art. 55 du C. civ. dispose que la déclaration de naissance doit être faite dans les 3 jours de l'accouchement. Encore faut-il que la naissance soit qualifiée juridiquement, ce qui suppose que l'enfant soit né vivant et viable (art. 318, 725 et 906, al. 3, C. civ.). Il en va notamment ainsi de l'enfant qui a respiré. L'enfant né qui décède ensuite sera inscrit à l'état civil, l'officier d'état civil devant dresser un acte de naissance et un acte de décès.

Si les conditions juridiques de la naissance ne sont pas réunies, il est possible de faire dresser un acte d'enfant sans vie avec attribution possible d'un prénom et mention au livret de famille, possibilité d'organiser des obsèques et d'obtenir des avantages sociaux (art. 79-1, C. civ.).

En l'**espèce**, l'accident a conduit au décès de l'un des jumeaux à naître *in utero* tandis que l'autre enfant, né prématuré, a présenté des difficultés respiratoires avant de décéder. Puisqu'il a présenté de telles difficultés, c'est qu'il a respiré, ce qui signifie qu'il était bien né vivant et viable avant de décéder.

En **conclusion**, pour l'enfant décédé *in utero*, il ne sera pas possible de procéder à une déclaration de naissance mais il sera possible de faire dresser un acte d'enfant sans vie, tandis que pour l'enfant décédé après l'accouchement, seront dressés un acte de naissance et un acte de décès.

B – La plainte contre le conducteur

La **question** qui se pose est la suivante : est-il possible de poursuivre pénalement pour homicide involontaire le conducteur qui a provoqué un accident qui a causé la mort *in utero* d'un embryon et la mort d'un enfant dont l'accouchement prématuré a été provoqué par l'accident, avant décès quelques heures plus tard ?

En **principe**, l'art. 221-6 du C. pén. incrimine l'homicide involontaire : « le fait de causer [...], par maladresse, imprudence, inattention, négligence ou manquement à une obligation de prudence ou de sécurité imposée par la loi ou le règlement la mort d'autrui constitue un homicide involontaire puni de 3 ans d'emprisonnement et de 45 000 euros d'amende » (la peine est portée à 5 ans et 75 000 euros en cas de violation manifestement délibérée d'une obligation particulière de prudence ou de sécurité).

Or, selon la jurisprudence, « autrui » doit être une personne physique vivante. Un arrêt ass. plén., 29 juin 2001, *Bull. civ.* I, n° 165 est venu poser que « le principe de la légalité des délits et des peines, qui impose une interprétation stricte de la loi pénale, s'oppose à ce que l'incrimination prévue par l'article 221-6 du Code pénal, réprimant l'homicide involontaire d'autrui, soit étendue au cas de l'enfant à naître dont le régime juridique relève de textes particuliers sur l'embryon et le fœtus ».

En revanche, un arrêt Crim., 2 déc. 2003, *Bull. crim.*, n° 230 a, au contraire, estimé que l'incrimination s'appliquait au cas de l'enfant né vivant et décédé des suites de faits constitutifs de l'art. 221-6 lorsque les lésions vitales irréversibles subies *in utero* par le fœtus au moment du choc des suites desquelles l'enfant est décédé.

En l'**espèce**, l'un des embryons est décédé *in utero*, ne pouvant donc pas être qualifié d'autrui au sens de l'art. 221-6 du C. pén. ; l'enfant accouché puis décédé a en revanche eu la personnalité juridique entre sa naissance et sa mort. Or les autres conditions de l'infraction semblent réunies car il y a eu au moins une imprudence du conducteur qui a procédé à un dépassement dangereux.

En **conclusion**, la plainte de Sophie pour homicide involontaire pourra prospérer mais uniquement pour ce qui concerne l'enfant accouché à la suite de l'accident, non pour l'embryon *in utero*.

Cas pratique n° 20

› *Énoncé*

Monsieur Pote, de son prénom Paul, est un professionnel de la restauration, spécialisé dans le rachat d'établissements renommés pour en accroître la rentabilité. Il a ainsi racheté l'établissement *Les délices de Gaël Roblechon*, rendu célèbre par son chef, lequel a obtenu une belle somme d'argent dans l'opération. Monsieur Pote décide de faire quelques retouches dans le restaurant (pour rapprocher les tables, notamment, ce qui permet de les multiplier) et le chiffre d'affaires, comme toujours, monte en flèche. Sans doute est-ce donc par jalousie de la réussite de Monsieur Pote que Gaël Roblechon lui a adressé une assignation à fin de cessation de l'utilisation de son nom de famille...

L'affaire est médiatisée et le litige entre Roblechon et Pote monté en épingle. Ce dernier, habitué à sa discrétion (rares sont ceux qui savent qu'il détient une grande partie des restaurants étoilés en Europe), s'agace de cette visibilité. Il est d'autant plus embêté que les journaux rivalisent de comparaisons avec Pol Pot : « Paul Pote, communiste ? Loin s'en faut… », « Paul Pote voit rouge… », « les heures sombre de Paul Pote »… Monsieur Pote souhaite se prévaloir de cette exposition pour obtenir un changement de prénom.

Puisque tout cela ne suffisait pas, Paul et son épouse Valérie se sont rendues comptes que leur fils Pierre était affecté d'une maladie grave, apparue à l'occasion de son vingtième anniversaire, en 2021. L'accompagnant consulter divers médecins, ils finissent par apprendre que sa maladie est de naissance, quoique s'étant déclenchée plus tard, et que les prémices apparaissaient clairement à l'échographie. La maladie conduit à une paralysie progressive de Pierre et lui occasionne d'importantes souffrances. Pierre estime qu'il vaudrait mieux ne pas vivre que de subir cela, Paul et Valérie estimant que s'ils avaient su, Valérie aurait probablement choisi d'avorter. Paul décide d'engager la responsabilité du médecin n'ayant pas informé ses parents à l'échographie.

Que pensez-vous de tout ceci ?

› *Corrigé*

Il convient de distinguer les trois questions relatives à l'exploitation commerciale du nom (I), au changement de prénom (II) et à l'action en responsabilité contre le médecin (III).

I/ L'exploitation commerciale du nom

La **question** qui se pose est la suivante : l'acquéreur d'un fonds de commerce dont l'enseigne est le nom de famille du vendeur peut-il exploiter le nom commercial ?

En **principe**, l'art. 1240 du C. civ. dispose que « tout fait quelconque de l'homme qui cause à autrui un dommage oblige celui par la faute duquel il est arrivé à le réparer ». Sur ce fondement, la jurisprudence a reconnu le droit, pour le titulaire d'un nom, d'agir en responsabilité contre celui qui s'approprie indûment le nom, notamment lorsque le nom est utilisé à des fins commerciales avec un risque de confusion » (Civ. 1re, 19 déc. 1967, *Bull. civ.* I, n° 372). En revanche, l'utilisation à fins commerciales de son propre nom est possible, sauf risque de confusion avec un homonyme (Com. 9 nov. 1987, *Bull. civ.* IV, n° 234).

L'art. 1162 du C. civ. dispose que « le contrat ne peut déroger à l'ordre public ni par ses stipulations, ni par son but, que ce dernier ait été connu ou non par toutes les parties ». Néanmoins, la jurisprudence décide que « le principe de l'inaliénabilité et de l'imprescriptibilité du nom patronymique, qui empêche son titulaire d'en disposer librement pour identifier au même titre une autre personne physique, ne s'oppose pas à la conclusion d'un accord portant sur l'utilisation de ce nom comme dénomination sociale ou nom commercial » (Com. 12 mars 1985, *Bordas*, *Bull. civ.* IV, n° 95). Simplement, l'autorisation d'utiliser le nom n'implique pas l'autorisation de le déposer à titre de marque (Com. 6 mai 2003, *Ducasse*, *Bull. civ.* IV, n° 69). Le nom relève alors du fonds de commerce et se transmet avec lui (Civ. 3e, 25 nov. 2009, *Bull. civ.* III, n° 262).

En l'**espèce**, il s'agissait de la cession d'un fonds de commerce d'exploitation d'un restaurant dont la dénomination comportait le nom du cédant (*Les délices de Gaël*

Roblechon). Les faits n'indiquent pas s'il était expressément prévu entre les parties la possibilité d'utiliser le nom mais la dénomination était vraisemblablement la dénomination sociale de l'établissement. En outre, si le prix de cession était d'un montant élevé, c'était sans doute en raison de la renommée de Gaël Roblechon, dont Monsieur Pote voulait profiter par la suite. Le prix négocié l'avait ainsi été en considération de la transmission de la dénomination.

En **conclusion**, l'assignation de Gaël Roblechon est vouée à l'échec, sauf à démontrer que l'utilisation du nom était exclue dans le contrat de cession.

II/ Le changement de prénom

La **question** qui se pose est la suivante : est-il possible de changer de prénom pour éviter une exposition médiatique ? à défaut, est-il envisageable de changer de prénom en raison de la sonorité prénom-nom jugée néfaste ?

En **principe**, l'art. 60, al. 1er du C. civ. dispose que « toute personne peut demander à l'officier de l'état civil à changer de prénom », l'al. 4 permettant à l'officier qui « estime que la demande ne revêt pas un intérêt légitime » de saisir le procureur de la République, lequel pourrait s'y opposer, la saisine du juge aux affaires familiales étant alors ouverte à l'intéressé.

Le principe est que l'appréciation de l'intérêt légitime est faite *in concreto* (Civ. 1re, 2 mars 1999, n° 97-15.958). Le motif de convenance n'est pas suffisant pour que soit caractérisé un intérêt légitime (Civ. 1re, 20 févr. 1996, n° 94-12.313). En revanche, le caractère ridicule ou le risque d'assimilation avec un criminel peuvent justifier un changement de nom.

En l'**espèce**, Paul Pote a un nom qui a la même consonance que Pol Pot (ce que les journalistes n'hésitent pas à exploiter). Si le simple fait de subir une exploitation médiatique n'est sans doute pas suffisant pour obtenir un changement de prénom, il en va autrement de la proximité entre le prénom-nom avec un personnage historique de mauvaise réputation.

En **conclusion**, Paul Pote pourra sans doute arguer d'un intérêt légitime justifiant le changement de prénom.

III/ La responsabilité du médecin

Pierre est affecté d'une maladie grave apparue en 2021, 20 ans après la naissance mais dont les prémices existaient déjà et auraient dû être décelés à l'échographie. Il convient de s'intéresser au principe de la responsabilité du médecin (A) et à la prescription de l'action de Pierre (B).

A – Le principe de responsabilité

La **question** qui se pose est la suivante : le médecin qui aurait dû constater à l'échographie le risque d'une maladie pour l'enfant engage-t-il sa responsabilité et doit-il réparer le préjudice résultant pour l'enfant de sa naissance ?

En **principe**, l'art. 1240 du C. civ. dispose que « tout fait quelconque de l'homme qui cause à autrui un dommage oblige celui par la faute duquel il est arrivé à le réparer ». Or, le médecin est tenu d'une obligation d'information, engageant sa responsabilité à défaut. Reste à s'interroger sur l'admissibilité du préjudice découlant de la naissance. À cet égard, le droit a évolué :

– sans texte spécifique, un arrêt ass. plén., 17 nov. 2000, *Perruche*, *Bull. AP*, nº 9 a admis que l'enfant puisse se prévaloir d'un préjudice découlant de sa naissance avec un handicap ; or, dès lors que ce n'est pas la faute du médecin qui crée le handicap, cela signifie que le préjudice découle de la naissance elle-même ;

– la loi du 4 mars 2002 a contré cette jurisprudence en instaurant l'art. L. 114-5, al. 1er, CASF, qui dispose que « nul ne peut se prévaloir d'un préjudice du seul fait de sa naissance » ; une indemnisation ne demeure possible qu'en cas de faute caractérisée du médecin (Civ. 1re, 16 janv. 2013, nº 12-40.020).

Comment articuler cette jurisprudence et cette loi ? En principe, l'art. 2 du C. civ. dispose que « la loi ne dispose que pour l'avenir ; elle n'a point d'effet rétroactif ». Le Conseil constitutionnel a estimé que le texte de 2002 était applicable immédiatement (Cons. const. 11 juin 2010, nº 2010-2 QPC) mais la Cour de cassation a considéré que le texte ne jouait que pour l'avenir et non pour les faits antérieurs à la réforme (Civ. 1re, 15 déc. 2011, nº 10-27.473).

En l'**espèce**, Pierre a découvert la maladie en 2021, à l'occasion de son vingtième anniversaire ; il est donc né en 2001, soit avant l'entrée en vigueur de la loi de 2002 et du dispositif anti-Perruche. Aucune instance n'a, par hypothèse, était engagée faute de connaissance de la maladie. En application de la jurisprudence judiciaire néanmoins, cela n'est pas un obstacle à l'application de la solution issue de l'arrêt *Perruche*. Or, les éléments de la responsabilité civile tels qu'appréhendés dans cet arrêt sont réunies : il y a une faute du médecin qui n'a pas informé les parents sur le risque de maladie alors que les prémices étaient visibles à l'échographie, ce qui a empêché la mère de procéder à un avortement.

En **conclusion**, Pierre pourrait se prévaloir de la jurisprudence *Perruche* et obtenir une indemnisation de la part du médecin. Encore faut-il vérifier que son action n'est pas prescrite.

B – La prescription de l'action

La **question** qui se pose est la suivante : une personne âgée de 20 ans peut-elle agir en responsabilité en raison du handicap causé avant sa naissance mais apparu 20 ans plus tard ?

En **principe**, l'art. 2219 du C. civ. définit la prescription extinctive comme « un mode d'extinction d'un droit résultant de l'inaction de son titulaire pendant un certain temps ». L'art. 2224 prévoit une prescription quinquennale à compter du jour où le titulaire d'un droit a connu ou aurait dû connaître les faits lui permettant de l'exercer. Néanmoins, l'art. 2226, al. 1er du C. civ. prévoit un délai de 10 ans à compter de la date de la consolidation du dommage initial ou aggravé en présence d'un dommage corporel. L'art. 2234 prévoit que « la prescription ne court pas ou est suspendue contre celui qui est dans l'impossibilité d'agir par suite d'un empêchement résultant de la loi, de la convention ou de la force majeure » et l'art. 2235 prévoit une suspension de la prescription contre les mineurs.

En l'**espèce**, il n'est pas précisé si un dommage corporel résulte du handicap donc la prescription est soit de cinq, soit de 10 ans. En revanche, la prescription n'a pu commencer à courir avant la majorité de Pierre, qui vient de fêter ses 20 ans.

En **conclusion**, la prescription n'est pas acquise et Pierre peut exercer son action en responsabilité contre le médecin.

Cas pratique n° 21

› *Énoncé*

1. François est dévasté par la mort de son père Gérard, qui, le 5 mars 2018, a été tué par son voisin après lui avoir demandé de tailler sa haie... Gérard aurait fait un si bon grand-père pour sa fille Laura, née le 3 août 2018 ! L'auteur des faits ayant été condamné par une Cour d'assises, François souhaiterait obtenir une somme d'argent pour pouvoir offrir à sa fille les moyens de compenser son impossibilité de rencontrer et chérir son grand-père. Il décide donc d'agir en tant que représentant de sa fille en réparation du préjudice moral subi par elle.

2. Les musées rouvrent enfin ! Après une longue fermeture liée à l'épidémie, les expositions peuvent reprendre, et il en va notamment ainsi d'une exposition très attendue d'un célèbre artiste contemporain qui fait du *bodypainting*. Mais non du *bodypainting* habituel, non ! Il exerce son art sur des cadavres qui lui sont mis à disposition par divers États. Charlotte s'aperçoit que le cadavre d'un de ses ancêtres a été utilisé par l'artiste et aimerait empêcher l'exposition de se tenir.

3. Sophie Durand est née Dupont en 1976, ses parents l'ayant désignée par le nom de son père à compter de leur mariage en 1977. Sophie s'est ainsi toujours appelée Durand et n'a jamais eu le sentiment d'avoir un autre nom. Son père est décédé en 2016. Pour lui rendre hommage et maintenir vivace son nom de famille, elle souhaite obtenir de l'officier d'état civil qu'il reconnaisse officiellement de porter le nom paternel.

4. Jean-Michel vient de mourir, à 98 ans. Après avoir eu une belle vie, il a connu de dernières années difficiles, ayant de vives crises d'humeur et des pertes ponctuelles de mémoire. Quelques jours avant son décès, ses enfants ont décidé de demander l'ouverture d'une mesure de tutelle à son bénéfice, craignant que Jean-Michel ne fasse des actes inconsidérés. Une audience avait été fixée devant le juge des tutelles mais n'a pas eu le temps de se tenir avant la mort. Or, les héritiers s'aperçoivent que Jean-Michel a accepté de vendre pour moins de 2 000 euros sa Ferrari, certes un peu usagée. L'acquéreur explique que Jean-Michel lui avait indiqué ne pas souhaiter transmettre le véhicule à ses enfants et qu'il acceptait donc en pleine connaissance de cause de vendre pour un prix très faible.

Vous êtes saisi de l'ensemble de ces dossiers.

› *Corrigé*

I/ Le dossier de François

Gérard a été tué le 5 mars 2018 ; sa petite-fille est née le 3 août de la même année. En 2021, une Cour d'assises a condamné le meurtrier et François, le fils de Gérard, souhaite obtenir de la CIVI une indemnisation pour sa fille, au titre du préjudice moral découlant de l'impossibilité de rencontrer son grand-père.

La **question** qui se pose est la suivante : l'enfant non encore né au moment du meurtre de son grand-père peut-il prétendre à l'indemnisation du préjudice moral résultant du décès ?

En **principe**, l'art. 1240 pose le principe de responsabilité du fait personnel, qui permet l'indemnisation de tout préjudice, même moral. La victime est alors créancière de l'obligation de réparation, ce qui suppose qu'elle ait la personnalité juridique. Or, la personnalité juridique s'acquiert à la naissance dès lors que l'enfant est vivant et viable (art. 318, C. civ.). L'art. 16 du C. civ. dispose certes que l'embryon a droit au respect de l'être humain dès le commencement de sa vie, mais il n'en demeure pas moins une chose et non une personne.

Par exception, l'art. 725 du C. civ. prévoit la possibilité de considérer l'enfant simplement conçu pour lui faire bénéficier d'une succession (et l'art. 906 prévoit la même règle pour les libéralités). La jurisprudence a généralisé le principe en consacrant l'adage *infans conceptus* : l'enfant qui est simplement conçu est considéré comme né chaque fois qu'il en va de son intérêt (Civ. 1re, 10 déc. 1985, *Bull. civ.* I, n° 339). En application de ce principe, un arrêt a considéré que « l'enfant qui était conçu au moment du décès de la victime directe de faits présentant le caractère matériel d'une infraction peut demander la réparation du préjudice que lui cause ce décès » (Civ. 2e, 11 févr. 2021, n° 19-23.525).

Encore faut-il déterminer la date de la conception : l'art. 311, al. 1er du C. civ. pose une présomption simple de conception entre le 300e et le 180e jour qui précède la naissance.

En l'**espèce**, la petite-fille de Gérard, Laura, est née le 3 août 2018. Elle est donc présumée avoir été conçue entre le 7 octobre 2017 et le 4 février 2018. Or, Gérard a été tué le 5 mars 2018, soit après la date de conception présumée. L'action se situant en 2021, il faut considérer que Laura est née vivante et viable et a donc acquis la personnalité juridique. Elle peut donc bénéficier de la règle *infans conceptus*.

En **conclusion**, et sauf démonstration de ce que la conception était postérieure au 5 mars 2018 (ce qui est tout de même peu probable), Laura pourra (par l'intermédiaire de son représentant légal) obtenir une indemnisation du préjudice moral résultant pour elle de la mort de son grand-père.

II/ Le dossier de Charlotte

Une exposition de *bodypainting* sur des cadavres est prévue ; la descendante de l'une des personnes dont le cadavre est exposé aimerait empêcher l'exposition de se tenir.

La **question** qui se pose est la suivante : est-il possible au descendant d'une personne dont le cadavre est exposé d'empêcher l'exposition de se tenir ?

En **principe**, l'art. R. 1232-1 du CSP pose les conditions pour que la mort soit reconnue juridiquement, l'art. 78 du C. civ. précisant que la mort doit être déclarée à l'état civil. Si la mort emporte la perte de la personnalité juridique, l'art. 16-1-1 du C. civ. dispose que « le respect dû au corps humain ne cesse pas avec la mort ». La jurisprudence a déduit de ce texte que « l'exposition de cadavres à des fins commerciales méconnaît cette exigence » (Civ. 1re, 16 sept. 2010, n° 09-67.456, *Our Body* ; v. aussi, pour l'annulation du contrat d'assurance relatif à une telle exposition, Civ. 1re, 29 oct. 2014, n° 13-19.729).

En l'**espèce**, il n'est pas précisé si l'exposition est à des fins commerciales ou non mais c'est probablement le cas. Même à considérer que l'exposition est à but artistique, il est peu probable que l'argument serait suffisant : l'on pourrait envisager un but scientifique le cas échéant. L'exposition pourrait donc être empêchée sur décision de justice. Reste la question du titulaire de l'action, donc de la personne ayant un intérêt à agir : il n'est pas certain qu'il en aille ainsi du descendant.

En **conclusion**, si l'intérêt à agir est douteux, Charlotte pourrait à tout le moins saisir le procureur de la République à fin d'empêcher la tenue de l'exposition.

III/ Le dossier de Sophie

Sophie porte officiellement le nom de sa mère mais, depuis 1977 (elle avait un an), utilise le nom de son père. En 2016, elle souhaite officiellement se voir attribuer le nom paternel.

La **question** qui se pose est la suivante : l'usage prolongé d'un nom de famille permet-il de l'acquérir et d'en demander l'inscription officielle à l'état civil ?

En **principe**, l'art. 311-21, al. 1er du C. civ. prévoit qu'en cas de filiation unique, l'enfant prend le nom du parent avec lequel le lien est établi (la règle identique existait avant la réforme de la filiation). Le nom est immuable (art. 1er de la loi du 6 fructidor an II) et imprescriptible. Néanmoins, l'art. 2255 du C. civ. définit la possession comme « la jouissance d'une chose ou d'un droit » et la jurisprudence admet qu'elle puisse porter sur le nom : le nom peut s'acquérir par usucapion. Le délai est apprécié par le juge : « si la possession d'un nom est propre à conférer à celui qui le porte le droit à ce nom, la loi n'ayant réglé ni la durée, ni les conditions d'une telle possession, il appartient aux juges du fond d'en apprécier souverainement la loyauté et les effets », un délai de 10 ans étant par ex. insuffisant pour acquérir le nom (Civ. 1re, 23 juin 2010, n° 08-20.239). La doctrine considère généralement que l'usucapion doit être centenaire.

En l'**espèce**, Sophie porte le nom de son père depuis 1977, soit depuis 44 ans en 2021, étant précisé qu'elle porte ce nom depuis qu'elle a un an. La loyauté de l'usage du nom ne fait guère de doute, dès lors qu'il s'agit du nom de son père biologique et époux de sa mère. La durée peut sembler courte à l'échelle du siècle mais longue à son échelle personnelle.

En **conclusion**, les juges apprécieront souverainement l'usucapion, mais il semble que la durée de possession du nom de famille soit suffisante pour admettre la modification du nom à l'état civil.

IV/ Le dossier des enfants de Jean-Michel

Les enfants de Jean-Michel, constatant certains troubles de leur père, ont demandé l'ouverture d'une mesure de tutelle. Après cette demande, Jean-Michel a vendu à faible prix une Ferrari, avant de décéder.

La **question** qui se pose est la suivante : le contrat de vente à faible prix consenti par une personne occasionnellement frappée de troubles mentaux et pour laquelle une procédure de tutelle avait été demandée avant son décès peut-il être annulé ?

En **principe**, l'art. 414-1 du C. civ. dispose que « pour faire un acte valable, il faut être sain d'esprit », précisant que « c'est à ceux qui agissent en nullité pour cette cause de prouver l'existence d'un trouble mental au moment de l'acte ». L'art. 414-2 précise qu'après la mort de l'intéressé, ses héritiers peuvent attaquer l'acte notamment « si une action a été introduite avant son décès aux fins d'ouverture d'une curatelle ou d'une tutelle », l'action se prescrivant par 5 ans.

Le trouble mental est souverainement apprécié par les juges du fond (Com. 16 déc. 2014, nº 13-21.479). Il faut démontrer que le trouble existait au moment de l'acte (Civ. 1re, 2 déc. 1992, nº 91-11.428) mais si l'état existait dans une période immédiatement antérieure et dans la période immédiatement postérieure à l'acte, il y a renversement de la charge de la preuve du trouble à la date de l'acte (Paris, 5 juill. 2007).

En l'**espèce**, il est indiqué qu'avant l'acte, une procédure avait été intentée afin de faire placer Jean-Michel sous tutelle. L'action en nullité de l'acte est donc recevable. Reste à démontrer l'insanité d'esprit au moment de l'acte : si Jean-Michel connaissait parfois des crises d'humeur et des pertes de mémoire, il n'est pas indiqué que l'insanité d'esprit était continue. En outre, l'acquéreur explique que Jean-Michel était parfaitement lucide (mais expliquer n'est pas prouver !).

En **conclusion**, les faits du cas ne permettent pas de conclure à l'insanité d'esprit au moment de l'acte ; les enfants de Jean-Michel pourront néanmoins prouver cette insanité d'esprit par tous moyens, la déclaration de l'acquéreur n'étant pas probante en soi.

Cas pratique nº 22

› *Énoncé*

Martine LeCrayon est une présidente de région et secrétaire générale de la Réunion Patriote. Alors qu'elle vient de lancer sa campagne présidentielle, elle apprend par ses sources qu'un journaliste va prochainement sortir un livre sur les évolutions des tendances politiques au sein de la Réunion Patriote. Il y est notamment fait mention de l'évolution de la position du parti sur la question de l'homosexualité, passée de franchement hostile à relativement tolérante. Pour l'expliquer, le journaliste y révèle l'homosexualité de Martine LeCrayon. En outre, le même journaliste souhaite procéder à cette même révélation dans un important hebdomadaire, en produisant notamment des photographies de Martine LeCrayon avec sa compagne Germaine, prises dans l'arrière-cour de la maison de cette dernière. Il n'y a pourtant aucun moyen de voir ce lieu depuis la rue. Martine souhaiterait empêcher ces révélations.

Martine est également très ennuyée car elle vient d'apprendre que son père, Pierre-Joseph, a géré son patrimoine n'importe comment depuis quelque temps maintenant. Certes, cela n'est pas totalement étonnant : de nombreux articles de presse ont relaté les accès de folie et la sénilité de l'ancien chef de la Réunion Patriote et Martine avait fini par demander (et obtenir) la mise sous tutelle de Pierre-Joseph l'année dernière. Ayant sans doute profité de la situation, un lointain cousin avait réussi à obtenir de Pierre-Joseph, il y a 2 ans et demi, la vente de divers terrains pour la moitié de leur valeur.

Martine décide de discuter de ces diverses difficultés avec Simon, le numéro 4 du parti. Ce dernier lui indique que la parution du livre pourrait être bénéfique et montrer la modernité de la Réunion Patriote. Il lui indique que lui-même envisage de changer de sexe, se sentant femme depuis sa plus petite enfance, mais n'ayant osé s'affirmer jusqu'à la période récente, propice à la libération de la parole. Cela fait d'ailleurs 5 ans que, profitant de son apparence androgyne, il se fait appeler Simone dans son activité professionnelle et dans le cadre personnel, n'ayant jusqu'à maintenant pas osé le faire au sein du parti. Il souhaiterait désormais officialiser son changement de sexe.

Que pensez-vous de tout ceci ?

› *Corrigé*

Il convient de distinguer ici les trois questions, relatives à la parution de l'ouvrage et du journal (I), à l'annulation des actes antérieurs à la tutelle (II) et au changement de sexe (III).

I/ La parution de l'ouvrage et du journal

À titre liminaire, la jurisprudence estime que le respect dû à la vie privée et celui dû à l'image constituent des droits distincts (Civ. 1re, 10 mai 2005, n° 02-14.730). Il convient ainsi de distinguer la question de l'atteinte à la vie privée (A) et celle à l'image (B).

A – L'atteinte à la vie privée

Un journaliste s'apprête à faire paraître un ouvrage révélant l'homosexualité de Martine LeCrayon, secrétaire générale de la Réunion Patriote.

La **question** qui se pose est la suivante : la révélation d'informations relatives à l'orientation sexuelle d'une personne politique dans un ouvrage est-elle constitutive d'une atteinte à la vie privée ?

En **principe**, l'art. 9 du C. civ. dispose que « chacun a droit au respect de sa vie privée », ajoutant que « les juges peuvent, sans préjudice de la réparation du dommage subi, prescrire toutes mesures, telles que séquestre, saisie et autres, propres à empêcher ou faire cesser une atteinte à l'intimité de la vie privée : ces mesures peuvent, s'il y a urgence, être ordonnées en référé ». Le droit au respect de la vie privée est également consacré par l'art. 8 de la Conv. EDH.

Néanmoins, le droit au respect de la vie privée doit être concilié avec le droit du public à l'information de l'art. 10 de la Conv. EDH. Les deux principes ayant une égale valeur normative, le juge doit rechercher leur équilibre au cas par cas (Civ. 1re, 23 avr. 2003, n° 01-01.851 ; Civ. 1re, 9 juill. 2003, n° 00-20.289). Cette mise en balance suppose de prendre en considération la contribution de la publication à un débat d'intérêt général, la notoriété de la personne, l'objet du reportage, le comportement antérieur de la personne concernée et le contenu, la forme et les répercussions de la publication (CEDH 10 nov. 2015, n° 40454/07). Lorsque l'atteinte à la vie privée est trop forte, le juge peut ordonner toute mesure en application de l'art. 9 du C. civ. (Civ. 1re, 30 sept. 2015, n° 14-16.273).

Ainsi, participe d'un débat d'intérêt général le fait de divulguer des informations relevant de la vie privée de la personne politique (par ex. son homosexualité) lorsque cela peut expliquer l'évolution de la doctrine d'un parti politique (Civ. 1re, 11 juill. 2018, n° 17-22.381).

En l'**espèce**, le journaliste souhaite faire paraître un ouvrage sur les tendances politiques au sein de la Réunion Patriote, dont Martine LeCrayon est secrétaire générale. Il y révélera notamment l'homosexualité de Martine LeCrayon, qui expliquerait l'évolution de la position du parti sur l'homosexualité. S'il est certain qu'il y a une atteinte au droit au respect de la vie privée de Martine LeCrayon, cette dernière ne pourra pas pour autant se prévaloir de l'art. 9 du C. civ. et empêcher la sortie de l'ouvrage car les informations participent d'un débat d'intérêt général et relèvent donc de la liberté d'expression, qui doit l'emporter ici.

En **conclusion**, Martine LeCrayon ne pourra pas s'opposer à la parution de l'ouvrage.

B – L'atteinte à l'image

Le journaliste souhaite en outre faire paraître un article comprenant les mêmes révélations avec publication de photographies de Martine LeCrayon et Germaine, qui ont été prises dans un lieu privé non visible depuis la rue.

La **question** qui se pose est la suivante : la liberté d'expression autorise-t-elle la publication de photographies (de personnes) prises dans un lieu privé ?

En **principe**, la jurisprudence a consacré l'autonomie du droit à l'image de la personne par rapport au droit au respect de la vie privée. À cet égard, le régime diffère selon que l'image a été prise dans un lieu public ou privé. Dans la seconde hypothèse, la publication de la photographie sans l'accord de la personne porte atteinte à l'intimité de la vie privée de la personne (Civ. 2e, 5 mars 1997, n° 95-14.503). Néanmoins, la liberté de communication des informations autorise la publication d'images sous réserve du respect de la dignité de la personne (Civ. 1re, 20 févr. 2001, n° 98-23.471) mais, à chaque fois, il s'agit de photographies prises dans un lieu public. Un arrêt a ainsi sanctionné la publication d'une photographie réalisée sans autorisation, en dehors de tout événement d'actualité concernant la personne photographiée (Civ. 1re, 16 janv. 2013, n° 12-15.547). Précisons enfin que la qualité d'homme politique fait entrer celui qui l'assume dans la sphère de la vie publique, avec les conséquences que cela comporte (CEDH 26 févr. 2002, *Krone Verlag c/ Austria*, n° 34315).

En l'**espèce**, il n'est pas clair qu'il s'agit pour le journaliste d'illustrer son propos quant à l'homosexualité de Martine LeCrayon en diffusant une photographie d'elle et

Germaine ou qu'il souhaite créer du sensationnel. L'on pourrait ainsi considérer que la photographie recherche le sensationnel exclusivement si le journaliste produisait en outre des preuves de son affirmation quant à l'homosexualité de Martine. En toute hypothèse, la photographie ayant été prise dans un lieu privé, il semble que la protection de l'image doive l'emporter sur le droit à l'information du public.

En **conclusion**, et sauf appréciation souveraine contraire, il semble que Martine devrait pouvoir obtenir l'interdiction de la publication du journal avec sa photographie.

II/ L'annulation des actes antérieurs à la tutelle

De nombreux articles de presse ont relaté les accès de folie et la sénilité de Pierre-Joseph, et sa fille Martine a fini par demander sa mise sous tutelle l'année dernière. Il y a 2 ans et demi, Pierre-Joseph a néanmoins vendu certains de ses terrains pour la moitié de leur valeur.

La **question** qui se pose est la suivante : les actes conclus avant la mise sous tutelle d'une personne ayant des accès de folie et de sénilité connus peuvent-ils être annulés ?

En **principe**, l'art. 415 du C. civ. prévoit que les mesures de protection des majeurs ne peuvent être ordonnées qu'en cas de nécessité, avec « pour finalité l'intérêt de la personne protégée » et la préservation maximale de son « autonomie ». C'est que pour les majeurs, la liberté est le principe et les mesures de protection doivent demeurer exceptionnelles.

Par exception néanmoins, l'art. 464 du C. civ. dispose que « les obligations résultant d'actes accomplis par la personne protégée moins de 2 ans avant la publicité du jugement d'ouverture de la protection peuvent être réduites sur la seule preuve que son inaptitude à défendre ses intérêts, par suite de l'altération de ses facultés personnelles, était notoire ou connue du cocontractant à l'époque où les actes ont été passés » (al. 1er), étant précisé qu'aux mêmes conditions, les actes peuvent être annulés s'il est justifié d'un préjudice subi par la personne protégée (al. 2). L'action doit être introduite dans les 5 ans du jugement d'ouverture de la mesure (al. 3).

En l'**espèce**, une mesure de tutelle a été ouverte au bénéfice de Pierre-Joseph l'année dernière. Néanmoins, étant une personnalité publique (il s'agit de l'ancien chef de la Réunion Patriote), de nombreux articles de presse avaient, auparavant, relaté les accès de folie et de sénilité qui l'affectaient. Il semble ainsi que l'on puisse conclure à la notoriété de l'altération des facultés personnelles de Pierre-Joseph avant sa mise sous tutelle. Or, il est indiqué qu'il y a 2 ans et demi, soit un an et demi avant l'ouverture de la tutelle, Pierre-Joseph avait accepté de vendre divers terrains pour la moitié de leur valeur, ce qui est constitutif d'un préjudice.

En **conclusion**, les actes pourront être annulés car passés pendant la période suspecte avant la mise sous tutelle.

III/ Le changement de sexe

Simon, d'apparence androgyne, est inscrit à l'état civil comme étant de sexe masculin. Néanmoins, il se sent femme depuis sa plus petite enfance et se fait appeler Simone dans son activité professionnelle (sauf au sein de son parti politique) et dans le cadre personnel.

La **question** qui se pose est la suivante : la personne qui se fait appeler par un prénom féminin dans le cadre privé et professionnel et se sent femme depuis la naissance peut-il obtenir son changement de sexe à l'état civil ?

En **principe**, la jurisprudence française exigeait classiquement des personnes souhaitant voir la mention à l'état civil de leur sexe modifiée de justifier d'un traitement médico-chirurgical à but thérapeutique leur ayant fait perdre tous les caractères de leur sexe d'origine et d'avoir pris une apparence physique les rapprochant de l'autre sexe, auquel devait correspondre le comportement social (Cass., ass. plén., 11 déc. 1992, nº 91-11.900). Cet ancien dispositif fut déclaré contraire au droit au respect de la vie privée du transsexuel (CEDH 6 avr. 2017, nº 79885/12.

Entre-temps, le dispositif français fut modifié par la loi nº 2016-1547 du 18 nov. 2016. Désormais, l'art. 61-5 du C. civ. dispose que « toute personne majeure ou mineure émancipée qui démontre par une réunion suffisante de faits que la mention relative à son sexe dans les actes de l'état civil ne correspond pas à celui dans lequel elle se présente et dans lequel elle est connue peut en obtenir la modification », le texte évoquant les principaux faits que sont le fait de se présenter publiquement comme appartenant au sexe revendiqué, le fait d'être connu dans l'entourage familial, amical ou professionnel sous l'autre sexe et le fait d'avoir obtenu le changement de prénom pour qu'il correspond au sexe revendiqué. La preuve de ces faits peut être rapportée par tous moyens. L'art. 61-6 prévoit que la procédure se déroule devant le tribunal judiciaire, avec vérification nécessaire du « consentement libre et éclairé » à la modification (al. 2), étant précisé que « le fait de ne pas avoir subi des traitements médicaux, une opération chirurgicale ou une stérilisation ne peut motiver le refus de faire droit à la demande » (al. 3) le tribunal pouvant ordonner, outre la modification de mention du sexe, la modification des prénoms à l'état civil au besoin.

Précisons enfin que l'art. 60 du C. civ. permet à toute personne de demander à l'officier de l'état civil à changer de prénom, sauf saisine du procureur de la République (lequel pourra saisir le juge aux affaires familiales) s'il est estimé que la demande ne revêt pas un intérêt légitime.

En l'**espèce**, Simon se sent femme depuis sa plus petite enfance, a une apparence androgyne et se fait appeler Simone dans son activité professionnelle et sa vie personnelle, sans avoir osé de le faire au sein de son parti jusqu'à maintenant. Il semble que les faits évoqués à l'art. 61-5 qui pourraient justifier le changement de sexe à l'état civil soient réunis et qu'il puisse obtenir ce changement. Dans le doute, il pourrait solliciter un changement de prénom au préalable pour qu'un fait supplémentaire soit caractérisé ; un tel changement sera sans doute accepté si Simon démontre qu'il se fait appeler ainsi par son entourage.

En **conclusion**, Simon semble pouvoir obtenir le changement de son sexe mentionné à l'état civil, *a fortiori* s'il sollicite *a priori* la modification de son prénom de Simon à Simone.

Cas pratique n° 23

› Énoncé

Monsieur Durand est salarié d'une entreprise de transports en commun, dans la branche de *Recherche & Développement*. Il profite de son temps de pause pour surfer sur Internet et régler des questions personnelles. Pour s'y retrouver, il a créé un dossier « Personnel ». L'employeur de Monsieur Durand le soupçonne de transmettre à un concurrent les études faites par l'entreprise en matière de nouvelles technologies de transports. Lors d'un déplacement professionnel de Monsieur Durand, son supérieur a ainsi profité de ce que l'ordinateur n'était pas éteint pour consulter les fichiers sur l'ordinateur. Or, après avoir découvert des images à caractère pornographique dans les fichiers professionnels et des éléments corroborant le risque de concurrence déloyale dans les « fichiers personnels », le supérieur s'est rendu compte que le compte Mail personnel de Monsieur Durand n'était pas fermé et qu'il venait de recevoir un mail du concurrent intitulé « sur la technologie BX8690 : informations complémentaires ? » L'employeur de Monsieur Durand souhaite saisir le juge des référés sur le fondement de l'art. 145 du C. pr. civ. pour obtenir des éléments de preuve complémentaires.

› Corrigé

L'employeur de Monsieur Durand, suspectant ce dernier d'actes de concurrence déloyale, a profité l'absence de celui-ci pour inspecter l'ordinateur, non éteint. Des images pornographiques ont été trouvées dans les fichiers de l'entreprise, de même que des fichiers confirmant les soupçons classés en tant que « fichiers personnels ». L'accès à la boîte mail personnelle du salarié, laissée ouverte par lui, permet de confirmer les soupçons de concurrence déloyale. L'employeur décide ainsi de solliciter le juge des référés, étant également précisé que le règlement de l'entreprise interdit l'utilisation à fins personnelles des ordinateurs mis à disposition des salariés.

Il convient d'envisager la découverte de fichiers pornographiques (I), l'accès aux fichiers personnels (II) et à la boîte mail (III) et l'existence d'un motif légitime pour obtenir le jeu de l'art. 145 du C. pr. civ. (IV).

À **titre liminaire**, il convient de rappeler que l'art. 9 du C. civ. dispose que « chacun a droit au respect de sa vie privée », ajoutant que « les juges peuvent, sans préjudice de la réparation du dommage subi, prescrire toutes mesures, telles que séquestre, saisie et autres, propres à empêcher ou faire cesser une atteinte à l'intimité de la vie privée : ces mesures peuvent, s'il y a urgence, être ordonnées en référé ». Le droit au respect de la vie privée est également consacré par l'art. 8 de la Conv. EDH.

Or, en principe toujours, la jurisprudence a considéré que les activités professionnelles n'étaient pas exclues par principe de la notion de vie privée (CEDH 4 mai 2000), ce dont il a été déduit que le salarié avait le droit au respect de l'intimité de sa vie privée même au temps et au lieu de travail (Soc. 2 oct. 2001, *Bull. civ.* V, n° 291, *Nikon*)

C'est sur ces fondements que la jurisprudence a apportée diverses précisions qui vont être détaillées ci-après.

I/ Les fichiers pornographiques

La **question** qui se pose est la suivante : la découverte, sur l'ordinateur professionnel du salarié, de fichiers à caractère pornographique peut-elle justifier son licenciement ?

En **principe**, l'art. 9 du C. civ. trouve à s'appliquer sur le lieu de travail. Dès lors, la jurisprudence considère que la seule conservation sur le poste informatique à disposition du salarié de fichiers contenant des photos à caractère pornographique sans caractère délictueux ne constitue pas un manquement du salarié aux obligations résultant de son contrat susceptible de justifier son licenciement, sauf s'il est constaté un usage abusif affectant son travail.

En l'**espèce**, rien ne laisse entendre que le travail du salarié ait été affecté par le fait qu'il consulte des fichiers pornographiques sur son lieu de travail (il est indiqué dans le cas qu'il utilise son ordinateur sur ses temps de pause), de même qu'il n'apparaît pas que les fichiers sont délictueux (ce qui serait le cas s'il s'agissait de pédopornographie, par exemple).

En **conclusion**, sauf à ce que le juge constate un trouble au travail du salarié, la découverte des fichiers pornographiques dans les fichiers (professionnels) du salarié n'aura pas pour conséquence de justifier son licenciement.

II/ L'accès de l'employeur à des fichiers personnels du salarié

La **question** qui se pose est la suivante : l'employeur peut-il accéder aux fichiers identifiés comme « personnels » sur l'ordinateur professionnel du salarié ?

En **principe**, en application de l'art. 9 du C. civ., la jurisprudence décide que, sauf risque ou événement particulier, l'employeur ne peut ouvrir les fichiers identifiés par le salarié comme personnels qu'en présence de ce dernier ou ce dernier dûment appelé (Soc. 17 mai 2005, n° 03-40.017), contrairement aux documents professionnels, le caractère professionnel étant présumé, sauf identification du caractère personnel (Soc. 18 oct. 2006, n° 04-47.400 ; Soc. 21 oct. 2009, n° 07-43.877 ; Soc. 19 juin 2013, n° 12-12.138 ; pour une admission récente d'un tel accès, la charte d'utilisateur précisant que les informations à caractère privé doivent être clairement identifiées comme telles : CEDH 22 févr. 2018, n° 588/13, *Libert c/ France*).

Or, en principe encore, la jurisprudence admet parfois l'existence d'un droit à la preuve, fondé sur l'art. 6, § 1, de la Conv. EDH (v. ainsi Civ. 1re, 5 avr. 2012, n° 11-14.177). Ce droit à la preuve est néanmoins limité par les droits fondamentaux de l'adversaire, et notamment son droit au respect de la vie privée, l'atteinte à la vie privée n'étant admise qu'à la condition que cette production soit indispensable à l'exercice de ce droit et que l'atteinte soit proportionnée au but poursuivi (Civ. 1re, 25 févr. 2016, n° 15-12.403 ; Soc. 30 sept. 2020, n° 19-12.058). Il faut en outre que soit respecté le principe de loyauté de la preuve (Cass., ass. plén., 7 janv. 2011, n° 09-14.316).

En l'**espèce**, il est clairement indiqué que Monsieur Durand avait créé un dossier intitulé « personnel », dans lequel l'employeur a trouvé des éléments corroborant l'hypothèse d'une concurrence déloyale. Or, il apparaît que la consultation de l'ordinateur de Monsieur Durand sans son autorisation ni même sa présence (il est indiqué que l'ordinateur a été consulté à son insu, alors qu'il était en déplacement professionnel) paraît corroborer l'idée que l'atteinte au droit au respect de sa vie privée n'est pas proportionnée au but poursuivi et que le droit à la preuve bénéficiant à l'employeur est insuffisant à justifier cette atteinte.

En **conclusion**, la consultation des fichiers personnels de Monsieur Durand était attentatoire au droit au respect de sa vie privée.

III/ L'accès de l'employeur à la boîte mail privée du salarié

En **principe**, il découle du droit au respect de la vie privée le droit au respect des correspondances : la jurisprudence en déduit que même si l'employeur a interdit une utilisation non professionnelle de l'ordinateur, l'employeur ne peut prendre connaissance des messages personnels émis par le salarié et reçus par lui grâce à un outil informatique mis à sa disposition pour son travail (Soc. 2 oct. 2001, n° 99-42.942, *Nikon*). L'employeur ne saurait se fonder sur le contenu d'une correspondance privée, même reçue sur son lieu de travail, pour sanctionner son destinataire (Cass., ch. mixte, 18 mai 2007, n° 05-40.803).

La CEDH a ainsi précisé que l'encadrement des communications non professionnelles des salariés sur leur lieu de travail suppose : 1° une information claire et précise du salarié sur l'organisation de la surveillance ; 2° une distinction selon que le contrôle porte sur le flux ou le contenu des communications, sa durée et les personnes ayant accès aux résultats ; 3° l'existence de motifs légitimes ; 4° l'absence d'autre moyen moins intrusif de contrôle à disposition de l'employeur ; 5° la considération des conséquences de la surveillance pour le salarié ; 6° et l'existence de garanties pour le salarié et notamment son information préalable (CEDH 5 sept. 2017, n° 61496/08, *Barbulescu*).

En l'**espèce**, Monsieur Durand accède à son compte mail privé sur son lieu de travail. L'employeur, en recherchant des informations à l'insu de Monsieur Durand sur son ordinateur laissé allumé, s'est aperçu (par hasard, d'après les faits) que la boîte mail était ouverte et a vu un mail arrivant dont l'intitulé est sans équivoque sur la réalisation de pratiques de concurrence déloyale de la part de Monsieur Durand. Néanmoins, outre qu'il apparaît impossible de prouver la coïncidence et l'absence de volonté réelle de porter atteinte au secret des correspondances, cette atteinte existe objectivement.

En **conclusion**, l'employeur ne saurait utiliser les informations obtenues de la consultation de la messagerie privée de Monsieur Durand.

IV/ L'invocation de l'art. 145 du C. pr. civ.

En **principe**, le droit à la preuve peut être mis en œuvre par le biais de l'art. 145 du C. pr. civ., qui dispose que « s'il existe un motif légitime de conserver ou d'établir avant tout procès la preuve de faits dont pourrait dépendre la solution d'un litige, les mesures d'instruction légalement admissibles peuvent être ordonnées à la demande de tout intéressé, sur requête ou en référé ».

Or, la jurisprudence estime que le respect de la vie personnelle du salarié ne fait pas en soi obstacle à l'application de l'art. 145 du C. pr. civ., dès lors que le juge constate que les mesures qu'il ordonne procèdent d'un motif légitime et sont nécessaires à la protection des droits de la partie qui les a sollicitées (Soc. 23 mai 2007, n° 05-17.818 : il s'agissait en l'espèce d'admettre que l'huissier ouvre l'ordinateur d'un salarié soupçonné d'actes de concurrence déloyale, en sa présence). Toutefois, l'appréciation du motif légitime d'ordonner une telle mesure ne saurait se fonder sur un moyen de preuve illicite utilisé par l'employeur (Civ. 2e, 17 mars 2016, n° 15-11.412). Plus généralement, la production en justice par l'employeur de messages électroniques provenant de la messagerie professionnelle est écartée car elle porte atteinte au secret des correspondances (Soc. 26 janv. 2016, n° 14-19.002), ce qui doit valoir *a fortiori* pour la boîte mail personnelle.

En l'**espèce**, l'employeur de Monsieur Durand souhaite saisir le juge des référés pour obtenir des éléments de preuve complémentaires contre lui. Si une telle saisine n'est évidemment pas en soi exclue, Monsieur Durand ne saurait se prévaloir des éléments de preuve dont il a précédemment été vu qu'ils n'avaient pas été légalement obtenus.

En **conclusion**, l'employeur ne pourra arguer d'un motif légitime que s'il démontre qu'il existe de légitimes soupçons de pratiques commerciales déloyales de Monsieur Durand pour obtenir une mesure *in futurum* fondée sur l'art. 145 du C. pr. civ.

Cas pratique n° 24

› Énoncé

Madame Dupuis est décédée le mois dernier. Si sa vie fut paisible, les dernières années furent plus compliquées, Madame Dupuis ayant des troubles mentaux ponctuels (notamment de longs accès de colère), ce qui justifia, il y a 3 ans, sa mise sous curatelle. Il y a un an et demi, elle fut prise d'une colère immense contre sa fille qui avait oublié de lui rapporter sa tablette de chocolat du mercredi, ce dont elle garda rancune pendant un mois. Notamment, elle demanda à son curateur de l'assister pour modifier la clause bénéficiaire de son contrat d'assurance-vie et de priver sa fille du bénéfice de cette assurance, au profit de son voisin. Si elle paraissait parfaitement lucide à ce moment, ce n'était que parce que sa colère était parfaitement intériorisée : sa fille relatera par la suite que, sur son lit de mort, sa mère regrettera cet acte réalisé alors qu'elle n'avait pas toute sa tête.

En outre, Madame Dupuis a, à 6 mois de son décès, décidé d'aider la petite-fille d'une cousine éloignée, qui recherchait un logement à Paris. Elle décida de lui louer, pour un loyer extrêmement modique et payable dans un délai de 2 ans, son superbe appartement sur le Boulevard Saint-Germain. Sa fille, apprenant la conclusion de cet acte après le décès, interroge le curateur qui lui indique n'avoir absolument pas été mis au courant de ce contrat.

Par ailleurs, Madame Dupuis a eu un accès de colère il y a 4 mois, qui l'a conduite à frapper son infirmier, ce qui l'a fait trébucher et tomber sur un coin de table. Venant tout juste de sortir de son coma, l'infirmier apprend qu'il sera dorénavant affecté de troubles moteurs, ce qui l'empêchera d'exercer à l'avenir son métier. Il souhaiterait obtenir une indemnisation, à quoi la fille de Madame Dupuis oppose le trouble mental de sa mère, excluant toute indemnité.

Que pensez-vous de tout ceci ?

› *Corrigé*

Il convient de distinguer la modification de la clause bénéficiaire de l'assurance-vie (I), la conclusion du bail d'habitation (II) et la réparation du dommage causé (III).

I/ La modification de la clause bénéficiaire de l'assurance-vie

Madame Dupuis avait, avant son décès, des accès fréquents de colère, et avait donc été placée sous curatelle. Elle a modifié la clause bénéficiaire de son assurance-vie avec l'assistance de son curateur. Sa fille conteste la validité de cet acte, qu'elle juge avoir été conclu sous l'emprise d'un trouble mental.

La **question** qui se pose est la suivante : la modification de la clause bénéficiaire de l'assurance-vie par une personne placée sous curatelle avec l'assistance de son curateur peut-elle être annulée pour trouble mental ?

En **principe**, l'art. 467 du C. civ. dispose que « la personne en curatelle ne peut, sans l'assistance du curateur, faire aucun acte qui, en cas de tutelle, requerrait une autorisation du juge ou du conseil de famille » ; l'art. 505 précise qu'en cas de tutelle, les actes de disposition supposent une telle autorisation. Or, selon l'annexe 1 au décret n° 2008-1484 du 22 déc. 2008 relatif aux actes de gestion du patrimoine des personnes placées en curatelle ou en tutelle (colonne 2, IX), la désignation ou la substitution du bénéficiaire d'une assurance-vie est un acte de disposition.

En outre, l'art. 465 du C. civ. dispose qu'à compter de la publicité du jugement d'ouverture, l'irrégularité des actes accomplis par la personne protégée est sanctionnée par la nullité si la personne protégée a subi un préjudice. Néanmoins, l'art. 466 du C. civ. précise que « les articles 464 et 465 ne font pas obstacle à l'application des articles 414-1 et 414-2 du C. civ. » et la jurisprudence estime que la présence du curateur ne suffit pas à faire obstacle à l'action en nullité pour insanité d'esprit (Civ. 1re, 15 janv. 2020, n° 18-26.683).

Or, l'art. 414-1 du C. civ. dispose que « pour faire un acte valable, il faut être sain d'esprit », l'art. 414-2 précisant qu'après la mort de l'intéressé, les héritiers ne peuvent attaquer les actes autres que les donations et les testaments que si l'acte porte en lui-même la preuve d'un trouble mental, qu'il a été fait alors que l'intéressé était sous sauvegarde de justice ou si une action à fin d'ouverture d'une curatelle ou d'une tutelle a été introduite avant le décès de la personne. Rien n'est dit en revanche de l'acte qu a été fait sous le régime de la curatelle. Sans doute faut-il, par analogie, considérer qu'en ce cas, le trouble mental peut être prouvé par tous moyens.

En l'**espèce**, Madame Dupuis, placée sous curatelle, a modifié la clause bénéficiaire de son contrat d'assurance-vie au détriment de sa fille. Son curateur l'a assistée au moment de l'acte et elle paraissait parfaitement lucide à ce moment. Sa fille estime que tel n'était pas le cas, relatant que sur son lit de mort, sa mère admit qu'elle n'avait pas toute sa tête. Encore faudra-t-il prouver les dires de sa mère (et il pourra être opposé que cette affirmation était sous l'emprise d'une insanité d'esprit...), ce qui n'est pas le cas au regard des éléments du cas.

En **conclusion**, sauf compléments de preuve apportés par la fille de Madame Dupuis, il ne semble pas suffisamment démontré que la modification de la clause bénéficiaire a été prise sous l'empire d'un trouble mental, justifiant l'annulation.

II/ La conclusion du bail d'habitation

Madame Dupuis a, alors qu'elle était sous curatelle, donné à bail d'habitation un appartement pour un loyer extrêmement modique et payable dans un délai de 2 ans. Le curateur n'a pas été mis au courant de la conclusion du contrat.

La **question** qui se pose est la suivante : la conclusion, par un majeur sous curatelle, d'un contrat de bail d'habitation sans l'assistance de son curateur peut-elle donner lieu à annulation ?

En **principe**, l'art. 467 du C. civ. dispose que « la personne en curatelle ne peut, sans l'assistance du curateur, faire aucun acte qui, en cas de tutelle, requerrait une autorisation du juge ou du conseil de famille » ; l'art. 505 précise qu'en cas de tutelle, les actes de disposition supposent une telle autorisation ; l'art. 465 prévoit que l'acte pris sans l'assistance du curateur au préjudice de la personne protégée peut être annulé. Or, selon l'annexe 1 au décret n° 2008-1484 du 22 déc. 2008 relatif aux actes de gestion du patrimoine des personnes placées en curatelle ou en tutelle (colonne 2, I), la disposition des droits relatifs au logement de la personne protégée, notamment par conclusion d'un bail, est constitutive d'un acte de disposition. En revanche (colonne 1, I), sont des actes d'administration la conclusion et le renouvellement d'un bail de 9 ans ou plus en tant que bailleur et la résiliation du bail en tant que bailleur.

En l'**espèce**, il n'est pas indiqué si l'appartement constituait le logement de Madame Dupuis, mais il est tout de même précisé « son » appartement, non « l'un de ses », donc l'on peut supposer qu'elle n'a qu'un seul appartement, au sein duquel elle devait être logée (sauf à supposer qu'elle était médicalisée en fin de vie). Si tel était le cas, l'acte pourrait être annulé car conclu pour un loyer extrêmement modique sans l'assistance du curateur. À y voir un acte d'administration en revanche, il devrait être maintenu.

En **conclusion**, si l'appartement était bien le logement de Madame Dupuis, le bail d'habitation peut être annulé ; à défaut il ne le peut pas.

III/ La réparation du dommage causé

Madame Dupuis, prise d'un accès de colère, a frappé son infirmier, qui a subi un dommage corporel lui empêchant d'exercer à l'avenir son métier. La fille de Madame Dupuis estime que le trouble mental de sa mère exclut toute indemnité.

La **question** qui se pose est la suivante : le dommage causé sous l'empire d'un trouble mental oblige-t-il à réparation la personne qui l'a causé ?

En **principe**, l'art. 1240 du C. civ. dispose que « tout fait quelconque de l'homme, qui cause à autrui un dommage, oblige celui par la faute duquel il est arrivé à le réparer » ; l'art. 1241 précise que « chacun est responsable du dommage qu'il a causé non seulement par son fait, mais encore par sa négligence ou par son imprudence ». L'art. 414-3 du C. civ. précise que « celui qui a causé un dommage à autrui alors qu'il était sous l'empire d'un trouble mental n'en est pas moins obligé à réparation. La jurisprudence fait application de ce principe » : la minorité de l'auteur du dommage n'exclut pas sa responsabilité (Civ. 2e, 20 oct. 2016, n° 15-25.465) ; il n'y a pas même d'exigence de discernement (Cass., ass. plén., 9 mai 1984, n° 80-93.031, *Lemaire*).

En l'**espèce**, il est indiqué que c'est sous un accès de colère que Madame Dupuis a causé le dommage subi par son infirmier. Or, cette situation est indifférente à la qualification de la faute de Madame Dupuis, qui doit être appréhendée objectivement : dès lors que cette faute a causé un dommage, Madame Dupuis doit être obligée à réparation (dette de réparation qui se transmet à ses héritiers).

En **conclusion**, l'argument de la fille de Madame Dupuis est voué à l'échec et elle devra indemniser le dommage subi par l'infirmier.

Cas pratique n° 25

› *Énoncé*

Jean Dubois a 25 ans. En cruel besoin d'argent, il souhaiterait obtenir divers remboursements de sommes qu'il estime avoir versées alors qu'elles n'auraient pas dû l'être. Il évoque l'ouverture de son compte bancaire à 16 ans, que le banquier avait accepté de conclure malgré l'absence de ses parents ainsi que des contrats répétés de location de voiture conclus par lui dans le cadre de sa conduite accompagnée.

Jean est en outre le confident de sa petite sœur Zoé Dubois, âgée de 17 ans, qui vient de découvrir sa grossesse et souhaiterait avorter. Elle n'ose cependant pas en parler à ses parents et craint de ne pas pouvoir avorter sans leur autorisation.

Jean a également discuté récemment avec son grand-père, affecté d'une maladie dégénérative naissante, qui lui a demandé de se renseigner sur la possibilité d'être cryogénisé dans l'espoir qu'un traitement de sa maladie soit découvert par la science et de pouvoir ainsi en bénéficier.

Jean est en outre très heureux d'apprendre la naissance de sa nouvelle petite sœur Marie. Sa mère vient en effet d'accoucher et les deux parents décident d'aller faire la déclaration de naissance ensemble auprès de l'officier de l'état civil. Néanmoins, ils ne s'entendent pas sur le nom de famille à donner à l'enfant : Dubois, comme son père, ou Dupont, comme sa mère ?

Que pensez-vous de tout ceci ?

› *Corrigé*

Il convient de distinguer les trois questions des actes que le mineur peut accomplir seul (I), de la possibilité ou non de se faire cryogéniser (II) et de la solution du conflit entre les parents quant à l'attribution du nom de famille (III).

I/ Les actes qu'un mineur peut accomplir seul

Si l'on envisage les questions de Jean et de Zoé, l'on peut distinguer trois actes discutés : l'ouverture d'un compte bancaire (A), la conclusion de contrats de location de voiture (B) et le recours à une interruption volontaire de grossesse (C).

A – L'ouverture d'un compte bancaire

Jean a ouvert un compte bancaire à 16 ans, malgré l'absence de ses parents. Il souhaiterait obtenir remboursement des frais bancaires.

La **question** qui se pose est la suivante : l'ouverture d'un compte bancaire par un mineur sans ses parents peut-elle être annulée ?

En **principe**, l'autorité parentale des mineurs est confiée à leurs parents jusqu'à leur majorité (art. 371-1, al. 1er, C. civ.), ce qui implique l'administration légale des biens qui lui appartiennent. Or, l'art. 388-1-1 du C. civ. dispose que « l'administrateur légal représente le mineur dans tous les actes de la vie civile, sauf les cas dans lesquels la loi ou l'usage autorise les mineurs à agir eux-mêmes ». Cette autonomie exceptionnelle du mineur est répétée, en matière contractuelle, à l'art. 1148 : « toute personne incapable de contracter peut néanmoins accomplir seule les actes courants autorisés par la loi ou l'usage, pourvu qu'ils soient conclus à des conditions normales ».

La jurisprudence a précisé ce qu'il fallait entendre par acte courant : pour ce qui est des actes à titre onéreux, il s'agit des actes non dangereux qui sont conclus pour les besoins quotidiens de l'existence. Il n'en va pas ainsi de l'ouverture d'un compte bancaire sans le concours du représentant légal (Versailles 26 oct. 1990).

La prescription de droit commun s'applique à l'action en nullité, étant de 5 ans à compter de la connaissance des faits permettant l'exercice de l'action (art. 2224, C. civ.). L'art. 2235 précise néanmoins que la prescription « ne court pas ou est suspendue contre les mineurs », ce qui reporte le point de départ de la prescription au jour de la majorité.

En l'**espèce**, Jean avait ouvert un compte bancaire malgré l'absence de ses parents à l'âge de 16 ans. L'acte peut ainsi être frappé de nullité, car il ne s'agit pas d'un acte courant. Le point de départ de la prescription de l'action en nullité ayant le jour des 18 ans de Jean, il pouvait agir jusqu'à son 23e anniversaire. Or, il a actuellement 25 ans.

En **conclusion**, si la nullité de l'acte pourrait être encourue, l'action de Jean est prescrite.

B – La location de voiture

Dans le cadre de la conduite accompagnée (donc entre 16 ans et jusqu'à l'obtention du permis), Jean avait conclu de façon répétée des contrats de location de voiture.

La **question** qui se pose est la suivante : les contrats de location de voiture conclus par un mineur peuvent-ils être annulés ?

En **principe**, comme cela vient d'être envisagé, l'art. 1148 prévoit que « toute personne incapable de contracter peut néanmoins accomplir seule les actes courants autorisés par la loi ou l'usage, pourvu qu'ils soient conclus à des conditions normales ». Or, la jurisprudence considère que la location de voiture est un acte de la vie courante (Civ. 1re, 4 nov. 1970, n° 69-12.788), à la différence de l'achat de voiture (Civ. 1re, 9 mai 1972, n° 70-10.361).

En l'**espèce**, Jean avait conclu divers contrats de location de voiture, qui relèvent des actes courants ; à quoi s'ajoute qu'à l'instar du contrat précédent, la prescription est acquise.

En **conclusion**, Jean ne pourra pas remettre en cause la validité des contrats de location de voiture.

C – L'interruption volontaire de grossesse

Zoé, âgée de 17 ans, souhaiterait avorter mais ne veut pas en parler à ses parents.

La **question** qui se pose est la suivante : l'interruption volontaire de grossesse d'une mineure est-elle soumise à l'autorisation préalable de ses parents ?

En **principe**, l'art. 388-1-1 du C. civ. dispose que « l'administrateur légal représente le mineur dans tous les actes de la vie civile, sauf les cas dans lesquels la loi ou l'usage autorise les mineurs à agir eux-mêmes ». Or, si l'art. L. 2212-7, al. 1er, du CSP pose en principe que « si la femme est mineure non émancipée, le consentement de l'un des titulaires de l'autorité parentale ou, le cas échéant, du représentant légal est recueilli », l'al. 2 précise que « si la femme mineure non émancipée désire garder le secret, le médecin ou la sage-femme doit s'efforcer, dans l'intérêt de celle-ci, d'obtenir son consentement pour que les titulaires de l'autorité parentale [...] soient consultés ou doit vérifier que cette démarche a été faite » ; l'al. 3 précise enfin que « si la mineure ne veut pas effectuer cette démarche ou si le consentement n'est pas obtenu, l'interruption volontaire de grossesse ainsi que les actes médicaux et les soins qui lui sont liés peuvent être pratiqués à la demande de l'intéressée », étant précisé que « la mineure se fait accompagner dans sa démarche par la personne majeure de son choix ».

En l'**espèce**, Zoé a 17 ans et souhaiterait avorter sans en avertir ses parents. Si cela lui est possible, il lui sera nécessaire de suivre la procédure spécifique, les médecins devant tâcher de la convaincre de recueillir malgré tout le consentement de ses parents.

En **conclusion**, Zoé pourra avorter sans autorisation de ses parents, même si les médecins tâcheront de la convaincre du contraire.

II/ La possibilité de se faire cryogéniser

Le grand-père de Jean souhaiterait être cryogénisé dans l'espoir qu'un traitement soit découvert contre la maladie dégénérative dont il est frappé.

La **question** qui se pose est la suivante : est-il possible à une personne de choisir, plutôt qu'un mode de sépulture, d'être cryogénisé ?

En **principe**, l'art. 16-1-1 dispose que « le respect dû au corps humain ne cesse pas avec la mort ». L'art. 3 de la loi du 15 nov. 1887 sur la liberté des funérailles prévoit un principe selon lequel il appartient au défunt majeur en état de tester de régler les conditions de ses funérailles et de sa sépulture par testament. L'art. R. 2213-15 du CGCT n'évoque néanmoins que deux modes de sépulture que sont l'inhumation et la crémation. La jurisprudence en a déduit que l'ordre public et la santé publique excluaient une autre forme de sépulture, dont la cryogénisation (CE 6 janv. 2006, req. nº 260307, *Martinot*).

En l'**espèce**, le grand-père de Jean souhaiterait être cryogénisé, donc user d'une sépulture autre que l'inhumation et la crémation.

En **conclusion**, la cryogénisation lui sera refusée.

III/ Le conflit des parents sur le nom de famille à attribuer

Les deux parents de Marie vont déclarer ensemble la naissance de leur fille mais sont en désaccord sur le nom de famille à lui donner.

La **question** qui se pose est la suivante : comment résoudre le conflit entre les parents quant à l'attribution du nom de famille en cas de reconnaissance simultanée des filiations ?

En **principe**, l'art. 311-21, al. 1er du C. civ. dispose que lorsque la filiation est établie simultanément à l'égard des deux parents, ces derniers choisissent le nom de famille dévolu à l'enfant (nom du père, nom de la mère ou les deux noms accolés). Le désaccord des parents doit être signalé à l'officier de l'état civil, l'enfant prenant alors les deux noms dans l'ordre alphabétique. Par exception néanmoins, l'al. 3 précise que « lorsqu'il a déjà été fait application du présent article […] à l'égard d'un enfant commun, le nom précédemment dévolu ou choisi vaut pour les autres enfants communs ».

En l'**espèce**, s'il y a désaccord sur le nom à attribuer à l'enfant, le principe d'unité au sein de la fratrie doit jouer : Jean et Zoé ont en effet pris le nom de leur père (Dubois), et il doit en aller de même pour Marie.

En **conclusion**, Marie prendra le nom de son père, Dubois.

6. Les personnes morales

La reconnaissance juridique des personnes morales ne va pas de soi, contrairement aux personnes physiques qui ont une réalité tangible. Si le droit en admet l'existence juridique, ce n'est que ponctuellement, sans théorie générale dans le Code civil : le droit de la personnalité morale se retrouve dans les **droits spéciaux**, notamment dans le *droit des sociétés* (qui semble faire office de droit commun de la matière, comme en témoigne un arrêt Civ. 1re, 3 mai 2006, n° 03-18.229 : « les dispositions du Code civil, et à défaut du Code de commerce, régissant les sociétés présentent une vocation subsidiaire d'application », jouant donc « dans le silence des textes et des statuts relatifs au fondement d'une association »). Il ne s'agira donc ici que d'une présentation générale de la notion et du régime de la personnalité morale, sans entrer dans le détail des droits spéciaux.

Cette précision liminaire étant faite, un cas pratique peut vous conduire à vous interroger sur la qualification (I), sur l'individualisation (II) et les droits et devoirs (III) des personnes morales.

I/ Première question : comment qualifier une personne morale ?

La personne morale est une **abstraction**, en ce sens que contrairement à une personne physique, il n'est pas possible d'y voir une entité agissant par elle-même (c'est la célèbre phrase de Jèze : « je n'ai jamais déjeuné avec une personne morale »). Il semble donc qu'il faille une intervention spécifique du droit pour la reconnaître : plus précisément, il convient de s'interroger sur la reconnaissance en principe, abstraite (A), de cette entité, avant d'envisager sa reconnaissance au cas par cas, concrète (B).

A – La reconnaissance abstraite : comment le droit consacre-t-il la personnalité morale ?

Commençons par une **présentation** générale. Une personne morale est sujet de droits, à l'instar d'une personne physique, sans pour autant être un humain né vivant et viable : si les personnes physiques semblent ainsi naturelles, il n'en va pas de même des personnes morales. D'où la possibilité de « découvrir » la personnalité morale dans plusieurs cas :

– l'on pourrait l'envisager dans les *groupements de biens*, donc des biens qui sont affectés à une finalité particulière, par exception au principe d'unité du patrimoine : si le législateur reconnaît désormais certains patrimoines d'affectation, qui rendent l'usage de la personnalité morale superflue dans ces cas (en matière de fiducie ou d'EIRL), il reconnaît également à certains de ces groupements une véritable personnalité (par ex. les fondations) ;

– le plus souvent, il s'agit plutôt de *groupements de personnes* : plusieurs personnes physiques souhaitent se mettre ensemble pour défendre un intérêt distinct de leur propre intérêt ; l'on songe à l'État ou aux collectivités qui ont une personnalité distincte de celle des citoyens, aux sociétés ou aux associations, etc. ;

– l'on pourrait encore songer à attribuer la personnalité morale à des *êtres non humains*, même si ce n'est pas le cas actuellement : certains le proposent pour les animaux ou les robots, la difficulté étant alors de déterminer comment leur permettre d'exercer leurs droits.

Cette présentation faite, il existe **deux théories** pour justifier la reconnaissance juridique de la personnalité morale, théories qu'il vous faut connaître car elles s'entremêlent dans le droit positif :

– la *théorie de la réalité* veut que la personnalité morale existe en dehors de la loi, dès lors qu'un groupement présente un intérêt distinct des intérêts individuels de ses membres et qu'il soit doté d'une organisation permettant de dégager une volonté collective qui puisse représenter et défendre cet intérêt : cette théorie a été utilisée pour reconnaître historiquement la personnalité aux comités d'établissement (Civ. 2e, 28 janv. 1954, *Bull. civ.* II, no 32), aux comités de groupe (Soc. 23 janv. 1990, no 86-14.947) ou aux comités d'hygiène et de sécurité (Soc. 17 avr. 1991, no 89-17.993) ; le plus souvent, le législateur est ensuite intervenu pour reconnaître la personnalité morale à ces groupements ; précisons en outre que la jurisprudence se refuse à reconnaître la personnalité morale de certains groupements, tels que l'indivision, la famille ou la communauté des époux ; signalons enfin que, parfois, le législateur prend en considération la réalité économique indépendamment de la reconnaissance juridique de la personnalité morale (ainsi lorsque les exigences environnementales s'imposent aux *entreprises*, entités économiques, plutôt qu'aux sociétés, entités juridiques) ;

– la *théorie de la fiction* subordonne la personnalité morale à une reconnaissance légale ; or, de telles reconnaissances légales sont fréquentes : sociétés civiles et commerciales (parfois unipersonnelles), associations, fondations, État, collectivités territoriales, établissements publics, groupements d'intérêt économique, etc. ; parfois en revanche, le législateur intervient pour refuser expressément la personnalité morale (ce qui bride en principe la jurisprudence qui ne peut plus faire jouer la théorie de la réalité), par ex. pour les fonds communs de placement et les sociétés en participation.

Tout cela précisé, il est possible de faire une brève et synthétique **typologie** des personnes morales reconnues par le droit :

– les *personnes morales de droit public* : État, régions, départements, communes, établissements publics ;

– certains *groupements de biens* : ainsi des fondations qui consistent en l'affectation des biens à la réalisation d'une œuvre d'intérêt général à but non lucratif ; en revanche, l'indivision, la fiducie ou encore l'EIRL n'ont pas la personnalité morale ;

– certains *groupements de personnes* :

- les sociétés sont une mise en commun par plusieurs personnes de biens (ou de leur industrie, à savoir leur force de travail) pour partager les bénéfices ou profiter de l'économie qui pourra en résulter ; étant précisé que parfois une société peut être unipersonnelle (EURL et SASU) ;
- les associations se définissent, à l'opposé, comme des groupements de personnes qui mettent leurs biens en commun pour réaliser une activité dans un but autre que de partager les bénéfices ; il peut s agir d'associations défendant des intérêts catégoriels (les intérêts des consommateurs, d'une profession, etc.) ou des questions d'intérêt général (par ex. la défense de l'environnement) ;
- pouvant se rattacher aux associations défendant des intérêts catégoriels, les syndicats peuvent défendre l'intérêt des salariés ;
- le groupement d'intérêts économiques consiste en un groupement de personnes morales qui est entre la société et l'association.

B – La reconnaissance concrète : quelles sont les conditions d'existence d'une personne morale ?

En application de la thèse de la réalité technique, la personnalité morale est reconnue à tout groupement pourvu d'un intérêt distinct de celui de ses membres et doté d'une structure lui permettant d'exprimer et de défendre cet intérêt. En ce cas, la personnalité morale est une donnée extérieure au droit, qui n'est que transcrit dans le droit par une décision jurisprudentielle (un peu comme la personne physique qui s'impose au droit dès lors que les conditions de sa naissance sont réunies). Le cas demeure exceptionnel car il ne résout guère les difficultés liées à l'identification des conditions de constitution de la personnalité morale et laisse une grande place à l'insécurité juridique. C'est la raison pour laquelle le législateur intervient le plus souvent pour reconnaître (ou non) la personnalité morale et déterminer le régime applicable au groupement.

Il existe ainsi diverses **conditions** posées à la **constitution** de la personne morale :

– il faut vérifier la *volonté* des membres du groupement : la société, l'association, le GIE, le syndicat, la fondation… sont des *contrats* qui supposent donc un échange de volontés (ou du moins la manifestation de la volonté du créateur pour la société unipersonnelle) ; cette volonté se manifeste le plus souvent par un écrit (on parle de statuts, en général), qui est notamment exigé par l'administration au stade de la publicité ;

– il faut en effet assurer une *publicité* du projet de création d'une personne morale, ce qui montre le triomphe de la théorie de la fiction : il faut immatriculer la société, déposer en mairie les statuts des syndicats, déclarer en préfecture la création d'une association ; c'est qu'une personne nouvelle est créée, qui a vocation à interagir avec les tiers (par ex. en concluant des contrats) ; la publicité permet ainsi l'*opposabilité* de la personne (ce qui n'empêche pas le droit de reconnaître des sociétés sans personnalité morale : il s'agit alors de contrats de mise en commun de biens, sans opposabilité du groupement aux tiers, qui n'ont alors de relation qu'avec les associés).

Il faut ensuite respecter un certain nombre de règles de **gestion** de la personne morale créée :

– il faut une *organisation* de la personne morale, notamment des règles de prises de décision : assemblée générale des membres du groupement, parfois un organe de prise des décisions au jour le jour, un représentant de la personne morale qui permette de l'incarner (président, directeur), etc. ; cette organisation est plus ou moins encadrée par la loi (ainsi, certaines sociétés comme les SAS sont gouvernées par un principe de large liberté contractuelle, tandis que les SA sont soumises à une réglementation très minutieuse) ;

– il faut également déterminer l'*objet* de la personne morale, car cette dernière n'a qu'une capacité spéciale (on parle de principe de spécialité), par opposition aux personnes physiques dont la capacité est générale : la personne morale n'a une capacité d'agir que dans la limite de son objet (art. 1145, al. 2, C. civ. : « la capacité des personnes morales est limitée par les règles applicables à chacune d'entre elles ») ; cela est particulièrement important pour ce qui concerne la capacité d'ester en justice, notamment pour les associations qui poursuivent des missions d'intérêt général (on parle alors de défense d'un intérêt collectif), qui ont finalement été admises à défendre des intérêts collectifs même hors habilitation dès lors qu'ils entrent dans leur objet social (Civ. 1re, 18 sept. 2008, n° 06-22.038 : au visa de l'art. 31 du C. pr. civ. sur la qualité à agir, la Cour décide qu'une association peut agir en justice au nom d'intérêts collectifs dès lors que ceux-ci entrent dans son objet social).

Enfin, il convient d'envisager la **dissolution** des personnes morales :

– concernant les cas dans lesquels une personne morale est dissoute :
  - un groupement de personnes est nécessairement assorti d'un terme, qui est de 99 ans pour les sociétés (art. 1838, C. civ.), ce qui n'interdit évidemment pas de proroger la société ; un groupement de biens, en revanche, paraît pouvoir être constitué sans limitation de durée, du moins tant que les biens qui le composent existent ;
  - avant terme, le groupement peut être dissout volontairement, par l'accord des associés ; le groupement peut aussi être dissout en raison de la disparition de son objet, d'une décision de dissolution (par ex. en cas de mésen-

tente des associés ou de faillite), d'une décision administrative (par ex. pour les personnes morales ayant une activité illicite), etc. ;

– quant aux effets de la dissolution, il y a déjà une liquidation du groupement, ses biens étant vendus pour payer les créanciers, le reliquat étant tantôt distribué entre les associés (pour la société) ou non (pour une association, les fonds seront reversés à une association ayant un objet similaire ou à l'État) ; la personnalité morale disparaît (ce qui est rendu public par une radiation du registre de leur inscription, par parallélisme des formes).

II/ Deuxième question : comment individualiser une personne morale ?

À l'instar des personnes physiques, les personnes morales doivent être individualisées pour être distinguées les unes des autres. C'est ainsi qu'elles ont un nom, la dénomination (A), un domicile, le siège (B), et une nationalité (C).

Soyez vigilant : Il arrive parfois que l'identification de la personne morale suppose l'identification d'une personne physique : ainsi des sociétés qui doivent être représentées par un dirigeant. Deux précisions à cet égard :

– la personne morale ne se confond pas avec la personne physique de son représentant, étant bien une personne distincte, un peu comme un mineur qui est représenté par ses parents sans pour autant se confondre juridiquement avec eux ; c'est la raison pour laquelle l'on peut diriger plusieurs personnes morales et c'est pourquoi il faut respecter la différence entre ses affaires propres et celle de la personne morale (d'où la sanction de l'abus de biens sociaux lors que le dirigeant d'une société détourne les biens de celle-ci à son profit) ;

– il n'est en général pas nécessaire d'identifier les associés de la personne morale, donc les personnes qui ont mis en commun les biens pour satisfaire le but auquel ils sont affectés.

A – La dénomination

Quant à l'**attribution** du nom, le principe est celui de la liberté : sauf risque de confusion avec un autre type de personnalité morale (seules les fondations peuvent s'intituler fondations) ou avec une autre personne (physique ou morale, que le nom soit déposé à titre de marque ou qu'il y ait un risque de confusion), il est librement choisi par les fondateurs et peut être modifié dans les conditions prévues par les statuts. Il peut s'agir du nom d'une personne physique si celle-ci y consent. Parfois, la loi rend certaines mentions obligatoires (ainsi, en droit des sociétés, il faut que la dénomination comprenne l'acronyme de la forme sociale utilisée : SA, SARL, SA, etc.).

La dénomination fait l'objet d'une **protection** : la personne morale est libre de céder son utilisation à un tiers, de le déposer comme marque, d'agir en justice pour faire défense à des tiers de l'utiliser, etc.

B – Le siège

Le siège est l'équivalent pour les personnes morales du domicile des personnes physiques : il s'agit du lieu où se trouve leur principal établissement (art. 102, C. civ.). La **désignation** du siège relève en principe des statuts (siège statutaire), même si les tiers peuvent se prévaloir du siège réel qui serait situé en un autre lieu (art. 1837, al. 2, C. civ.). Le transfert du siège en France ou dans l'Union européenne suppose une simple modification des statuts ; en revanche, le transfert à l'étranger, sauf convention entre États, suppose de dissoudre la personne morale d'origine et à la recréer à l'étranger (car chaque État a ses propres règles de reconnaissance des personnes morales).

L'**enjeu** de la détermination du siège social (outre la détermination de la nationalité étudiée *infra*) tient à la compétence territoriale des juridictions :

– le principe est en effet celui de la compétence du lieu du domicile du défendeur (art. 43, C. pr. civ.), le siège étant également le lieu où les notifications doivent être délivrées à la personne morale (art. 690, C. pr. civ.) ;
– par exception au principe d'unité du domicile, ces textes ne visent toutefois pas le principal établissement mais simplement l'établissement : cela permet de faire jouer la jurisprudence des « gares principales » qui permet d'assigner une personne morale dans tout lieu où elle a une succursale comprenant un pouvoir de représentation (Civ. 1re, 15 nov. 1984, *Bull. civ.* I, nº 269).

C – La nationalité

Le principe est simple : la nationalité d'une personne morale dépend de son siège, étant entendu que l'on peut considérer tant le siège statutaire que le siège réel (pour les sociétés, v. l'art. 1837, al. 2, C. civ.) ; exceptionnellement, c'est l'identité des associés qui est prise en considération (par ex. pour les sociétés de presse). Le changement de nationalité suppose un déplacement du siège social (donc une dissolution puis une recréation pour obtenir une nationalité hors de l'Union européenne).

III/ Troisième question : quels sont les droits et devoirs des personnes morales ?

Il convient de distinguer les droits (A) et les devoirs (B).

A – Les droits

Il est évident que les personnes morales qui, comme toute personne, ont un patrimoine, sont titulaires de droits patrimoniaux (2). De façon plus surprenante, elles sont aussi titulaires de droits de la personnalité (1).

1. Les personnes morales ont-elles des droits de la personnalité ?

Commençons par une **exclusion** : il est certain que les droits attachés à la personne humaine (notamment le droit à la vie, le droit au respect du corps, la dignité) ne bénéficient pas aux personnes morales. En revanche, les autres droits extrapatrimoniaux leur bénéficient. De même, la jurisprudence considère que le *droit au respect de la vie privée* est rattaché à la personne et ne saurait donc bénéficier aux personnes morales (Civ. 1re, 17 mars 2016, n° 15-14.072 : seules les personnes physiques peuvent se prévaloir d'une atteinte à la vie privée au sens de l'art. 9 du C. civ. ; Crim. 16 janv. 2019, n° 17-83.006 : une société civile immobilière n'a pas qualité pour invoquer une atteinte au droit à la vie privée et au respect du domicile de ses associés).

Elles n'en bénéficient pas moins de **divers droits extrapatrimoniaux** :

– les libertés d'ordre économique : liberté d'établissement, de concurrence, droit d'association, etc. ;

– le droit à la protection de leur honneur et de leur réputation (v. par ex. Crim. 7 avr. 1994, n° 92-82.544) ; le droit au respect du domicile (CEDH 16 avr. 2002, req. n° 37971/97) ; le droit au secret des correspondances (CEDH 28 juin 2007, req. n° 62540/00) ; le droit au respect du nom (v. par ex. Civ. 1re, 7 oct. 1981, *Bull. civ.* I, n° 279) ;

– plus généralement, la jurisprudence admet la réparation du préjudice moral des personnes morales (Com. 15 mai 2012, n° 11-10.278).

2. Quels sont les droits patrimoniaux des personnes morales ?

Les personnes morales peuvent être titulaires de **droits réels** : elles sont ainsi propriétaires des biens qui leur ont été apportés et peuvent acquérir des biens en passant des contrats. Certains de ces droits sont simplement adaptés : l'usufruit qui est en principe viager ne saurait l'être pour une personne morale, potentiellement immortelle avec la possibilité de prorogation, et est donc limité à 30 ans (art. 619, C. civ. ; v. par ex. Civ. 3e, 7 mars 2007, n° 06-12.568).

Les personnes morales peuvent être titulaires de **droits personnels** : elles peuvent conclure des contrats qui créent des obligations à leur profit (dans la limite du principe de spécialité, de même qu'elles peuvent demander réparation des préjudices subis par elles (y compris le préjudice moral).

B – Les devoirs

Bien évidemment, les personnes morales peuvent être débitrices d'obligations (notamment en conséquence de la conclusion d'un contrat) ; ici il s'agit de s'intéresser aux devoirs qui pèsent sur elles et sur la sanction en cas d'irrespect.

La sanction peut être l'engagement de la **responsabilité civile** : leur responsabilité contractuelle peut être engagée en cas d'inexécution du contrat et leur responsabilité extracontractuelle en cas de faute commise par leurs représentants ; en revanche, en cas de faute séparable des fonctions, la responsabilité personnelle de la personne physique peut être recherchée (née en droit administratif, la distinction entre faute de service et faute séparable a été transcrite en droit des sociétés : Com. 28 avr. 1998, n° 96-10.253 ; Com. 20 mai 2003, n° 99-17.092 : la faute séparable est une faute intentionnelle d'une particulière gravité incompatible avec l'exercice normal des fonctions ; pour un cas de rejet de la théorie, v. Crim. 5 avr. 2018, n° 16-83.984). Simplement, la personne morale pourra se retourner contre son dirigeant si sa faute est démontrée.

La sanction peut aussi consister dans la **responsabilité pénale** de la personne morale : l'art. 121-2, al. 1er du C. pén. dispose que « les personnes morales, à l'exclusion de l'État, sont responsables pénalement [...] des infractions commises, pour leur compte, par leurs organes ou représentants », l'al. 3 précisant que cette responsabilité « n'exclut pas celle des personnes physiques auteurs ou complices des mêmes faits ».

Cas pratique n° 26

› *Énoncé*

L'association *Fort en pommes !*, dont l'objet est d'aider les personnes défavorisées à accéder à des produits agricoles de qualité à moindre coût, connaît diverses difficultés, en raison d'une mauvaise gestion par son ancien président. Ce dernier avait ainsi conclu un contrat de distribution de pommes avec un établissement scolaire en zone d'éducation prioritaire, pour une quantité bien trop grande : l'association n'a pu honorer le contrat. L'établissement scolaire vient d'assigner l'association à son centre de distribution local et non au siège situé à Lyon. En outre, l'ex-président avait, en réaction à un article journalistique très critique à l'égard de sa gestion de l'association, utilisé la boîte mail de cette dernière pour envoyer de copieuses insultes au journaliste, lequel a décidé de porter plainte contre l'association pour injures.

Que pensez-vous de tout ceci ?

› *Corrigé*

Il convient de distinguer les deux questions de responsabilité civile (I) et de responsabilité pénale (II) de l'association.

I/ La responsabilité civile

Il convient de vérifier l'engagement de la responsabilité civile (A) et de s'intéresser à la compétence territoriale (B).

A – L'engagement de la responsabilité civile

Le président d'une association a conclu un contrat avec un établissement scolaire que l'association ne pouvait honorer. L'établissement scolaire souhaite engager la responsabilité de l'association.

La **question** qui se pose est la suivante : une association engage-t-elle sa responsabilité en cas d'inexécution d'un contrat conclu en son nom par son président, alors que le contrat ne pouvait pas être honoré par elle ?

En **principe**, le président d'une association a tout pouvoir pour représenter l'association et l'engager juridiquement. Or selon les art. 1231 s. du C. civ., l'inexécution du contrat est notamment sanctionnée par l'engagement de la responsabilité contractuelle du débiteur. En droit des sociétés, la jurisprudence considère que la faute du dirigeant engage la société, sauf faute séparable des fonctions, définie comme une faute intentionnelle d'une particulière gravité incompatible avec l'exercice normal des fonctions (Com. 20 mai 2003, n° 99-17.092). Or la jurisprudence considère que le droit des sociétés fait office de droit commun de la personnalité morale (Civ. 1re, 3 mai 2006, n° 03-18.229).

En l'**espèce**, le président de l'association a conclu un contrat correspondant à l'objet de l'association, ce qui suffit à démontrer que la faute commise l'a été dans le cadre des fonctions. En outre, il n'est pas certain que la gravité ait été particulière. Enfin, rien ne permet de supposer que la validité du contrat pourrait être remise en cause.

En **conclusion**, la responsabilité de l'association pour inexécution du contrat peut être engagée par son cocontractant (ce qui n'empêchera pas, le cas échéant, l'exercice par l'association d'une action récursoire contre le président fautif).

B – La compétence territoriale

L'établissement scolaire a assigné l'association à son centre de distribution local et non au siège associatif.

La **question** qui se pose est la suivante : les actes de procédure doivent-ils être signifiés au siège d'une personne morale ou peuvent-ils l'être en un lieu qui lui appartient ?

En **principe**, l'art. 690, al. 1er du C. civ. dispose que « la notification destinée à une personne morale de droit privé ou à un établissement public à caractère industriel ou commercial est faite au lieu de son établissement ». Par exception au principe d'unité du domicile, il ne s'agit donc pas seulement du principal établissement mais de tout établissement, ce qui permet d'assigner une personne morale dans tout lieu où elle dispose d'une succursale comprenant un pouvoir de représentation (Civ. 1re, 15 nov. 1984, *Bull. civ.* I, n° 269 ; c'est la théorie des gares principales).

En l'**espèce**, l'établissement scolaire a assigné l'association à son centre de distribution local. Faute d'indication supplémentaire dans l'énoncé, il convient de distinguer. Soit ce centre de distribution local comprend un pouvoir de représentation (ce qui est notamment le cas si le contrat avec l'établissement scolaire a été conclu par l'intermédiaire d'une personne dudit centre) ; soit ce n'est pas le cas et l'assignation n'est pas valable, faute d'avoir été faite à un lieu où l'association avait un établissement.

En **conclusion**, il faudra considérer l'assignation comme valide uniquement si le centre de distribution est aussi un centre de représentation de l'association.

II/ La responsabilité pénale

L'ex-dirigeant avait utilisé la boîte mail de l'association pour injurier un journaliste, qui a porté plainte contre l'association.

La **question** qui se pose est la suivante : l'association est-elle pénalement et civilement engagée par les insultes proférées par son président ?

En **principe**, l'art. 121-2 du C. pén. dispose que « les personnes morales, à l'exclusion de l'État, sont responsables pénalement [...] des infractions commises, pour leur compte, par leurs organes ou représentants ». En outre, l'art. 1240 du C. civ. pose le principe de responsabilité personnelle ; or, en droit des sociétés, la jurisprudence considère que la faute du dirigeant engage la société, sauf faute séparable des fonctions, définie comme une faute intentionnelle d'une particulière gravité incompatible avec l'exercice normal des fonctions (Com. 20 mai 2003, nº 99-17.092) ; il en va ainsi en cas d'infraction intentionnelle. Or, la jurisprudence considère que le droit des sociétés fait office de droit commun de la personnalité morale (Civ. 1re, 3 mai 2006, nº 03-18.229).

En l'**espèce**, il est indiqué que le journaliste avait publié un article très critique à l'égard de l'ex-président (plus que de l'association). En outre, il n'apparaît pas que des insultes proférées par un gérant d'association puissent être qualifiées de fautes commises « pour le compte » de l'association, ni de fautes correspondant à l'exercice normal des fonctions. La faute du président lui est donc personnelle sur le plan pénal, et est séparable de ses fonctions sur le plan civil.

En **conclusion**, l'association ne devrait pas être condamnée à l'égard du journaliste, qui orienterait mieux sa demande en agissant contre le gérant de l'association.

Cas pratique nº 27

› *Énoncé*

La société *Marty et fils*, grande entreprise de vente d'électronique, a récemment fait l'objet d'une cession à la société *Frac*, dont l'objet social est la production et la distribution de biens et services dans le domaine du multimédia et du livre. Alors même que la société *Frac* voulait bénéficier de la renommée de la société *Marty et fils*, Monsieur Marty et son fils ont décidé de créer une nouvelle société, toujours dans le domaine de l'électronique, dénommée *Marty et fiston* (les magasins ne comprenant que l'enseigne *Marty*). Le dirigeant de la société *Frac* souhaiterait saisir la justice de cette situation.

Par ailleurs, la société *Frac* a conclu avec la société *Pneujaune* un contrat de rachat de la branche « moto » de cette dernière. Un associé de la société *Frac*, qui est depuis le début vent debout contre cette opération, estime que le contrat pourrait être annulé.

Qu'en pensez-vous, au regard du droit de la personnalité morale (sans entrer dans le détail du droit des sociétés) ?

› Corrigé

Il convient de distinguer les rapports entre les sociétés *Frac* et *Marty* (I) et ceux entre les sociétés *Frac* et *Pneujaune* (II).

I/ Les rapports entre les sociétés Frac et Marty

La société *Frac* a racheté la société *Marty et fils*. Les cédants ont décidé de créer une entreprise dans le même domaine en continuant d'utiliser le nom de l'enseigne, avec une dénomination sociale un peu différente (*Marty et fiston*).

La **question** qui se pose est la suivante : le cessionnaire d'une société peut-il s'opposer à ce que le cédant utilise une dénomination sociale similaire à celle de la société cédée dans le cadre d'une activité similaire ?

En **principe**, si l'art. 1162 du C. civ. dispose que « le contrat ne peut déroger à l'ordre public ni par ses stipulations, ni par son but », et si le nom de famille est en principe inaliénable et imprescriptible, la jurisprudence considère que ces principes, s'ils empêchent la libre-disposition du nom par son titulaire, ne s'opposent pas à la conclusion d'un accord portant sur l'utilisation de ce nom comme dénomination sociale ou nom commercial (Com. 12 mars 1985, *Bull. civ.* IV, n° 95, *Bordas*). Le nom relève alors du fonds de commerce et se transmet avec lui (Civ. 3e, 25 nov. 2009, *Bull. civ.* III, n° 262).

Or, selon l'art. 1240 du C. civ., « tout fait quelconque qui cause à autrui un dommage oblige celui par la faute duquel il est arrivé, à le réparer ». Sur ce fondement, la jurisprudence admet l'action en concurrence déloyale en cas de reproduction ou d'imitation de la dénomination sociale appartenant à une autre société, dès lors qu'est démontré le risque de confusion préjudiciable aux intérêts du demandeur (Com. 16 janv. 2001, n° 98-21.145). Le risque de confusion s'apprécie au regard de l'activité des sociétés (Com. 30 nov. 2004, n° 02-18.731).

En l'**espèce**, la société *Frac* a acquis la société *Marty et fils* mais les cédants ont décidé de créer la société *Marty et fiston* et d'utiliser l'enseigne *Marty* pour les magasins de cette nouvelle société. Il s'agit dans les deux cas de sociétés exerçant dans le domaine de l'électronique. En outre, il n'est nullement indiqué que, dans le contrat de cession de la société *Marty*, la dénomination sociale ait été exclue du contrat (et il semble même que cela soit exclu car l'achat avait notamment pour but de récupérer la renommée de la société *Marty et fils*).

En **conclusion**, la société *Frac* pour agir en responsabilité contre la société *Marty et fiston*, pour concurrence déloyale.

II/ Les rapports entre les sociétés Frac et Pneujaune

La société *Frac*, dont l'objet social est la production et la distribution de biens et services dans le domaine du multimédia et du livre, a conclu avec la société *Pneujaune* un contrat de rachat de la branche « moto » de cette dernière. Un associé de la société *Frac* souhaite faire annuler cette acquisition.

La **question** qui se pose est la suivante : la conclusion, par une société, d'un contrat de vente n'entrant pas dans son objet social peut-elle être annulée ?

En **principe**, l'art. 1145, al. 2, du C. civ. dispose que « la capacité des personnes morales est limitée par les règles applicables à chacune d'entre elles » ; l'art. 1147 du C. civ. précise que « l'incapacité de contracter est une cause de nullité relative ». Ainsi, le principe est que la société ne peut agir que dans la limite de l'objet social (v. par ex., pour les sociétés civiles, l'art. 1849, al. 1er, C. civ.). [On notera simplement que le principe est que les limitations apportées par les statuts aux dirigeants de sociétés sont parfois déclarées inopposables et qu'en général, dans les sociétés à risque limité, la société est engagée par le dirigeant social en toute hypothèse.]

En l'**espèce**, l'objet social de la société *Frac* est limité au multimédia et au livre, alors que le contrat conclu avec la société *Pneujaune* visait à racheter une branche « moto », ce qui ne relève nullement de l'objet social de la société *Frac*.

En **conclusion**, l'acte pourra être annulé pour violation du principe de spécialité.

Cas pratique n° 28

› *Énoncé*

Les époux Durand ont, il y a 10 ans, constitué une société civile immobilière pour l'acquisition et la gestion de leur résidence secondaire en Bretagne. N'y allant que peu souvent, ils ont décidé de développer une activité de location saisonnière, qui leur rapporte pas mal d'argent. Or récemment, l'un de leurs clients a mis un commentaire incendiaire, avec notamment la critique suivante : « nous sommes sous surveillance systématique ! Il y a des caméras à l'extérieur de la maison qui couvre la quasi-totalité du chemin menant à la porte d'entrée ! Airbnbig brother is watching you ! »

Après s'être un peu renseigné, Madame Durand a appris que la boulangerie voisine avait installé ces caméras de surveillance pour surveiller les allées et venues de ses salariés et des tiers, après avoir été victime de vols. Agissant en qualité de gérante de la société civile immobilière, Madame Durand décide d'assigner la boulangerie voisine pour atteinte au droit au respect de la vie privée de la société, demandant notamment l'indemnisation du préjudice moral subi par la société.

Madame Durand a également fondé une association de protection des oiseaux du littoral breton. Une marée noire ayant touché nombre d'entre eux il y a quelques jours, elle souhaite, en qualité de présidente de l'association, agir en justice pour obtenir une indemnisation du préjudice représenté par la mort et les dommages subis par les oiseaux. Dans ses écritures, elle demande également au tribunal de reconnaître la personnalité juridique aux oiseaux du littoral, pour leur permettre d'obtenir directement une indemnisation du préjudice subi.

Que pensez-vous de tout ceci ?

› Corrigé

Il faut distinguer les questions relatives à la société (I) et celles relatives à l'association (II).

I/ La société

Des caméras ont été installés par la boulangerie voisine d'une société civile immobilière, filmant le chemin menant à la porte d'entrée de l'immeuble. La gérante de la société souhaite obtenir une indemnisation pour atteinte au droit au respect de la vie privée de la société et notamment indemnisation du préjudice moral subi. Il faut distinguer l'atteinte au droit au respect de la vie privée (A) et le préjudice moral (B).

[NB : le cas n'invite pas à défendre les salariés, dont le droit au respect à la vie privée et le droit à l'image pourraient être défendus contre la pose de caméras par leur employeur.]

A – Le droit au respect de la vie privée

La **question** qui se pose est la suivante : une personne morale peut-elle se prévaloir d'une atteinte au droit à son image ?

En **principe**, l'art. 9 du C. civ. dispose que « chacun a droit au respect de sa vie privée », ajoutant que « les juges peuvent, sans préjudice de la réparation du dommage subi, prescrire toutes mesures, telles que séquestre, saisie et autres, propres à empêcher ou faire cesser une atteinte à l'intimité de la vie privée : ces mesures peuvent, s'il y a urgence, être ordonnées en référé ». Le droit au respect de la vie privée est également consacré par l'art. 8 de la Conv. EDH.

Néanmoins, la jurisprudence considère que la vie privée est l'apanage des personnes physiques : « si les personnes morales disposent, notamment, d'un droit à la protection de leur nom, de leur domicile, de leurs correspondances et de leur réputation, seules les personnes physiques peuvent se prévaloir d'une atteinte à la vie privée au sens de l'article 9 du Code civil, de sorte que la société ne pouvait invoquer l'existence d'un trouble manifestement illicite résultant de cette atteinte »

Précisons en outre que si le droit à l'image de la personne est désormais autonome du droit au respect de la vie privée (v. par ex. Civ. 1re, 12 déc. 2000, n° 98-21.161), les deux mécanismes demeurent très proches et il faut sans doute considérer que le droit à l'image de la personne ne bénéficie pas non plus à une personne morale.

En l'**espèce**, la boulangerie voisine de la société civile immobilière a fait installer des caméras de surveillance pour surveiller les allées et venues des salariés et des tiers, après avoir été victime de vols. Or les caméras ne visent pas seulement l'intérieur de la boulangerie mais aussi un chemin voisin qui mène à la porte d'entrée de l'immeuble exploité par la société. Si ces caméras vont effectivement au-delà de ce que la boulangerie est légitime à filmer, seules les personnes physiques pourraient se plaindre de l'atteinte au droit au respect de la vie privée.

En **conclusion**, la violation du droit au respect de la vie privée ne saurait être invoquée par la société civile immobilière, du moins en l'état de la jurisprudence.

B – Le préjudice moral

Puisque la violation du droit au respect de la vie privée ne sera pas reconnue, l'identification du préjudice est hypothétique car, pour obtenir une indemnisation, il faut que le préjudice ait été causé par une faute, qui ici n'est pas caractérisée. Cette précision liminaire étant faite, Madame Durand estime que la société a notamment subi un préjudice moral.

La **question** qui se pose est la suivante : une personne morale peut-elle se prévaloir d'un préjudice moral pour obtenir une indemnisation ?

En **principe**, l'art. 1240 du C. civ. dispose que « tout fait quelconque de l'homme qui cause à autrui un dommage oblige celui par la faute duquel il est arrivé, à le réparer ». Parfois, l'indemnisation est détachée de ce fondement, par ex. pour le fonder sur l'art. 9 du C. civ. En toute hypothèse, tout préjudice est alors susceptible d'être indemnisé, y compris le préjudice moral. Or, la jurisprudence ne distingue pas, à cet égard, entre les personnes physiques et les personnes morales, considérant que les secondes peuvent aussi obtenir indemnisation d'un tel préjudice (v. par ex. Com. 15 mai 2012, n° 11-10.278).

En l'**espèce**, la société civile immobilière s'estime victime d'un préjudice moral. La demande n'est pas en soi irrecevable, car une personne morale est légitime à demander l'indemnisation d'un tel préjudice ; néanmoins, ainsi qu'on l'a vu *supra*, la faute n'est quant à elle pas démontrée, faute pour la société de pouvoir se prévaloir du droit au respect de la vie privée.

En **conclusion**, s'il est théoriquement possible pour la société de demander l'indemnisation d'un préjudice moral, la cause de la réparation (la faute adverse) n'est pas démontrée et l'indemnisation sera donc refusée.

II/ L'association

Il convient de distinguer deux aspects : la qualité à agir en défense d'un intérêt collectif (A) et la reconnaissance de la personnalité juridique de l'animal (B).

A – La qualité à agir en défense d'un intérêt collectif

Madame Durand a fondé une association de protection des oiseaux du littoral breton, qui souhaite agir en justice pour obtenir indemnisation du préjudice subi par les oiseaux résultat d'une marée noire.

La **question** qui se pose est la suivante : une association a-t-elle qualité à agir en défense d'un intérêt collectif ?

En **principe**, l'art. 31 du C. pr. civ. ouvre l'action en justice à toutes les personnes qui ont un intérêt à agir, réservant par exception les cas dans lesquels il faut également une qualité à agir. Or, pour ce qui est des intérêts collectifs, qui ne sauraient donc être rattachés à une personne spécifique, la jurisprudence considère qu'une association « peut agir en justice au nom d'intérêts collectifs dès lors que ceux-ci entrent dans son objet social » (Civ. 2e, 5 oct. 2006, n° 05-17.602), étant précisé que cela vaut « même hors habilitation législative et en l'absence de prévision statutaire expresse quant à l'emprunt des voies judiciaires » (Civ. 1re, 18 sept. 2008, n° 06-22.038).

En l'**espèce**, il est indiqué que l'association vise à protéger les oiseaux du littoral breton, ce qui est probablement indiqué dans l'objet social. Dès lors, les conditions posées par la jurisprudence semblent remplies et l'association peut se voir reconnaître la qualité à agir en défense de l'intérêt collectif.

En **conclusion**, l'association peut agir en responsabilité contre les personnes à l'origine de la marée noire, pour obtenir réparation de l'atteinte aux oiseaux.

B – La reconnaissance de la personnalité juridique de l'animal

Madame Durand demande au tribunal de reconnaître la personnalité juridique aux oiseaux du littoral, pour leur permettre d'obtenir directement indemnisation du préjudice subi.

La **question** qui se pose est la suivante : les conditions d'attribution de la personnalité morale sont-elles réunies pour les animaux ?

En **principe**, si le législateur intervient pour consacrer certaines personnalités morales (société, association, etc.), la jurisprudence accepte de faire jouer la théorie de la réalité technique : la personnalité morale existe en dehors de la loi, dès lors qu'un groupement présente un intérêt distinct des intérêts individuels de ses membres et connaisse une organisation permettant de dégager une volonté collective qui puisse représenter et défendre cet intérêt (Civ. 2e, 28 janv. 1954, *Bull. civ.* II, n° 32 ; Soc. 23 janv. 1990, n° 86-14.947 ; Soc. 17 avr. 1991, n° 89-17.993).

En l'**espèce**, Madame Durand estime que la personnalité juridique devrait être attribuée aux animaux. Or, l'on ne peut guère voir dans un ensemble d'animaux un groupement (car l'on consacre généralement des groupements de personnes), sinon un groupement de biens. Néanmoins, il n'apparaît pas qu'une volonté collective puisse exister en la matière, faute pour les animaux d'avoir une volonté (ou du moins d'en formaliser l'expression, à supposer qu'ils en aient une).

En **conclusion**, la demande de Madame Durand tendant à consacrer la personnalité morale des animaux sera rejetée.

7. Le couple

Alors qu'historiquement la loi ne s'était préoccupée que d'une forme de couple, le mariage (I), la loi nº 99-944 du 15 novembre 1999 consacra une seconde forme de couple institutionnalisé : le Pacte civil de solidarité (Pacs) (II). En parallèle, il arrive, de façon marginale, de tenir compte de l'union factuelle de deux personnes lorsque celle-ci présente une certaine stabilité : il s'agit alors du concubinage (III).

I/ Le mariage

À considérer le mariage de façon chronologique (ce à quoi appellera généralement un cas pratique), il convient d'étudier la formation du mariage (A), les effets du mariage (B) et la rupture du mariage (C).

A – La formation du mariage

Dans une présentation pédagogique classique, il serait logique de présenter dans un premier temps le droit de se marier pour ensuite étudier les limites de ce droit. Néanmoins, dans une perspective de cas pratique, il faut à l'inverse commencer par envisager les limites au mariage (1) avant d'articuler ces limites avec le droit de se marier (2).

1. Les limites au mariage

Alors que les art. 63 s. du C. civ. détaillent les règles encadrant l'acte d'état civil que constitue le mariage, les art. 143 à 171 du C. civ. détaillent les conditions du mariage (a). En cas de non-respect de ces conditions, différents outils permettent de lutter contre les mariages illicites (b).

a) Les conditions du mariage

Les conditions de forme (ii) entourant la célébration du mariage sont détaillées aux art. 165 à 171 du C. civ. Bien que ces articles méritent indéniablement l'attention, ce sont principalement les art. 143 à 164 du C. civ., qui régissent les « qualités et conditions » de fond pour contracter mariage (i) qui sont le plus souvent mobilisés dans la perspective de cas pratiques.

i – Les conditions de fond

Plusieurs conditions découlent des art. 143 à 164 du C. civ.

1 – Le **consentement** : il résulte de l'art. 146 du C. civ. que le mariage n'est valable que lorsque les époux y ont consenti. Cette règle qui paraît évidente appelle néanmoins plusieurs précisions.

En vertu de cet article, est sans conteste nul le mariage de celui qui était atteint d'une **altération de ses facultés au moment de la célébration** (Civ. 1re, 28 mai 1980, n° 79-12.784) ce qui relève de l'appréciation souveraine des juges du fond (Civ. 1re, 29 janv. 1975, n° 72-13.326). Depuis que la loi n° 2019-222 du 23 mars 2019 a supprimé la condition, anciennement prévue à l'art. 460 du C. civ. d'une autorisation par le curateur ou le tuteur pour **les majeurs protégés**, la nullité du mariage pour ces majeurs devra être recherchée sur ce fondement.

Le consentement recherché n'est pas un consentement purement formel : celui-ci ne doit être ni contraint par la **violence**, ni obscurci par une **erreur**. Concernant la **violence**, le risque particulier en matière de mariage est que, sans acte de violence concret, la pression constante de l'entourage d'un des futurs époux le pousse à consentir. Pour cette raison est assimilée à la violence la « **crainte révérencielle** » (art. 180, al. 1er, C. civ.).

Quant à l'**erreur**, deux situations sont envisageables.

La première est **l'erreur sur la personne**. La jurisprudence a toutefois retenu une conception particulièrement stricte de cette erreur (Cass., ch. réunies, 24 avr. 1862) si bien que seule la *substitution d'un époux* lors de la cérémonie ou l'erreur sur *les éléments d'identité civile* (nom, âge, filiation...) peuvent constituer une telle erreur qui ne sera source de nullité du mariage *que si elle était déterminante du consentement* (Civ. 1re, 19 févr. 1975, n° 73-13.761).

La possibilité de solliciter l'annulation du mariage fut quelque peu élargie par l'admission de la nullité pour **erreur sur les qualités essentielles de la personne** (art. 180, al. 2, C. civ.). *Deux conditions* doivent alors être simultanément réunies : la qualité en question doit avoir été *déterminante du consentement de l'époux qui l'invoque*, mais doit aussi être *communément considérée comme essentielle*. L'admission de la nullité sur ce fondement est éminemment casuistique. À titre d'illustration, il a pu être considéré que le fait que le conjoint ait caché un mariage religieux précédent ainsi que son divorce (Civ. 1re, 2 déc. 1997, n° 96-10.498), son ancienne activité de prostitution ou ait été incapable d'avoir des rapports sexuels justifie le prononcé de la nullité du mariage. En revanche, l'absence de virginité (Douai 17 nov. 2008, n° 08/03786), ou l'existence d'une liaison antérieure qui ne durait plus au jour du mariage (Civ. 1re, 13 déc. 2005, n° 02-21.259) n'ont pas permis d'annuler un mariage.

Il est à noter que **le dol ne produit pas d'effet en mariage**. Cette règle doit être bien comprise : elle conduit simplement à refuser qu'une erreur qui ne permet pas en elle-même d'obtenir la nullité du mariage conduise à l'annulation au seul motif qu'elle a été provoquée par le conjoint (ainsi le fait que l'un des époux ait **menti** sur sa virginité est sans incidence : Douai 17 nov. 2008, préc.).

Le consentement donné au mariage doit traduire une **intention matrimoniale**. Dans un important arrêt Civ. 1re, 20 nov. 1963, *Appietto*, la Cour de cassation posa une distinction quelque peu sibylline : alors que le mariage est nul lorsque les époux ne se sont prêtés à la cérémonie « **qu'en vue d'atteinte un résultat étranger à l'union matrimoniale** », il est valable lorsque « les conjoints ont cru pouvoir limiter ses effets légaux ». Rendu au sujet d'un mariage conclu dans le but unique de légitimer un enfant, l'arrêt conduisait à s'interroger sur les objectifs qui relèvent en eux-mêmes des finalités matrimoniales et ceux qui n'en relèvent pas. La tendance actuelle semble davantage être à une **analyse globale** des objectifs des époux, la référence à la limitation des effets ayant généralement été abandonnée (Civ. 1re, 28 oct. 2003, nº 01-12.574). La jurisprudence est **extrêmement casuistique** (la Cour de cassation se range ainsi souvent derrière l'appréciation des juges du fond : Civ. 1re, 22 avr. 1997, nº 95-13.578) et dépend de l'ensemble du comportement des époux, avant et après la célébration du mariage. À titre d'exemple, le fait d'épouser une personne en raison de **sa seule nationalité française et des avantages en découlant** (Civ. 1re, 19 juill. 2019, nº 18-17.574) ou pour des seules **raisons successorales** (Civ. 1re, 1er juin 2017, nº 16-13.441) a pu justifier l'annulation de mariages. En outre, l'effet recherché par un mariage sans intention matrimoniale pourra être neutralisé. C'est ainsi que la Cour de cassation a récemment admis que l'adultère prolongé à la suite d'un mariage pouvait faire obstacle à l'acquisition de la nationalité française (Civ. 1re, 10 févr. 2021, nº 20-11.694).

Soyez vigilant : les conditions de validité s'apprécient au jour du mariage. L'attitude des époux après le mariage, et notamment l'absence totale de cohabitation et de relations avant et après le mariage pourra être un indice de l'absence d'intention matrimonial **au jour du mariage**.

Le mariage posthume

Il relève de l'évidence que celui qui est mort ne saurait consentir à un mariage, dès lors qu'il a perdu la personnalité juridique. L'art. 171 du C. civ. permet néanmoins au président de la République d'autoriser, pour des motifs graves, la célébration du mariage en cas de décès de l'un des futurs époux. Il faut alors « qu'une réunion suffisante de faits établit sans équivoque son consentement ». Le mariage posthume ne produira cependant ni effet successoral, ni d'effets attachés au régime matrimonial, ayant donc une portée essentiellement symbolique. Il pourra toutefois également impliquer des droits en matière de pension de réversion. Dans ce cadre, les règles générales connaissent certaines adaptations : les effets du mariage rétroagissent à la veille du jour du décès et la Cour de cassation a admis que certains délais courant normalement à compter du décès courent à partir du mariage, nécessairement postérieur, par faveur pour le conjoint (Civ. 2e, 12 nov. 2020, nº 19-21.812).

►

Le pouvoir reconnu au Président de la République en la matière est discrétionnaire, la Cour de cassation affirmant simplement qu'« il appartient seulement au juge de vérifier l'existence de formalités officielles dont le chef de l'État apprécie souverainement si elles sont de nature à marquer sans équivoque le consentement au mariage de l'époux décédé » (Civ. 1re, 6 déc. 1989, n° 88-11.994).

2 – L'**âge** des époux. Il résulte de l'art. 144 du C. civ. que les époux doivent être âgés d'au moins 18 ans au jour de la célébration du mariage. Il est toutefois possible pour le procureur de la République d'autoriser le mariage d'une personne mineure si des motifs graves le justifient (art. 145, C. civ.). En ce cas, l'autorisation des parents sera requise, étant précisé qu'en cas de désaccord entre les parents, ledit désaccord emporte consentement (art. 148, C. civ.). Les art. 149 à 160 du C. civ. prévoient le cas de mort ou d'absence des parents, les formalités pour recueillir le consentement des personnes devant consentir au mariage et les cas d'opposition entre elles. Schématiquement, si un seul des parents est vivant ou en cas de désaccord de l'autre, le consentement d'un seul suffit (art. 148 et 149, C. civ.). En l'absence des deux parents, ce sont les aïeuls qui devront consentir. Là encore, le désaccord entre eux emporte consentement (art. 150, C. civ.). Enfin, si les père et mère ainsi que les aïeuls sont tous morts ou ne peuvent manifester leur volonté, c'est au conseil de famille de donner son autorisation (art. 159, C. civ.).

3 – La **monogamie**. Il résulte de l'art. 147 du C. civ. qu'« on ne peut contracter un second mariage avant la dissolution du premier ». Vous devez être particulièrement attentif à un élément de difficulté : **que se passe-t-il lorsque le premier mariage est nul ?** La question ne soulève aucune difficulté lorsque le premier mariage a été annulé avant la conclusion du second mariage. Qu'en est-il toutefois lorsque la nullité n'a pas été prononcée ? En dépit d'une résistance certaine des juges du fond, la Cour de cassation tend à faire produire effet au caractère rétroactif de la nullité pour valider le second mariage (Civ. 1re, 25 sept. 2013, n° 12-26.041), affirmant que la question de la validité du premier mariage doit être tranchée avant de se prononcer sur l'art. 147 du C. civ. (Civ. 1re, 26 oct. 2011, n° 10-25.285 ; Civ. 1re, 11 avr. 2018, n° 17-17.530).

Il est enfin à noter que la condition de monogamie ne permet pas de justifier l'annulation d'un contrat de courtage matrimonial souscrit par une personne mariée, **la réalisation de rencontre en vue d'un mariage ne se confondant pas avec le mariage lui-même** (Civ. 1re, 4 nov. 2011, n° 10-20.114).

4 – Le caractère **exogène** de l'union, autrement dit **l'interdiction de l'inceste**. Les règles relatives à cette condition sont énoncées aux art. 161 à 164 du C. civ. L'**intensité** de l'interdit est toutefois **variable**. Ainsi, alors que le mariage ne **peut jamais être célébré entre ascendants et descendants** (art. 161, C. civ.) ou **entre membres d'une même fratrie** (art. 162, C. civ.) l'interdiction est **moins absolue** lorsqu'elle s'applique aux mariages entre **neveux et nièces et oncles et tantes** (art. 163, C. civ.), ou lorsqu'elle concerne

les **alliés en ligne ascendante ou descendante** (art. 161, *in fine*, C. civ.). Cette hypothèse vise le mariage entre une personne et l'ascendant ou le descendant de son ancien époux). Ainsi, le président de la République peut, « pour des causes graves », **lever ces deux interdits**, dans tous les cas pour l'art. 163 du C. civ., lorsque la « personne qui a créé l'alliance est décédée » pour l'art. 161, *in fine* du C. civ. L'inceste a également des incidences en matière de filiation.

ii – Les conditions de forme

Les conditions de forme du mariage sont encadrées par les art. 165 à 170 du C. civ. Il résulte en particulier de l'art. 165 du C. civ. que « Le mariage sera **célébré publiquement** lors d'une cérémonie républicaine par **l'officier de l'état civil de la commune dans laquelle l'un des époux, ou l'un de leurs parents** » a **sa résidence ou son domicile**. Afin d'assurer la publicité de la cérémonie, les art. 63 et 64 du C. civ. prévoient une **publication** permettant d'identifier les futurs époux ainsi que le lieu de célébration du mariage. L'art. 166 du C. civ. précise en outre que cette publication devra être faite à la mairie du lieu du mariage et à celle du lieu où chacun des époux a son domicile ou sa résidence.

La célébration d'un **mariage religieux** ne produit pas d'effet légaux, ce dernier devant en outre nécessairement avoir lieu **postérieurement au mariage civil**.

b) Les outils de lutte contre les mariages illicites

Les moyens de lutte contre les mariages illicites sont principalement de trois ordres :

1 – **Le refus de célébration par l'officier d'état civil**. Ce dernier est normalement tenu de célébrer le mariage. Néanmoins, au regard des formalités imposées par les art. 63 s. du C. civ. (les époux doivent notamment, en vertu de l'art. 70 du C. civ., fournir un extrait de moins de 3 mois de leur acte de naissance et qui pourra donner lieu à des investigations ; en outre, l'officier de l'état civil procède à une audition des futurs époux, en vertu de l'art. 63, 2°, C. civ.), l'officier de l'état civil peut constater l'illicéité du mariage, auquel cas il lui sera interdit de le célébrer. Il faut alors que **l'illicéité soit manifeste**.

Qu'en est-il si l'officier de l'état civil a un **simple doute ?** La solution est envisagée pour le défaut de consentement (art. 146, C. civ.) ou pour les vices du consentement (art. 180, C. civ.), l'art. 175-2 du C. civ. permet à l'officier de l'état civil de saisir le procureur. Ce dernier dispose alors d'une option à trois branches, qu'il doit exercer **dans les 15 jours** : laisser **célébrer le mariage**, faire **opposition** ou décider d'un **sursis** d'une durée maximale d'**un mois renouvelable une fois**. Au terme du délai de sursis, le procureur devra choisir entre l'une des deux autres branches de l'option.

2 – **L'opposition au mariage.** Trois séries d'articles prévoient la possibilité pour certaines personnes de s'opposer au mariage.

Il s'agit d'abord **des proches** : si l'art. 172 du C. civ. permet à **l'un des époux** de s'opposer au mariage de celui qui tente de devenir bigame, l'art. 173

du C. civ. permet aux **père et mère** ou à défaut aux **ascendants** de s'opposer au mariage de leur enfant ou descendant, même majeur. Enfin l'art. 174 du C. civ. permet, en **l'absence d'ascendants**, aux **frères et sœurs, oncles et tantes ainsi qu'aux cousins et cousines germains** de s'opposer au mariage si le consentement du conseil de famille, requis sur le fondement de l'art. 159 du C. civ., n'a pas été obtenu, ou en cas d'altération des facultés de l'un des futurs époux.

Il s'agit ensuite des **tuteurs et curateurs**. Alors que la loi du 23 mars 2019 a **supprimé la nécessité**, anciennement prévue à l'art. 460 du C. civ., **d'une autorisation préalable** du curateur ou du tuteur pour le mariage du majeur protégé, l'art. 175 du C. civ. ouvre au tuteur ou au curateur une **faculté d'opposition**. Concrètement, ce seront généralement l'art. 146 du C. civ. et le défaut de consentement réel du majeur qui serviront alors de fondement à l'opposition.

Enfin, l'art. 175-1 du C. civ. dispose : « **le ministère public** peut former opposition pour les cas où il pourrait demander la nullité du mariage ».

Dans tous les cas, les futurs époux peuvent solliciter la **mainlevée** de la part du tribunal qui devra statuer dans les **10 jours** (art. 177, C. civ.). **De même, en cas d'appel**, la cour d'appel doit statuer dans les 10 jours.

3 – *A posteriori*, le mariage pourra être **annulé**. Une distinction doit cependant immédiatement être faite. Lorsque l'on se situe **avant** le mariage, toutes les conditions doivent évidemment être respectées. Cependant, si le mariage a été célébré, la nullité semblerait excessive pour sanctionner la violation de certains empêchements. Ces derniers sont alors dits **prohibitifs**. Sont en particulier concernés le cas où le dossier des futurs époux n'était pas complet ou l'hypothèse dans laquelle le mariage a été célébré malgré une opposition (en revanche le motif qui avait justifié l'opposition pourra lui-même permettre de prononcer la nullité du mariage)

À l'inverse, les empêchements à mariage qui pourront entraîner la nullité sont dits **dirimants**. À mi-chemin entre ces hypothèses se trouve la nullité édictée en cas de non-respect de certaines formalités du mariage par l'art. 191 du C. civ. Ainsi, le non-respect des mesures de publicité ou de compétence de l'officier d'état civil ne pourra entraîner la nullité du mariage que s'il est établi que cette violation était destinée à favoriser une **fraude**, la nullité étant **facultative** (Civ. 7 août 1883).

Au sein des empêchements dirimants, il convient encore de distinguer entre ceux qui entraînent une **nullité relative ou absolue.** Le tableau suivant vise à fournir un résumé synthétique.

Cas de nullité	Titulaires du droit d'agir	Délai pour agir	Confirmation
	Nullités relatives		
Erreur (180, al. 2)	Les époux (180, al. 2)	5 ans à compter du mariage (181)	Oui
Violence et crainte révérencielle (180, al. 1er)	Les époux et le ministère public (180, al. 1er)		
Mineur disposant d'une dispense (145) mais n'ayant pas été autorisé en vertu des art. 148 s.	Ceux dont le consentement était requis ou celui qui avait besoin du consentement (182)	– 5 ans à compter de la connaissance pour ceux dont le consentement était requis – 5 ans à compter de la majorité pour l'époux	
	Nullités absolues		
Mineur sans dispense (144 et 145)	– Les époux, le procureur et tout intéressé (184) – Pour les parents collatéraux et les enfants d'un seul des époux, l'action en nullité ne peut être intentée du vivant des deux époux (187)	30 ans à compter de la célébration	Non
Défaut de consentement ou d'intention matrimoniale (146)			
Défaut de présence (146-1)			
Bigamie (147)			
Inceste (161 à 163)			
Défaut de publicité ou de compétence de l'OEC en cas d'intention frauduleuse (191)	Les époux, le procureur et tout intéressé (191)		

La disparition de la condition d'altérité sexuelle

Bien que la condition d'altérité sexuelle n'ait été prévue expressément par aucun texte, il ne fait aucun doute que le législateur de 1804 n'avait envisagé le mariage que comme l'union d'un homme et d'une femme, ce que la Cour de cassation a d'ailleurs eu l'occasion de rappeler en 2007 (Civ. 1re, 13 mars 2007, n° 05-16.627 : « selon la loi française, le mariage est l'union d'un homme et d'une femme », ce qui justifiait l'annulation d'un mariage célébré entre personnes de même sexe).

La condition d'altérité sexuelle a disparu avec l'adoption de la loi n° 2013-404 du 17 mai 2013, ouvrant le mariage aux couples de personnes de même sexe. Cette loi a même prévu, en son article 21, une validation rétroactive des mariages célébrés avant son entrée en vigueur.

2. L'articulation avec la liberté du mariage

La liberté du mariage est consacrée au plus haut niveau.

Sur le plan constitutionnel, le Conseil constitutionnel rattache la liberté du mariage aux **art. 2 et 4 de la Déclaration des droits de l'Homme et du citoyen** (Cons. const. 28 janv. 2011, n° 2010-92 QPC, consid. n° 6). Sur le plan conventionnel, **l'art. 12 Conv. EDH consacrer la liberté de se marier**. En conséquence, le droit national ne doit pas porter à la liberté du mariage des atteintes **injustifiées et disproportionnées**.

Le contrôle de la conventionnalité des limites portées au mariage était traditionnellement réalisé ***in abstracto***. Sous l'influence de la CEDH, la Cour de cassation réalisa pour la première fois, le 4 déc. 2013 (Civ. 1re, 4 déc. 2013, n° 12-26.066), un **contrôle de proportionnalité *in concreto* de l'atteinte aux droits garantis par la Conv. EDH**. Bien que la solution ait été rendue sur le fondement du droit à une vie privée et familiale normale (art. 8, Conv. EDH), la solution concernait directement le droit au mariage : en l'espèce, une femme avait épousé son ex-beau-père, alors même que les conditions de l'art. 164 du C. civ. n'étaient pas remplies. Pour cause, le premier époux était toujours vivant. Au décès de son père (donc du nouvel époux), il sollicita la nullité du mariage, plus de 20 ans après que celui-ci eut été célébré (l'art. 187 du C. civ. lui interdisait en réalité d'agir du vivant de son père). Alors que les juges du fond avaient annulé le mariage, considérant que l'art. 161 du C. civ. portait une atteinte justifiée et proportionnée au droit à la vie privée et au droit au mariage, la Cour de cassation censura l'arrêt, considérant **qu'au regard de l'absence d'opposition et de la durée du mariage, la nullité de ce dernier constituait une « ingérence injustifiée dans l'exercice de son droit au respect de la vie privée et familiale »**. Autrement dit, **alors que la solution théorique posée par l'art. 161 du C. civ. peut être justifiée au regard de la Conv. EDH, la solution concrète à laquelle conduisait son application en l'espèce conduisait à réaliser une atteinte disproportionnée aux droits reconnus par la Conv. EDH**.

Il résulte de cette jurisprudence que les juges pourront, au gré des circonstances, refuser la nullité d'un mariage invalide car célébré entre alliés en violation de l'art. 161 du C. civ., et ce alors même que le délai de prescription de 30 ans, expressément prévu à l'art. 184 du C. civ., n'aurait pas été atteint. Les solutions qui en résultent sont dès lors **éminemment casuistiques** (v. par ex. Civ. 1re, 8 déc. 2016, n° 15-27.201 : dès lors, la nature de l'union [entre un homme et la fille de son ancienne épouse qu'il avait connue alors qu'elle était mineure], l'absence d'enfant né du mariage et la durée de ce dernier, 8 ans seulement, permettaient, selon la Cour, de conclure que l'atteinte au droit du mariage [la solution était cette fois rendue sur le fondement de l'art. 12] n'était pas disproportionnée). Il conviendra alors de tenir compte d'un ensemble de circonstances entourant le mariage.

Cette tendance paraît en outre, pour l'heure au moins, limitée à l'art. 161 du C. civ. et à la prohibition du mariage entre alliés si bien **que les autres**

limites au droit se marier paraissent pour l'instant hors de cause : la majorité des époux, la nécessité de consentir au mariage, et les autres prohibitions au mariage semblent pour l'instant épargnées. En particulier la prohibition de la bigamie ne semble pas remise en cause (v. de façon indirecte : Civ. 1re, 4 mai 2017, n° 17-40.026). De même, la nullité du mariage pour défaut d'intention matrimoniale semble largement échapper au contrôle de proportionnalité, les époux n'ayant précisément pas cherché à réellement se marier (Civ. 1re, 1er juin 2017, n° 16-13.441 ; toutefois les nombreuses tentatives du législateur de prévenir ce type de mariage ont, pour leur part, parfois donné lieu à une censure constitutionnelle).

La liberté du mariage dans les relations privées

Dans les relations privées, la liberté du mariage produit deux conséquences principales :
– La *liberté de ne pas se marier* : la volonté des époux de consentir au mariage est particulièrement importante, ce qui implique que, jusqu'au dernier moment, un époux doit pouvoir dire non. Il n'existe pour cette raison pas d'avant-contrat contraignant au mariage. Dès lors, la rupture des fiançailles est libre : elle n'entraîne pas en elle-même de faute susceptible d'entraîner la responsabilité de son auteur (Civ. 30 mai 1838 ; Civ. 1re, 4 janv. 1995, n° 92-21.767). Pour autant, les circonstances entourant la rupture des fiançailles peuvent justifier l'engagement de la responsabilité. Ainsi du fiancé qui ne prend pas la peine de paraître au mariage, d'envoyer une lettre lapidaire, ou de choisir des modalités de rupture humiliantes.
La rupture des fiançailles peut être l'occasion de s'interroger sur une question particulière : quel est le sort des cadeaux faits en vue du mariage et en particulier de la bague de fiançailles ? L'art. 1088 du C. civ. dispose que toutes les donations faites en faveur du mariage sont caduques s'il ne survient pas. La jurisprudence adoucit néanmoins cette règle pour les présents d'usage. Le sort de la bague de fiançailles est un peu dans un entre-deux. Elle pourra constituer ou non un présent d'usage, notamment en fonction des revenus de celui qui l'a offert et de l'importance de la valeur de la bague par rapport à ces revenus. En outre, lorsque la bague constitue un bijou de famille, la jurisprudence considère, au visa de l'art. 1875 du C. civ., que le bien ne saurait avoir fait d'une véritable donation, mais faisait en réalité l'objet d'un prêt à usage. Il sera dès lors aisé de récupérer la bague (sur le fondement de l'obligation de restitution de l'objet prêté).
– Les *clauses de célibat* : de telles clauses sont presque toujours nulles lorsqu'elles s'insèrent dans des contrats à titre onéreux. La Cour de cassation affirme ainsi que de telles clauses ne sauraient être valables que lorsque les nécessités de la fonction l'imposent impérieusement (Cass., ass. plén., 19 mai 1978, n° 76-41.211). Elle se montre plus souple concernant les actes à titre gratuit, mais n'admet pas que la clause vise, pour un conjoint au seuil de la mort, à imposer un veuvage perpétuel.

Les effets de la nullité du mariage

Vous devez **impérativement** distinguer la nullité du mariage du divorce. Comme toute nullité, celle du mariage emporte par principe sa disparition, non seulement pour l'avenir, mais aussi de manière **rétroactive**.

►

Des **dérogations** sont toutefois apportées au caractère rétroactif de la nullité du mariage. Les effets du mariage à l'égard des enfants, notamment sur l'établissement de la filiation, ne disparaissent jamais rétroactivement (art. 202, C. civ.).
Une autre dérogation au caractère rétroactif de la disparition du mariage annulé résulte de l'art. 201 du C. civ., qui prévoit que le mariage produit ses effets pour le passé à l'égard de l'époux qui l'a contracté de bonne foi. Le mariage est alors dit putatif. Lorsque les deux époux étaient de mauvaise foi, la rétroactivité jouera pleinement. Lorsque les deux étaient de bonne foi, la nullité se rapprochera singulièrement d'un divorce.
La situation est particulièrement complexe lorsqu'un seul des époux était de bonne foi. En particulier, le mariage entraîne l'application d'un régime matrimonial qui, à la dissolution, laisse normalement les époux dans une situation patrimoniale différente de s'ils ne s'étaient pas mariés. Un tel régime ne peut pas être appliqué à un seul des époux. Il appartiendra alors à l'époux de bonne foi de décider si le régime matrimonial doit disparaître rétroactivement ou non.

B – Les effets du mariage

Le mariage produit, par sa seule célébration, un **ensemble d'effets impératifs sur les époux**. Alors que certains devoirs imposés aux époux sont d'ordre personnel (1) et relèvent donc de l'extrapatrimonial, d'autres posent un socle pour les relations patrimoniales des époux (2).

1. Les devoirs personnels des époux

a) La trilogie respect / fidélité / assistance

Trois devoirs résultent directement pour les époux de l'art. 212 C. civ. Ce dernier dispose notamment que **les époux se doivent mutuellement** :

1 – **Respect** : le respect n'est pas spécifique aux relations entre époux. Dans les relations entre époux, il prend toutefois un aspect particulièrement important. De façon générale, l'existence d'une relation de couple stable entre l'auteur d'une infraction et la victime constitue un fait aggravant pour différents crimes et délits, que ceux-ci protègent la vie, l'intégrité physique ou l'intégrité morale. Sur le plan civil, les art. 515-9 s. du C. civ. **permettent au membre du couple victime de violence** de demander une **ordonnance de protection**. Après une audition, le juge devra se prononcer sur cette ordonnance dans un délai maximum de 6 jours. Sa décision doit être motivée, mais l'appréciation relève du pouvoir souverain des juges du fond (Civ. 1re, 10 févr. 2021, n° 19-22.793). Cette ordonnance peut notamment proposer à celui qui est accusé de violence « une prise en charge sanitaire, sociale ou psychologique ou un stage de responsabilisation pour la prévention et la lutte contre les violences au sein du couple et sexistes » (art. 515-11, 2° *bis*, C. civ.). En cas de refus, le juge en avise le procureur. Spécifiquement dans le cas du mariage, le juge peut statuer sur la **résidence séparée des époux** (dérogeant ainsi au devoir de cohabitation). C'est normalement l'époux victime de vio-

lence qui conservera le logement familial, mais si tel n'est pas le cas, les frais nécessaires à son hébergement pourront être mis à la charge de l'époux auteur de violences.

Outre l'obligation évidente de ne pas atteindre à l'intégrité physique et morale de son conjoint, le devoir de respect implique également **de ne pas porter atteinte à l'honneur ou à la dignité de son époux** (sont par exemple concernés le dénigrement entre les époux [Civ. 1re, 6 janv. 2000, n° 98-12.322 ; *NB : antérieurement au 5 avr. 2006, l'art. 212 du C. civ. ne prévoyait pas de devoir de respect entre époux. Plusieurs décisions antérieures peuvent toutefois s'expliquer par la consécration jurisprudentielle d'un tel principe], des disputes permanentes particulièrement intenses [Civ. 1re, 23 mai 2006, n° 05-17.533], voire un manque d'hygiène récurrent y compris en présence de tiers [Poitiers, 10 juin 2015, n° 14/02494]*).

2 – **Fidélité** : dans son sens premier, le devoir de fidélité **prohibe l'adultère**, *i.e.* le fait d'avoir des relations sexuelles avec une autre personne que son conjoint. L'évolution de ce devoir a été double :

– **Son champ d'application s'est élargi**. La Cour de cassation a ainsi parfois admis une violation du devoir de fidélité sans union consommée. La limite est alors fine par rapport au devoir de respect : ainsi, la Cour de cassation a approuvé une cour d'appel d'avoir considéré que le fait pour l'épouse **de se faire héberger au domicile d'un tiers**, même si l'adultère ne pouvait être établi, constituait un comportement « injurieux » à l'égard du mari (Civ. 1re, 1er déc. 2010, n° 09-70.138). Manque ainsi au devoir de fidélité l'époux qui adopte de **façon fréquente une attitude « aguicheuse »** envers d'autres personnes que son conjoint (Civ. 2e, 28 sept. 2000, n° 98-18.850), **une correspondance affective suivie**, ou le maintien d'une **amitié ambiguë** (Civ. 2e, 4 juin 1980, n° 79-11.758).

– **Son intensité peut sembler remise en cause.**

Dans les rapports entre époux, alors que l'adultère constituait autrefois une **cause péremptoire de divorce** (*i.e.* une faute qui justifiait en elle-même le divorce pour faute), la notion a vécu si bien qu'un adultère **ne pourra pas toujours permettre au conjoint qui en est victime d'obtenir un divorce aux torts de son conjoint**. De plus, sauf circonstances très particulières, **le juge pourra refuser l'octroi de dommages et intérêts à l'époux victime** (pour une liaison d'un époux 12 ans après la séparation de corps et dans une autre région que celle dans laquelle vivait l'épouse : Civ. 2e, 8 févr. 2001, n° 99-15.476). D'une façon plus surprenante, la **Cour a refusé d'annuler un contrat de rencontre matrimoniale conclu par un homme marié pour contrariété à l'ordre public et aux bonnes mœurs** (Civ. 1re, 4 nov. 2011, préc.) et a approuvé une cour d'appel d'avoir considéré que l'évolution des mœurs « **ne permettaient plus de considérer que l'imputation d'une infidélité conjugale serait à elle seule de nature à porter atteinte à l'honneur ou à la considération** » (Civ. 1re, 17 déc. 2015, n° 14-29.549). v. dernièrement, à propos du site *Gleeden*, Civ. 1re, 16 déc. 2020, n° 19-19.387, *Blackdivine* : si les époux se doivent mutuellement fidélité et si l'adultère constitue une faute civile, celle-ci ne peut être utilement invoquée que par un époux contre l'autre à l'occasion d'une procédure de divorce ; la publicité pour le site, si elle peut choquer les convictions religieuses de certains spectateurs en faisant la promotion de l'adultère au sein de couples mariés, ne saurait être interdite sans porter une atteinte disproportionnée au droit à la liberté d'expression, qui occupe une place éminente dans une société démocratique.

À l'égard du tiers, la responsabilité de celui-ci ne peut être **retenue que de façon restrictive**, la faute supposant d'avoir eu une attitude injurieuse à l'égard du conjoint trompé, d'avoir créé un scandale ou *a minima* d'avoir « détourné » par son attitude le conjoint. Autrement dit « **le seul fait d'entretenir une liaison avec un homme marié ne constitue pas une faute de nature à engager la responsabilité de son auteur** » (Civ. 2e, 5 juill. 2001, nº 99-21.445). Plus encore, la **libéralité consentie** à un amant ou une maîtresse dans le cadre d'un adultère **n'est pas nulle pour contrariété aux bonnes mœurs** (Cass., ass. plén., 29 oct. 2004, nº 03-11.238).

3 – **Assistance** : cette obligation est particulièrement évanescente. Elle se rencontre en pratique généralement **lorsqu'un des époux est malade ou dans une situation conduisant à une souffrance morale particulièrement évidente**. Ainsi, l'époux qui refuse de prodiguer à son conjoint les soins dont celui-ci avait besoin du fait de sa maladie ou de son infirmité manquerait à ce devoir, de même que celui qui refuse son soutien moral à son époux éprouvé par les circonstances (manque ainsi au devoir d'assistance le mari qui « n'a pas compris les conséquences de la maladie de son épouse, s'est petit à petit désintéressé de celle-ci et de sa fille pour ne plus se consacrer qu'à l'exploitation de la ferme » : Civ. 1re, 25 févr. 2009, nº 08-13.413).

Hors de ces hypothèses, il est difficile de trouver des illustrations du devoir d'assistance : celui-ci se réalise normalement par le soutien quotidien naturel à la vie commune, et lors de la séparation des époux, il prend alors un aspect pécuniaire qui le rend difficile à discerner du devoir de secours.

b) La communauté de vie

À ces différents devoirs s'ajoute celui, prévu à l'art. 215 C. civ., de **communauté de vie**. Celui-ci se décline de deux façons.

1 – Les époux sont tenus **d'avoir des relations sexuelles l'un avec l'autre**. L'époux qui se soustrait systématiquement à cette obligation commet alors une faute pouvant justifier le prononcé d'un divorce pour faute (Civ. 1re, 1er févr. 2012, nº 11-14.822) ou l'octroi de dommages et intérêts, si l'absence de relations sexuelles ne s'explique pas par une impossibilité médicale qui ne lui soit pas imputable (Aix-en-Provence 3 mai 2011, nº 09/05752). Cette obligation a longtemps justifié le refus du viol entre époux, heureusement abandonné : l'obligation ne peut évidemment pas recevoir d'exécution forcée en nature.

2 – En outre, les époux doivent normalement **vivre ensemble** et déterminer la **résidence de la famille d'un commun accord** (art. 215, al. 2, C. civ.). Les époux peuvent cependant exceptionnellement **ne pas avoir une rési-**

dence commune. Outre l'hypothèse de la **séparation de corps** et de **l'ordonnance de protection**, la jurisprudence admet que les époux aient un **domicile distinct pour des raisons professionnelles** (Civ. 1re, 12 févr. 2014, nº 13-13.873) ou que l'un des époux ne réside pas au domicile commun **dès lors que les manquements de son conjoint rendent la communauté de vie impossible ou au moins inacceptable** (Civ. 1re, 16 févr. 1983, nº 81-16.162).

Les devoirs personnels dégagés par la jurisprudence

La jurisprudence ne s'est pas limitée aux devoirs légaux résultant des art. 212 et 215 du C. civ. mais s'est montré particulièrement inventive dans les obligations personnelles imposées aux époux.
En particulier, plusieurs juges du fond ont considéré que le refus répété d'avoir un enfant sans motif médical pouvait constituer une faute. La liste des devoirs créés par la jurisprudence est trop longue pour qu'il soit utile de les énumérer tous, il vous faut en particulier vous reporter à la jurisprudence mentionnée sous l'art. 242 du C. civ., relatif au divorce pour faute. De façon particulièrement notable, la Cour de cassation a approuvé une cour d'appel d'avoir retenu qu'une épouse avait manqué au devoir du mariage aux motifs qu'elle « avait un comportement irascible et agressif, qu'elle provoquait fréquemment des scènes » (Civ. 1re, 14 juin 2005, nº 03-21.126) ou encore d'avoir pris en considération « la paresse » d'un des époux (Civ. 1re, 22 févr. 2007, nº 06-14.873).
De la jurisprudence, largement casuistique, on peut retenir que les comportements prolongés ou répétés qui rendent insupportable, ou au moins très difficilement supportable, le maintien d'une vie de couple sont susceptibles d'être pris en considération dans le cadre d'un divorce pour faute.

2. Le socle de la vie patrimoniale des époux

Ce socle est posé aux art. 214 à 226 du C. civ., qui constituent ce qu'il est convenu d'appeler le **régime légal impératif** ou **régime primaire impératif**. À ce régime s'ajoute le **devoir de secours** édicté à l'art. 212 du C. civ. Si certaines règles visent à instaurer une coopération minimale entre les époux (a), d'autres permettent d'assurer l'indépendance des époux (b). Enfin, l'intervention du juge est prévue pour résoudre des situations de crises entre époux (c).

a) Les règles instaurant une coopération minimale entre époux

La coopération qui doit exister entre les époux s'exprime, sur le plan patrimonial, à travers l'obligation qui leur est faite de contribuer aux charges du mariage et de secourir leur conjoint (i) et à travers la protection accordée au logement familial (ii).

i – Contribution aux charges du mariage et devoir de secours

Le **devoir de secours** correspond à l'obligation qui est faite à l'un des époux de ne pas laisser son conjoint dans une situation de précarité extrême. Durant l'existence de l'union, ce devoir ne soulève généralement pas d'importantes difficultés. Ce n'est qu'au moment de la rupture, pendant la procédure de divorce ou en cas de séparation de corps, que l'obligation se révélera totalement. Il pourra alors notamment entraîner le **prononcé d'une pension alimentaire** destinée à assurer les besoins de l'époux le plus démuni.

L'obligation de chacun des époux de contribuer aux charges du mariage ainsi que les modalités de cette contribution sont régies par l'art. 214 du C. civ. Ce texte assure aux époux un train de vie similaire alors même que leurs revenus ou leur capital seraient différents. Constituent des charges du mariage l'ensemble des dépenses nécessaires à la vie courante du ménage ainsi qu'à l'éducation des enfants. Les charges du mariage sont plus étendues que le devoir de secours, recouvrant également des dépenses d'agrément et de loisir. De ce fait, elles ne reçoivent pas la qualification d'aliments et ne sont pas soumises à la règle les aliments ne s'arréragent pas (Civ. 1re, 8 nov 1989, n° 87-19.768).

À défaut de prévision du contrat de mariage ou d'une convention particulière sur ce point, l'art. 214 du C. civ. prévoit que les époux contribuent aux charges du mariage « à proportion de leurs facultés respectives ».

La contribution aux charges du mariage peut se réaliser sous des formes diverses : apport d'un bien permettant la vie familiale, contribution monétaire ou encore industrie de l'un des époux, au sein du foyer ou dans l'aide apporté dans la profession de l'autre conjoint. Il arrive pourtant que l'un des époux n'exécute pas, sous une forme quelconque, son obligation. Quelles sont alors les sanctions envisageables ? Un tel manquement constitue une faute, qui pourrait éventuellement justifier un divorce. De façon plus spécifique, l'art. 214, al. 2 du C. civ. renvoie au C. pr. civ., qui permet au juge aux affaires familiales de fixer la contribution. En cas d'inexécution de la décision du juge aux affaires familiales, l'époux réfractaires s'expose à une condamnation pour abandon de famille (art. 227-3, C. pén.).

ii – La protection du logement familial

Étant indispensable à la vie familiale, le logement de la famille appelait sans conteste une protection particulière. Le cœur de la protection du logement familial réside dans **l'art. 215, al. 3 du C. civ**. qui interdit à l'un des époux de disposer sans l'accord de son conjoint « des droits par lesquels est assuré le logement de la famille ». Outre le logement lui-même, la protection s'étend également aux « meubles meublants dont il est garni », cette notion renvoyant à l'art. 534 du C. civ. L'identification du logement familial ne pose généralement de difficultés que lorsque les époux sont séparés. Son identification relève de l'appréciation souveraine des juges du fond (Civ. 1re, 22 mars 1972, n° 70-14.049). N'est en tout cas pas concernée par cet article la résidence secondaire (Civ. 1re, 19 oct. 1999, n° 97-21.466).

Les droits ainsi protégés sont divers. Il peut bien sûr s'agir du droit de propriété. Il importe alors peu que la propriété du local assurant le logement familial soit exclusive à l'un des époux : il ne peut en disposer sans l'accord de son conjoint. Le logement peut également être assuré à travers un droit réel (usufruit, droit d'usage et d'habitation…) ou à travers un droit personnel.

Dans l'hypothèse où le logement serait loué par l'un des époux, l'art. 1751 du C. civ. prévoit en outre une cotitularité du bail.

La protection offerte par l'art. 215, al. 3 du C. civ. n'est toutefois pas absolue : elle n'interdit pas à l'un des époux de **démissionner** sans autorisation de son conjoint quand bien même le logement familial serait assuré grâce à un logement de fonction (Civ. 1re, 4 oct. 1983, nº 82-14.093). De même, **lorsque le logement appartient à une SCI** dont l'un des deux époux détient la quasi-totalité des parts, l'écran de la société s'oppose à l'efficacité de l'art. 215, al. 3 du C. civ. à moins que la société n'ait expressément conféré à l'associé le droit d'occuper les lieux (Civ. 1re, 14 mars 2018, nº 17-16.482).

Quant aux actes pour lesquels le consentement des deux époux est exigé, il s'agit en premier lieu de l'ensemble des **actes de disposition** portant sur le logement de famille mais aussi les actes qui « **anéantissent ou réduisent les droits réels ou les droits personnels de l'un des conjoints sur le logement de la famille** », ce qui peut notamment être le cas d'un bail (Civ. 1re, 16 mai 2000, nº 98-13.441). Lorsque ce sont les époux qui sont locataires du local assurant le logement familial, la protection de l'art. 215, al. 3 se double de **celle de l'art. 1751 du Code civil** qui rend les époux **cotitulaires du bail.**

Chaque époux peut toutefois disposer seul du bien lui appartement même lorsque celui-ci constitue le logement familial **s'il préserve les droits de son conjoint**. C'est ainsi que la vente ou la donation du logement avec **réserve d'usufruit au profit de l'autre conjoint** peuvent être réalisées par le seul époux propriétaire (Civ. 1re, 22 mai 2019, nº 18-16.666). Tel n'est en revanche pas le cas de l'aliénation avec réserve d'usufruit au profit du conjoint réalisant seul l'acte (Civ. 1re, 16 juin 1992, nº 89-17.305). L'art. 227 du C. civ. prévoyant la dissolution du mariage par la mort d'un des époux, **les actes de disposition à cause de mort ne rentrent quant à eux pas dans le champ d'application de l'art. 215** du C. civ. (Civ. 1re, 22 oct. 1974, nº 73-12.402).

b) Les règles assurant l'indépendance des époux

Au risque que les époux vivent comme étrangers et ne s'entraident pas s'oppose celui qu'un des époux ait la mainmise sur les biens communs voire sur les biens propres de l'autre. Afin de pallier cette hypothèse, les art. 220 s. du C. civ. instaurent un ensemble de règles permettant de façon impérative à chacun des époux de disposer d'espaces de liberté. La philosophie de ces articles a bien sûr évolué au fur et à mesure de l'évolution du statut des conjoints vers une égalité entre la femme et l'homme marié. L'autonomie des époux concerne ainsi certaines dépenses, qui sont sécurisées par l'autonomie ménagère (i), et certains biens jugés particulièrement utiles à l'indépendance des époux (ii).

i – L'autonomie pour effectuer certaines dépenses

La logique de l'art. 220 du C. civ. quant à l'autonomie des époux est bien particulière et ressort avec clarté du premier alinéa de l'article. Celui-ci se décompose en deux temps. Il est d'abord affirmé que « chacun des époux a pouvoir pour passer seul les contrats qui ont pour objet l'entretien du ménage ou l'éducation des enfants », puis, comme conséquence que « toute dette ainsi contractée par l'un oblige l'autre solidairement ». Si elle n'est pas forcément évidente à première lecture, l'idée est claire : **afin de s'assurer que les époux puissent engager de façon autonome certaines dépenses jugées nécessaires, il convient de créer aux profits des créanciers de telles dépenses une solidarité entre les époux** : ainsi, les créanciers n'auront aucun intérêt à exiger le consentement des deux époux.

Toujours à suivre la structure de ce premier alinéa, **il convient de déterminer dans un premier temps les dettes recouvertes par le champ de l'article**. Sont ainsi visées « les contrats qui ont pour objet l'entretien du ménage ou l'éducation des enfants ». Deux remarques sont alors possibles.

Quant à leur objet, les dettes ainsi visées sont les dépenses quotidiennes, celles relatives au fonctionnement courant de la vie de la famille. Le champ de l'art. 220 du C. civ. est donc moins large que celui de l'art. 214 du C. civ Sont ainsi nécessairement **exclues les dépenses d'investissement**. Tel est notamment le cas de l'acquisition ou de construction d'un immeuble (Civ. 1re, 11 janv. 1984, n° 82-15.461 ; Civ. 1re, 4 juill. 2006, n° 03-13.936). À l'inverse, **les loyers sont quant à eux compris dans le champ de l'autonomie** et de la solidarité ménagères, et ce tant qu'un éventuel jugement de divorce ou de séparation de corps n'est pas devenu opposable aux tiers (Civ. 1re, 3 oct. 1990, n° 88-18.453 et 2 juin 1993, n° 91-14.522). De même des charges de copropriété du logement de famille (Civ. 3e, 1er déc. 1999). Si certaines dépenses, telles les dépenses de santé (Civ. 1re, 17 déc. 2014, n° 13-25.117 ; Civ. 2e, 10 juill. 1996, n° 94-19.388), d'alimentation, d'habillement, ou d'éducation des enfants **rentrent sans conteste, sauf caractère excessif, dans le champ de l'autonomie ménagère**, d'autres soulèvent davantage de difficultés et devront davantage être appréciées au cas par cas : tel est notamment le cas des dépenses de loisir. Enfin, d'autres dépenses, telles **les dépenses professionnelles, sont nécessairement exclues du champ de l'art. 220, al. 1er** du C. civ. (Civ. 1re, 10 mai 1995).

Quant à leur source, la lettre de l'article pourrait laisser penser que l'autonomie et la solidarité ménagères sont limitées aux actes de nature contractuels. Bien que certains juges du fond aient pu statuer en ce sens, la Cour de cassation retient pour principe que la solidarité ménagère « **a vocation à s'appliquer à toute dette même non contractuelle ayant pour objet l'entretien du ménage ou l'éducation des enfants** » (Civ. 1re, 7 juin 1989, n° 87-19.049). Sont ainsi concernées des obligations d'origine légale tant que celles-ci ont vocation à assurer l'entretien du ménage : cotisations sociales obligatoires à un régime d'assurance maladie, à une caisse d'allocation familiale dont la créance est née au cours du mariage (Soc. 19 mars 1986, n° 84-13.097) ou encore d'assurance vieillesse du moment que celle-ci est réversible au profit de l'autre conjoint (Civ. 1re, 9 oct. 1991 ; Civ. 1re, 29 juin 2011, n° 10-16.925). Une créance de responsabilité pourrait également être susceptible de relever de la solidarité ménagère, pour peu qu'elle soit liée à l'entretien du ménage. Tel n'est en revanche pas le cas d'une créance de dommages et intérêts visant à compenser le préjudice subi par une banque dont un employé, par ailleurs marié, a détourné des fonds (Civ. 1re, 9 janv. 2008, n° 06-21.095).

Il convient ensuite de s'attacher aux conséquences de cette qualification : elle entraîne une solidarité à la dette des époux. Cette solidarité ne trouve à s'appliquer qu'**au stade de l'obligation à la dette**. Il en résulte notamment qu'un créancier d'une dette ménagère pourra demander le paiement de la totalité de sa créance à n'importe lequel des époux. Concernant **la contribution à la dette**, ce sont les règles de fonctionnement du régime matrimonial qui retrouve leur emprise, ce qui produira des conséquences particulièrement importantes lorsque les époux sont mariés sous le régime de la séparation de biens.

Quand bien même une dette aurait pour objet l'entretien du ménage ou l'éducation des enfants, les al. 2 et 3 de l'art. 220 du C. civ. prévoient expressément des dérogations à la solidarité des époux.

Aux termes de **l'al. 2** de l'art. 220 C. civ., **n'entraînent pas la solidarité des époux les « dépenses manifestement excessives**, eu égard au train de vie du ménage, à l'utilité ou à l'inutilité de l'opération, à la bonne ou mauvaise foi du tiers contractant ». Cette exclusion, qui se comprend parfaitement au regard de la finalité de l'art. 220, est largement contingente. Les conséquences de cette exclusion seront naturellement différentes selon le régime choisi par les époux, spécialement selon que ce régime est communautaire ou séparatiste.

Il résulte de plus de **l'al. 3** de l'art. 220 C. civ. que la solidarité « n'a pas lieu non plus, s'ils n'ont été conclus du consentement des deux époux, pour les achats à tempérament ni pour les emprunts à moins que ces derniers ne portent sur des sommes modestes nécessaires aux besoins de la vie courante ».

L'achat à tempérament se distingue de l'emprunt en ce que l'achat à tempérament concerne un crédit accordé par le vendeur lui-même sous la forme de paiement fractionnés. **Les emprunts** quant à eux concernent un crédit accordé par un tiers. Tout en excluant ces derniers du champ la solidarité ménagère, la réforme de 1985 a un retour au principe de la solidarité ménagère sous deux **conditions cumulatives** (Civ. 1re, 23 oct. 2013, n° 12-23.062) : que les sommes soient nécessaires aux besoins de la vie courante et soient modestes. La preuve de la réunion de ces conditions pèse sur celui qui invoque la solidarité (Civ. 1re, 17 janv. 1990, n° 87-19.462) et est souverainement appréciée par les juges du fond (Civ. 1re, 12 juin 1990, n° 88-18.808 ; Civ. 1re, 16 avr. 1996, n° 94-13.289).

La loi du 17 mars 2014 a ajouté comme condition que « **le montant cumulé de ces sommes**, en cas de pluralité d'emprunts, **ne soit pas manifestement excessif** eu égard au train de vie du ménage ». Quoique la précision soit heureuse en ce qu'elle permet d'éviter un contournement de la règle par une multiplication d'emprunts individuellement peu onéreux, on peut tout de même remarquer que la censure par le Conseil constitutionnel de la disposition prévoyant la création d'un registre du surendettement risque de rendre parfois difficile l'appréciation par les créanciers de l'existence d'un cumul d'emprunts. Il est alors à craindre que ces derniers ne se tournent systématiquement vers **l'autre dérogation** prévue à l'alinéa 3, à savoir **la conclusion par les deux époux** de l'acte, ce qui aboutit en partie à ruiner l'objectif d'indépendance voulu par l'article.

ii – Les biens nécessaires à l'autonomie des époux

Sont concernés, dans l'ordre de présentation du Code, l'autonomie bancaire, l'autonomie mobilière, l'autonomie professionnelle, et l'autonomie quant aux biens propres des époux.

1 – L'**autonomie bancaire** est inscrite à l'art. 221 du C. civ., qui dispose que « chacun des époux peut se faire ouvrir, sans le consentement de l'autre, tout compte de dépôt et tout compte de titres en son nom personnel ». En vertu de cet article, chacun des époux peut non seulement ouvrir un compte en son nom personnel mais également de réaliser seul les actes sur ce compte.

2 – L'**autonomie mobilière.** Selon l'art. 222 du C. civ., « si l'un des époux se présente seul pour faire un acte d'administration, de jouissance ou de disposition sur un bien meuble qu'il détient individuellement, il est réputé, à l'égard des tiers de bonne foi, avoir le pouvoir de faire seul cet acte ». Chacun des époux est, en vertu de ce texte, investi de pouvoirs larges quant aux biens **meubles qu'il détient**. Il résulte notamment de ce texte, sauf disposition spéciale, que la présomption de pouvoir protège les tiers de bonne foi acquéreurs d'un bien meuble que détient individuellement l'un des époux par une **présomption irréfragable**.

3 – L'**autonomie professionnelle**, prévue à l'art. 223 C. civ., présente en réalité deux aspects :

– Elle permet à chacun des époux de **choisir librement sa profession**, sans avoir besoin de l'autorisation de son conjoint, sous réserve de l'hypothèse exceptionnelle d'une profession contraire avec les obligations découlant pour chacun des époux du mariage.

– Elle permet à chacun des époux de **disposer librement de ses gains et salaires**, après s'être acquittée de son obligation de contribution aux charges du mariage, le cas échéant en dépit des règles du régime matrimonial.

4 – L'**autonomie des biens propres**, prévue à l'art. 225 du C. civ. permet, de façon impérative, à chaque époux de disposer de ses biens propres, sous réserve de règles législatives spéciales, telle celle de l'art. 215, al. 3 du C. civ. pour le logement de famille.

c) L'intervention du juge en période de crise

Afin de pallier des difficultés particulières qui pourraient survenir pendant la vie du mariage, le juge peut intervenir à la fois pour étendre les pouvoirs d'un des époux (i) ou à prononcer des mesures de sauvegarde (ii).

i – L'extension judiciaire des pouvoirs des époux.

L'extension judiciaire des pouvoirs des époux peut spécialement se faire de deux façons : *via* l'autorisation judiciaire d'une part, *via* la représentation judiciaire d'autre part.

1 – **L'autorisation judiciaire est prévue à l'art. 217 du C. civ.** En vertu de cet article, « un époux peut être autorisé par justice à passer seul un acte pour lequel le concours ou le consentement de son conjoint serait nécessaire, si celui-ci est hors d'état de manifester sa volonté ou si son refus n'est pas justifié par l'intérêt de la famille », étant précisé que « l'acte passé dans les conditions fixées par l'autorisation de justice est opposable à l'époux dont le concours ou le consentement a fait défaut, sans qu'il en résulte à sa charge aucune obligation personnelle ».

Le domaine de l'autorisation est clairement identifié. Dès lors que l'acte est un de ce pour lesquels un époux a besoin du « concours ou [du] consentement de l'autre », elle ne concerne que les **actes de cogestion**, *i.e.* ceux pour lesquels le consentement des deux époux est requis (v. par ex. les art. 1422 s., C. civ.). Elle serait particulièrement applicable lorsqu'un époux souhaite disposer du bien propre qui assure le logement de la famille : l'art. 217 du C. civ. permettrait en ce cas de passer outre le refus du conjoint de consentir à l'acte. Limité à un champ plus restreint que celui de la représentation judiciaire, l'autorisation judiciaire peut être sollicitée non seulement si l'autre conjoint est « **hors d'état de manifester sa volonté** », mais également si « **son refus n'est pas justifié par l'intérêt de la famille** ». La charge de la preuve de la contrariété du refus du conjoint par rapport à l'intérêt de la famille pèse naturellement sur l'époux qui sollicite l'autorisation et relève de l'appréciation souveraine des juges du fond (Civ. 1re, 22 nov. 2005, n° 03-13.621). S'agissant d'une simple autorisation de passer un acte, et non à l'instar de l'art. 219 du C. civ. d'une mesure de représentation, l'alinéa 2 de l'article en déduit logiquement qu'il ne peut en résulter à la charge de l'autre époux « **aucune obligation personnelle** ». L'autorisation lui est certes opposable, elle ne peut toutefois le rendre débiteur.

2 – **La représentation judiciaire** est l'objet de l'art. **219 du C. civ.** Celui-ci permet à un conjoint d'être habilité en justice à représenter l'autre « d'une manière générale, ou pour certains actes particuliers, dans l'exercice des pouvoirs résultant du régime matrimonial ». L'alinéa 2 de l'article rappelle simplement que les actes réalisés sans une telle autorisation relèveraient des règles de la gestion d'affaires. S'agissant cette fois d'une véritable mesure de représentation, elle peut, à la différence de l'art. 217 du C. civ., **porter sur des actes que seul l'époux représenté aurait eu le droit de réaliser**. Réciproquement, les mises en œuvre de la représentation judiciaire n'est envisageable que dans des hypothèses plus restreintes que celles de l'autorisation judiciaire : si les deux mesures peuvent être mises en œuvre en cas d'impossibilité pour un des époux d'exprimer son consentement, **seule l'autorisation judiciaire et non la représentation peut être mise en œuvre en cas de refus d'un des époux** de réaliser un acte.

Il convient enfin de noter que ces mesures sont susceptibles d'être concurrencées par les dispositions propres à certains régimes matrimoniaux, par ex., pour le régime légal, les art. 1426 et 1429 du C. civ.

ii – Les mesures judiciaires de sauvegarde

En cas de **manquements graves d'un des époux aux devoirs du mariage**, les art. **220-1 à 220-3** du C. civ. permettent au juge des affaires familiales de prendre « **toutes les mesures urgentes** » que requièrent les intérêts de la famille.

Les mesures ainsi prises sont **nécessairement temporaires**, ce que souligne l'alinéa 3 de l'art. 220-1 du C. civ., qui dispose que la durée des mesures en question ne peut, prolongation comprise, dépasser 3 ans. Néanmoins, si le juge ne précisait pas la durée de la mesure de sauvegarde qu'il ordonne, il n'en résulterait **pas de nullité des mesures**, lesquelles peuvent à tout moment « être rapportées ou modifiées » (Civ. 1re, 25 oct. 1972, nº 71-13.073).

Quant **au contenu des mesures**, celui-ci peut, sous réserve du caractère temporaire, être extrêmement divers. L'al. 2 de l'art. 220-1 du C. civ. précise ainsi que le juge « peut notamment interdire à cet époux de faire, sans le consentement de l'autre, des actes de disposition sur ses propres biens ou sur ceux de la communauté, meubles ou immeubles. Il peut aussi interdire le déplacement des meubles, sauf à spécifier ceux dont il attribue l'usage personnel à l'un ou à l'autre des conjoints ». L'art. 220-2 du C. civ. précise alors les modalités d'une telle interdiction, notamment concernant les meubles dont l'aliénation est sujette à publicité. L'art. 220-1 du C. civ. autorise ainsi le juge à nommer un administrateur du patrimoine commun des époux (Civ. 1re, 5 nov. 1996, nº 94-14.160) ou à mettre sous séquestre les biens des époux (Civ. 1re, 18 nov. 1970, nº 69-12.107). En dépit de l'art. 225 du C. civ., l'art. 220-1 autorise, certes de façon temporaire, à limiter les pouvoir d'un des époux **sur ses biens propres**. Enfin, et bien que certains juges du fond aient pu statuer en sens contraire, il est généralement admis que les mesures en question **ne sont pas limitées à des mesures patrimoniales**.

Les mesures décidées par le juge sont cependant nécessairement limitées par **le champ d'application** des mesures de sauvegarde. Outre qu'elles supposent **un manquement grave d'un des époux aux devoirs qui résultent du mariage**, il faut encore que ce manquement **mette en péril les intérêts de la famille**. Il n'est pas nécessaire que l'atteinte à l'intérêt de la famille soit réalisée du moment que celle-ci paraît imminente. Il résulte enfin de la jurisprudence que l'action de l'art. 220-1 du C. civ. **est susceptible de se combiner avec d'autres actions**. Tel est par exemple le cas de l'action tendant à fixer la contribution du mari aux charges du mariage intenté par l'épouse sans ressource dans le cadre d'un divorce (Civ. 1re, 18 nov. 1970, préc.).

Dans l'hypothèse où l'un des époux **réaliserait un acte interdit** par le juge sur le fondement de l'art. 220-1 C. civ., l'art. 220-3 prévoit que cet acte serait **annulable à la demande de l'autre conjoint**. Cette nullité suppose toutefois soit la **mauvaise foi du tiers partie à l'acte**. Concernant les biens dont l'aliénation est sujette à **publicité**, la seule publication de la mesure, prévue à l'art. 220-2, permet de demander l'annulation de l'acte. La nullité doit être demandée dans les **2 ans de la connaissance de l'acte ou dans les 2 ans de la publicité si l'acte y était sujet**.

Devoirs du mariage et sanctions

Les devoirs du mariage appellent potentiellement des sanctions diverses en cas de transgression. Certains ne sont évidemment pas susceptibles d'exécution forcée en nature (devoir de communauté de toit et de lit), d'autres le sont, parfois de façon particulièrement énergique (devoir de secours). D'autre encore admette des sanctions spécifiques (fixation de l'obligation de contribuer aux charges du mariage par le juge).
De façon générale, deux sanctions peuvent généralement s'appliquer en cas de non-respect des devoirs du mariage :
– l'octroi de *dommages et intérêts* : le manquement aux devoirs du mariage constitue par hypothèse une faute, si bien que le fait générateur de responsabilité de l'art. 1240 du C. civ. sera par hypothèse caractérisé ; encore faut-il que les autres éléments de la responsabilité soient réunis ;
– le *divorce pour faute* : cette modalité de rupture du mariage est toutefois encadrée si bien que n'importe quel manquement aux devoirs du mariage ne saurait conduire à un tel divorce.

C – La rupture du mariage

En vertu de l'art. 227 du C. civ., le mariage peut prendre fin de **deux façons** : par le **divorce** des époux ou par la **mort** de l'un ou des deux époux.

La rupture du mariage par le décès des époux produit des effets indéniables. Comme toute rupture du mariage, elle conduit à **liquider le régime matrimonial** des époux. De plus, le conjoint survivant est un **héritier *ab intestat*** (en l'absence de testament) de l'époux prédécédé. En l'absence de descendants, il sera même **héritier réservataire** (*i.e.* il ne pourra recevoir moins d'une certaine portion des biens de l'époux prédécédé). Il pourra en outre prétendre à **certains droits sur le logement** de la famille, soit pendant un an, soit de façon viagère. En outre, la succession sera le cas échéant **tenue d'une obligation alimentaire à son égard**. Sur toutes ces questions. Dans la perspective d'un cas pratique de droit de la famille, c'est toutefois essentiellement le cas du divorce qui mérite de retenir l'attention. La faculté de divorcer, si elle n'est pas reconnue par la Convention européenne de sauvegarde des droits de l'Homme, a en revanche désormais valeur constitutionnelle (Cons. const. 29 juill. 2016, n° 2016-557 QPC, consid. n° 5).

Deux éléments distincts doivent être maîtrisés dans la perspective d'un cas pratique : les conditions du divorce (1) et les effets du divorce (2).

1. Les conditions du divorce

Les **différents cas de divorce sont énumérés à l'art. 229 du C. civ.** qui prévoit une procédure extrajudiciaire en cas de consentement mutuel (depuis l'entrée en vigueur de la loi n° 2016-1547 du 18 nov. 2016) et quatre cas de divorces judiciaires : le consentement mutuel (a), le principe accepté du divorce (b), l'altération définitive du lien conjugal (c) et le divorce pour faute (d).

a) Le divorce par consentement mutuel

Vous l'aurez noté, le divorce par consentement mutuel peut aussi bien être extrajudiciaire que judiciaire.

Les conditions de recours au divorce par consentement mutuel sont communes : les époux doivent s'accorder **à la fois sur le principe du divorce et sur ses effets** (art. 229-1 et 230, C. civ.). Ils n'ont alors pas à s'expliquer sur les raisons qui les poussent à divorcer.

Au-delà de cette base commune, les époux sont face à un aiguillage imposé. **Par principe, ils n'auront pas le choix et devront avoir recours à la procédure extrajudiciaire.** L'art. 230 du C. civ., qui envisage le divorce par consentement mutuel judiciaire, ne permet de demander ce dernier que dans le cas prévu au 1° de l'article 229-2, c'est-à-dire **lorsque l'enfant mineur du couple qui divorce demande à être entendu par le juge**. Afin de s'assurer que l'enfant puisse exercer cette faculté, l'art. 229-2 du C. civ. rappelle que le mineur doit avoir été informé de son droit à être entendu par le juge et l'art. 229-3 du C. civ. impose dans l'acte la mention que le mineur a été informé de son droit à être entendu

A contrario, l'art. 229-2, 2°, qui **interdit le divorce par consentement mutuel extrajudiciaire lorsque l'un des époux est placé sous un régime de protection** ne reçoit pas de solution alternative dans le divorce par consentement mutuel judiciaire : **la voie du divorce par consentement mutuel est tout simplement fermée.**

1 – Lorsque le divorce par consentement mutuel est réalisé de **façon extrajudiciaire**, chaque époux doit être **assisté par son propre avocat** (art. 229-1, C. civ.). La convention doit prévoir, outre certaines mentions, le **règlement des effets du divorce**, en particulier de la prestation compensatoire (art. 229-3, 4°, C. civ.) et le cas échéant **l'état liquidatif du régime matrimonial** (ou à défaut une déclaration que celui-ci n'est pas nécessaire), celui-ci devant en outre réalisé par acte authentique dans certaines hypothèses, notamment en présence d'immeubles.

Les avocats doivent attirer l'attention des époux qu'ils représentent sur les **conséquences du divorce** et sont **chargés de rédiger la convention sur la base de l'accord des époux**. Chaque avocat doit alors **adresser à l'époux qu'il représente la proposition d'accord**. À compter de la réception de cette proposition, chaque époux doit, **à peine de nullité, disposer d'un délai de 15 jours de réflexion avant de signer la convention.**

Postérieurement à ce délai, l'accord devra être signé et déposé au **rang des minutes d'un notaire**. Celui-ci doit contrôler « le respect des exigences formelles prévues aux 1° à 6° de l'article 229-3 » et vérifier que l'accord n'a pas été signé avant l'expiration du délai de 15 jours. Le contrôle du notaire est donc **essentiellement un contrôle formel**.

Au moment du dépôt, **la convention prend effet et se voit conférer date certaine et force exécutoire** (art. 229-1, al. 3, C. civ.).

2 – Lorsque le divorce par consentement mutuel se réalise par **voie judiciaire**, le juge « vérifie la recevabilité de la requête » (art. 1099, C. pr. civ.). À la différence du divorce extrajudiciaire, les époux peuvent choisir entre être représentés chacun par un avocat ou **avoir un seul avocat** commun (art. 250, al. 1er, C. civ. et art. 1099, al. 2, C. pr. civ.).

À la différence du notaire, le juge va effectuer **un contrôle dépassant le seul contrôle formel**. Il vérifie non seulement que la **volonté des époux est réelle** et que leur **consentement est éclairé** (art. 232, al. 1er, C. civ.), mais aussi que la **convention préserve suffisamment « les intérêts des enfants » et des époux** (art. 232, al. 2, C. civ.).

Pour opérer le contrôle qui lui incombe, le juge doit, après avoir reçu le projet de convention de la part des époux, **procéder à l'audition des époux** (art. 250, C. civ.). En outre, le juge procède normalement à l'audition de **l'enfant mineur ayant demandé à être entendu** ou **refuse de l'entendre si ce dernier n'est pas doué de discernement** (art. 1092, C. pr. civ.). Même dans cette dernière hypothèse, la procédure restera judiciaire.

Si les conditions de l'art. 232 du C. civ. sont réunies, **le juge homologue l'accord et prononce le divorce** (art. 250-1, C. civ.). Il peut également demander aux parties de **modifier certaines clauses qui seraient contraires à l'intérêt d'un des époux ou aux enfants** (art. 1099, al. 2, C. civ.). Si le juge constate un **défaut ou un vice de consentement d'un des époux**, si la convention semble **trop déséquilibrée** ou si les parties **refusent de procéder aux modifications** demandées, le juge **refuse alors l'homologation**. Dans ce cas, il pourra néanmoins homologuer **les mesures provisoires** proposées par les époux dans l'attente de l'homologation d'une nouvelle convention (art. 250-2, C. civ.) qui devra être présentée dans un délai maximum de 6 mois (art. 250-2, al. 2, C. civ.). À défaut d'une telle convention ou en cas de refus d'homologation de cette nouvelle convention, **la demande en divorce est caduque** (art. 250-3, C. civ.).

Si le juge **refuse l'homologation**, un appel est possible dans les 15 jours (art. 1102, al. 2, C. pr. civ.). À l'inverse, en cas d'homologation, et donc **de prononcé du divorce, la décision n'est pas susceptible d'appel** (art. 1102, al. 1er, C. pr. civ.). Dans tous les cas, la décision est **susceptible de pourvoi en cassation dans les 15 jours** (art. 1103, C. pr. civ.). Quant aux créanciers des époux, ils peuvent **former tierce opposition dans l'année** de la publication de la décision (art. 1104, C. pr. civ.).

Il est particulièrement notable que la **convention contresignée par avocat présente des risques d'annulation beaucoup plus importants que la**

convention judiciaire homologuée. L'homologation interdit en effet de remettre en cause la convention pour les causes habituelles de nullité du contrat : vices du consentement ou contenu illicite. Le juge a en effet contrôlé ces éléments et l'autorité de chose jugée de sa décision interdit de les remettre en cause. **Il est en pratique extrêmement difficile de remettre en cause une convention de divorce homologuée**.

Tel n'est pas le cas de la convention contresignée par avocat. Outre les conditions de forme que nous avons déjà évoquées, **les différentes causes de nullité du contrat n'ont aucune raison d'être ici écartées**. Si la cause de nullité ne porte pas que sur les effets du divorce mais aussi sur son principe, par exemple en cas de défaut de consentement ou d'altération des facultés d'un des époux, c'est alors **le principe même du divorce qui sera remis en cause**. Il existe alors un risque que l'un des époux se soit remarié et soit **dans une situation de bigamie**. Cette difficulté **n'a pas été envisagée par le législateur**. Du fait du caractère rétroactif de la nullité de la convention par laquelle les époux ont divorcé, le mariage est censé ne jamais avoir été dissout. En vertu de l'art. 247 du C. civ., il faut sans doute en déduire que c'est **le nouveau mariage qui doit être annulé**, la bonne foi des époux à ce nouveau mariage les protégeant dans une certaine mesure à travers les règles de la putativité.

À l'inverse de la nullité, il semble nécessaire d'aligner le régime de la convention contresignée par avocat sur celui de la convention homologuée en ce qui concerne l'inexécution des obligations prévues par celles-ci : dans tous les cas, **la résolution de la convention pour inexécution doit être écartée**.

b) Le principe accepté de la rupture

Ce cas de divorce est prévu aux art. 233 et 234 du C. civ. Il permet aux époux de s'**accorder sur le principe du divorce sans pour autant s'accorder sur ses conséquences**. L'accord sur le principe du divorce, une fois donné, ne peut plus être rétracté « même par voie d'appel » (art. 233, al. 4, C. civ.)

En pratique, chacun des époux peut, **assisté de son avocat**, accepter par acte sous seing privé contresigné par avocat le principe de la rupture et ce y compris avant l'introduction de l'instance (art. 233, al. 2, C. civ.). L'accord pourra aussi avoir lieu en cours d'instance (art. 233, al. 3, C. civ.).

Si le juge « a acquis la conviction que chacun des époux a donné librement son accord », il prononce le divorce et statue sur ses conséquences (art. 234, C. civ.). Peu importe à cet égard que le consentement des époux ne subsiste pas au jour où le juge statue, du moment qu'il est certain au jour où les époux ont formellement donné leur accord.

Il est à noter que depuis la loi du 23 mars 2019, **le majeur en tutelle ou curatelle, normalement représenté ou assisté par son tuteur ou son curateur dans la procédure de divorce « peut accepter seul le principe de la rupture du mariage sans considération des faits à l'origine de celle-ci »** (art. 259, C. civ. dans sa version en vigueur à compter de 25 mars 2019).

c) Le divorce pour altération définitive du lien conjugal

Ce cas de divorce est essentiellement prévu aux art. 237 et 238 du C. civ. **Deux situations permettent d'obtenir le divorce sur ce fondement**.

1 – Les époux **ont vécu de façon séparée pendant un certain laps de temps**. Antérieurement à l'entrée en vigueur de la loi du 23 mars 2019 sur ce point, soit avant le **1er janvier 2021, le délai était de 2 ans au jour de l'assignation** (anc. art. 238, al. 1er, C. civ.). Ce délai est depuis assoupli de deux points de vue : il a d'une part été réduit à un an et, d'autre part, lorsque l'époux a introduit l'instance sans indiquer les motifs de sa demande, le délai est apprécié au prononcé du divorce (art. 238, al. 1er et 2, C. civ.).

Bien que la séparation permettant de prononcer le divorce pour altération définitive du lien conjugal soit appréciée souverainement par les juges du fond (Civ. 1re, 14 avr. 2010, no 09-14.672), il convient sans doute que la séparation corresponde à une **véritable rupture affective entre les époux**. Ainsi, les époux qui, bien que n'habitant plus ensemble, maintiennent de véritables relations d'affection ne peuvent normalement solliciter ce cas de divorce.

2 – Le délai n'est par ailleurs **pas nécessaire lorsque la demande en altération du lien conjugal est réalisée en présence d'une autre demande en divorce** : dans cette hypothèse, en cas de rejet de l'autre demande en divorce, le juge **devra impérativement prononcer le divorce** pour altération définitive du lien conjugal (art. 238, al. 3, C. civ.)

d) Le divorce pour faute

Le divorce pour faute est prévu aux art. 242 s. du C. civ. Aux termes de l'art. 242, « le divorce peut être demandé par un époux pour des faits imputables à l'autre lorsque ces faits constituent une violation grave ou renouvelée des devoirs et obligations du mariage et rendent intolérable le maintien de la vie commune ». Trois conditions résultent de cet article, auxquelles il convient d'ajouter quelques développements sur le pardon des époux.

1 – L'époux qui prétend au prononcé d'un divorce pour faute doit démontrer que son conjoint a commis des **violations graves ou renouvelées des devoirs et obligations du mariage**. Le juge ne peut relever d'office les faits fautifs justifiant le divorce (Civ. 2e, 24 févr. 1993, no 91-17.948).

Il faut donc qu'un époux ait manqué à une des obligations légales résultant des art. 212 s. du C. civ. ou à une des nombreuses obligations dégagées par la jurisprudence.

Les manquements doivent de plus présenter un caractère suffisamment grave ou avoir été renouvelés, ces conditions étant alternatives (Civ. 2e, 25 oct. 1995, no 93-13.773). Les faits ainsi invoqués peuvent, le cas échéant, **être postérieurs à la demande en divorce** (Civ. 1re, 5 mars 2008, no 07-15.516). Il est à noter qu'il n'existe pas de manquement qui soit *a priori* identifié comme suffisamment grave pour justifier un divorce pour faute : un tel manquement, autrefois prévu comme une cause péremptoire de divorce, n'est plus reconnu.

En outre, les fautes de l'époux qui demande un divorce pour faute peuvent retirer leur caractère de gravité aux fautes de l'autre conjoint (art. 245, al. 1er, C. civ.).

La preuve de la faute est toutefois encadrée par les art. 259 à 259-3 du C. civ. Elle peut normalement être établie par tout mode de preuve (art. 259 C. civ.). Plusieurs limites, parfois originales par rapport au droit commun de la preuve sont toutefois prévues :

• La preuve ne peut jamais résulter du témoignage d'un descendant, sous quelque forme que ce soit (v. par ex. pour la remise d'une lettre par un descendant : Civ. 2e, 5 juill. 2001, no 99-15.244). La règle vaut que les descendants aient un lien avec l'un seulement des époux ou avec les deux (Civ. 2e, 5 févr. 1986, no 84-14.467), ainsi qu'aux conjoints ou concubins des descendants (Civ. 2e, 30 sept. 1998, no 96-21.110), y compris en cas de divorce. L'interdiction vaut également pour les témoignages indirects, par lesquels des tiers rapportent une déclaration des enfants (Civ. 1re, 3 nov. 2004, no 03-19.079).

• L'art. 259-1 du C. civ. interdit à un des époux de produire un élément de preuve qu'il aurait obtenu « par violence ou fraude ». C'est à cette seule condition que l'élément de preuve sera irrecevable. Peu importe que la production porte atteinte à la vie privée d'un des époux s'il n'est prouvé que l'autre a obtenu les éléments de preuve par fraude ou violence (Civ. 1re, 29 janv. 1997, no 95-15.255). Un époux pourra par exemple produire le journal intime de son conjoint, sous réserve qu'il ne l'ait pas obtenu de façon déloyale (Civ. 2e, 6 mai 1999, no 97-12.437).

• Les « constats dressés à la demande d'un des époux » sont traités de façon plus sévère, étant « écartés des débats s'il y a eu violation du domicile ou atteinte illicite à l'intimité de la vie privée » (art. 259-2, C. civ.). L'article n'interdit toutefois pas les constats d'adultère réalisés par huissiers, y compris au domicile, du moment que ceux-ci ont été autorisés judiciairement (Civ. 1re, 18 nov. 1992, no 90-19.368). La jurisprudence a également admis le constat dressé sans autorisation judiciaire lorsqu'il a été réalisé « à la requête du mari dans un lieu dont il jouissait à titre de résidence secondaire ». Les époux se doivent toutefois de faire procéder à des enquêtes trop approfondies, notamment par un détective privé, dans la vie de leur conjoint. Si par leur ampleur et leur intensité, de telles enquêtes venaient à méconnaître le droit à l'intimité de la vie privé, elles ne seraient pas recevables.

2 – Il faut de plus que la faute soit **imputable au conjoint qui l'a commise**. Un époux ne pourra ainsi se voir imputer un fait objectivement fautif s'il a agi sous l'empire d'un trouble mental ou de la contrainte, ce qui est apprécié souverainement par les juges du fond (Civ. 1re, 12 nov. 2009, no 08-20.710).

3 – La faute, ou les fautes répétées, doit **rendre intolérable le maintien de la vie commune**, les juges du fond devant constater le respect de cette condition (Civ. 2e, 25 mai 1994, no 91-18.350).

4 – Enfin, l'art. 244 du C. civ. neutralise la faute des époux lorsqu'une réconciliation est intervenue. Toutefois, même en cas de réconciliation, des faits anciens peuvent être invoqués si l'époux a commis une nouvelle faute depuis la réconciliation (art. 244, al. 2, C. civ.). La réconciliation n'est pas que la reprise d'une vie commune mais doit témoigner d'une réelle volonté du conjoint ayant subi la faute de pardonner à son époux (Civ. 2e, 4 avr. 1962, no 61-10.956).

Étapes des procédures contentieuses et réforme de la procédure

Il vous faut noter que la procédure de divorce a été réformée par la loi du 23 mars 2019 qui, après report, est entrée en vigueur le 1er janv. 2021.

À l'exception du divorce par consentement mutuel, les différentes procédures contentieuses sont rythmées par les mêmes étapes.

Par application de l'art. 1107 du C. pr. civ., la demande en divorce s'effectue par assignation ou par requête conjointe (dans l'hypothèse d'un divorce sur principe accepté de la rupture du mariage). Depuis le 1er janv. 2021, la représentation par avocat devient obligatoire par application de l'art. 1106 du C. pr. civ.

En vertu de l'art. 251 du C. civ., l'époux qui introduit l'instance peut, depuis le 1er janv. 2021, indiquer « les motifs de la demande si celle-ci est fondée sur l'acceptation du principe de la rupture du mariage ou l'altération définitive du lien conjugal ». Il est donc interdit à ce stade de préciser que le divorce est intenté pour faute. Antérieurement, le même article interdisait de préciser à ce stade les causes du divorce.

La demande introductive doit rappeler les dispositions relatives à la « médiation en matière familiale et à la procédure participative », l'homologation des accords mêmes partiels portant sur l'exercice de l'autorité parentale ainsi qu'une proposition de règlement des intérêts patrimoniaux des époux (art. 252, C. civ. dans sa rédaction applicable à compter du 1er janv. 2021). La proposition de règlement est prescrite à peine d'irrecevabilité.

Il vous faut noter que pour les procédures introduites à compter du 1er janv. 2021, la conciliation autrefois prévue aux art. 252 s. du C. civ. n'est plus imposée. Par voie de conséquence, le décret no 2019-1380 du 17 déc. 2019 a abrogé, à compter du 1er janv. 2021, les dispositions de l'art. 1111 du C. pr. civ. relatives à l'ordonnance de non-conciliation qui constituait jusque-là un moment clé de la procédure. C'était notamment à ce moment que le juge statuait sur les mesures provisoires.

Les mesures provisoires sont donc désormais prévues aux art. 254 à 256 du C. civ. En particulier, l'art. 254 indique que le juge tient dès le début de la procédure, sauf si les parties y ont renoncé, une audience par laquelle il fixe les mesures provisoires qui s'appliqueront de la demande de divorce au passage en force de chose jugée du jugement.

Divorce et changement de procédure

Le législateur a entendu favoriser au maximum l'accord entre époux.

Ainsi, les époux peuvent à tout moment passer d'un divorce pour altération définitive du lien conjugal ou d'un divorce pour faute à un divorce pour acceptation du principe de la rupture du mariage (art. 233, al. 3, C. civ. et 247-1, C. civ.).

►

De façon plus nette encore, il est toujours possible de passer d'un autre cas de divorce au divorce par consentement mutuel (art. 247, C. civ.). Il n'est en revanche pas possible de modifier le fondement de la demande dans l'autre sens.
Par ailleurs, si un des conjoints a demandé le divorce pour altération définitive du lien conjugal et que l'autre époux a demandé reconventionnellement un divorce pour faute, l'époux originellement demandeur peut également invoquer la faute de son conjoint au soutien de sa demande en divorce (art. 247-2, C. civ.)

2. Les effets du divorce

Les effets du divorce sont assez différents selon que l'on considère le divorce par consentement mutuel (a), qu'il soit judiciaire ou extrajudiciaire, ou les divorces contentieux (b).

a) Les effets du divorce par consentement mutuel

Le divorce par consentement mutuel supposant un accord non seulement sur le principe du divorce mais aussi sur ses effets, **ce sont les époux eux-mêmes qui doivent normalement régler les effets du divorce**. Lorsque la convention est **extrajudiciaire**, la liberté des époux paraît quasi-absolue, sous réserve de ne pas prévoir d'effets contraires à des dispositions d'ordre public. Lorsque le divorce est judiciaire, le juge vérifiera que la convention conclue ne porte pas d'atteinte exagérée aux intérêts de l'un des époux ou aux intérêts des enfants, restreignant ainsi la liberté des anciens conjoints.

Certains aspects **échappent en toute hypothèse à la volonté des époux** : le **principe de la dissolution du lien matrimonial**, la **date de dissolution de ce lien** (le dépôt au rang des minutes du notaire pour le divorce extrajudiciaire [art. 229-1, al. 3 et 260, 1°, C. civ.], la décision qui prononce le divorce pour le divorce judiciaire [art. 260, 2°, C. civ.]) et **la date d'effet à l'égard des tiers quant aux biens des anciens époux** (« à partir du jour où les formalités de mention en marge prescrites par les règles de l'état civil ont été accomplies » [art. 262 *in fine*, C. civ.]) sont réglés de façon impérative par la loi. En revanche, la date de prise d'effet dans les rapports entre époux en ce qui concerne leurs biens peut être réglée conventionnellement (art. 262-1, al. 2, C. civ.).

Une fois la convention conclue, deux difficultés peuvent se présenter :

1 – Un **bien ou une dette a été oublié**. L'époux qui réalise l'oubli peut demander au juge de procéder au **partage complémentaire** du bien ou de la dette omis. Dans l'hypothèse où l'omission aurait été réalisée volontairement par un des époux, tentant par exemple de détourner un bien commun, celui-ci engagerait sa responsabilité et risquerait de se voir frapper par une peine privée : le **recel de communauté** (art. 1477, C. civ.), en vertu duquel il n'aura droit à rien dans le bien détourné, ou devra inversement supporter seul la dette dissimulée.

2 – L'**évolution de la situation des anciens époux rend les effets de la convention inadaptés**. Une modification peut alors intervenir :

– Celle-ci peut être **judiciaire pour la prestation compensatoire**, soit que les époux ont prévu cette possibilité (art. 279, al. 3 et 5, C. civ.), soit par renvoi aux art. 275, 276-3 et 276-4 du C. civ. (art. 279, al. 3 *in fine*, C. civ.). En outre, il résulte de l'art. 373-2-13 du C. civ. que le juge peut modifier les dispositions de la convention relatives à **l'exercice de l'autorité parentale**.

– Celle-ci peut **résulter d'un accord entre époux**. Si la procédure a donné lieu à une **homologation**, la convention de modification **doit également être homologuée** (art. 279, al. 2, C. civ.). **Rien n'est indiqué en revanche sur la modification de la convention contresignée par avocat**. Par une circulaire du 26 janv. 2017 de « présentation des dispositions en matière de divorce par consentement mutuel et de succession issues de la loi n° 2016-1547 du 18 nov. 2016 de modernisation de la justice du XXIe siècle et du décret n° 2016-1907 du 28 déc. 2016 relatif au divorce prévu à l'art. 229-1 du C. civ. et à diverses dispositions en matière successorale », le ministère de la Justice a indiqué que cette modification pouvait se faire par « **simple acte sous seing privé ou par acte sous signature privée contresigné par avocat** » (circulaire, p. 23). Une telle lecture semble **éminemment contestable** : toute la sécurité instaurée par les art. 229-1 s. du C. civ., en exigeant le contreseing de deux avocats et un délai de réflexion de la part des époux, risque d'être ruiné si, lors de la modification de la convention, un des anciens époux parvient à imposer à l'autre des conditions qui lui préjudicient. La prudence incite donc, à l'inverse de ce que décrit à la circulaire, à **respecter un parallélisme des formes pour modifier la convention**.

b) Les effets des divorces contentieux

Quant à ses effets, deux enjeux sont cristallisés autour du divorce : la rupture des liens entre époux (i) et l'organisation de l'avenir (ii).

i – La rupture des liens entre époux

Dès le prononcé du divorce, **le lien matrimonial disparaît et tous les devoirs propres aux époux avec lui, qu'ils soient d'ordre personnel ou patrimonial**. Les époux perdent en outre le droit d'user du nom de l'autre, sauf si l'ancien conjoint y consent ou que le juge l'autorise (art. 264, C. civ.).

Dès que la décision qui prononce le divorce acquiert force de chose jugée (donc une fois qu'elle est insusceptible de recours), le mariage est dissout (art. 260, C. civ.). Si l'appel conduit ainsi classiquement à reporter la date de dissolution, **notez que le pourvoi en cassation est ici également suspensif** (exception au droit commun posée par l'art. 1086, C. pr. civ.).

La date de dissolution du mariage est ainsi **relativement simple à déterminer en ce qui concerne les effets personnels**. La **situation est plus complexe sur le plan patrimonial**.

En effet, le divorce induit la dissolution du régime matrimonial et emporte la révocation de plein droit « des **avantages matrimoniaux qui ne**

prennent effet qu'à la dissolution du régime matrimonial ou au décès de l'un des époux » ainsi que des « **dispositions à cause de mort** » entre époux, sauf volonté contraire exprimée par les époux lors du divorce (art. 265, C. civ.). En cas **d'apport de biens par les époux à la communauté** (*via* la prévision contractuelle d'un régime matrimonial plus communautaire que la communauté légale), les époux peuvent prévoir la reprise des biens ainsi apportés. Le principe est, en l'absence d'une telle prévision, l'absence d'incidence du divorce sur les apports en communauté (art. 265, al. 3, C. civ. ; cet alinéa, introduit en 2006, vient valider la clause dite alsacienne). Enfin, **les donations de biens présents ne peuvent être affectées par le divorce** (art. 265, al. 1er, C. civ.). La règle est cette fois d'ordre public (Civ. 1re, 14 mars 2012, n° 11-13.791).

À quelle date prennent lieu ces effets ? Il y a lieu de distinguer :

1 – Dans les **rapports avec les tiers,** le divorce est opposable aux tiers sur le plan patrimonial à compter « **du jour où les formalités de mention en marge prescrites par les règles de l'état civil ont été accomplies** » (art. 262, C. civ.). Néanmoins, l'art. 262-2 du C. civ. prévoit que l'acte réalisé à compter de la demande en divorce par un des époux en dépassement de ses pouvoirs est **déclaré nul s'il a été réalisé en fraude aux droits de l'autre époux**. La nullité peut être prononcée de façon simple lorsque le tiers est de mauvaise foi. En revanche, s'il est de bonne foi, l'acte sera valable à son égard, mais inopposable au conjoint au préjudice duquel il a été réalisé (Civ. 1re, 22 juin 1965, *Bull. civ.* I, n° 417).

2 – Dans les **rapports entre époux**, le divorce prend normalement effet, en ce qui concerne leurs biens, « **à la date de la demande en divorce** » depuis le 1er janv. 2021 (art. 262-1, al. 2, C. civ.). Antérieurement, la date d'effet était par principe fixée au moment de l'ordonnance de non-conciliation.

Par exception, le juge peut, à la demande d'un des époux **lors de l'action en divorce**, fixer les effets patrimoniaux du divorce une date antérieure : celle à laquelle **les époux ont cessé de cohabiter ou de collaborer** (art. 262-1, al. 3, C. civ.). Les deux éléments sont cumulatifs et c'est généralement la question de la collaboration qui soulève des difficultés. Celle-ci s'entend de « l'existence de relations patrimoniales entre les époux, résultant d'une volonté commune et allant au-delà des obligations découlant du mariage ou du régime matrimonial » (Civ. 1re, 4 janv. 2017, n° 14-19.978). Il résulte notamment de cette définition que le simple fait d'alimenter un compte joint ne saurait caractériser une telle collaboration (même arrêt). De même, le fait de prendre en charge les dépenses relatives aux acquêts, qui incombent aux deux époux sous le régime légal, ne saurait constituer la collaboration de l'art. 262-1, al. 3 du C. civ.

ii – L'organisation de l'avenir

Outre la liquidation du régime matrimonial, le juge qui statue sur le divorce doit trancher, en l'absence d'accord des époux, plusieurs questions.

Les époux sont, encore à ce stade, invités à s'entendre, l'art. 268 du C. civ. prévoyant que les époux peuvent pendant la procédure adopter des **conventions pour régler tout ou partie des effets du divorce**, le juge devant homologuer la convention sous réserve de la préservation des intérêts des époux et des enfants. De même, l'art. 265-2 du C. civ. permet aux époux de régler par convention la **liquidation de leur régime matrimonial**.

L'art. 267 du C. civ. permet notamment au juge de **maintenir certains biens dans l'indivision post-communautaire et d'attribuer préférentiellement un des biens à l'un des époux**. Bien que la disposition n'y soit pas limitée, c'est notamment le logement de famille qui risque d'être concerné : il peut sembler opportun au juge, statuant sur demande de l'un des époux, de lui attribuer de façon préférentielle le logement de la famille. Toutefois, un tel bien risque fréquemment de constituer l'essentiel du patrimoine des époux, si bien que le conjoint qui se le verrait attribuer de façon préférentielle risque de devoir faire face à une soulte qu'il ne sera pas en mesure d'assumer. Pour cette raison, le juge peut repousser le problème et maintenir le bien dans l'indivision, ce qui exposera toutefois le conjoint qui l'occupe à devoir une indemnité d'occupation (art. 815-9, C. civ.) à compter de la demande en divorce (art. 262-1, al. 3, C. civ. dans sa rédaction en vigueur à compter du 1er janv. 2021 ; antérieurement, le caractère gratuit de l'occupation s'appliquait jusqu'à l'ordonnance de non-conciliation).

Deux autres dispositions sont, quant à elles, **spécifiques au logement de famille** :

1 – Lorsque le logement de famille est assuré à travers un bail, l'art. 1751 du C. civ. prévoit la cotitularité du bail pour les époux. Au temps du divorce, **le droit au bail pourra être attribué** « en considération des intérêts sociaux et familiaux en cause » **à l'un des époux**. Cet époux peut ne pas être celui qui avait originellement souscrit le bail.

2 – Lorsque le bien assurant de famille est **propre à l'un des époux**, il n'est jamais possible de l'attribuer à son conjoint. Toutefois, l'art. 285-1 du C. civ. permet au juge de concéder un bail sur le logement « au conjoint qui exerce seul ou en commun l'autorité parentale sur un ou plusieurs de leurs enfants lorsque ceux-ci résident habituellement dans ce logement et que leur intérêt le commande ». Il faut donc premièrement que le bénéficiaire du bail exerce l'autorité parentale, deuxièmement qu'au moins un des enfants soit mineur (ce qui ressort implicitement de l'exercice de l'autorité parentale et expressément de l'alinéa 2 de l'article), troisièmement que les enfants mineurs résident habituellement dans le logement, quatrièmement que leur intérêt le commande. En outre la demande de bail « ne peut être formée après le prononcé du divorce » (Civ. 2e, 28 mars 2002, no 00-18.050).

Un des aspects les plus techniques des mesures mises en œuvre lors du divorce, et les plus aisément source de cas pratiques, est la prestation compensatoire. Les dispositions relatives à cette prestation résident aux art. 270 à 281 du C. civ. :

• La prestation doit être demandée par les **époux antérieurement au prononcé définitif du divorce** : elle peut en revanche être demandée, même pour la première fois, en appel (Civ. 2e, 26 sept. 2002, no 00-17.327).

• La **raison d'être de la prestation** est précisée à l'art. 270, al. 2 du C. civ. Elle est « destinée à compenser, autant qu'il est possible, la disparité que la rupture du mariage crée dans les conditions de vie respectives ». La prestation doit donc permettre de niveler les écarts de niveaux de vie entre les époux.

• Quant aux **critères qui président à la décision d'attribuer une prestation compensatoire**, l'élément principal à prendre en considération est **la disparité dans les niveaux de vie des anciens époux que crée la rupture du mariage**. L'existence d'une disparité de niveau de vie antérieurement au mariage est indifférente à l'octroi d'une prestation compensatoire (Civ. 1re, 18 mai 2011, no 10-17.445). En revanche, **si la disparité résulte non de la rupture mais de choix de vie effectués par les époux durant le mariage, le juge peut refuser l'octroi d'une telle prestation** (Civ. 1re, 24 sept. 2014, no 13-20.695 : dans cette affaire, les époux étaient séparés de fait depuis 20 ans et avaient changé de régime matrimonial pour adopter un régime de séparation de biens).

• Les critères d'appréciation de la disparité sont précisés par l'art. 271 du C. civ., qui permet à la fois de déterminer **si une prestation doit être attribuée et, le cas échéant, son importance**. Sept critères sont expressément prévus par cet article (durée du mariage, âge et état de santé des époux, qualification et situation professionnelle, sacrifices professionnels réalisés par un des époux pour s'occuper des enfants, patrimoine prévisible des époux après la liquidation du régime matrimonial, droits existants ou prévisibles, pension de retraite en tenant compte le cas échéant de la réduction résultant des sacrifices faits pour s'occuper des enfants). L'alinéa 1 de l'article précise en outre que la **situation des époux doit être appréciée au moment du divorce** en tenant compte de l'évolution dans un avenir prévisible (ce qui ne saurait inclure la vocation successorale : Civ. 1re, 21 sept. 2005, no 04-13.977). De plus les critères énoncés par l'article ne sont pas limitatifs (v. par ex., pour une prise en compte de la participation de l'un des époux dans la profession de l'autre alors que les époux étaient mariés sous le régime de la séparation de biens : Civ. 1re, 28 févr. 2006, no 04-19.807). Le juge **ne saurait en revanche tenir compte d'éléments qui ne constituent pas des ressources des époux**, telles les allocations familiales (Civ. 2e, 3 déc. 1997, no 94-16.970. Voir, pour l'allocation attribuée à un enfant majeur pour pallier son absence d'autonomie : Civ. 1re, 7 déc. 2006, no 15-28.990). En revanche, en dépit de la lettre de l'article qui ne se réfère qu'à la durée du mariage, les juges peuvent **tenir compte de la durée de vie commune** (Civ. 1re, 14 mars 2006, no 04-20.352), y compris en cas de séparation de fait des époux (Civ. 1re, 18 déc. 2013, no 12-26.541).

• En outre, l'art. 270, al. 2 du C. civ. dispose que le juge **peut refuser d'accorder la prestation compensatoire « si l'équité le commande**, soit en considération des critères prévus à l'article 271, soit lorsque le divorce est **prononcé aux torts exclusifs de l'époux** qui demande le bénéfice de cette prestation, au regard des **circonstances particulières de la rupture** ». Deux hypothèses résultent donc de cet article.

La plus simple à comprendre tient au cas où l'époux qui sollicite la prestation a vu le divorce prononcé à ses torts exclusifs. Il faut en outre que des circonstances particulières entourent la rupture. Même dans ce cas, le refus de prestation en présence de disparité dans les conditions de vie créées entre les anciens époux par le divorce reste donc le principe.

L'art. 270, al. 3 du C. civ. prévoit encore que le juge peut exclure la prestation pour des raisons d'équité en considération des critères prévus à l'art. 271 du C. civ. La prévision est un peu étrange, les critères de l'art. 271 du C. civ. permettant en eux-mêmes d'écarter l'attribution de la prestation. **Le sens de la disposition serait de souligner que les dispositions de l'art. 271 du C. civ. ne concernent pas que la fixation du montant de la prestation mais également le principe même de son attribution.**

• Quant aux **modalités de la prestation**, le versement en capital est privilégié par les textes (art. 270, al. 2, C. civ. ; art. 274, C. civ.). Cette modalité peut se réaliser soit à travers le versement d'une somme d'argent (art. 274, 1°, C. civ.) soit par « attribution de biens en propriété ou d'un droit temporaire ou viager d'usage, d'habitation ou d'usufruit, le jugement opérant cession forcée en faveur du créancier. Toutefois, **l'accord de l'époux débiteur est exigé pour l'attribution en propriété de biens qu'il a reçus par succession ou donation** » (art. 274, 2°, C. civ.). Cette seconde modalité doit néanmoins être subsidiaire pour ne pas porter une atteinte disproportionnée au droit de propriété : elle est donc **réservée à l'hypothèse dans laquelle le versement d'une somme d'argent n'est pas envisageable** (Cons. const. 13 juill. 2011, n° 2011-151 QPC).

Si **le versement en capital, sous l'une ou l'autre de ces formes, n'est pas possible, le législateur permet l'attribution d'un « capital renté »** (art. 275, C. civ.). L'époux débiteur de la prestation pourra la verser de façon étalée dans le temps, pendant **une durée maximale de 8 ans** (art. 275, C. civ.), une **partie du capital pouvant être versé au départ et le reste versé de façon différée** (art. 275-1, C. civ.).

À **l'initiative exclusive du créancier de la prestation** (Civ. 1re, 23 oct. 2013, n° 12-17.492), le juge peut de façon exceptionnelle attribuer tout ou partie de la prestation compensatoire sous forme de **rente viagère** (art. 276, C. civ.). Le juge, qui n'**est jamais tenu d'attribuer une prestation sous cette forme** (Civ. 1re, 3 févr. 2004, n° 02-11.917) doit **motiver son attribution en raison de l'âge et de l'état de santé** de l'ancien conjoint créancier de la prestation (Civ. 1re, 23 avr. 2003, n° 01-11.108). Ce ne sont donc pas les difficultés du débiteur, mais la situation du créancier qui justifie l'octroi d'une telle rente.

• Que ce soit sur le principe, le montant ou les modalités de la prestation, les époux peuvent trouver un accord, que ce soit dans le cadre d'un divorce par consentement mutuel (art. 278, C. civ.) ou d'un divorce contentieux (art. 279-1, C. civ.). Les époux peuvent, par ce moyen, déroger aux conditions normales applicables aux différents aspects de la prestation. Si le **divorce est**

judiciaire, cet accord sera **néanmoins soumis à homologation**, le juge pouvant refuser d'homologuer si la convention « fixe inéquitablement les droits et obligations des parties » (art. 278, C. civ., al. 2, et art. 279-1, C. civ.).

• Quant à la mise en œuvre de la prestation, celle-ci jouit d'un régime destiné à la rendre effective. Le juge peut ainsi imposer à l'époux débiteur de constituer des garanties pour assurer le paiement de la prestation (art. 277, C. civ.), ce qui peut conditionner le prononcé du divorce (art. 274, 1°, C. civ.). En outre, le régime de la prestation étant calqué sur celui des créances alimentaires, il en résulte notamment que **la prestation ne peut être saisie ou donner lieu à compensation**.

Si la prestation est **normalement forfaitaire** (art. 270, al. 2, C. civ.), elle peut toutefois faire l'objet d'aménagements, notamment lorsqu'elle **est prévue sous forme d'une rente**. Dans ce cas, il est déjà permis aux anciens époux de solliciter la **substitution d'un capital à la rente** (art. 276-4, C. civ.). Pour le **capital renté, le débiteur peut payer l'intégralité à tout moment** (art. 275, al. 3, C. civ.) et le créancier peut, après la liquidation du régime matrimonial, **solliciter la conversion en capital simple** (art. 275, al. 4, C. civ.).

Si le débiteur vient à décéder, la prestation est normalement ramenée à un capital simple (art. 280, al. 2 et 3, C. civ.), sauf si les **héritiers décident de maintenir la prestation** telle qu'elle était prévue, auquel cas les textes relatifs à la **modification de la forme ou du montant de la prestation sont applicables** (art. 280-1, C. civ.).

• En outre, en cas **de changements dans les ressources ou besoins d'un des époux**, le débiteur de la rente peut solliciter sa révision, sans qu'il ne soit jamais possible de l'augmenter, même lorsque le créancier de la prestation ignorait une partie des revenus du débiteur au moment de la fixation initiale. Outre que le changement de circonstances justifiant la révision **ne peut avoir été connu au moment de la fixation initiale de la rente** (Civ. 1re, 3 nov. 2004, n° 02-18.509), son appréciation **relève de l'appréciation souveraine des juges du fond** (Civ. 1re, 19 avr. 2005, n° 03-15.511) qui doivent néanmoins prêter attention à certaines circonstances, telles le remariage de l'ancien époux créancier (Civ. 1re, 28 juin 2005, n° 04-13.527) ou sa nouvelle vie de couple (Civ. 1re, 25 avr. 2006, n° 05-16.345).

Les époux peuvent enfin solliciter, dans deux situations, **réparation de leur préjudice**. Cette action est déjà ouverte sur le fondement du droit commun de la responsabilité, soit dans les cas prévus aux art. 1240 s. du C. civ. lorsque les conditions en sont réunies. C'est alors **principalement en cas de faute de l'un des époux** que l'art. 1240 du C. civ. sera appelé à jouer. La responsabilité des époux peut certes être mise en œuvre pendant le mariage. Ce n'est généralement qu'au divorce que les griefs ressortiront toutefois et que les comptes seront faits.

L'art. 266 du C. civ. envisage pour sa part une situation un peu particulière. Cet article vise à réparer les « **conséquences d'une particulière gravité qu'il subit du fait de la dissolution du mariage** soit lorsqu'il était défendeur à un divorce prononcé pour altération définitive du lien conjugal et qu'il n'avait lui-même formé aucune demande en divorce, soit lorsque le divorce est prononcé aux torts exclusifs de son conjoint ». Cet article devant en outre être articulé avec la prestation compensatoire, son rôle est généralement marginal, la jurisprudence se montrant en outre particulièrement exigeante (Civ. 1re, 1er juill. 2009, n° 08-17.825).

La séparation de corps

Cette séparation est régie aux art. 296 à 308 du C. civ. Cette séparation est destinée à aménager la situation d'époux qui ne veulent plus vivre ensemble mais qui pour autant ne souhaitent pas divorcer, souvent, mais pas exclusivement, pour des raisons confessionnelles. Alors que la plupart des devoirs du mariage demeurent, l'obligation de communauté de vie disparaît (art. 299, C. civ.) et les intérêts patrimoniaux des époux sont organisés.

1 – Sur le principe de la séparation de corps : l'art. 296 du C. civ. prévoit que la séparation de corps peut être prononcée dans les mêmes cas que le divorce. Toutefois, si une demande en divorce pour altération définitive du lien conjugal est formée, il n'est pas possible de demander reconventionnellement une séparation de corps mais seulement un divorce (art. 297, C. civ.). La primauté est en outre toujours donnée à l'examen de la demande de divorce mais si les demandes sont fondées sur des fautes respectives, le juge examine simultanément ces fautes et le cas échéant prononce un divorce aux torts partagés (art. 297-1, C. civ.).

2 – Sur les effets de la séparation de corps : quant aux intérêts patrimoniaux, la séparation de corps transforme nécessairement le régime matrimonial des époux en séparation de biens. La date à laquelle cet effet se produit est, dans les relations entre époux comme à l'égard des tiers, réglé par renvoi aux règles du divorce (art. 302, C. civ.).

Il est expressément précisé que la séparation de corps laisse subsister le devoir de secours, qui prend alors la forme d'une pension alimentaire, détachée de toute considération de faute des époux, sauf le cas de l'indignité (art. 303, C. civ.). La pension peut parfois être remplacée par un capital, par renvoi aux règles de la prestation compensatoire. Par dérogation à ces règles, le devoir de secours subsistant dans la séparation de corps, l'époux créancier pourra, si le capital devient insuffisant, solliciter un complément sous forme de pension alimentaire (art. 303, al. 4, C. civ.).

3 – Sur la fin de la séparation de corps : celle-ci prend fin par la reprise volontaire de la vie commune (art. 305, C. civ.), en cas de demande de conversion en divorce formulée par un des époux au moins 2 ans après le début de la séparation de corps (art. 306, C. civ. ; on peut s'étonner de ce que le délai n'ait pas été aligné sur le nouveau délai du divorce pour altération du lien conjugal). En outre, la conversion peut intervenir par consentement mutuel (art. 307, C. civ.).

La séparation de corps peut également prendre fin par la mort d'un des époux, auquel cas l'époux séparé de corps est héritier *ab intestat* de son conjoint (art. 301, C. civ.).

II/ Le pacte civil de solidarité

De même que pour le mariage, il convient d'envisager successivement la formation du Pacs (A), ses effets (B) et sa rupture (C).

A – La formation du Pacs

Quant aux conditions de fond, celles-ci sont prévues aux art. 515-1 et 515-2 du C. civ.

Il résulte du premier de ces textes que le Pacs est conclu par des **personnes physiques** (1°), **majeures**, ce qui ne souffre ici aucune dérogation (2°), **sans considération du sexe des partenaires** (3°). L'article précise en outre que le Pacs doit viser à **organiser la vie commune des partenaires**. Le Conseil constitutionnel avait eu l'occasion de préciser que cette notion s'entendait d'une véritable vie de couple. De façon extrêmement surprenante, la Cour de cassation a cependant détaché de tout aspect de couple la condition de vie commune (Civ. 1re, 8 mars 2017, n° 16-18.685). Elle a ainsi censuré une cour d'appel ayant annulé un Pacs du fait que les « partenaires » avaient déclaré entretenir les relations d'un père et de son fils en raison de leur importante différence d'âge. Si, en vertu du droit commun des contrats, la conclusion d'un Pacs suppose nécessairement une volonté exempte de vice, il n'existe pas de disposition spécifique. De plus, l'arrêt du 8 mars 2017 précité rend extrêmement peu probable l'annulation du Pacs pour défaut d'intention « pacsimoniale ».

En outre, de même que pour le mariage, la **situation des majeurs protégés** a été retouchée par la loi du 23 mars 2019. Il résulte désormais des art. 461 du C. civ. (pour la curatelle) et 462 du C. civ. (pour la tutelle) que le majeur protégé **doit être assisté de son tuteur ou de son curateur pour la conclusion ou la modification de la convention réglant leurs intérêts patrimoniaux**, qui est un préalable obligatoire à la conclusion du Pacs (art. 515-3, al. 3, C. civ.) qui pourra quant à lui se faire librement par les majeurs seuls.

Enfin, l'art. 515-2 du C. civ. limite la possibilité de s unir par un Pacs de deux points de vue. Il interdit les mêmes unions que celles qui sont interdites pour le mariage en raison des liens de famille (4°) et interdit la conclusion d'un Pacs si l'un des partenaires est déjà marié ou pacsé (5°).

Lorsque l'une de ses conditions n'est pas remplie, l'autorité chargée d'enregistrer le Pacs pourra refuser de procéder à cet enregistrement. À défaut, la nullité pourra être poursuivie, dans les conditions du droit commun : à la demande de tout intéressé pour les nullités absolues (mariage ou Pacs précédent, non-respect des interdits aux Pacs notamment), par la personne dont l'intérêt est protégé pour les nullités relatives.

Quant aux conditions de forme, le Pacs doit être **enregistré par l'officier** de l'état civil depuis le 1er nov. 2017 (par principe celui du lieu de résidence commune désignée par les futurs partenaires) ou par le notaire qui a dressé la convention lorsque celle-ci est faite par acte notarié (art. 515-3, al. 1er et 5, C. civ.). À peine d'irrecevabilité, les partenaires **doivent produire une convention réglant leurs intérêts patrimoniaux** (art. 515-3, al. 3, C. civ.). Cette convention peut se borner à renvoyer aux dispositions légales.

Une fois le Pacs enregistré, ce dernier doit encore être publié (art. 515-3-1, C. civ.), ce pour des raisons évidentes d'opposabilité aux tiers : alors que le pacte prend effet **entre les parties à la date de son enregistrement**, il ne prend effet **à l'égard des tiers qu'au jour de sa publication** (art. 515-3-1, al. 2, C. civ.). Depuis 2006, le Pacs est mentionné en marge de chacun des actes de naissance des partenaires avec l'identité de l'autre. Dans tous les cas, la publication doit être réalisée par l'autorité qui a enregistré le Pacs.

B – Les effets du Pacs

À partir de sa publication, le Pacs prend pleinement effet. Sans s'intéresser ici à la répartition des biens entre partenaires qui dépasse le cadre du présent ouvrage, les effets du Pacs sont à la fois d'ordre personnel (1) et d'ordre patrimonial (2).

1. Les effets personnels du Pacs

Il ressort d'abord de l'art. 515-4 du C. civ., dans sa rédaction issue de la réforme de 2006, que « les partenaires liés par un pacte civil de solidarité s'engagent à une vie commune ». À l'image du mariage, le **Pacs impose donc une communauté de vie**, qui supporte logiquement les mêmes assouplissements. Au regard de la jurisprudence de la Cour de cassation sur la nature des liens pouvant exister entre partenaires, et indépendamment du bien-fondé d'une telle solution, il faut sans doute conclure en droit positif **qu'il n'existe en revanche pas d'obligation de « communauté de lit »** entre les partenaires.

Le même art. 515-4 du C. civ. évoque en outre l'obligation des époux de s'apporter une « assistance ». Le terme est ici exactement le même que celui de l'art. 212 du C. civ. auquel il renvoie. Cette assistance pourra éventuellement s'exprimer lorsque, l'un des partenaires devant faire l'objet d'une mesure de protection juridique, l'autre sera mis en charge de l'exécution de cette mesure.

Une question a particulièrement retenu l'attention : celle de l'obligation de fidélité, qui n'est jamais mentionnée par les textes sur le Pacs. Fallait-il déduire de l'esprit de cette alliance une telle obligation ? Certains juges du fond, se fondant notamment sur l'obligation d'exécuter de bonne foi ses engagements, l'ont pensé (TI Lille, 5 juin 2002). Une telle solution n'a toutefois jamais réellement prospéré, le fait d'imposer un devoir de fidélité allant ici au-delà de la seule loyauté contractuelle. À défaut de prévision légale, il est généralement admis qu'il n'existe pas de devoir de fidélité dans le Pacs (ce qui explique entre autres qu'il n'existe pas de présomption de paternité au bénéfice du partenaire alors qu'une telle présomption existe pour le mari).

2. Les effets patrimoniaux du Pacs

Le Pacs est déjà susceptible de produire des conséquences quant à la propriété, les pouvoirs et les dettes des partenaires. En effet, si l'art. 515-5 du C. civ. prévoit depuis 2006 que « chacun des partenaires conserve l'administration, la jouissance et la libre disposition de ses biens personnels. Chacun d'eux reste seul tenu des dettes personnelles nées avant ou pendant le pacte », ce qui correspond à une situation de séparation patrimoniale des partenaires, ce n'est que sous réserve de « dispositions contraires de la convention » conclue entre les partenaires. S'il vous faut connaître ce principe, l'étude approfondie des relations pécuniaires entre partenaire s'éloigne du champ du droit extrapatrimonial du couple pour se rapprocher du droit des régimes matrimoniaux et des droits patrimoniaux des couples. Au-delà de l'organisation des rapports des partenaires avec leurs biens, le Pacs produit plusieurs effets patrimoniaux entre les partenaires.

Il résulte ainsi de l'art. 515-4 du C. civ. que les partenaires s'engagent « à **une aide matérielle** ». Celle-ci est à mettre en lien avec l'obligation de contribution aux charges du mariage de l'art. 214 du C. civ. Ce lien est d'ailleurs renforcé par la précision selon laquelle « **si les partenaires n'en disposent autrement, l'aide matérielle est proportionnelle à leurs facultés respectives** », ce qui correspond parfaitement au mode de calcul « par défaut » de la contribution aux charges du mariage. L'obligation est toutefois nécessairement moins énergique que la contribution aux charges du mariage, sa violation ne pouvant entraîner les mêmes sanctions. À supposer même qu'un juge ordonne à l'un des partenaires de verser une somme d'argent régulière à l'autre sur le fondement de l'aide matérielle, il lui suffirait d'ailleurs de résilier le Pacs pour être libéré de cette obligation.

En écho cette fois à l'art. 220 du C. civ., l'art. 515-4, al 2 du C. civ. prévoit que « Les partenaires sont **tenus solidairement à l'égard des tiers des dettes contractées par l'un d'eux pour les besoins de la vie courante** ». Le texte a un champ d'application similaire à l'art. 220 du C. civ., étant limité aux **besoins de la vie courante** (ce qui correspond dans l'ensemble à l'idée des contrats qui ont pour objet l'entretien du ménage) et est assorti des mêmes limites.

En revanche, les textes applicables au Pacs ne prévoient pas de disposition identique à celle contenue à l'art. 215, al. 3 du C. civ. qui empêche l'un des époux de disposer sans le consentement de l'autre des droits par lesquels le logement de famille est assuré. Tout au plus, l'art. 1751 du C. civ., qui prévoit la cotitularité du bail, est-il également applicable.

C. – La rupture du Pacs

L'art. 515-7 du C. civ. prévoit quatre causes de dissolution du Pacs :

1 – **La mort** d'un des partenaires. En ce cas, si l'art 763 du C. civ. permet au partenaire survivant de disposer pendant un an du logement (par renvoi de l'art. 515-6, al. 3, C. civ.), le partenaire n'est toutefois pas héritier *ab intestat* (en l'absence de testament). Le Pacs est alors dissout à la date du décès.

2 – **Le mariage** de l'un des partenaires dissout également le Pacs à sa date. Il est bien sûr possible que le mariage intervienne entre les partenaires,

mais cette condition n'est pas nécessaire : le Pacs peut être dissout par le mariage d'un des partenaires avec un tiers. Tout au plus cette circonstance permettra-t-elle sans doute à l'autre de réclamer des dommages et intérêts si les circonstances s'y prêtent. La dissolution prend effet à la date du mariage.

3 – **La déclaration conjointe des partenaires** (art. 515-7, al. 3, C. civ.) En ce cas les partenaires doivent faire parvenir à l'officier d'état civil ou au notaire qui a procédé à l'enregistrement de l'acte une déclaration conjointe (art. 515-7, al. 4, C. civ.).

4 – **La décision unilatérale d'un des partenaires** qui le fait signifier à l'autre et fait parvenir une copie à l'officier d'état civil ou au notaire (art. 515-7, al. 3, C. civ.).

Dans toutes ces hypothèses, « L'officier de l'état civil du lieu d'enregistrement du pacte civil de solidarité ou le notaire instrumentaire qui a procédé à l'enregistrement du pacte » **enregistre la dissolution et fait procéder aux formalités de publicité**.

Dans **les deux derniers cas, la dissolution opère entre les partenaires à la date de l'enregistrement** (art. 515-7, al. 7, C. civ.), **à la date de publication pour les tiers** (art. 515-7, al. 8, C. civ.).

Les effets de la dissolution sont plus limités que pour le mariage. Outre la question successorale déjà évoquée, le Pacs ne saurait donner lieu à une prestation compensatoire. Tout au plus celui qui rompt le Pacs dans des conditions particulièrement violentes pour l'autre partenaire pourrait-il voir **sa responsabilité engagée**.

III/ Le concubinage

Depuis la loi du 15 nov. 1999 ayant institué le Pacs, l'art. 515-8 du C. civ. définit le concubinage comme « une union de fait, caractérisée par une vie commune présentant un caractère de stabilité et de continuité, entre deux personnes, de sexe différent ou de même sexe, qui vivent en couple ».

À la différence du mariage et du Pacs, le concubinage **n'est donc pas une union de droit : elle ne résulte pas d'un acte juridique**. En dépit de sa définition légale, le concubinage est naturellement d'une identification plus incertaine que le mariage ou le Pacs. Il résulte d'une **vie de couple** (à la différence du Pacs, cette condition ne semble pas discutée), suffisamment **stable et continue**. Sont donc exclues les relations éphémères et les relations entrecoupées de très nombreuses ruptures. La qualification de concubinage semble en outre *a minima* difficile dans le cadre d'une relation particulièrement libre. S'il n'y a pas de difficulté lorsque deux personnes en couple vivent, de longue date et de façon stable, sous le même toit, la situation peut aisément être compliquée.

En particulier, le fait que les membres du couple n'aient jamais élu un domicile commun est-il de nature à empêcher la qualification ? Bien que certaines juridictions aient pu considérer que l'état de concubinage ne se caractérise pas tant par une communauté de vie que par des relations stables et continues (Bordeaux 25 mars 1997) la chambre criminelle de la Cour de cassation a pu approuver des juges du fond d'avoir considéré qu'en l'absence d'adresse commune, le concubinage était exclu (Crim. 5 oct. 2010, n° 10-81.743). La question semblait donc globalement incertaine. **La jurisprudence récente,** tout en reconnaissant que l'appréciation relève du pouvoir souverain des juges du fond, **approuve les motifs consistant à démontrer l'absence de partage d'un domicile pour écarter la qualification de concubinage** (Civ. 1re, 3 oct. 2018, n° 17-13.113). Il semble dès lors globalement falloir caractériser une telle condition.

Si le concubinage est susceptible de **produire des effets importants dans certaines branches du droit, le droit civil est relativement indifférent à la qualification**. Outre le droit des majeurs protégés qui peut faire produire des conséquences à une situation de concubinage, et le droit de la PMA qui en tient compte, les effets sont relativement limités. Les effets du mariage et du Pacs sont écartés et les règles de droit commun peinent à les suppléer. Deux situations sont généralement envisagées :

En fin de vie commune, les concubins ont fréquemment tenté d'user de la figure de la société créée de fait (art. 1873, C. civ.) comme succédané de régime matrimonial. L'idée est simple : mariés sous le régime légal, les époux sont placés en communauté réduite aux acquêts. Il résulte de ce régime que l'ensemble des biens acquis à titre onéreux pendant le mariage, les revenus du travail, ainsi que les revenus des biens propres deviennent communs : ils bénéficient sommairement aux deux époux. La société créée de fait permet, concernant certains biens, d'aboutir à une solution similaire. Après s'être montrée dans un premier temps relativement ouverte aux revendications des concubins invoquant cette figure (Civ. 1re, 11 févr. 1997, n° 95-13.029), **la jurisprudence s'est montrée stricte dans la caractérisation des éléments de la société** (art. 1832, C. civ.), exigeant la démonstration d'une **volonté de s'associer dans la réalisation d'une entreprise commune** allant **au-delà de ce qu'implique habituellement le concubinage** (Civ. 1re, 20 janv. 2010, n° 08-13.200) et l'intention des concubins de collaborer sur un pied d'égalité à la réalisation de cette entreprise (Civ. 1re, 20 janv. 2010, n° 08-13.105 ; v. égal. Com. 12 mai 2015, n° 14-13.229). Les deux principaux cas dans lesquels la société créée de fait était généralement caractérisée entre concubin, **la participation à l'acquisition ou à la construction du logement commun et la participation non salariée dans l'entreprise de l'autre concubin**, seront alors **généralement exclus** : la première ne correspond pas à une entreprise, et ne diffère que difficilement des effets habituels du concubinage qui suppose la vie commune, et la seconde ne permettra que rarement de caractérisé l'égalité nécessaire entre associé.

L'on pourrait encore songer au jeu de la **théorie de l'accession**, qui relève du droit des biens. Selon l'art. 546 du C. civ. en effet, « la propriété d'une chose, soit mobilière, soit immobilière, donne droit sur tout ce qu'elle produit, et ce qui s'y unit accessoirement, soit naturellement, soit artificiellement ». L'art. 555 du C. civ. envisage spécifiquement le cas de la construction faite sur le terrain et prévoit que le propriétaire peut conserver la chose en indemnisant le constructeur ou, si le constructeur est de mauvaise foi, demander la suppression de la construction à ses frais. Si le propriétaire choisit ou se voit imposer la construction, le constructeur bénéficiera d'une indemnité égale au coût des matériaux ou à la plus-value apportée au fond (le choix du mode de calcul de l'indemnité appartient alors au propriétaire). Le texte a déjà pu être appliqué à la construction faite par un concubin sur le terrain de l'autre (Civ. 3e, 2 oct. 2002 ; Civ. 3e, 16 mars 2017, no 15-12.384). Deux précisions néanmoins : 1° l'art. 555 du C. civ. ne vaut que pour les ouvrages nouveaux (Civ. 3e, 18 juin 1970) ; 2° le concubin constructeur est nécessairement de mauvaise foi, au sens de l'art. 555, puisqu'il sait ne pas construire sur son propre terrain.

En outre, la doctrine évoque parfois la possibilité pour le concubin de se prévaloir de la **théorie des impenses** : les impenses nécessaires (indispensables à la conservation de l'immeuble) sont intégralement remboursées ; les impenses utiles (qui ont augmenté la valeur du fonds) sont remboursées à concurrence de la plus-value ou du coût des travaux, au choix du propriétaire ; les impenses voluptuaires ou somptuaires (de pure luxe ou agrément) ne donnent lieu à aucune indemnisation et le propriétaire peut même exiger la suppression et demander des dommages-intérêts (rappr. art. 1381, C. civ.). L'appréciation de la nature des travaux se fait au jour de leur réalisation. Il ne semble pas que la jurisprudence se saisisse de cette proposition doctrinale.

Reste enfin, à titre subsidiaire (art. 1303-3, C. civ.) la solution de **l'enrichissement injustifié** de l'art. 1303 du C. civ., tout en étant strictement encadrée, peut sembler davantage susceptible de prospérer dès lors que l'appauvrissement de l'un des concubins au bénéfice de l'autre est étranger aux dépenses communes du couple, aux dépenses de vie commune (v. par ex., pour des travaux réalisés par l'un des concubins sur l'immeuble de l'autre, dont l'appréciation relève du pouvoir des juges du fond : Civ. 1re, 24 sept. 2008, no 07-11.928).

Au moment de la rupture, il est également tentant pour un concubin de réclamer une **indemnisation à l'autre pour le préjudice que lui cause la rupture**. La solution n'est alors pas sans rappeler la rupture des fiançailles : alors que le principe de la rupture est libre et ne constitue pas en lui-même une faute (Civ. 1re, 20 juin 2006, no 05-17.475), les circonstances exceptionnelles qui précèdent ou accompagne la rupture (le fait de demander à la personne de démissionner et de déménager pour la quitter immédiatement après, le fait de rompre la relation de façon particulièrement humiliante, etc.) peuvent justifier de retenir la responsabilité d'un des anciens concubins.

Cas pratique n° 29

› Énoncé

Après plusieurs années à vivre en couple, François et Valérie ont finalement décidé de se marier en février dernier. La cérémonie s'est déroulée à merveille. Pourtant, le soir venu, les problèmes s'enchaînent.

D'abord, François révèle à Valérie qu'il entretient une liaison avec Julie depuis plusieurs mois, liaison qu'il n'entend pas arrêter. Valérie a alors crié qu'elle ne resterait pas mariée à François une minute de plus, avant de quitter la pièce en trombe.

Profondément ébranlée par cette affaire, elle trouve du réconfort auprès de Nicolas. Devant la gentillesse de celui-ci, Valérie finit par se dire que c'est Nicolas qu'elle aurait dû épouser. Elle s'ouvre de ce sentiment et Nicolas, ravi, répond à Valérie qu'il souhaite aussi l'épouser. Ils se marient alors un mois plus tard, sans que l'officier de l'état civil ne trouve rien à redire.

Ce mariage ne manque pas de provoquer des réactions. François, toujours marié à Valérie, s'écrie, lorsqu'il apprent la nouvelle, que les choses n'allaient pas se passer ainsi. En outre Valérie vient de recevoir une lettre de l'établissement scolaire dans lequel elle travaille. Il s'agit d'un établissement confessionnel et le contrat de Valérie prévoit qu'en cas de divorce, elle ne doit pas se remarier. Cet établissement ayant appris le nouveau mariage de Valérie, elle est convoquée à un entretien préalable au licenciement.

Valérie vient vous demander conseil.

› Correction

François et Valérie se sont mariés en février dernier. Juste après leur mariage, Valérie apprend que François entretient une liaison qu'il compte maintenir. Elle décide, sans avoir rompu sa précédente union, d'épouser Nicolas. Le nouveau mariage est célébré, sans opposition. François souhaite agir du fait de cette nouvelle union et l'établissement privé à caractère confessionnel dans lequel travail Valérie l'a convoqué à un entretien préalable pour non-respect de la clause de son contrat de mariage lui interdisant de se remarier après un divorce.

I/ Sur la validité du premier mariage

La **question** qui se pose est la suivante : le mariage célébré alors qu'un des époux ignorait la liaison que l'autre compte faire perdurer après le mariage est-il valide ?

En **principe**, l'art. 180, al. 2 du C. civ. prévoit que le mariage est nul en cas d'erreur sur les qualités essentielles du conjoint. Deux conditions doivent alors être simultanément réunies : 1° la qualité en question doit avoir été déterminante du consentement de l'époux qui l'invoque ; 2° il faut aussi qu'elle soit communément considérée comme essentielle.

Alors que la Cour de cassation a refusé d'annuler un mariage pour erreur en raison d'une liaison d'un des futurs mariés, ignorée par son conjoint, et « dont il n'est pas établi qu'elle dure encore » (Civ. 1re, 13 déc. 2005, nº 02-21.259), les juges du fond ont parfois considéré que l'ignorance par un époux d'une liaison que son conjoint ne comptait nullement rompre était une cause de nullité (TGI Le Mans 7 déc 1981). L'art. 180, al. 2 du C. civ. réserve l'action en nullité pour erreur aux époux, qui doivent agir dans les 5 ans à compter du mariage (art. 181 du C. civ.).

En l'**espèce**, Valérie a découvert, le soir de son mariage, la liaison qu'elle ignorait jusque-là entre François, son nouvel époux, et Julie. François ne manifeste aucune intention de mettre fin à cette relation. L'absence de liaison de François qui perdurerait après la célébration du mariage semble être une qualité objectivement essentielle de ce dernier. Encore faut-il néanmoins, pour que la nullité puisse être poursuivie, que cette qualité ait subjectivement été déterminante du consentement de Valérie. Au regard de la réaction de celle-ci, qui a quitté son époux dès qu'elle a appris l'existence de la liaison, le caractère subjectivement déterminant semble acquis.

En **conclusion**, il semble que Valérie puisse demander la nullité du mariage dans les 5 ans de ce dernier.

II/ Sur la validité du second mariage

La **question** qui se pose est la suivante : un second mariage, célébré avant l'annulation d'un premier mariage annulable, est-il valable ?

En **principe**, l'art. 147 du C. civ. prévoit qu'on ne peut contracter de second mariage avant la rupture du premier. L'art. 184 du C. civ. permet à tout intéressé d'agir dans les 30 ans de la célébration du mariage pour obtenir la nullité sur ce fondement.

En dépit de certaines résistances des juges du fond, la Cour de cassation affirme qu'en cas d'action en nullité dirigée vers un mariage contracté avant l'annulation d'un premier mariage annulable, la question de la validité du premier mariage doit être tranchée avant de se prononcer sur l'art. 147 du C. civ. (Civ. 1re, 26 oct. 2011, nº 10-25.285 ; Civ. 1re, 11 avr. 2018, nº 17-17.530). Si jamais la nullité du premier mariage est bien prononcée, le second ne pourra alors être annulé sur le fondement de l'art. 147 du C. civ. (Civ. 1re, 25 sept. 2013, nº 12-26.041).

En l'**espèce**, Valérie a conclu un nouveau mariage avant que son premier mariage avec François ait été annulé. Toutefois, la nullité de ce premier mariage semble acquise. François est recevable à agir en nullité du second mariage de Valérie. Toutefois, en ce cas, le juge devra d'abord statuer sur la validité du premier mariage.

En **conclusion**, le second mariage pourra normalement échapper à la nullité sur le fondement de l'art. 147 du C. civ.

III/ Sur le licenciement de Valérie

La **question** qui se pose est la suivante : dans quelle mesure la clause d'un contrat de travail interdisant à un employé de se remarier après son divorce peut-elle justifier le licenciement en cas de mariage consécutif à la nullité d'un premier mariage ?

En **principe**, l'art. 6 du C. civ. dispose que les contrats doivent être conformes à l'ordre public et aux bonnes mœurs. La Cour de cassation affirme ainsi que les clauses de célibat comprises dans un contrat de travail ne sauraient être valables que lorsque **les nécessités de la fonction l'imposent impérieusement** (Cass., ass. plén., 19 mai 1978, n° 76-41.211). Une telle nécessité a pu être admise à l'égard des enseignants dans un établissement privé religieux, lorsque les convictions religieuses de l'enseignant avaient été un élément déterminant de son recrutement.

En l'**espèce**, Valérie est enseignante dans un établissement privé religieux et son contrat de travail contient une clause prévoyant l'interdiction de se remarier en cas de divorce. Bien que la validité de telle clause soit comprise de façon restrictive, il peut être admis que « les nécessités de la fonction » de Valérie imposent impérieusement une telle clause. Pour autant, une telle clause ne saurait produire effet que si ses conditions sont bien remplies. Or l'annulation d'un mariage, qui le fait disparaître rétroactivement, ne correspond pas à un divorce qui ne produit d'effet que pour l'avenir. Si la clause de célibat comprise dans le contrat de Valérie peut sembler valable, elle n'est pas applicable en l'espèce.

En **conclusion**, Valérie ne devrait pas pouvoir être licenciée pour violation de la clause de célibat, n'ayant pas commis de manquement au regard de cette clause.

Cas pratique n° 30

› *Énoncé*

1. Après une longue amitié platonique, Mario et Peach sont peu à peu devenus intimes. Il y a de cela un peu moins d'un an, Peach a fini par demander Mario en mariage, ce que ce dernier a accepté. Peach était sur un petit nuage jusqu'à ce qu'elle reçoive un SMS de Mario « Finalmen on se mari plu ». Peach était déjà sous le choc. Elle vient de découvrir que Mario a demandé la mère de Peach, Daisy, en mariage. Comble de l'horreur, Daisy a accepté ! Peach est effondrée. Que lui conseillez-vous à ce stade ?

2. Quelques mois plus tard, Mario, pour éviter que Peach ne puisse faire quoi que ce soit, s'est marié sans aucune publicité avec Daisy. Ce mariage peut-il être remis en cause ?

› *Correction*

I/ Les relations entre Mario et Peach

Alors que Mario et Peach étaient fiancés, Mario a mis fin à leurs fiançailles par un SMS particulièrement court et a décidé de se marier avec la mère de Peach, Daisy. Il faut s'interroger sur la rupture des fiançailles (A) puis sur la qualification d'un mariage incestueux (B).

A – Sur la rupture des fiançailles

La **question** qui se pose est la suivante : le fiancé qui subit une rupture des fiançailles peut-il agir en justice pour forcer la conclusion du mariage ou, à défaut, obtenir des dommages et intérêts ?

En **principe**, il résulte de la liberté du mariage que la rupture des fiançailles, ne peut donner lieu à la conclusion forcée du mariage et n'est en principe pas fautive, ne permettant ainsi pas d'engager la responsabilité de celui qui y a mis fin. Toutefois, les circonstances de la rupture peuvent constituer une faute (Civ. 1re, 4 janv. 1995, nº 92-21.767). Tel est notamment le cas en cas de légèreté blâmable dans les circonstances de la rupture ou si celle-ci est réalisée d'une façon particulièrement humiliante. En ce cas, si la faute a causé un dommage qui présente un lien de causalité suffisant à l'autre fiancé, ce dernier pourra agir en responsabilité civile (art. 1240, C. civ.).

En l'**espèce**, Mario a mis fin aux fiançailles, par un simple SMS, particulièrement court et ne comportant aucune explication sur les raisons de cette rupture. La légèreté avec laquelle Mario a mis fin aux fiançailles avec Peach peut sans doute être constitutive d'une faute. De plus, le fait que Mario ait mis fin aux fiançailles pour immédiatement s'engager dans de nouvelles fiançailles avec la mère de sa précédente fiancée montre un manque particulier de délicatesse qui pourrait le cas échéant également permettre de caractériser une faute. Ces différentes nouvelles ont particulièrement blessé Peach, qui semble *a minima* avoir souffert d'un préjudice moral en lien de causalité avec la faute.

En **conclusion**, Peach pourra vraisemblablement engager la responsabilité de Mario.

B – Sur la qualification de mariage incestueux

La **question** qui se pose est la suivante : le mariage est-il possible avec un ascendant d'un précédent fiancé ?

En **principe**, l'art. 161 du C. civ. prohibe le mariage avec les ascendants d'un ancien conjoint. Cet article n'est toutefois applicable qu'en cas de mariage célébré, les fiançailles ne suffisant pas à produire un lien d'alliance.

En l'**espèce**, en dépit de leurs fiançailles, Mario et Peach n'ont jamais célébré leur mariage. La mère de Peach, Daisy, n'est donc pas une alliée en ligne ascendante de Mario

En **conclusion**, l'art. 161 du C. civ. n'interdit pas à Mario et Daisy de se marier.

II/ L'absence de publicité du mariage de Mario et Daisy

Daisy et Mario ont finalement célébré leur mariage sans aucune mesure de publicité.

La **question** qui se pose est la suivante : un mariage célébré sans aucune mesure de publicité est-il valable ?

En **principe**, afin d'assurer la publicité de la cérémonie, les art. 63 et 64 du C. civ. prévoient une **publication** permettant d'identifier les futurs époux ainsi que le lieu de célébration du mariage. L'art. 166 du C. civ. précise en outre que cette publication devra être faite à la mairie du lieu du mariage et à celle du lieu où chacun des époux a son domicile ou sa résidence. Le non-respect de cette condition ne conduit pas à l'annulation du mariage. Toutefois, l'art. 191 du C. civ. prévoit que le mariage est frappé de nullité lorsque celui-ci n'a pas été célébré publiquement. Cette nullité peut être demandée par tout intéressé dans un délai de 30 ans.

En l'**espèce**, Mario, qui souhaitait éviter toute contestation, a empêché la réalisation de toute publicité autour du mariage et celui-ci semble s'être déroulé de façon secrète si bien que ce dernier n'a pas été célébré publiquement. La nullité du mariage pourra alors être demandée par tout intéressé dans un délai de 30 ans.

Cas pratique n° 31

› *Énoncé*

Jack et Wendy se sont mariés il y a de cela plusieurs années dans un grand hôtel. Leur bonheur était complet, d'autant qu'ils ont eu un fils, Danny. Les choses ont commencé peu à peu à se détériorer, Jack développant une addiction au jeu.

Bien que les choses ne soient pas encore trop compliquées financièrement, Jack disposant de très bons revenus, Wendy s'inquiète. Jack refuse en effet de participer aux dépenses quotidiennes, prétendant qu'il a besoin de tout son argent pour « se refaire, il le sent, c'est pour bientôt ».

À cela s'ajoute que Wendy, qui a attrapé une forme particulièrement grave de maladie respiratoire, est restée très affaiblie et n'est pour l'instant pas totalement autonome. Jack est cependant trop absorbé dans son addiction pour s'occuper d'elle. Jack est de plus furieux : la clinique dans laquelle s'est rendue Wendy lui demande désormais de payer pour les soins, ce que Jack refuse catégoriquement.

Wendy est désemparée et ne sait que faire. Elle ne veut pas divorcer de Jack qui est l'amour de sa vie, mais voudrait trouver une solution pour que la situation soit plus vivable.

Qu'en pensez-vous ?

› *Correction*

Jack et Wendy sont mariés. Jack, qui dispose de revenus confortables, refuse de participer aux dépenses quotidiennes, préférant utiliser ses salaires pour jouer. Il refuse également de payer pour les soins qui ont été prodigués à Wendy et dont la facture lui a été présentée. En outre, il n'apporte aucune aide à Wendy, qui est encore très éprouvée par les suites d'une maladie et qui n'est pour l'heure par autonome.

I/ Sur la participation aux dépenses quotidiennes

La **question** qui se pose est la suivante : un époux peut-il contraindre l'autre à participer aux dépenses quotidiennes ?

En **principe**, l'art. 214 du C. civ. dispose que chaque époux contribue aux charges du mariage, par défaut à proportion de leurs facultés respectives. La convention des époux ne saurait en tout cas exclure purement et simplement l'obligation d'un des époux de contribuer aux charges du mariage. Bien que l'art. 223 du C. civ. prévoit que chaque époux peut librement disposer de ses gains et salaires, l'article précise que ce n'est qu'« après s'être acquitté des charges du mariage ».

En l'absence d'exécution spontanée, ce qui constitue une faute susceptible d'engager sa responsabilité pour l'un des époux, l'art. 214, al. 2 du C. civ. renvoie au Code de procédure civile, qui permet au juge aux affaires familiales de fixer la contribution. En cas d'inexécution de la décision du juge aux affaires familiales, l'époux réfractaires s'expose à une condamnation pour abandon de famille (art. 227-3, C. pén.).

En l'**espèce**, Jack et Wendy sont mariés. Rien ne précise que leur convention de mariage déroge aux règles de répartition de l'obligation de contribution. En tout état de cause, leur convention ne saurait exclure la contribution de l'un des époux aux charges du mariage.

Jack dispose de revenus confortables. La situation patrimoniale de Wendy n'est pas précisée. Il semble de toute façon que Jack ne participe pas du tout aux dépenses quotidiennes. S'il est possible qu'il ait participé par un apport initial, tel le logement de famille, il semble particulièrement peu probable que sa contribution soit à la hauteur de ses facultés financières.

En **conclusion**, Wendy pourra engager la responsabilité de Jack en raison de son manquement à l'art. 214 du C. civ. Elle pourra de plus demander au juge aux affaires familiales de fixer la contribution de Jack. Si ce dernier venait alors à s'y dérober, il s'exposerait, au-delà d'une exécution forcée, à une condamnation pénale.

II/ Sur les factures médicales

La **question** qui se pose est la suivante : un des époux peut-il être tenu de payer les factures médicales de l'autre ?

En **principe**, l'art. 220, al. 1er du C. civ. prévoit que chaque époux peut passer seul les contrats qui ont pour objet l'entretien du ménage. En ce cas, les deux époux seront solidairement engagés par ces contrats. Si l'article est limité à certaines dépenses, celles-ci incluent sans conteste les dépenses médicales de l'un des époux (Civ. 1re, 17 déc. 2014), à moins que ces dépenses ne soient manifestement excessives au regard du train de vie du ménage (al. 2).

En l'**espèce**, les factures reçues par Jack correspondent aux frais de soins que Wendy a reçus dans le cadre d'une grave maladie respiratoire. De tels soins peuvent entraîner des frais importants. Jack disposant toutefois de revenus confortables, il est peu probable que les frais médicaux de Wendy, sauf à être d'un montant extrêmement élevé, soient manifestement excessifs au regard du train de vie du couple.

En **conclusion**, Jack est solidairement engagé par les frais des opérations médicales reçues par Wendy et devra payer les factures aux créanciers.

III/ Sur l'absence d'autonomie de Wendy

La **question** qui se pose est la suivante : un des époux est-il tenu d'apporter son aide à l'autre lorsque la maladie de ce dernier le prive de son autonomie ?

En **principe**, l'art. 212 du C. civ. dispose notamment que les époux se doivent mutuellement assistance. L'assistance se caractérise notamment par l'obligation, face à la maladie, d'aider son conjoint à faire face aux difficultés particulières que celle-ci entraîne. Un manquement à cette obligation constituerait une faute, notamment susceptible d'engager la responsabilité civile de son auteur.

En l'**espèce**, Wendy est encore convalescente à la suite de sa maladie, n'étant pour l'instant pas redevenue autonome. Pourtant Jack se désintéresse totalement de son sort pour laisser libre court à son addiction au jeu. N'étant pas en mesure de prendre soin d'elle sans aide, la nécessité pour Wendy de recevoir l'assistance de Jack ne paraît pas faire de doute. De même, le non-respect du devoir d'assistance par ce dernier ne paraît susceptible d'être sérieusement contesté.

En **conclusion**, Wendy pourra engager la responsabilité de Jack pour non-respect de son devoir d'assistance.

Cas pratique n° 32

› *Énoncé*

Jean-Philippe et Laetitia Smait se sont mariés sans contrat en 1989. Bien que leur mariage ait été heureux pendant de nombreuses années, ils sont aujourd'hui en profond désaccord.

En effet, Jean-Philippe souhaite vendre l'appartement dans lequel ils vivent, qui est l'un de ses biens propres. Non seulement les enfants du couple ne vivent plus avec eux, si bien que le logement lui semble inutilement grand, mais ceux-ci font tous des études onéreuses et Jean-Philippe ne voit pas comment financer celles-ci sans vendre l'appartement au profit d'un logement plus petit.

Laetitia ne veut toutefois rien entendre. Très attachée à son confort, elle refuse catégoriquement que Jean-Philippe procède à la vente du logement. Elle refuse également de vendre des actions qui font parties de ses propres et qu'elle a héritées de son père. Inquiet à cause de ces conflits, Jean-Philippe vient chercher conseil.

› *Correction*

Jean-Philippe et Laetitia Smait sont en désaccords sur la vente de deux biens. Le premier appartient en propre à Jean-Philippe et constitue le logement des époux. Jean-Philippe souhaite le vendre car il estime ne plus avoir besoin d'un logement aussi grand et afin de financer les études de leurs enfants, ce que son épouse refuse. Cette dernière refuse également, pour faire face à cette dépense, de vendre certaines actions qui lui appartiennent en propre.

Les **questions** qui se posent sont les suivantes :

– dans quelle mesure un époux peut-il vendre le logement du couple qui lui appartient en propre malgré l'opposition de son conjoint ?

– un époux peut-il contraindre son conjoint à vendre des actions qui appartiennent en propre à ce dernier ?

I/ Sur la vente du logement

En **principe**, l'art. 225 du C. civ. dispose que « chacun des époux administre, oblige et aliène seul ses biens personnels ». L'art. 215, al. 3 du C. civ. dispose cependant que « les époux ne peuvent l'un sans l'autre disposer des droits par lesquels est assuré le logement de la famille, ni des meubles meublants dont il est garni ». Il résulte de la combinaison de ces articles que l'un des époux ne peut aliéner sans le consentement de l'autre le logement familial, même lorsque celui-ci est un de ses biens propres.

Cependant, l'art. 217 du C. civ. dispose que l'un des époux peut être autorisé par le juge à passer seul un acte pour lequel le consentement de son conjoint est requis notamment si le refus de celui-ci est contraire à l'intérêt de la famille, l'appréciation de l'intérêt de la famille relevant de l'appréciation souveraine des juges du fond (Civ. 1re, 22 nov. 2005, nº 03-13.621).

En l'**espèce**, l'appartement constituant le domicile des deux époux, la qualité de logement de la famille ne paraît pas soulever de difficulté. Dès lors, quand bien même l'appartement est un propre de Jean-Philippe, celui-ci ne peut normalement aliéner le logement sans l'accord de son conjoint. Néanmoins, en l'espèce, la volonté de Jean-Philippe d'aliéner le logement est motivée à la fois par l'inutilité d'un si grand logement et par la nécessité de financer les études de leurs enfants. Il semble dès lors possible de considérer que le refus de Laetitia n'est pas motivé par l'intérêt de la famille.

En **conclusion**, Jean-Philippe pourra sans doute obtenir du juge l'autorisation de vendre le logement de la famille malgré l'opposition de son épouse.

II/ Sur la vente des actions

En **principe**, l'art. 225 du C. civ. dispose que « chacun des époux administre, oblige et aliène seul ses biens personnels ». L'art. 217 du C. civ., précédemment évoqué ne concerne que les actes pour lesquels le consentement des deux époux est nécessaire, ce qui ne recouvre pas l'aliénation d'actions propres à l'un des époux. L'art. 219 du C. civ. permet par ailleurs à l'un des époux de se faire habiliter en justice à représenter l'autre, à condition que ce dernier ne soit pas en état de manifester sa volonté. À la différence de l'art. 217 du C. civ., cet article ne permet en revanche pas de passer outre le refus opposé par l'un des époux.

En l'**espèce**, les biens dont l'aliénation est envisagée par Jean-Philippe sont des actions propres de son épouse. Celle-ci a normalement seule pouvoir pour procéder à l'aliénation de tels biens. Ceux-ci ne relèvent donc pas de l'autorisation judiciaire prévue à l'art. 217 du C. civ. S'il est possible d'être autorisé à représenter son époux et, ainsi, de procéder à l'aliénation de ses propres, c'est toutefois à la seule condition que celui-ci soit hors d'état de manifester sa volonté. En l'espèce, Laetitia manifeste clairement son refus d'aliéner ses actions.

En **conclusion**, Jean-Philippe ne pourra être autorisé en justice à vendre les actions de Laetitia ou à la représenter pour procéder à la vente de ses actions.

Cas pratique n° 33

› *Énoncé*

Agamemnon et Clytemnestre se sont mariés il y a de cela longtemps. Pourtant, entre les époux, rien ne va plus. Clytemnestre s'est peu à peu montrée de plus en plus agressive à l'égard de son époux, allant parfois jusqu'à le menacer verbalement. Même si Agamemnon, sûr que ce ne sont que des paroles en l'air, n'est pas intimidé, il est profondément blessé par cette attitude.

En outre, Clytemnestre s'affiche depuis peu de plus en plus fréquemment en présence d'un certain Égisthe. On a rapporté à Agamemnon que ceux-ci marchaient main dans la main et ils s'écrivent ou s'appellent à longueur de journée. Excédé de ne pas pouvoir prouver que les choses vont plus loin, Agamemnon a décidé d'en avoir le cœur net. Il a demandé à un ami de pirater la messagerie de son épouse. Disposant de toutes les preuves dont il avait besoin, il a confronté Clytemnestre.

Celle-ci ne s'est pas laissé démonter. Elle a reproché à Agamemnon les dix années pendant lesquelles il était en mission au Moyen-Orient alors que leurs quatre enfants étaient encore mineurs, et lui a rappelé qu'elle avait arrêté ses études de droit pour pouvoir l'aider. En outre elle lui rappelle qu'il avait eu à cette époque une liaison avec une dénommée Chryséis. Il est bien le dernier à pouvoir lui faire des reproches.

Les deux époux se sont quittés furieux. Hier, Agamemnon a reçu une lettre de Clytemnestre : elle ne consentira au divorce qu'à condition de recevoir une rente viagère équivalente au tiers des revenus actuels d'Agamemnon et exige que celui-ci lui concède un bail sur le logement de famille, pour une somme peu importante, et ce pour toute la durée de la vie de Clytemnestre. Agamemnon trouve ces conditions difficilement acceptables, mais souhaite mettre au plus vite fin à ce mariage. Il vient vous demander conseil.

› Correction

[NB : la méthode d'une question abstraite se prête assez mal aux cas pratiques centrés sur le divorce, celui-ci impliquant une prise en considération d'éléments éminemment factuels. Les questions seront donc posées de façon concrète.]

Agamemnon et Clytemnestre sont mariés avec quatre enfants aujourd'hui majeurs. Agamemnon a été absent de nombreuses années et c'est Clytemnestre qui, abandonnant ses études, s'est occupé de l'éducation des enfants. À cette même période, Agamemnon a eu une liaison dont son épouse, Clytemnestre, a découvert l'existence. Clytemnestre s'est peu à peu montrée agressive et menaçante à l'égard de son époux. Clytemnestre entretient de plus une relation particulièrement ambiguë avec un dénommé Égisthe, avec lequel elle est vue marchant main dans la main et auquel elle écrit à longueur de journée. Afin d'avoir les preuves de l'adultère de son épouse, Agamemnon a fait pirater sa messagerie et a obtenu les preuves nécessaires.

Agamemnon vient de recevoir une lettre de Clytemnestre qui n'acceptera le divorce que moyennant une rente viagère égale à un tiers de revenus d'Agamemnon et un bail pour un faible loyer pendant la durée de sa vie.

I/ L'hypothèse d'un divorce par consentement mutuel

La **question** qui se pose est la suivante : les conditions posées par Clytemnestre sont-elles admissibles dans le cas d'un divorce par consentement mutuel ?

En **principe**, l'art. 229-1 du C. civ. dispose qu'en cas de divorce par consentement mutuel extrajudiciaire, les époux concluent une convention déposée au rang des minutes du notaire. En vertu de l'art. 229-3, 4° du C. civ., la convention doit comprendre « les modalités du règlement complet des effets du divorce conformément au chapitre III du présent titre, notamment s'il y a lieu au versement d'une prestation compensatoire ».

Bien qu'il ne soit pas loisible aux époux de renoncer à la prestation compensatoire antérieurement à l'instance en divorce (Civ. 1re, 8 févr. 2005, n° 03-17.923), l'art. 278 du C. civ. prévoit qu'« en cas de divorce par consentement mutuel, les époux fixent le montant et les modalités de la prestation compensatoire dans la convention qu'ils soumettent à l'homologation du juge. [...] Le juge, toutefois, refuse d'homologuer la convention si elle fixe inéquitablement les droits et obligations des époux. » **La question de l'homologation du juge ne se pose toutefois que dans l'hypothèse d'un divorce par consentement mutuel judiciaire.**

L'art. 230 du C. civ. dispose que dans le cas prévu à l'art. 229-2, 1° du C. civ., le divorce par consentement mutuel est soumis à l'homologation du juge. Cet article correspond à l'hypothèse dans laquelle un enfant mineur des époux demande à être entendu par le juge.

En l'**espèce**, les époux n'ont plus d'enfant mineur susceptible de demander à être entendu par le juge. Dans ces conditions, le divorce par consentement mutuel sera nécessairement extrajudiciaire et les conséquences du divorce laissées à la liberté des époux, sous réserve des textes intéressant l'ordre public.

En **conclusion**, indépendamment du caractère équitable ou non des propositions de Clytemnestre, en cas de divorce par consentement mutuel, les époux peuvent convenir d'une prestation compensatoire prenant la forme d'une rente viagère et attribuer un bail sur le logement.

II/ Sur l'hypothèse du divorce contentieux

A – Sur le principe du divorce

La **question** qui se pose est la suivante : Agamemnon peut-il obtenir le prononcé d'un divorce pour faute ? Le cas échéant, peut-il obtenir le prononcé du divorce pour un autre motif ?

1. Sur les manquements aux devoirs du mariage

a) Le devoir de respect

En **principe**, les devoirs du mariage résultent notamment de l'art. 212 du C. civ. Aux termes du premier de ces articles, les époux se doivent notamment respect et fidélité.

Concernant le devoir de respect, celui-ci implique notamment de ne pas porter atteinte à l'honneur ou à la dignité de son époux, ce qui résulterait par exemple de dénigrements répétés (Civ. 1re, 6 janv. 2000, n° 98-12.322) ou de disputes permanentes particulièrement intenses (Civ. 1re, 23 mai 2006, n° 05-17.533). Les art. 515-9 s. du C. civ. prévoient en outre que lorsqu'un des époux est victime de violence, celui-ci peut demander une ordonnance de protection au juge. L'art. 515-11 du C. civ. prévoit en outre que le juge délivre cette ordonnance dans les meilleurs délais lorsque les faits permettent de considérer qu'il existe « des raisons sérieuses de considérer comme vraisemblables la commission des faits de violence allégués et le danger auquel la victime ou un ou plusieurs enfants sont exposés », ces conditions étant cumulatives (Civ. 1re, 13 févr. 2020, n° 19-22.192).

En l'**espèce**, Clytemnestre se montre de plus en plus virulente avec son époux, allant jusqu'à le menacer, et ce de façon répétée. Une telle attitude semble particulièrement peu compatible avec le devoir de respect entre époux. Toutefois, Agamemnon considérant lui-même que les menaces de Clytemnestre ne sont pas sérieuses, il semble peu probable qu'un juge considère comme vraisemblable la commission de faits de violences ainsi que le danger pour Agamemnon.

En **conclusion**, il paraît peu contestable que Clytemnestre a manqué à son devoir de respect. En revanche, Agamemnon a sans doute peu de chances d'obtenir une ordonnance de protection.

b) Le devoir de fidélité

De plus, en **principe** encore, l'art. 212 du C. civ. dispose que les époux se doivent mutuellement fidélité. Ce devoir est incontestablement violé lorsqu'un des epoux entretient une relation adultère. La jurisprudence a toutefois admis une violation du devoir de fidélité sans union consommée. Manque ainsi au devoir de fidélité l'époux qui entretient une correspondance affective suivie, ou maintien d'une amitié ambiguë (Civ. 2e, 4 juin 1980, n° 79-11.758).

Quant à la preuve de la faute, par exception au droit commun de la preuve, l'art. 259-1 du C. civ. interdit à un des époux de produire un élément de preuve qu'il aurait obtenu « par violence ou fraude ». C'est à cette seule condition que l'élément de preuve sera irrecevable. Peu importe que la production porte atteinte à la vie privée d'un des époux s'il n'est prouvé que l'autre a obtenu les éléments de preuve par fraude ou violence (Civ. 1re, 29 janv. 1997, nº 95-15.255). Un époux pourra par exemple produire le journal intime de son conjoint, sous réserve qu'il ne l'ait pas obtenu de façon déloyale (Civ. 2e, 6 mai 1999, nº 97-12.437).

En l'**espèce**, Agamemnon a entretenu il y a plusieurs années une relation adultère, qui ne semble pas être contestée. Pour sa part Clytemnestre entretient, de façon beaucoup plus récente, des relations très ambiguës avec un autre homme, lui tenant notamment la main en public et correspond de façon très fréquente avec lui. Une telle attitude constitue vraisemblablement une attitude contraire au devoir de fidélité tel que compris par la jurisprudence. À cela s'ajoute qu'en ayant fait pirater la messagerie de son épouse, Agamemnon a obtenu des preuves de l'infidélité de cette dernière. Toutefois, le fait d'avoir accès à des messages en faisant pirater messagerie de son conjoint constitue indéniablement un procédé frauduleux rendant ainsi cet élément de preuve irrecevable.

En **conclusion**, Agamemnon a commis il y a longtemps un manquement au devoir de fidélité. Il ne pourra prouver l'adultère de son épouse à l'aide des messages obtenus sur la messagerie de cette dernière. Cependant, indépendamment de tout adultère consommé, l'attitude publique de Clytemnestre semble en elle-même constituer une violation du devoir de fidélité.

c) La communauté de vie

En **droit**, l'art. 215 al. 2 C. civ. prévoit encore que les époux doivent normalement vivre ensemble et déterminer la résidence de la famille d'un commun accord. Les époux peuvent cependant exceptionnellement ne pas avoir une résidence commune notamment pour des raisons professionnelles (Civ. 1re, 12 févr. 2014, nº 13-13.873).

En l'**espèce**, Agamemnon a été absent de nombreuses années. À première vue, celui-ci n'a pas respecté le devoir de vie commune imposé par le mariage. Toutefois, ce non-respect du domicile commun semble avoir été justifié par des impératifs professionnels. En dépit de cette explication, la durée particulièrement importante pendant laquelle Agamemnon a vécu à l'étranger pourrait sembler excessive.

En **conclusion**, il n'est pas certain que l'absence d'Agamemnon du domicile familial constitue un manquement au devoir de vie commune.

2. Sur la possibilité de demander le divorce

En **droit**, l'art. 242 du C. civ. permet à l'un des époux de demander le divorce en raison des violations des devoirs du mariage commises par son conjoint. Les manquements doivent, aux termes de l'article, présenter un caractère suffisamment grave ou avoir été renouvelés, ces conditions étant alternatives (Civ. 2e, 25 oct. 1995, nº 93-13.773). En outre, les manquements doivent rendre intolérable le maintien de la vie commune et être imputables à l'autre époux.

Aux termes de l'art. 244 du C. civ., la réconciliation intervenue depuis la découverte de la faute empêche de l'invoquer comme cause de divorce. Celle-ci n'est pas que la reprise d'une vie commune mais doit témoigner d'une réelle volonté du conjoint ayant subi la faute de pardonner à son époux (Civ. 2e, 4 avr. 1962, n° 61-10.956). Toutefois, cet article ne semble pas s'opposer à l'invocation des fautes pardonnées dans le cadre de l'art. 245 du C. civ. en vertu duquel les fautes de l'époux qui demande le divorce peuvent faire perdre le caractère de gravité justifiant le prononcé du divorce aux fautes de l'autre conjoint.

En l'**espèce**, Agamemnon a manqué il y a longtemps au devoir de fidélité. Bien que la réconciliation ne corresponde pas qu'à une reprise de la vie commune, au regard du temps qui s'est écoulé depuis la découverte de cette faute et du fait que les relations entre les époux ont, au moins un temps, semblé reprendre normalement, il y a sans doute lieu de considérer qu'une réconciliation entre les époux est intervenue. Toutefois, cette réconciliation n'empêche sans doute pas Clytemnestre de se prévaloir de la faute d'Agamemnon dans le cas où ce dernier demanderait le divorce pour faute (ce qui supposerait néanmoins que la preuve de l'infidélité soit rapportée, ce qui peut être compliqué par l'écoulement du temps).

Il paraît en outre acquis que Clytemnestre a, pour sa part, manqué au devoir de respect ainsi qu'au devoir de fidélité. Les manquements de Clytemnestre au devoir de respect ainsi qu'au devoir de fidélité semblent répétées, ce qui peut déjà suffire à en faire une cause de divorce pour faute. Au regard de la virulence des propos et du caractère suivi de la relation de Clytemnestre, ces manquements peuvent également présenter un certain caractère de gravité. Il semble dès lors peu probable que l'invocation du manquement d'Agamemnon, notamment du fait de son ancienneté, puisse faire perdre aux fautes de Clytemnestre leur caractère de fautes justifiant le prononcé d'un divorce.

Aucun élément ne laisse penser que les manquements ne soient pas imputables à chacun des époux. En outre, les manquements de Clytemnestre paraissent rendre intolérable le maintien de la vie commune, ce que corrobore le fait que les époux ont rompu les relations depuis la confrontation de leurs fautes respectives.

En **conclusion**, il semble qu'Agamemnon pourra obtenir le prononcé du divorce sur le fondement de l'art. 242 du C. civ. Celui-ci pourrait toutefois être prononcé aux torts partagés des époux.

En tout état de cause, en **droit**, les art. 233 et 234 du C. civ. permettent aux époux de s'entendre sur le principe du divorce. Les art. 237 et 238 du C. civ. prévoient pour leur part la possibilité d'un divorce pour altération définitive du lien conjugal. À compter du 1er janv. 2021, il faut que la séparation des époux, qui doit traduire une véritable rupture affective, dure depuis au moins un an.

En l'**espèce**, Clytemnestre s'oppose au principe du divorce hors de certaines conditions, obérant la possibilité d'un divorce sur principe accepté. Il ne semble de plus pas pour l'instant que les époux vivent de façon séparée.

En **conclusion**, les autres voies de divorce contentieux semblent pour l'instant fermée pour Agamemnon, sauf pour celui-ci à rompre la vie commune pendant une durée d'un an, ce qui constituerait cependant une faute de sa part.

B – Sur les effets du divorce

1. La prestation compensatoire

La **question** qui se pose est la suivante : quelles seraient les conséquences d'un divorce contentieux quant à l'attribution à Clytemnestre d'une prestation compensatoire ?

En **droit**, l'art. 270 du C. civ. prévoit la possibilité pour le juge d'octroyer une prestation compensatoire « destinée à compenser, autant qu'il est possible, la disparité que la rupture du mariage crée dans les conditions de vie respectives ». Les critères d'appréciation de la disparité sont précisés par l'art. 271 du C. civ., qui permet à la fois de déterminer si une prestation doit être attribuée et, le cas échéant, son importance. Sept critères sont expressément prévus par cet article dont la durée du mariage, l'âge et l'état de santé des époux, leur qualification et situation professionnelle et les sacrifices réalisés par les époux pour l'éducation des enfants.

En outre, l'art. 270, al. 2 du C. civ. dispose que le juge peut refuser d'accorder la prestation compensatoire « si l'équité le commande, soit en considération des critères prévus à l'article 271, soit lorsque le divorce est prononcé aux torts exclusifs de l'époux qui demande le bénéfice de cette prestation, au regard des circonstances particulières de la rupture ».

En l'**espèce**, le mariage des époux dure depuis de nombreuses années. Les revenus et patrimoines des époux ne sont pas précisés, mais Clytemnestre ayant arrêté ses études pour s'occuper de l'éducation des enfants, il semble probable que celle-ci dispose de revenus inférieurs à ceux de son mari. L'âge des époux n'est pas non plus précisé. Cependant, ceux-ci ayant eu quatre enfants, tous adultes, les époux ont probablement atteint un certain âge. En outre, il est expressément précisé que Clytemnestre a arrêté ses études pour s'occuper de l'éducation des enfants, alors que son mari travaillait à l'étranger.

Au regard de ces circonstances, il semble probable que Clytemnestre puisse solliciter une prestation compensatoire relativement importante. *A fortiori*, l'équité ne semble pas commander, au regard des critères de l'art. 271 du C. civ., qu'elle soit privée du bénéfice de la prestation compensatoire.

Même dans l'hypothèse où le divorce serait prononcé aux torts exclusifs de Clytemnestre, il peut sembler qu'il n'existe pas de circonstances particulières entourant la rupture qui pourraient justifier le refus d'une prestation compensatoire.

En **conclusion**, Clytemnestre peut vraisemblablement prétendre obtenir une prestation compensatoire d'un certain montant.

En **droit**, le versement en capital est privilégié par les textes (art. 270, al. 2, C. civ. ; art. 274, C. civ.).

Si le versement en capital, n'est pas possible, le législateur permet l'attribution d'un « capital renté » (art. 275, C. civ.). L'époux débiteur de la prestation pourra la verser de façon étalée dans le temps, pendant une durée maximale de 8 ans (art. 275, C. civ.), une partie du capital pouvant être versée au départ et le reste versé de façon différée (art. 275-1, C. civ.).

À l'initiative exclusive du créancier de la prestation (Civ. 1re, 23 oct. 2013, nº 12-17.492), le juge peut, de façon exceptionnelle, attribuer tout ou partie de la prestation compensatoire sous forme de rente viagère (art. 276, C. civ.). Le juge, qui n'est jamais tenu d'attribuer une prestation sous cette forme (Civ. 1re, 3 févr. 2004, n° 02-11.917) doit motiver son attribution **en raison de l'âge et de l'état de santé** de l'ancien conjoint créancier de la prestation (Civ. 1re, 23 avr. 2003 n° 01-11.108).

En l'**espèce**, la situation financière des époux n'est pas connue. Sous réserve qu'Agamemnon dispose des ressources suffisantes, il devra exécuter la prestation sous forme d'un capital. Clytemnestre pourrait envisager de demander l'octroi d'une prestation sous forme de rente viagère. Cependant, à défaut de conditions d'âge ou de santé particulières, elle ne pourra obtenir le versement de la prestation sous forme de rente viagère.

En **conclusion**, Agamemnon devra sans doute verser une prestation compensatoire à Clytemnestre. Cependant, celle-ci prendra normalement la forme d'un capital et ne pourra en principe s'exécuter sous la forme d'une rente viagère.

2. Le logement de famille

La **question** qui se pose est la suivante : quelles seraient les conséquences d'un divorce contentieux sur le logement de famille ?

En **droit**, lorsque le bien assurant de famille est propre à l'un des époux, il n'est jamais possible de l'attribuer à son conjoint. Toutefois, l'art. 285-1 du C. civ. permet au juge de concéder un bail sur le logement « au conjoint qui exerce seul ou en commun l'autorité parentale sur un ou plusieurs de leurs enfants lorsque ceux-ci résident habituellement dans ce logement et que leur intérêt le commande ». Cet article n'est par hypothèse applicable que lorsque les époux ont un enfant mineur.

En l'**espèce**, bien que les époux aient eu quatre enfants, aucun n'est encore mineur

En **conclusion**, les conditions de l'art. 285-1 du C. civ. n'étant pas remplies, le juge ne pourra conférer un droit de bail sur l'immeuble constituant le logement de famille.

En **conclusion générale**, bien que Clytemnestre semble pouvoir demander le versement d'une prestation compensatoire à Agamemnon, tant les modalités que le montant de celle-ci seront moins contraignantes pour Agamemnon. De plus, il ne pourra être contraint à concéder un bail à son ancienne épouse. Au regard de ces éléments, Agamemnon a intérêt à poursuivre un divorce contentieux.

Cas pratique n° 34

› *Énoncé*

Jerry et Beth habitent en collocation depuis quelques années. Si Jerry est sans emploi, Beth bénéficie de revenus confortables du fait de son travail de vétérinaire spécialisée dans les chevaux de course. Bien qu'aucune attirance n'existe entre les deux amis, Beth se dit qu'il pourrait être intéressant de conclure un pacte civil de solidarité avec Jerry, ce qui permettrait de réduire les impôts qu'elle paye. Jerry n'y voyant rien à redire, ils ont conclu un Pacs il y a 4 ans.

Il y a de cela un an, Beth a décidé de déménager, afin de se rapprocher de son nouveau compagnon. Jerry, qui venait de retrouver du travail dans le domaine de la publicité et pouvait enfin payer le loyer seul, ne s'en est pas ému. Toutefois, il y a

3 mois, Jerry a manqué une marche et est tombé dans les escaliers. Incapable de continuer à exercer son travail, il ne bénéficie plus de revenus. Il a donc contacté Beth, lui affirmant que cette dernière était obligée de lui venir en aide. Il menace de plus, si celle-ci ne s'exécute pas spontanément, de réclamer des dommages et intérêts pour la relation qu'a entretenu Beth en dépit de son Pacs.

Beth est particulièrement remontée. Elle se dit que, même au risque de devoir payer des sommes aux impôts, elle préfère faire annuler ce Pacs dépourvu de toute réelle relation de couple. Cette idée lui semble d'autant plus envisageable que, désirant se marier avec son nouveau compagnon, elle craint que la rupture du Pacs dans de telles circonstances ne prennent du temps et ne retarde le mariage.

C'est dans ce contexte que Beth vient vous demander conseil.

› *Correction*

Beth et Jerry, alors qu'ils étaient colocataires, ont conclu un Pacs sans être réellement en couple, dans un but fiscal. Ils ont continué à cohabiter pendant 3 ans, puis Beth a déménagé pour vivre avec son nouveau compagnon. Jerry, qui s'est récemment gravement blessé, demande à Beth de l'assister financièrement et la menace de demander des dommages et intérêts du fait de ses relations avec un autre homme. Beth envisage de demander la nullité du Pacs, craignant notamment que les délais pour rompre ce dernier soient trop longs pour pouvoir se marier.

I/ Sur la nullité du Pacs

La **question** qui se pose est la suivante : un Pacs conclu entre deux personnes habitant ensemble pour des raisons purement fiscales est-il frappé de nullité ?

En **principe**, l'art. 515-1 du C. civ. prévoit que le Pacs doit viser à organiser la vie commune des partenaires. Le Conseil constitutionnel avait eu l'occasion de préciser que cette notion s'entendait d'une véritable vie de couple. Cependant, la Cour de cassation a précisé que le Pacs ne supposait que l'intention d'organiser la vie commune des partenaires, sans référence à l'existence d'une vie de couple (Civ. 1re, 8 mars 2017, nº 16-18.685). Toutefois, en vertu du principe selon lequel « la fraude corrompt tout », l'utilisation efficace d'un mécanisme juridique afin de contourner une règle de droit impérative est privée d'effet.

En l'**espèce**, Jerry et Beth, qui cohabitaient sans relation de couple, ont conclu un Pacs pour des raisons purement fiscales. Les nouveaux « partenaires » vivant ensemble au moment du Pacs et ayant poursuivi leur vie commune pendant plusieurs années postérieurement à la conclusion du Pacs, il semble à première vue que l'objet du Pacs, tel que défini par la jurisprudence, soit respecté.

On peut toutefois remarquer que l'intention des partenaires ne semblaient pas réellement d'organiser leur vie commune, fusse-t-elle détachée de toute considération de couple, mais de se soumettre à un régime fiscal favorable (ce qu'il conviendrait néanmoins de prouver).

En **conclusion**, sous réserve d'une éventuelle fraude au droit fiscal, le Pacs semble valable.

II/ Sur les effets du Pacs

La première **question** qui se pose est la suivante : un partenaire ne vivant plus avec l'autre est-il tenu de fournir à ce dernier une assistance financière ?

En **principe**, l'art. 515-4 du C. civ. prévoit que les partenaires s'obligent « à **une aide matérielle** ». À défaut de précision dans la convention signée par les partenaires, cette aide est proportionnelle aux facultés de chacun des partenaires. Le texte précise en outre que les partenaires « s'engagent à une vie commune » Cette obligation n'est toutefois pas posée comme une condition des autres devoirs, permettant tout au plus de caractériser une faute d'un des partenaires justifiant l'octroi de dommages et intérêts si ce manquement a causé un préjudice.

En l'**espèce**, Beth a rompu la vie commune. Toutefois, cette rupture convenant à Jerry, il semble particulièrement compliqué de prouver l'existence d'un préjudice pour ce dernier en lien avec la cessation de la vie commune. En revanche, indépendamment de l'existence concrète d'une vie commune entre les partenaires, Beth est engagée à fournir une aide matérielle à Jerry. Or, celui-ci ne disposant plus de revenus, il est certain que les facultés contributives de Beth sont supérieures à celles de Jerry.

En **conclusion**, tant que le Pacs est maintenu, Beth sera tenue de fournir une aide matérielle à Jerry, aide qui pourrait éventuellement être fixée par le juge. Sa responsabilité ne pourra toutefois être engagée pour avoir rompu la vie commune, faute de préjudice pour Jerry.

La seconde **question** qui se pose est la suivante : le partenaire qui entretient une relation hors du Pacs engage-t-il sa responsabilité ?

En **principe**, aucun des textes applicables au Pacs n'impose aux partenaires une obligation de fidélité. Certains juges du fond, se fondant notamment sur l'obligation d'exécuter de bonne foi ses engagements, l'ont pensé (TI Lille 5 juin 2002). Une telle solution n'a toutefois jamais réellement prospéré, si bien que les partenaires ne sont pas soumis à une obligation de fidélité.

En l'**espèce**, Beth entretient une relation avec un autre homme que son partenaire. En dépit du Pacs, elle n'est normalement pas tenue à une obligation de fidélité. En outre, et en tout état de cause, le Pacs n'ayant pas été conclu entre des individus entretenant une véritable relation de couple, la relation de Beth ne semble pas susceptible de causer à Jerry un préjudice, serait-il moral.

En **conclusion**, Jerry ne pourra engager la responsabilité de Beth en raison de la relation entretenue par cette dernière.

III/ Sur la rupture du Pacs en vue du mariage

La **question** qui se pose est la suivante : la rupture du Pacs doit-elle intervenir antérieurement à la célébration d'un mariage ne concernant qu'un des deux partenaires ?

En **principe**, l'art. 515-7 du C. civ. prévoit que le Pacs et notamment dissout par le mariage d'un partenaire, serait-il avec une autre personne que l'autre partie du Pacs. Au gré des circonstances, cette modalité de rupture pourrait toutefois être considérée comme fautive et entraîner l'engagement de la responsabilité du partenaire à l'origine de la rupture, sous réserve que les autres conditions de l'art. 1240 du C. civ. soient remplies.

En l'**espèce**, Beth souhaite se marier avec une autre personne que Jerry. Le fait que Beth et Jerry soient liés par un Pacs n'interdit nullement de célébrer le mariage. En outre, le Pacs de Beth et Jerry ne traduisant aucune réelle relation de couple et les partenaires ayant, d'un accord commun arrêté de vivre ensemble, il paraît à la fois peu probable que la rupture soit considérée comme fautive et que cette rupture puisse être analysée comme causant un préjudice à Jerry.

En **conclusion**, Beth pourra rompre le Pacs par son mariage, sa responsabilité ne pouvant *a priori* pas être recherchée pour cette modalité de rupture particulière.

Cas pratique n° 35

› *Énoncé*

Roméo et Juliette ont vécu une vie de couple heureuse pendant plusieurs années. Juliette ayant hérité d'une maison assez abîmée, les amoureux choisirent de s'y installer. Roméo prit en charge les travaux et, en échange, Juliette s'occupait des dépenses de la vie de tous les jours. Peu à peu, la relation s'est détériorée, jusqu'à il y a quelques mois. Un soir, à la suite d'une dispute de trop, Juliette a mis Roméo à la porte, sous une pluie battante et à la veille d'un important entretien professionnel de ce dernier. Roméo ne décolère pas : l'attitude de Juliette lui semble inacceptable et il se dit qu'il pourrait en outre récupérer une partie des sommes qu'il a investies dans la maison de Juliette.

Qu'en pensez-vous ?

› *Correction*

Roméo et Juliette ont vécu en couple en habitant ensemble pendant plusieurs années. Leur domicile était une maison appartenant à Juliette et rénovée par Roméo. Pendant ce temps, Juliette a pris en charge les dépenses quotidiennes. Il y a quelques mois, Juliette a mis brutalement Roméo dehors la veille d'un entretien professionnel.

I/ Sur les dépenses de Roméo

La **question** qui se pose est la suivante : à quelles conditions le concubin qui finance la rénovation du logement appartenant à son concubin, dans lequel ils vivent ensemble, a-t-il droit à une compensation ou un intéressement financier lors de la rupture ?

En **principe**, l'art. 515-8 du C. civ. définit le concubinage comme « une union de fait, caractérisée par une vie commune présentant un caractère de stabilité et de continuité, entre deux personnes, de sexe différent ou de même sexe, qui vivent en couple ». La caractérisation du concubinage ne soulève généralement pas de difficulté lors que deux membres d'un couple vivent ensemble dans le cadre d'une relation table et exclusive.

Il convient en revanche de distinguer plusieurs arguments qui pourraient justifier une indemnité compensant les dépenses de Roméo : l'on pourrait envisager de se fonder sur la société créée de fait (A), sur l'accession (B), sur la théorie des impenses (C) ou sur l'enrichissement injustifié (D).

A – La société créée de fait

En **principe**, la société créée de fait correspond à la situation dans laquelle, sans avoir conclu un contrat créateur d'une société, plusieurs personnes agissent en respectant les conditions de l'art. 1832 du C. civ., notamment l'*affectio societatis*, à savoir l'intention de participer, sur un pied d'égalité, à la réalisation d'une entreprise commune. Dans le cadre du concubinage, la jurisprudence s'est montrée stricte dans la caractérisation des éléments de la société exigeant la démonstration d'une volonté de s'associer dans la réalisation d'une entreprise commune allant au-delà de ce qu'implique habituellement le concubinage (Civ. 1re, 20 janv. 2010, n° 08-13.200) et l'intention des concubins de collaborer sur un pied d'égalité à la réalisation de cette entreprise (Civ. 1re, 20 janv. 2010, n° 08-16.105). La simple intention de créer un domicile susceptible d'accueillir le couple ne permet en général pas de caractériser une telle intention.

En l'**espèce**, Roméo et Juliette ont vécu en couple et habité ensemble pendant un certain temps. Les deux intéressés ont donc entretenu une relation de couple, stable et continue, et cohabité, ce qui paraît suffisant pour caractériser un concubinage. Roméo a certes participé aux dépenses de rénovations du bien de Juliette. S'agissant toutefois du domicile dans lequel il entendait habiter et a effectivement vécu pendant un certain temps, il paraît particulièrement peu probable que soit caractérisée l'intention des concubins de « collaborer à la réalisation d'une entreprise commune » allant au-delà de ce qu'implique la seule vie de couple.

En **conclusion**, il ne semble pas possible de caractériser une société créée de fait entre les concubins.

B – L'accession

En **principe**, l'art. 546 du C. civ. dispose que « la propriété d'une chose, soit mobilière, soit immobilière, donne droit sur tout ce qu'elle produit, et ce qui s'y unit accessoirement, soit naturellement, soit artificiellement ». L'art. 555 du C. civ. envisage spécifiquement le cas de la construction faite sur le terrain et prévoit que le propriétaire peut conserver la chose en indemnisant le constructeur ou, si le constructeur est de mauvaise foi, demander la suppression de la construction à ses frais. Si le propriétaire choisit ou se voit imposer la construction, le constructeur bénéficiera d'une indemnité égale au coût des matériaux ou à la plus-value apportée au fond (le choix du mode de calcul de l'indemnité appartient alors au propriétaire). Le texte a déjà pu être appliqué à la construction faite par un concubin sur le terrain de l'autre (Civ. 3e, 2 oct. 2002 ; Civ. 3e, 16 mars 2017, n° 15-12.384). Deux précisions néanmoins : 1° l'art. 555 du

C. civ. de vaut que pour les ouvrages nouveaux (Civ. 3e, 18 juin 1970) ; 2° le concubin constructeur est nécessairement de mauvaise foi, au sens de l'art. 555, puisqu'il sait ne pas construire sur son propre terrain.

En l'**espèce**, il ne s'agit pas d'une construction nouvelle mais de travaux de rénovation d'un immeuble préexistant. Dès lors, la théorie de l'accession ne peut jouer.

En **conclusion**, l'accession ne saurait être invoquée pour fonder une indemnisation.

C – Les impenses

En **principe**, la doctrine évoque parfois la possibilité pour le concubin de se prévaloir de la **théorie des impenses** : les impenses nécessaires (indispensables à la conservation de l'immeuble) sont intégralement remboursées ; les impenses utiles (qui ont augmenté la valeur du fonds) sont remboursées à concurrence de la plus-value ou du coût des travaux, au choix du propriétaire ; les impenses voluptuaires ou somptuaires (de pure luxe ou agrément) ne donnent lieu à aucune indemnisation et le propriétaire peut même exiger la suppression et demander des dommages-intérêts (rappr. art. 1381, C. civ.). L'appréciation de la nature des travaux se fait au jour de leur réalisation. Il ne semble pas que la jurisprudence se saisisse de cette proposition doctrinale.

En l'**espèce**, les impenses faites par Roméo l'ont été dans le cadre de travaux de rénovation et sont sans doute utile. Elles pourraient donc, en application de la théorie, donner lieu à indemnisation de Roméo. Encore faudrait-il que la jurisprudence admette le jeu de cette théorie, ce qui n'est pas évident.

En **conclusion**, la théorie des impenses demeure un fondement assez incertain pour l'indemnisation de Roméo.

D – L'enrichissement injustifié

En **principe**, l'art. 1303 C. civ. prévoit que celui qui bénéfice d'un enrichissement injustifié au détriment d'autrui a droit à une indemnité égale à la plus faible des deux sommes entre l'appauvrissement et l'enrichissement. Entre concubins, l'enrichissement injustifié n'est susceptible d'être reconnu que lorsque la dépense que l'un à fait au profit de l'autre ne correspond ni à une intention libérale, ni à la prise en charge des dépenses de la vie courante (v. par ex., pour des travaux réalisés par l'un des concubins sur l'immeuble de l'autre, dont l'appréciation relève du pouvoir des juges du fond : Civ. 1re, 24 sept. 2008, n° 07-11.928). En outre, l'art. 1303-3 du C. civ. prévoit que l'action tirée de l'enrichissement injustifié est subsidiaire à toute autre action.

En l'**espèce**, l'investissement de Roméo dans le domicile de Juliette, dans laquelle les deux concubins ont établi leur domicile avait pour contrepartie non seulement son hébergement dans ledit domicile, mais encore la prise en charge par Juliette des autres dépenses de la vie courante si bien qu'il ne paraît pas possible de caractériser un appauvrissement injustifié de Roméo au profit de Juliette.

En **conclusion**, l'action en enrichissement injustifié ne saurait prospérer.

II/ Sur la rupture

La **question** qui se pose est la suivante : à quelles conditions la rupture du concubinage peut-elle entraîner la responsabilité de l'auteur de la rupture ?

En **principe**, la rupture du concubinage est libre (Civ. 1re, 20 juin 2006, n° 05-17.475), de sorte que cette rupture non fautive ne saurait engager la responsabilité de son auteur. Toutefois, la rupture peut, en raison de sa brutalité, dégénérer en faute (Civ. 1re, 3 janv. 2006, n° 04-11.016). Il faut alors que les conditions entourant la rupture soit d'une brutalité exceptionnelle et qu'elles aient entraîné un préjudice pour le concubin qui a subi la rupture.

En l'**espèce**, Juliette a mis Roméo à la porte, sous la pluie la veille d'un événement professionnel important. En dépit du fait que la rupture semblait motivée par une lente dégradation des relations entre les concubins, la brutalité particulière ainsi que les circonstances entourant la rupture peuvent sembler constituer une faute de la part de Juliette.

En **conclusion**, si les autres conditions de la responsabilité de Juliette sont réunies cette dernière pourrait voir sa responsabilité engagée en raison des circonstances ayant entouré la rupture.

8. L'enfant – La filiation

La protection de l'enfant est à la lisière du droit des personnes et du droit de la famille : souvenez-vous de ce qui a été dit de l'**autorité parentale** pendant la minorité de l'enfant.

Il s'agit ici de se concentrer non pas sur l'enfant en général mais, plus précisément, sur son rattachement à la famille, c'est-à-dire sur la filiation. À cet égard, il convient de distinguer quatre hypothèses : la plus traditionnelle correspond à la filiation naturelle (I), qui est complétée de longue date par la filiation adoptive (II). Plus récente pour d'évidentes raisons techniques, la procréation médicalement assistée appelle une réponse spécifique (III). Enfin, encore prohibée en droit français, la gestation pour autrui produit tout de même certains effets au regard de la filiation (IV).

Les relations entre l'enfant et les tiers

Si le droit de la filiation est essentiellement pensé autour de la relation entre l'enfant et ses parents, la place des tiers fait l'objet d'une considération croissante.

1° Il en va déjà ainsi des relations entre l'enfant et ses *ascendants* autres que ses parents : l'art. 371-4, al. 1er du C. civ. dispose que « l'enfant a le droit d'entretenir des relations avec ses ascendants ». La seule limite tient à l'intérêt de l'enfant (pour un ex. où l'intérêt de l'enfant a été jugé conforme aux relations avec ses grands-parents, v. Civ. 1re, 14 janv. 2009, n° 08-11.035).

2° Il en va également ainsi des relations avec le *beau-parent* : sauf le cas de l'adoption simple, l'art. 371-4, al. 2 du C. civ. dispose que « si tel est l'intérêt de l'enfant, le juge aux affaires familiales fixe les modalités des relations entre l'enfant et un tiers, parent ou non, en particulier lorsque ce tiers a résidé de manière stable avec lui et l'un de ses parents, a pourvu à son éducation, à son entretien ou à son installation, et a noué avec lui des liens affectifs durables ». Ainsi, l'intérêt de l'enfant a pu justifier le maintien des relations avec l'enfant de la compagne de la mère qui, après s'être occupée de l'enfant, a changé de sexe (Civ. 1re, 18 mai 2005, n° 02-16.336) ; de même l'ex-compagne de la mère, avec qui cette dernière avait un projet parental commun, peut obtenir un droit de visite et d'hébergement même si elle n'a pas pu voir l'enfant pendant 3 ans, en raison d'un refus de la mère (Civ. 1re, 13 juill. 2017, n° 16-24.084).

3° Il faut également envisager le développement contemporain de la coparentalité : il s'agit de l'hypothèse dans laquelle une femme et un homme décident de concevoir un enfant sans projet autre que d'accéder à la parentalité. Même si le principe posé par l'art. 372 du C. civ. est que les père et mère exercent en commun l'autorité parentale, l'art. 373-2-7 leur permet d'organiser les modalités d'exercice de l'autorité parentale, convention qui peut être homologuée par le juge. En l'absence d'une telle convention, les difficultés doivent être réglées sur le terrain de l'intérêt de l'enfant (v. par ex. Paris, 18 juin 2015, n° 15/00864 :

►

pour la cour, le partage de l'autorité parentale n'est pas un concept déconnecté de toute réalité, imaginé pour satisfaire les revendications égalitaires des adultes, mais la traduction juridique de l'intérêt pour les enfants d'être élevés par leurs deux parents, ce qui justifie qu'en l'occurrence, la voix de la mère quant à la vaccination soit déterminante et que la situation de fait ne justifie pas qu'il lui soit accordé un droit de visite et d'hébergement).

I/ Première hypothèse : la filiation naturelle

Il faut bien comprendre l'**enjeu** de l'établissement de la filiation :

– la filiation crée un *empêchement à mariage ou Pacs* en raison de la prohibition de l'inceste ;

– la filiation emporte la *transmission du nom de famille* ;

– la filiation permet de désigner les *titulaires de l'autorité parentale et de l'administration légale* ;

– la filiation ouvre une *vocation successorale*, les descendants étant prioritaires à la succession (et bénéficiant d'une réserve héréditaire) ;

– la filiation entraîne des *obligations alimentaires réciproques* entre ascendants et descendants (art. 205 et 207, C. civ.), sauf manquement du créancier à ses propres obligations envers le débiteur (art. 207, al. 2 du C. civ.) ; l'obligation existe aussi entre gendre / belle-fille et beau-père / belle-mère jusqu'au décès de l'époux ayant créé le lien (art. 206, C. civ.) ; elle n'est en revanche pas prévue entre collatéraux (notamment entre frères et sœurs). L'obligation suit ensuite un régime particulier, étant versée soit sous forme de pension alimentaire, soit en nature (art. 208, C. civ.) et bénéficiant de procédures civiles d'exécution spécifiques ; précisons en outre que le fait de ne pas réclamer les aliments implique qu'ils ne sont pas nécessaires, d'où le principe selon lequel « aliments ne s'arréragent pas », donc ne sont dus qu'à compter de la demande en justice (Civ. 1re, 1er juill. 1986, *Bull. civ.* I, n° 189).

Ayant cela en tête, il vous faut, dans un cas pratique, commencer par vous demander, à titre préalable, si l'hypothèse posée correspond à un cas d'exclusion de la filiation naturelle (A). Si ce n'est pas le cas, il vous faut connaître certaines règles générales (B) qui permettent ensuite d'établir la filiation (C) et de régler les cas dans lesquels elle est contestée (D).

A – Préalable : les cas d'exclusion de la filiation naturelle

Nous verrons *infra* que l'un des principes directeurs du droit de la filiation est le principe d'égalité (art. 310, C. civ.), ce qui a conduit notamment à abolir la distinction classique entre les enfants légitimes et naturels. Il n'en demeure pas moins certains cas dans lesquels la filiation naturelle est exclue (outre l'hypothèse de la gestation pour autrui) :

1° L'**accouchement sous X** est prévu par l'art. 326 du C. civ. : qui dispose que « lors de l'accouchement, la mère peut demander que le secret de son admission et de son identité soit préservé ». Le système a été déclaré conforme à la Constitution (Cons. const. 16 mai 2012, n° 2012-248 QPC) ainsi qu'à la Conv. EDH, au regard de la marge d'appréciation laissée dans la conciliation entre la protection du secret de la mère et la demande légitime de l'enfant concernant ses origines (CEDH, gr. ch., 13 févr. 2003, req. n° 42326/98, *Odièvre c/ France*).

Il faut toutefois bien comprendre la portée de ce texte :

– l'accouchement sous X n'est plus constitutif d'une fin de non-recevoir à l'action en recherche de maternité (l'art. 325, al. 1er, C. civ. issu de l'ord. n° 2005-759 du 4 juill. 2005 excluait la recherche de maternité en cas d'accouchement sous X mais la loi de ratification n° 2009-61 du 16 janv. 2009 a supprimé la réserve du jeu de l'art. 326) ; cela signifie qu'il sera toujours possible de rechercher la maternité (ce qui a été jugé conforme au principe de non-discrimination entre les hommes et les femmes, la paternité hors mariage pouvant toujours être judiciairement déclarée : Civ. 1re, 2 déc. 2015, n° 15-18.312) ;

– l'accouchement sous X doit respecter les droits du père : en cas de reconnaissance prénatale d'un enfant ultérieurement né sous X, la divisibilité des filiations conduit à refuser de le priver de la possibilité de faire établir son lien avec l'enfant, lui seul pouvant consentir à l'adoption par autrui (Civ. 1re, 7 avr. 2006, n° 05-11.285, *Benjamin* : « l'enfant a, dès sa naissance et dans la mesure du possible, le droit de connaître ses parents », « la reconnaissance d'un enfant naturel prend effet à la date de naissance de l'enfant dès lors qu'il a été identifié », « la filiation est divisible ») ; ce système a été déclaré conforme à la Constitution et propre à protéger l'intérêt de l'enfant (Cons. const. 7 févr. 2020, n° 2019-826, *M. Justin A.*) ; si le père doit agir rapidement, il peut s'opposer à l'adoption : en témoigne un arrêt Civ. 1re, 27 janv. 2021, n° 19-15.921 qui considère que l'application de l'art. 352, al. 1er du C. civ. selon lequel le placement fait échec à toute déclaration de filiation et à toute reconnaissance, doit être écartée si elle porte une atteinte disproportionnée au droit au respect de la vie privée et familiale du père ;

– en revanche, faute de filiation entre la mère et l'enfant né sous X, les parents de la mère n'ont pas qualité pour intervenir à l'instance en adoption (Civ. 1re, 8 juill. 2009, n° 08-20.153) ; des juges du fond ont en revanche ont admis l'établissement de la filiation biologique avec les grands-parents et accepté que l'enfant leur soit confié (Angers 26 janv. 2011).

Précisons enfin que la mère est invitée à laisser des informations à l'enfant et peut, à tout moment, lever le secret sur son identité ; la volonté de la mère est souveraine à cet égard (art. L. 224-7, CASF), sans que cela contredise l'intérêt de l'enfant (CEDH 13 févr. 2003, *Odièvre c/ France*).

2° L'**inceste** prive l'enfant qui en est issu de l'un de ses deux liens de filiation : l'art. 310-2 du C. civ. dispose que « s'il existe entre les père et mère de l'enfant un des empêchements à mariage prévus par les art. 161 et 162 pour cause de parenté [qui visent les rapports entre ascendants et descendants, entre alliés dans la même ligne et entre frères sœurs], la filiation étant déjà établie à l'égard de l'un, il est interdit d'établir la filiation à l'égard de l'autre par quelque moyen que ce soit ». Des juges du fond ont considéré que la reconnaissance prénatale n'établissant pas la filiation avant l'accouchement, les filiations maternelle et paternelle étant alors établies simultanément, auquel cas il faut maintenir la filiation la plus à même de satisfaire l'intérêt de l'enfant (Caen 8 juin 2017, n° 16/01314 : en l'espèce, c'est la filiation maternelle qui l'a emporté, mais le débat était biaisé que la cour d'appel n'était pas saisi de la filiation paternelle, le père n'ayant pas interjeté appel).

B – Les règles générales

Dans un cas pratique relatif à l'établissement ou à la contestation de la filiation, il vous faut avoir en tête des règles générales, qu'il s'agisse des principes directeurs de la matière (1), ou qu'il s'agisse de notions fondamentales que sont le lien biologique (2) et la possession d'état (3).

1. Quels sont les principes directeurs du droit de la filiation ?

Il y en a trois :

- Le **principe de vérité biologique** (ou principe de réalité), selon lequel la filiation juridique doit, autant que possible, concorder avec la filiation biologique, est sous-jacent à diverses règles gouvernant la matière ; il ne faut toutefois pas exagérer ce principe : la vérité biologique se recherche dans la limite des modes de preuve admissibles et se trouve notamment limitée par des règles de prescription (et certaines règles de fond, ainsi en matière d'inceste, comme vu *supra*).
- Le **principe d'égalité des filiations** : la distinction entre filiation légitime (en mariage) et filiation naturelle (hors mariage) est désormais abolie, de même que l'enfant adultérin ne saurait être traité différemment des autres enfants ; le principe découle désormais de l'art. 310 du C. civ. : « tous les enfants dont la filiation est légalement établie ont les mêmes droits et les mêmes devoirs dans leurs rapports avec leur père et mère », étant précisé qu'ils « entrent dans la famille de chacun d'eux » ; mais encore faut-il que la filiation soit « légalement établie », ce qui conduit à écarter, par ex., les enfants incestueux, et ce qui peut conduire à des règles d'établissement de filiation distinctes selon les cas (par ex. le jeu de la présomption de paternité qui suppose le mariage des parents).
- Le **principe chronologique** : il découle de l'art. 320 du C. civ. qui dispose que « tant qu'elle n'a pas été contestée en justice, la filiation légalement établie fait obstacle à l'établissement d'une autre filiation qui la contredirait » ; le « type » de filiation est indifférent (filiation paternelle ou maternelle, naturelle ou par possession d'état, etc.) ; cela signifie que pour faire établir le lien

de filiation, il faut déjà contester le lien concurrent. Ce principe a été jugé conforme au droit au respect de la vie privée et familiale (Civ. 1re, 5 oct. 2016, nº 15-25.507).

2. Qu'est-ce qu'un lien biologique et comment l'établir ?

En application du principe de vérité, la filiation juridique doit correspondre le plus fréquemment possible à la filiation biologique. Se pose donc une question de preuve : étant un fait juridique, la filiation se prouve par tous moyens (v. aussi art. 310-3, al. 2, C. civ.). En cas de litige, il sera possible, à certaines conditions, d'obtenir une preuve génétique (a). Néanmoins, en dehors de tout litige (l'absence de litige étant évidemment un objectif de la matière), certaines présomptions sont posées (b).

a) La preuve génétique

Sauf lorsque la saisine du juge est impossible (par ex. lorsqu'il peut être fait état d'une possession d'état ayant duré un certain temps), il est possible de demander au juge d'ordonner une identification génétique : c'est la reine des preuves en matière de filiation. La jurisprudence affirme avec force que « **l'expertise biologique** est de droit en matière de filiation, sauf motif légitime de ne pas y procéder » (Civ. 1re, 28 mars 2000, nº 98-12.806) ; n'est ainsi pas constitutif d'un tel motif légitime le caractère tardif de l'action (Civ. 1re, 13 juill. 2016, nº 15-22.848) ; est en revanche un motif légitime le cas dans lequel le père prétendu n'est pas localisé (Civ. 1re, 2 déc. 2020, nº 19-21.850).

Ce principe n'est toutefois pas absolu : la preuve biologique est irrecevable lorsqu'il s'agit de contester une possession d'état, car la preuve sociologique l'emporte en ce cas ; en outre, le motif légitime réservé par la jurisprudence permet d'éviter de faire droit à des demandes dilatoires par exemple. Par ailleurs, l'art. 16-11 du C. civ. interdit l'exhumation d'un cadavre à des fins d'identification génétique, sauf accord donné, de son vivant, par la personne décédée. Enfin, la jurisprudence exige que soit intentée une instance au fond, la réalisation d'un test de paternité ne pouvant être exigé en référé (Civ. 1re, 8 juin 2016, nº 15-16.696).

b) Les présomptions

Dans une logique de pacification, les textes prévoient que la filiation est établie légalement par l'acte de naissance, l'acte de reconnaissance ou l'acte de notoriété constatant une possession d'état (art. 310-3, al. 1er, C. civ.).

Il faut également mentionner la **présomption de paternité**, qui découle de l'art. 312 du C. civ. : « l'enfant conçu ou né pendant le mariage a pour père le mari ».

En outre, une **présomption de conception** est posée par l'art. 311 du C. civ. : l'enfant est présumé avoir été conçu entre le trois centième et le cent quatre-vingtième jour précédant la naissance, la conception étant présumée avoir eu lieu à un moment quelconque de cette période, sauf preuve contraire.

La règle est utile en dehors du droit de la filiation, pour le jeu de la règle *infans conceptus*.

3. Qu'est-ce que la possession d'état ?

Il est juridiquement admis que la filiation soit essentiellement **sociologique**, découlant de la possession d'état : l'idée est que si une filiation existe en fait, elle doit être reconnue en droit (un peu comme la possession d'un bien qui fait présumer sa propriété). Cette filiation peut exister seule ou être corroborée par un acte supplémentaire, ce qui aura une incidence sur les délais de prescription de l'action en contestation de la filiation.

La possession d'état étant un fait juridique, elle se prouve par tous moyens, la loi précisant les « principaux faits » permettant de révéler un lien de filiation : le fait que les deux intéressés se traitent l'un l'autre comme parent et enfant, que la personne ait pourvu à l'éducation, l'entretien ou l'installation de l'enfant, que le lien soit reconnu dans la société et la famille ou par l'autorité publique, ou encore le port du nom (art. 311-1, C. civ.).

C – L'établissement de la filiation

Les textes prévoient des règles d'établissement extrajudiciaire de la filiation (1), qui doivent suffire dans la majorité des cas, dans une optique de paix des familles. Il n'en demeure pas moins nécessaire, dans certains cas, de saisir le juge afin de faire établir judiciairement la filiation (2). Précisons qu'au vu de la formulation de l'art. 310-1, al. 2 du C. civ. (« elle peut aussi l'être par jugement… »), l'établissement extrajudiciaire est, au moins implicitement, prioritaire : elle doit donc être envisagée en première dans un cas pratique.

1. L'établissement extrajudiciaire

L'art. 310-1, al. 1er du C. civ. dispose que « la filiation est légalement établie […] par l'effet de la loi [a], par la reconnaissance volontaire [b] ou par la possession d'état constatée par un acte de notoriété [c] ».

a) L'effet de la loi

Pour la maternité, le principe est posé dans l'art. 311-25 du C. civ. : « la filiation est établie, à l'égard de la mère, par la désignation de celle-ci dans l'acte de naissance de l'enfant », la mention étant faite au regard du témoignage de celui qui déclare la naissance (qui sera en général le père ou un tiers ayant assisté à l'accouchement, avec production d'un certificat médical certifiant la naissance d'un enfant né de la mère).

Pour la paternité, la mention du nom du mari dans l'acte de naissance peut suffire : c'est la présomption de paternité prévue par l'art. 312 du C. civ. Dans un cas pratique, il vous faut veiller à correctement appliquer cette présomption :

• Il vous faut déjà vérifier les *conditions* de jeu du *principe* :

– la présomption suppose le mariage : l'art. 312 vise « l'enfant conçu ou né pendant le mariage », ce qui exclut le concubin ou le partenaire de la mère ; en outre, le mariage homosexuel ne bénéficie pas de la règle (art. 6-1 du C. civ.), l'épouse de la mère ne pouvant donc se prévaloir d'une quelconque présomption de maternité (cela a été validé par Cons. const. 17 mai 2013, nº 2013-669 DC) ;

– l'art. 312 vise l'enfant « conçu ou né » (ainsi, l'enfant conçu avant le mariage bénéficie de la présomption) ;

• Le principe connaît des *exceptions* (qui empêchent la filiation d'être présumée et donc permet l'établissement de la filiation d'un tiers sans avoir à procéder à une contestation préalable) :

– l'art. 314 du C. civ. prévoit que la présomption de paternité est écartée lorsque « l'acte de naissance ne désigne pas le mari en qualité de père », soit qu'aucun père ne soit mentionné, soit qu'un autre père le soit ; l'idée est alors que le défaut de mention laisse planer le doute ;

– l'art. 313 du C. civ. vise en outre le cas dans lequel une demande de divorce ou de séparation de corps a été introduite et que l'enfant « est né plus de 300 jours après l'introduction de la demande et moins de 180 jours après le rejet définitif de la demande ou la réconciliation » (art. 313) ; l'idée est alors que la conception de l'enfant est rendue peu probable par le conflit entre les époux (ce qui vient relativiser le maintien du devoir de fidélité jusqu'au prononcé définitif du divorce) ;

• Des *exceptions aux exceptions* permettent néanmoins de revenir au principe :

– le rétablissement de la présomption est « de plein droit » à la double-condition que la filiation n'ait pas déjà été établie à l'égard d'un tiers (cela découle du principe chronologique : le mari devra commencer par contester la paternité du tiers) et que l'enfant ait la possession d'état à l'égard du mari (sans qu'il soit *a priori* nécessaire de la faire constater par un acte de notoriété) ;

– en outre, la présomption de paternité peut être rétablie en justice mais à condition de prouver la paternité (art. 315 et 329, C. civ.), étant précisé que le mari peut toujours reconnaître l'enfant si aucune filiation avec un tiers n'est établie (art. 315).

b) La reconnaissance volontaire

Au regard du droit de la preuve, la reconnaissance s'apparente à un aveu : le déclarant avoue que l'enfant est le sien.

Dans un cas pratique, il faut identifier les conditions de la reconnaissance :

– elle doit être volontaire et d'un consentement non vicié (l'art. 458 du C. civ. prévoit que la reconnaissance d'un enfant demeure personnelle au majeur protégé) ;

– elle doit être faite « dans l'acte de naissance [...] ou par tout autre acte authentique » (art. 316, al. 3, C. civ.), comprenant l'identité et le domicile du déclarant ;

– elle peut être faite « avant ou après la naissance » (art. 316, al. 1er, C. civ.), sous réserve du principe chronologique, la reconnaissance étant en outre subsidiaire par rapport à l'établissement de la filiation par l'effet de la loi (ce qui explique que la reconnaissance de la maternité soit rare, puisque la maternité découle de l'inscription dans l'acte de naissance de la femme ayant accouché).

Soyez vigilant **:** il peut arriver qu'un conflit se fasse jour entre une reconnaissance prénatale et la déclaration de naissance, l'art. 336-1 du C. civ. prévoyant alors que le conflit de paternité soit immédiatement élevé par l'officier d'état civil, qui devra saisir le procureur de la République, ce qui est une exception au principe chronologique; cela jouera notamment en cas de reconnaissance prénatale par un tiers qui serait en conflit avec la présomption de paternité.

Une **procédure d'opposition** est ouverte lorsqu'il existe des « indices sérieux laissant présumer [...] que [la reconnaissance] est frauduleuse », l'officier de l'état civil devant saisir le procureur de la République à fin d'opposition, la décision étant susceptible d'appel et publiée (art. 316-1 et 316-2, C. civ.).

L'effet de la reconnaissance est l'établissement de la filiation à l'égard de celui qui la fait, avec tous les effets de la filiation, qui est irrévocable, rétroactive et personnelle (art. 316, C. civ.).

c) La possession d'état constatée par un acte de notoriété

La possession d'état est la filiation de fait : le droit, à certaines conditions, s'aligne sur cette réalité (comme en matière de possession des meubles, l'usage du mot « possession » dans les deux cas étant significatif). Elle a un domaine très large puisqu'elle concerne la paternité ou la maternité, dans ou hors mariage.

Les éléments constitutifs de la possession d'état sont prévus par l'art. 311-1, al. 1er du C. civ. : elle « s'établit par une réunion suffisante de faits qui révèlent le rapport de filiation et de parenté entre une personne et la famille à laquelle elle est dite appartenir ». Le texte énumère les « principaux faits » permettant de révéler un lien de filiation : le fait que les deux intéressés se traitent l'un l'autre comme parent et enfant, que la personne ait pourvu à l'éducation, l'entretien ou l'installation de l'enfant, que le lien soit reconnu dans la société et la famille ou par l'autorité publique, ou encore le port du nom. Les juges apprécient souverainement la suffisance de la réunion de ces différents éléments de fait, dont la preuve est apportée par tous moyens.

La possession d'état doit en outre présenter certaines qualités : selon l'art. 311-2 du C. civ., elle doit être continue (donc habituelle), paisible (donc non violente), publique (donc non dissimulée) et non équivoque (donc elle ne doit pas être douteuse). Ainsi, ces qualités font défaut lorsque le tiers avec lequel la mère a eu des relations sexuelles pendant la période légale de conception, ledit tiers ayant revendiqué sa paternité pendant la grossesse et assigné en contestation de paternité légitime dans les 6 mois de la naissance (Civ. 1re, 19 mars 2008, nº 07-11.573 ; v. aussi Civ. 1re, 7 nov. 2018, nº 17-26.445).

La possession d'état doit enfin être **constatée dans un acte de notoriété** : il s'agit, selon l'art. 317 du C. civ., d'une constatation officielle (par un notaire) de la possession d'état qui peut être demandée par les parents ou l'enfant dans les 5 ans de la cessation de la possession d'état (par ex. par décès), en rapportant la preuve de la possession d'état par trois témoins (et, le cas échéant, d'autres modes de preuve). Il s'agit d'un mode non-contentieux de l'établissement de la possession d'état, par ex. pour obtenir un bénéfice successoral.

En revanche il n'y a pas d'exigence d'acte de notoriété lorsque la possession d'état est contentieuse : en cas de litige relatif à la filiation, celui qui se prévaut de la possession d'état pour asseoir sa situation peut la prouver par tous moyens. Il en va de même en cas d'action en constatation de la possession d'état, qui peut être intentée par tout intéressé dans les 10 ans de la cessation de la situation, par ex. par décès (art. 330, C. civ.).

Une fois ses conditions réunies, la possession d'état a pour effet d'établir la filiation, même si elle était contraire à la réalité biologique ; elle peut aussi servir à consolider un titre, ce qui aura des incidences sur le délai de prescription de l'action en contestation.

2. L'établissement judiciaire

Subsidiairement à l'établissement extrajudiciaire, la filiation peut être établie judiciairement : il ne s'agit pas alors de contester la filiation mais de faire établir une filiation contre le gré du défendeur.

Diverses conditions sont posées aux actions aux fins d'établissement de la filiation :

– l'enfant doit être né vivant et viable (art. 318, C. civ.) car la filiation suppose la personnalité juridique de l'enfant ;

– la compétence est celle du tribunal judiciaire (art. 318-1, C. civ.) ;

– la qualité à agir appartient à l'enfant (art. 325, al. 2 et 327, al. 2, C. civ.) mais, pendant sa minorité, le parent à l'égard duquel la filiation est établie a qualité à agir pour exercer l'action en recherche de maternité ou de paternité (art. 328, al. 1er, C. civ.) ;

– l'action est dirigée « contre le parent prétendu ou ses héritiers », à défaut contre l'État ;

– le principe jurisprudentiel selon lequel « l'expertise biologique est de droit en matière de filiation, sauf motif légitime de ne pas y procéder » (Civ. 1re, 28 mars 2000, nº 98-12.806) s'applique (v. par ex. Civ. 1re, 8 janv. 2002, nº 99-14.195) ;

– la prescription est de 10 ans à compter de la naissance de l'enfant lorsqu'elle est introduite par son parent ; à défaut d'introduction de l'instance, le délai de 10 ans est suspendu pendant la minorité de l'enfant, en application du droit commun de la prescription ;

– il n'est pas possible de renoncer aux actions relatives à la filiation, qui sont donc indisponibles (art. 323, C. civ.).

Diverses actions sont envisageables :

– l'*action en recherche de paternité*, qui est la plus fréquente ; précisons que la possibilité de la rechercher est d'ordre public international français, ce qui justifie d'écarter la règle étrangère qui prohiberait une telle recherche (Civ. 1re, 27 sept. 2017, n° 16-19.654 : l'interdiction, en droit camerounais, d'une telle action en cas d'inconduite notoire ou de commerce de la mère avec un autre homme pendant la période de conception, doit être écartée car non conforme à l'intérêt de l'enfant) ;

– l'*action en recherche de maternité*, qui est assez rare, mais qui ne se heurte plus à une fin de non-recevoir en cas d'accouchement sous X ;

– l'*action en rétablissement de la présomption de paternité* évoquée *supra* ;

– l'*action en constatation de la possession d'état* de l'art. 330 du C. civ., à l'égard de laquelle la jurisprudence a décidé qu'il « ne peut y avoir lieu à prescription d'une expertise biologique » (Civ. 1re, 16 juin 2011, *Bull. civ.* I, n° 116).

L'action à fins de subsides

L'action à fins de subsides n'est pas à proprement parler une action relative à la filiation, même si elle est régie par le chapitre IV du titre VII du C. civ. Elle permet à la mère de bénéficier du soutien financier du père de l'enfant sans que soit établi le lien de filiation (ce qui signifie que l'enfant ne pourra bénéficier des effets de la filiation et n'aura notamment pas de vocation successorale).

L'art. 342 du C. civ. en pose le principe : « tout enfant dont la filiation paternelle n'est pas légalement établie, peut réclamer des subsides à celui qui a eu des relations avec sa mère pendant la période légale de conception », l'action pouvant être exercé pendant toute sa minorité et, si elle ne l'a pas été alors, dans les 10 ans suivant la majorité (car l'aide demandée peut exceptionnellement se poursuivre au-delà de la minorité), étant précisé que l'action est recevable même si le père ou la mère était, au moment de la conception, marié à un tiers et même en cas de relation incestueuse. Les subsides consistent en une pension versée selon les besoins de l'enfant, les ressources du débiteur et sa situation familiale (art. 342-2, C. civ.).

Le défendeur peut se défendre en excipant qu'il ne peut être le père de l'enfant, ce qu'il prouve par tous moyens. Les conditions procédurales des art. 327 s., étudiées *supra*, s'appliquent à cette action (art. 342-6).

D – La contestation de la filiation

Il faut bien saisir l'enjeu de la contestation de la filiation : en cas de succès de l'action, le lien de filiation est rétroactivement anéanti, ce qui entraîne la disparition de l'administration légale, de l'autorité parentale, de la vocation successorale, des obligations alimentaires, du port du nom (sous réserve du consentement de l'enfant majeur, selon l'art. 61-3, al. 2, C. civ.). Simplement, l'art. 337 du C. civ. offre à la juridiction qui accueille l'action en contestation de fixer des modalités de relation avec celui qui « perd » la filiation, sous réserve évidemment qu'il en aille de l'intérêt de l'enfant.

Les enjeux étant important, la contestation est nécessairement **judiciaire**, en ce qu'elle conduit à une **modification de l'état civil**.

Souvenez-vous également du **principe chronologique** découlant de l'art. 320 du C. civ. qui impose à toute personne souhaitant établir une filiation concurrente de celle existant déjà au profit de l'enfant de commencer par contester la filiation préexistante.

Certaines conditions des actions aux fins d'établissement judiciaire de la filiation, évoquées *supra*, s'appliquent à l'action en contestation : enfant né vivant et viable (art. 318, C. civ.) ; compétence du tribunal judiciaire (art. 318-1, C. civ.) ; l'expertise biologique qui y est de droit. Précisons en outre que l'art. 336 du C. civ. permet au ministère public de contester la filiation « si des indices tirés des actes eux-mêmes la rendent invraisemblable ou en cas de fraude à la loi » (c'est le fondement qui est utilisé par le ministère public pour contester la filiation en cas de gestation pour autrui notamment).

Cela dit, la matière est assez complexe et est un nid à cas pratique. Il vous faut bien identifier l'hypothèse : la filiation est-elle établie par un titre (1) ? par un titre corroboré par une possession d'état (2) ? par une possession d'état uniquement (3) ?

1. Première hypothèse : la filiation établie par un titre

La filiation est ici établie par un titre uniquement (on parle parfois de titre nu, car non corroboré) : ainsi du père qui reconnaît l'enfant à sa naissance mais qui s'en désintéresse et ne se comporte pas comme un père. Une telle situation fait douter du lien de filiation.

a) Qui a qualité à agir ?

L'art. 334 du C. civ. ouvre assez largement l'action en contestation dans cette hypothèse : l'action « peut être engagée par toute personne qui y a un intérêt ». Par ex., l'ancienne épouse de l'auteur d'une reconnaissance a un intérêt à agir car la reconnaissance a une incidence sur la pension alimentaire que lui doit son ancien mari (Civ. 1re, 7 janv. 1992, n° 90-10.192), de même que la grand-mère qui se trouve privée de toute relation normale avec sa petite-fille (Civ. 1re, 15 mai 2001, n° 99-17.272).

b) Quel est le délai d'action ?

L'art. 334 prévoit qu'en présence d'un titre nu, l'action est engagée dans le délai prévu à l'art. 321, lequel prévoit une prescription de 10 ans à compter du jour où la personne a été privée de l'état qu'elle réclame ou a commencé à jouir de l'état qui lui est contesté : il s'agira de la naissance le plus souvent, la prescription étant suspendue à l'égard de l'enfant pendant sa minorité (en application des règles de transitoire, le délai de 10 ans s'applique aux prescriptions non échues avant l'entrée en vigueur du texte le 1er juill. 2006, sans excéder la durée restant à courir : Civ. 1re, 6 mars 2013, *Bull. civ.* I, n° 37).

c) Que faut-il prouver ?

Celui qui conteste la filiation devra prouver soit que la filiation n'existait pas (ainsi de celui qui conteste la filiation de l'un des autres prétendants à une succession) ou qu'une autre filiation existe (par ex. lorsque le prétendu père actionne le père dont la filiation est actuellement établie).

2. Deuxième hypothèse : la filiation établie par un titre corroboré par une possession d'état

Cette fois, la filiation est établie par un titre qui s'accompagne d'une réalité sociologique puisqu'une possession d'état est qualifiée. Contrairement au cas précédent, la filiation n'est alors pas en soi douteuse ou, du moins, la vérité affective et sociologique est bien présente. C'est pourquoi l'action est plus difficile à engager.

a) Qui a qualité à agir ?

Cette fois, l'action est attitrée, c'est-à-dire qu'il ne suffit pas d'avoir intérêt à agir (art. 31, C. pr. civ.) mais qu'il faut aussi une qualité spécifique : l'art. 333, al. 1er du C. civ. limite l'action à « l'enfant, l'un de ses père et mère ou celui qui se prétend le parent véritable » et le ministère public. Ainsi, le légataire universel (donc celui auquel le testateur a légué tous ses biens par testament), dès lors qu'il n'est pas un héritier (car les héritiers peuvent agir en vertu de l'art. 322, C. civ.), n'a pas qualité à agir en contestation d'une filiation par titre corroboré (Civ. 1re, 2 avr. 2014, n° 13-12.480).

D'un point de vue procédural, la jurisprudence a précisé que l'action doit être dirigée contre le père dont la filiation est contestée et contre l'enfant, à peine d'irrecevabilité, ce qui empêche l'interruption de la prescription (Civ. 1re, 1er févr. 2017, n° 15-27.245).

b) Quel est le délai d'action ?

Les textes posent **deux délais** :

– un délai de *prescription* : l'art. 333, al. 1er du C. civ. prévoit que lorsque la possession d'état est conforme au titre, « l'action se prescrit par 5 ans à compter du jour où la possession d'état a cessé ou du décès du parent dont le lien de filiation est contesté » ;

– un délai de *forclusion* : l'art. 333, al. 2 du C. civ. prévoit que « nul, à l'exception du ministère public, ne peut contester la filiation lorsque la possession d'état conforme au titre a duré au moins 5 ans depuis la naissance ou la reconnaissance, si elle a été faite ultérieure » ; ce délai n'est pas susceptible de suspension en application de l'art. 2234 du C. civ. car il s'agit d'un délai de forclusion et non de prescription, qui court donc même contre le mineur (Civ. 1re, 15 janv. 2020, nº 19-12.348).

L'action est donc enfermée dans un **triple délai** :

– si la possession d'état conforme au titre a duré 5 ans, la filiation est inattaquable (sauf, évidemment, à contester la possession d'état : v. par ex. Civ. 1re, 15 mai 2013, nº 11-27.125) ;

– si la possession d'état conforme au titre a duré moins de 5 ans, l'action en contestation se prescrit par 5 ans à compter de la fin de la possession d'état ;

– néanmoins, dans le second cas, l'action se prescrit par 10 ans à compter du titre (art. 334 et 321 du C. civ.).

Il s'agit de faire primer la réalité sociologique, ce qui ne saurait céder face à l'intérêt de l'enfant (Civ. 1re, 1er févr. 2017, nº 15-27.245), de même que l'intérêt de l'enfant ne saurait conduire à refuser l'action en contestation exercée dans les délais (Civ. 1re, 7 nov. 2018, nº 17-26.445). Le texte a été jugé conforme à la Constitution (Civ. 1re, 24 févr. 2011, nº 10-40.068) et l'atteinte au droit au respect de la vie privée et familiale a été jugée proportionnée au regard du but légitime de protection des droits et libertés des tiers ainsi que la sécurité juridique (Civ. 1re, 6 juill. 2016, nº 15-19.853) ; il n'en demeure pas moins que le contrôle de proportionnalité exercé *in concreto* pourrait, au cas par cas, être utilisé par la jurisprudence pour remettre en question la règle de forclusion (pour un ex. de refus de proportionnalité pour la personne ayant bénéficié d'un délai de 45 ans, dont 27 ans à compter de la majorité, v. Civ. 1re, 2 déc. 2020, nº 19-20.279).

L'**interruption des délais** se fait selon les règles du droit commun de la prescription, le cas d'interruption le plus fréquent étant la demande en justice (v. par ex. Civ. 1re, 1er févr. 2017, nº 15-27.245).

c) Que faut-il prouver ?

Si l'action est exercée dans les délais, le demandeur devra prouver, comme dans le cas précédent, son propre lien biologique avec l'enfant ou l'absence du lien de filiation contesté. En revanche, l'action exercée en dehors du délai de prescription ou du délai de forclusion est irrecevable, même si le demandeur est biologiquement le parent de l'enfant.

3. Troisième hypothèse : la filiation établie par une possession d'état

Même si la possession d'état correspond à une filiation sociologique, elle ne saurait céder, lorsqu'elle est suffisamment ancienne, face à la réalité biologique : le droit de la filiation privilégie alors la réalité du lien affectif sur la réalité biologique. Il n'en demeure pas moins que la possession d'état a plus ou moins de force selon qu'elle a été constatée dans un acte de notoriété – qui est plus facile à établir, et donc moins protégé – ou dans une décision de justice.

a) Qui a qualité à agir ?

L'action est largement ouverte :

– lorsque la possession d'état est constatée dans un acte de notoriété, l'art. 335 du C. civ. ouvre l'action en contestation à « toute personne qui y a intérêt » ;

– les textes n'envisageant pas spécialement le cas de la possession d'état constatée dans une décision de justice, il faut appliquer le droit commun de la procédure civile : la tierce opposition à un jugement peut être formée par toute personne dont les intérêts sont lésés par la décision ; il faut simplement qu'il s'agisse d'un tiers à l'instance ayant conduit au jugement, car dans le cas contraire l'intéressé pourra se voir opposer la fin de non-recevoir tirée de l'autorité de la chose jugée (art. 583, C. pr. civ.).

b) Quel est le délai d'action ?

Lorsque la possession d'état est constatée dans un acte de notoriété, l'art. 335 du C. civ. dispose que la prescription est de 10 ans à compter de la délivrance de l'acte (l'ord. du 4 juill. 2005 prévoyait un délai de 5 ans, porté à 10 ans par la loi de ratification du 16 janv. 2009 ; dès lors, en application des règles de droit transitoire, le délai commencé entre ces deux dates est augmenté pour être porté à une durée totale de 10 ans).

Les choses sont plus incertaines lorsque la possession d'état est constatée dans une décision de justice : l'art. 586, al. 1er du C. pr. civ. prévoit, de manière générale que « la tierce opposition est ouverte à titre principal pendant 30 ans à compter du jugement à moins que la loi n'en dispose autrement » ; par exception, l'art. 324, al. 1er du C. civ. dispose que « les jugements rendus en matière de filiation sont opposables aux personnes qui n'y ont point été parties », lesquelles « ont le droit d'y former tierce opposition dans le délai mentionné à l'article 321 », soit le délai de 10 ans. L'on peut s'interroger sur le point de départ : s'agit-il de la date à laquelle la décision est passée en force de chose jugée (en application des principes de procédure civile) ou de la date du début de la possession d'état ? L'on pourrait encore considérer que la décision constitue un titre au sens de l'art. 334 du C. civ. (ce qui ferait retomber dans la première hypothèse évoquée *supra*). Si ces débats ne sont pas tranchés, l'on peut estimer, par une interprétation téléologique, que la faveur à la réalité sociologique doit conduire à retenir le début de la possession d'état comme point de départ.

c) Que faut-il prouver ?

Celui qui conteste la filiation doit prouver que la possession d'état ne remplit pas les conditions requises pour établir le lien de filiation.

Peut-il prouver que la possession d'état ne correspond pas à la réalité biologique en demandant une expertise biologique ? On sait qu'une telle expertise est « de droit » en matière de filiation mais la doctrine s'interroge sur la contradiction entre la réalité sociologique promue par la possession d'état et la réalité biologique que permettrait d'assurer l'expertise biologique.

Il ne semble pas y avoir pour l'instant de décision de justice admettant ou rejetant l'expertise (alors que pour ce qui est de l'établissement de la possession d'état, l'exigence est clairement rejetée par Civ. 1re, 16 juin 2011, nº 08-20.475).

Filiation et transidentité

On se souvient de la simplification considérable de la procédure de changement de sexe opérée en 2016. Cela a permis de faire émerger une nouvelle question : la personne transgenre homme devenue femme par modification de la mention de son sexe dans les actes de l'état civil mais qui procrée avec son épouse au moyen de ses gamètes mâles peut-elle être déclarée comme mère de l'enfant ?
La cour d'appel le refusa mais accepta d'inscrire cette personne comme « parent biologique ». L'arrêt fut cassé (Civ. 1re, 16 sept. 2020, nº 18-50.080) : la Cour juge que « la loi française ne permet pas de désigner, dans les actes de l'état civil, le père ou la mère de l'enfant comme "parent biologique" ». En outre, elle estime que la personne transgenre qui procrée avec ses gamètes mâles peut reconnaître sa filiation mais uniquement en ayant recours aux modes d'établissement réservées au père. Il n'est pas certain que la solution soit conforme à la Conv. EDH.

II/ Deuxième hypothèse : la filiation adoptive

L'adoption consiste en l'établissement d'un lien de filiation entre un ou deux adultes et un enfant qui leur est biologiquement étranger ; ce lien peut venir remplacer le lien biologique (c'est l'adoption plénière) ou simplement s'y ajouter (c'est l'adoption simple). L'adoption est strictement encadrée (v. par ex. Civ. 1re, 6 mars 2013, nº 12-17.183 : l'adoption [simple] par un grand-parent n'est pas conforme à l'intérêt de l'enfant car elle constituerait un bouleversement anormal de l'ordre familial et nierait l'existence du parent biologique ; comp. Civ. 1re, 16 déc. 2020, nº 19-22.101 : l'adoption intra-familiale, par ex. d'un neveu par son oncle, est possible en droit français et n'est pas contraire à l'ordre public international dès lors que les adoptés ne sont pas nés d'un inceste). Dans un cas pratique, il vous faut vous interroger sur les conditions (A) et les effets (B) de l'adoption.

A – Quelles sont les conditions de l'adoption ?

Avant de distinguer l'adoption plénière et l'adoption simple (2), il convient de présenter les conditions communes (1).

1. Les conditions communes

Une précision quant à la structure du Code : les règles communes sont posées dans le chapitre relatif à l'adoption plénière, l'art. 361 du C. civ. procédant par renvoi pour ce qui est de l'adoption simple.

Certaines conditions doivent être vérifiées dans tous les cas d'adoption, qui tiennent au fond (a) et à la procédure (b).

a) Les conditions de fond

Il vous faut déjà vérifier que le ou les adoptants présentent certaines qualités :

– pour ce qui est de l'*adoptant seul*, il faut distinguer :
  - en principe, il doit avoir 28 ans minimum (art. 343-1, C. civ.) et il doit avoir au moins 15 ans de plus que l'adopté (art. 344, al. 1er, C. civ.), sauf justes motifs (al. 2) ;
  - une exception est prévue en cas d'adoption de l'enfant du conjoint : il n'y a plus alors de condition d'âge de l'adoptant (art. 343-2, C. civ.) et la différence d'âge avec l'adopté est ramenée à 10 ans (art. 344, al. 1er, C. civ.) ;

– lorsque l'*adoptant seul* est marié et non séparé de corps, il ne peut adopter qu'avec le consentement de son conjoint, sauf impossibilité de ce dernier de manifester sa volonté (art. 343-1, C. civ.), étant précisé que le consentement du conjoint n'en fait pas un adoptant, la filiation n'étant établi qu'à l'égard de l'adoptant ;

– pour ce qui est de l'adoption par *plusieurs adoptants* :
  - le principe est celui de l interdiction : « nul ne peut être adopté par plusieurs personnes » (art. 346, al. 1er, *in limine*, C. civ.) ;
  - une exception est réservée aux « époux » (art. 346, al. 1er, *in fine*, C. civ.), ce qui ne vise que les couples mariés ; il faut que les deux époux soient mariés et non séparés de corps, que le mariage ait duré au moins 2 ans ou qu'ils soient âgés l'un et l'autre de plus de 28 ans ; en conséquence, le Pacs ou le concubinage ne permettent pas une adoption conjointe, ce qui a été déclaré conforme à la Constitution (Cons. const. 6 oct. 2010, n° 2010-39 QPC) ; tout mariage bénéficie en revanche de la règle, ce qui permet au couple homosexuel marié d'adopter (ce qui a été validé par Cons. const. 17 mai 2013, n° 2013-669 QPC).

Certaines conditions sont également relatives à l'**adopté** :

– l'art. 347 du C. civ. distinguant trois « catégories » :
  - 1° peuvent être adoptés « les enfants pour lesquels les père et mère ou le conseil de famille ont valablement consenti à l'adoption » (art. 348 s., C. civ.) : il faut le double-consentement des parents (même si l'un des deux n'a pas l'autorité parentale : art. 377-3, C. civ.), devant un notaire ou un agent diplomatique ou consulaire (art. 348-3, al. 1er, C. civ.), le consentement pouvant être rétracté dans les 2 mois (al. 2) ; le consentement ne peut être donné par un seul parent que si l'autre est décédé, est dans l'impossibilité de manifester sa volonté ou a perdu ses droits d autorité parentale (art. 348, al. 2, C. civ.) ou encore, évidemment, lorsqu un seul parent a un lien de filiation avec l'enfant (pour rappel, l'arrêt Civ. 1re, 7 avr. 2006, n° 05-11.285, *Benjamin* a posé qu'en cas d'accouchement sous X, le père pouvait reconnaître l'enfant, ce qui lui permet de s'opposer à l'adoption de ce dernier par un tiers) ; lorsque les deux parents sont décédés, hors d'état de manifester leur volonté ou ont perdu leurs droits d'autorité parentale,

ou encore lorsque la filiation de l'enfant n'est pas établie, le consentement à l'adoption est exprimé par le conseil de famille ; enfin, le refus de consentement peut être déclaré abusif en cas de désintérêt de l'enfant « au risque d'en compromettre la santé ou la moralité » (art. 348-6, al. 1er du C. civ.) ;

- 2° peuvent être adoptés « les *pupilles de l'État* » :
  - ○ l'art. L. 224-4 du CASF envisage six hypothèses d'admission en cette qualité, à savoir 1° les enfants dont la filiation n'est pas établie ou inconnue qui ont été recueillis depuis plus de 2 mois, 2° les enfants ayant une filiation mais remis au service de l'aide sociale à l'enfance par les personnes ayant qualité à consentir à l'adoption, 3° les enfants ayant une filiation mais qui ont été remis depuis plus de 6 mois par le père ou la mère sans manifestation de volonté de l'autre parent d'assumer la charge, 4° les orphelins sans tutelle, 5° les enfants dont les parents se sont vu retirer l'autorité parentale, et 6° les enfants recueillis,
  - ○ l'admission en qualité de pupille de l'État est prise par arrêté du président du conseil départemental (art. L. 224-8, CASF), un recours (devant les tribunaux judiciaires) étant ouvert aux parents de l'enfant (sauf abandon ou retrait total de l'autorité parental), aux membres de la famille, au père de naissance ou aux membres de la famille du père ou de la mère de naissance et à toute personne ayant assuré la garde de droit ou de fait de l'enfant (art. L. 224-8, CASF) ;
- 3° peuvent être adoptés « les enfants déclarés abandonnés » : cela renvoie à la procédure de délaissement des art. 381-1 et 381-2, qui concerne l'enfant avec lequel les parents « n'ont pas entretenu [...] les relations nécessaires à son éducation ou à son développement pendant l'année qui précède l'introduction de la requête, sans que ces derniers en aient été empêchés pour quelque cause que ce soit » ; la personne, l'établissement ou le service départemental de l'aide à l'enfance qui a recueilli l'enfant doit saisir le tribunal judiciaire, après proposition de mesures de soutien aux parents, sauf si, dans le délai d'un an, un membre de la famille a demandé à assumer la charge de l'enfant et que cela apparaît conforme à l'intérêt de l'enfant (art. 381-2, al. 3, C. civ.) ; le fait pour les parents de rétracter le consentement à l'adoption, de demander des nouvelles et d'exprimer la volonté de reprendre l'enfant sans que cela soit suivi d'actes ne suffit pas à empêcher la procédure d'être menée à son terme (art. 381-2, al. 1er, C. civ.) ; le jugement de délaissement emporte transfert de l'autorité parentale à la personne auquel l'enfant est confié (art. 381-2, al. 5, C. civ.) ;

– l'enfant doit en outre donner son consentement s'il est âgé de plus de 13 ans (art. 345, al. 3 et art. 361, C. civ.).

b) La procédure

Parce que l'adoption est un acte grave, elle est essentiellement judiciaire et est spécialement envisagée par les art. 1166 s. du C. pr. civ. :

– selon l'art. 1166 du C. pr. civ., la **compétence** est celle du tribunal judiciaire (compétence matérielle) du lieu où demeure le requérant, du lieu où demeure l'adopté si le requérant demeure à l'étranger ou du tribunal de leur choix lorsque les deux demeurent à l'étranger (compétence territoriale);

– il s'agit d'une action en **matière gracieuse** et non contentieuse (art. 1167, C. pr. civ.), sauf exceptions par ex. en cas de refus des parents de consentir à l'adoption de l'enfant;

– la demande prend la forme d'une **requête** déposée par **l'adoptant**, l'intervention étant réservée aux tiers ayant un intérêt légitime à le faire (par ex., pour un refus d'intervention d'une association s'opposant à une adoption au sein d'un couple homosexuel, v. Civ. 1re, 16 mars 2016, n° 15-10.577); la requête doit préciser « si la demande tend à une adoption plénière ou à une adoption simple » (art. 1169, C. pr. civ.);

– le rôle du juge est de vérifier que les conditions légales de l'adoption sont réunies, pouvant pour le vérifier faire procéder à des enquêtes ou examens médicaux (art. 1171, al. 1er, C. pr. civ.);

– il faut solliciter l'avis du ministère public (art. 1170, C. pr. civ.), ce qui lui permet d'avoir notamment connaissance des cas d'adoption en matière de gestation pour autrui;

– l'affaire est instruite et débattue en **chambre du conseil** (art. 1170, C. pr. civ.), ce qui est classique en matière gracieuse (à la différence de la procédure contentieuse);

– le jugement est rendu publiquement (art. 1174, C. pr. civ.) et, une fois passé en force de chose jugée, est transcrit à l'état civil à la requête du procureur de la République; le tribunal peut, avec l'accord du requérant, prononcer l'adoption simple même s'il est saisi d'une demande en adoption plénière (art. 1173, C. pr. civ.); le jugement est susceptible d'appel par les parties ou de tierce opposition en cas de dol ou de fraude de la part des adoptants (art. 353-2, al. 1er, C. civ.).

2. Les conditions spéciales selon le type d'adoption

L'adoption n'a pas la même portée ni le même rôle selon les cas :

– l'adoption plénière a pour objet de substituer à la filiation d'origine une filiation nouvelle, étant « calquée » sur la filiation naturelle; elle est souvent faite par des personnes qui ne peuvent procréer;

– l'adoption simple vient en revanche se surajouter à la filiation d'origine, sans la détruire; elle poursuit parfois une finalité successorale ou de consolidation d'une réalité factuelle, par ex. lorsque le conjoint adopte simplement l'enfant de l'autre.

On comprend ainsi que les conditions de l'adoption plénière (a) soient plus rigoureuses que celles de l'adoption simple (b).

a) Dans le cas de l'adoption plénière

Outre les conditions communes (qui sont expressément prévues dans le chapitre relatif à l'adoption plénière), les textes prévoient des règles spécifiques en raison de la gravité de l'adoption plénière :

– certaines conditions sont relatives à l'**adopté** :

- son *âge* doit être de moins de 15 ans (art. 345, al. 1er, C. civ.) ; par exception, il est admis que l'enfant accueilli antérieurement alors que les personnes ne remplissaient pas les conditions légales d'adoption ou avait été adopté simplement puisse faire l'objet d'une adoption plénière (al. 2) ;
- l'enfant âgé de plus de 13 ans doit *consentir* à l'adoption plénière ;
- l'enfant doit avoir été *placé* auprès des adoptants depuis plus de *6 mois* (art. 345, al. 1er, C. civ.) ;
- l'adoption plénière de l'enfant du conjoint n'est admise que si l'enfant n'a de lien (naturel ou adoptif) qu'avec le conjoint ou si l'autorité parentale a été retirée à l'autre parent ou lorsque l'autre parent est décédé sans laisser d'ascendants au premier degré (= les grands-parents de l'enfant) ou lorsque lesdits ascendants se désintéressent de l'enfant (art. 345-1, C. civ.) ; le terme « conjoint » montre que seuls les époux mariés en bénéficient, ce qui inclut les époux homosexuels ;

– il faut en outre un **agrément administratif** donné par le président du conseil départemental après avis d'une commission spécifique, agrément donné pour 5 ans (art. L. 225-2, CASF ; art. 353-1, C. civ.) ; le refus d'agrément peut être contesté devant les juridictions administratives (v. ainsi CEDH 22 janv. 2008, req. n° 43546/02, *E.B c/ France* : le refus de délivrance fondé sur l'orientation sexuelle du requérant viole l'art. 14 de la Conv. EDH).

b) Dans le cas de l'adoption simple

Outre les conditions communes (auxquelles renvoie l'art. 361, C. civ.), les art. 360 s. du C. civ. apportent des précisions quant aux conditions de l'adoption simple :

– elle est permise **indépendamment de l'âge de l'adopté** (art. 360, al. 1er, C. civ.), étant précisé (conformément au droit commun) que l'adopté de plus de 13 ans doit consentir à l'adoption (al. 4) ;

– elle est permise pour un **enfant qui a déjà fait l'objet d'une adoption plénière**, en présence de motifs graves (art. 360, al. 2, C. civ.) ; de même, l'enfant déjà adopté en forme simple ou plénière peut être adopté une seconde fois en forme simple par le conjoint (al. 3).

B – Quels sont les effets de l'adoption ?

L'adoption a toujours pour effet de conférer une filiation nouvelle inscrite à l'état civil de l'enfant. Cela dit, les effets sont différents selon que l'adoption est plénière (1) ou simple (2).

1. L'adoption plénière

L'adoption plénière produit des effets importants puisqu'elle emporte destruction de la filiation d'origine (a), à laquelle est substituée une filiation nouvelle (b).

La rigueur des effets est complétée par le **caractère irrévocable** de l'adoption (art. 359, C. civ.) ; d'ailleurs, une nouvelle adoption n'est envisageable qu'en cas de décès de l'adoptant (art. 346, al. 2, C. civ. ou, pour ce qui est de l'adoption simple, en présence de motifs graves selon l'art. 360, al. 2, évoqué *supra*).

a) La destruction de la filiation d'origine

Le principe est l'anéantissement de la filiation d'origine : « l'adopté cesse d'appartenir à sa famille par le sang » (art. 356, al. 1er, C. civ.), ce qui se traduit par l'annulation de l'acte de naissance (art. 354, al. 5, C. civ. ; en revanche, ne commet pas une faute l'officier d'état civil qui délivre un acte de naissance faisant mention de l'adoption, à défaut de secret de l'adoption imposé par la loi : Civ. 1re, 31 mars 2016, no 15-13.147 ; il n'en demeure pas moins que les modalités d'établissement de la filiation relèvent de la sphère de la vie privée à l'égard des tiers : Civ. 1re, 18 oct. 2017, no 16-19.740). L'adoption produit effet rétroactivement au jour du dépôt de la requête en adoption (art. 355, C. civ.). Dès lors, l'action en recherche de paternité est irrecevable, l'atteinte au droit au respect de la vie privée étant justifiée et proportionnée au regard de la sécurité juridique et de la stabilité nécessaire des liens de filiation adoptifs (Civ. 1re, 14 oct. 2020, no 19-15.783).

Une **limite** est posée : les **empêchements à mariage** existant entre l'adopté et les membres de sa famille d'origine sont maintenus (art. 356, al. 1er, C. civ.).

Une exception est en outre prévue pour l'adoption de l'enfant du conjoint, qui laisse subsister la filiation à son égard, produisant ainsi les effets d'une filiation faite par deux époux (art. 356, al. 2, C. civ.). Les conditions spécifiques à cette hypothèse ont été envisagées *supra*.

b) La création d'une filiation nouvelle

L'adoption plénière emporte les effets habituels de la filiation : selon l'art. 358 du C. civ., « l'adopté a, dans la famille de l'adoptant, les mêmes droits et les mêmes obligations qu'un enfant dont la filiation est établie » par filiation naturelle. Il bénéficiera notamment des obligations alimentaires, de l'autorité parentale et de l'administration légale, de la vocation successorale, etc.

Un texte spécifique vient préciser le régime de la **transmission du nom** de l'adoptant à l'adopté, qui est de principe (art. 357, al 1er) avec, en cas d'adoption de l'enfant du conjoint ou d'adoption par deux époux, la possibilité de choisir le nom de l'un d'eux ou leurs deux noms accolés, dans la limite d'un nom pour chacun d'eux (al. 2), le choix ne pouvant être fait qu'une fois (al. 3) et, à défaut, l'enfant prenant les deux noms accolés dans l'ordre alphabétique (al. 4), avec application de la règle de l'unité au sein de la fratrie (al. 5) ; si les adoptants portent un double nom de famille, ils peuvent ne transmettre qu'un nom à l'adopté (al. 6) ; enfin, sur demande de l'adoptant, le tribunal peut modifier les prénoms de l'adopté (al. 7).

2. L'adoption simple

À la différence de l'adoption plénière, et parce que ses effets sont moins graves, **l'adoption simple est révocable** : l'art. 370 l'admet en cas de « motifs graves », à la demande de l'adopté ou de l'adoptant lorsque l'enfant est majeur, et du ministère public lorsque l'enfant est mineur. La décision qui ordonne la révocation doit être motivée (art. 370-1, al. 1er, C. civ.) et mentionnée à l'état civil (al. 2). La révocation emporte cessation des effets de l'adoption, sauf en ce qui concerne la modification des prénoms (art. 370-2, C. civ.).

Cela précisé, l'adoption simple conduit à la création d'un second lien de filiation (a) qui, s'il semble prééminent, ne se substitue pas au lien d'origine (b).

a) L'ajout d'une filiation nouvelle

L'enfant qui fait l'objet d'une adoption simple dispose d'une nouvelle filiation qui s'ajoute à la précédente :

– le nom de l'adoptant est ainsi ajouté au nom de l'adopté, sous réserve du consentement de ce dernier s'il est majeur (art. 363, al. 1er), dans la limite d'un nom par parent, le conflit étant résolu par la mention du premier nom de l'adoptant suivi du premier nom de l'adopté (al. 2), sauf le jeu de l'ordre alphabétique pour l'adoption par deux époux (al. 3), le juge pouvant être saisi par l'adoptant d'une demande en port du seul nom de l'adoptant ou, lors de l'adoption de l'enfant du conjoint, du maintien du nom d'origine (al. 4) ;

– le changement de nom de l'adopté vaut aussi pour les **descendants de l'adopté** : l'art. 366, al. 1er du C. civ. prévoit en effet que « le lien de parenté résultant de l'adoption s'étend aux enfants de l'adopté », ce qui a été étendu par la jurisprudence en matière de nom (Civ. 1re, 8 oct. 2008, no 07-18.811) ;

– l'adoption crée des **empêchements à mariage** avec la famille de l'adoptant (art. 366, al. 2, C. civ.), même si une dispense peut être donnée par le président de la République pour causes graves au mariage avec les autres enfants de l'adoptant (al. 3) ;

– l'adoptant est investi de l'**autorité parentale** ainsi que l'administration légale (art. 365, C. civ.) ;

– l'adoption crée également une **obligation alimentaire réciproque** entre l'adoptant et l'adopté, l'obligation de la famille d'origine devant subsidiaire (art. 367, C. civ.) ;

– l'adoption crée une **vocation successorale** de l'adopté dans la famille de l'adoptant (art. 368, al. 1er, C. civ.), sans pour autant être réservataire en cas de concurrence avec les ascendants (al. 2) ; réciproquement, la famille de l'adoptant hérite pour moitié de l'adopté (art. 368-1, al. 2, C. civ.), tout en reprenant les biens transmis à l'adopté (al. 1er).

b) Le maintien de la filiation d'origine

Le principe est clairement posé dans l'art. 364, al. 1er du C. civ. : « l'adopté reste dans sa famille d'origine et y conserve tous ses droits ». Ainsi :

– il conserve sa **vocation héréditaire** (art. 364, al. 1er, C. civ.) ; réciproquement sa famille d'origine a vocation à recevoir la moitié de ses biens (art. 368-1, C. civ.) ;

– les **empêchements à mariage** sont maintenus (art. 364, al. 2, C. civ., qui renvoie aux art. 161 à 164) ;

– l'**obligation alimentaire** est maintenue mais seulement à titre subsidiaire (art. 367, C. civ.).

L'adoption simple à fins successorales ?

Puisque l'adoption simple a notamment des conséquences successorales, il arrive que des litiges viennent opposer les enfants naturels et les enfants adoptifs, les premiers agissant pour adoption frauduleuse pour éviter d'être privés d'une partie de la vocation successorale.

La jurisprudence considère que l'adoption simple ne peut avoir une simple finalité successorale, exigeant que soit vérifiée la réalité d'une relation filiale entretenue entre l'adoptant et l'enfant (v. ainsi Civ. 1re, 10 févr. 2016, n° 14-23.326 : l'adoption est non frauduleuse car l'intéressé a certes procédé à l'adoption en fin de vie mais entretenait des liens depuis plus de 30 ans avec l'adopté ; *contra* Civ. 1re, 8 mars 2017, n° 16-13.666 : l'adoptant souhaitait adopter la petite-fille de son épouse, ce qui est jugé contraire à la finalité de l'adoption).

En somme, même si l'adoption simple est parfois faite à fins successorales, il faut qu'elle corresponde à une réalité filiale pour ne pas être frauduleuse.

III/ Troisième hypothèse : la filiation en cas d'assistance médicale à la procréation

Il convient de commencer par identifier ce qu'est l'assistance médicale à la procréation (A) avant d'envisager ses incidences en matière de filiation (B).

A – Qu'est-ce que l'assistance médicale à la procréation ?

L'AMP est encadrée non seulement quant à ses techniques (1) que quant à ses bénéficiaires (2).

1. Quelles sont les techniques autorisées ?

L'art. L. 2141-1, al. 1er du CSP définit l'assistance médicale à la procréation (AMP) comme « des pratiques cliniques et biologiques permettant la conception *in vitro*, la conservation des gamètes, des tissus germinaux et des embryons, le transfert d'embryons et l'insémination artificielle », le texte rappelant la nécessité de respecter les principes fondamentaux de la bioéthique découlant des art. 16 s. du C. civ.

L'AMP peut recourir à plusieurs techniques :

– elle peut être *endogène*, donc se faire au sein du couple : il en va ainsi en cas d'insémination artificielle *in utero* ou de fécondation *in vitro* ;

– elle peut être *exogène*, par recours aux gamètes d'un tiers donneur : l'art. L. 2141-7 du CSP ne l'admet que « s'il existe un risque de transmission d'une maladie de particulière gravité à l'enfant ou à un membre du couple, lorsque les techniques d'assistance médicale à la procréation au sein du couple ne peuvent aboutir ou lorsque le couple, dûment informé, [...] renonce à une assistance médicale à la procréation au sein du couple » ; dans cette hypothèse, le consentement du couple demandeur doit être donné dans des conditions garantissant le secret devant un notaire (art. L. 2141-10, al. 7, CSP), de même que le tiers donneur doit donner son consentement, accompagné de celui de la personne avec qui il est en couple (art. L. 1244-2, al. 1er, CSP) ; le don de gamètes est gratuit (art. 16-6 du C. civ.) et anonyme (art. 16-8, C. civ. et art. L. 1211-5, CSP) ; le don d'embryon est plus encadré encore, supposant l'expression du consentement devant notaire (art. L. 2141-6, al. 2), avec là encore anonymat (al. 3) et gratuité (al. 5).

Certaines techniques sont **prohibées** : il en va ainsi de la gestation pour autrui et du clonage (art. 16-4, al. 3, C. civ.).

La **finalité** de l'AMP est envisagée dans l'art. L. 2141-2, al. 1er du CSP : elle « a pour objet de remédier à l'infertilité d'un couple ou d'éviter la transmission à l'enfant ou à un meuble du couple d'une maladie d'une particulière gravité », étant précisé que « le caractère pathologique de l'infertilité doit être médicalement diagnostiqué ». L'un des enjeux de la loi bioéthique encore en discussion à l'heure où ces lignes sont écrites est d'ouvrir cette finalité en admettant que l'AMP « est destinée à répondre à un projet parental » (selon la formule votée en 2e lecture à l'Assemblée), l'accès à l'AMP étant ouvert aux couples de femme.

2. Qui peut en bénéficier ?

En l'état du droit positif, l'accès à l'AMP, prévu par l'art. L. 2141-2 du CSP est assez restreint :

– l'accès est réservé aux **couples** : il peut s'agir d'époux, de partenaires ou de concubins ; cela signifie qu'en l'état du droit positif, l'AMP n'est pas ouverte aux femmes seules (en attendant l'adoption de la loi bioéthique en discussion) ;

– l'accès est réservé aux **couples hétérosexuels** : le texte vise « l'homme et la femme », ce qui découle de la finalité thérapeutique de l'AMP ; cela signifie qu'en l'état du droit positif, l'AMP n'est pas ouverte aux couples homosexuels (en attendant l'adoption de la loi bioéthique en discussion) ;

– les époux doivent être **en âge de procréer** : le Conseil d'État fait ainsi référence à l'avis de l'Agence de la biomédecine qui fixe l'âge maximum à 59 ans révolus (CE 17 avr. 2019, n° 420468) :

– les époux doivent être **vivants** : l'insémination ou le transfert d'embryons est rendu impossible en cas de décès de l'un des membres du couple (le principe est répété à l'art. 311-20, C. civ.) ; néanmoins, le Conseil d'État accepte de contrôler la proportionnalité de l'atteinte par cette règle au droit au respect de la vie privée et familiale, en admettant l'AMP *post mortem* faite à l'étranger alors que les époux avaient, avant le décès du mari, entamé la procédure d'exportation des gamètes vers l'Espagne où l'épouse allait s'installer (CE, ass., 31 mai 2016, n° 396848, *Gonzalez Gomez*), refusant en revanche d'appliquer la solution lorsque la veuve ne justifie pas de liens avec le pays d'exportation (CE 28 févr. 2020, n° 438852 ; CE 24 janv. 2020, n° 437328) ;

– il faut que soit établie une **communauté de vie** : la procédure s'arrête en cas d'introduction d'une demande en divorce ou en séparation de corps ou en cas de cessation de la communauté de vie (v. ainsi Civ. 1re, 14 oct. 2019, n° 19-12.373 : les époux avaient procédé à une AMP à l'étranger en raison de leur âge mais s'étaient séparés avant l'insémination, qui a tout de même eu lieu ; la mère exerce une action en recherche de paternité qui est jugée irrecevable, car le droit français trouvait à s'appliquer au regard de la nationalité de l'enfant et de sa mère) ; il n'y a plus en revanche de délai minimum, même pour le recours à l'AMP hors mariage ;

– les deux époux doivent avoir exprimé leur consentement, après des entretiens spécifiques et l'écoulement d'un délai de réflexion d'un mois à l'issue du dernier entretien (v. le détail de l'art. L. 2141-10, CSP) ; ce consentement peut être révoqué par écrit à tout moment avant la réalisation de l'AMP (art. 311-20, C. civ. et art. L. 2141-2, al. 2, CSP).

B – Quelle filiation pour l'enfant né d'une procréation médicalement assistée ?

Les choses sont plus simples lorsque l'enfant est né d'une AMP endogène (1) que dans le cas d'une AMP exogène (2).

1. Dans le cas d'une AMP endogène

L'AMP endogène n'est qu'une assistance à la conception de l'enfant : pour le reste, il s'agit d'une filiation naturelle, ce qui conduit à l'application du **droit commun** de la filiation :

– pour la mère, la filiation découlera de l'indication de son nom dans l'acte de naissance ;

– le père pourra, le cas échéant, bénéficier de la présomption de paternité, procéder à une reconnaissance ou encore se prévaloir de la possession d'état ; il est parfaitement envisageable qu'il soit procédé à une action en recherche de paternité contre lui (Civ. 1re, 16 mars 2016, n° 15-13.427)

2. Dans le cas d'une AMP exogène

La question est plus délicate dès lors que la filiation d'intention se distingue alors de la filiation biologique. Les règles sont les suivantes :

– **aucune filiation ne peut être établie avec le tiers donneur** (art. 311-19, C. civ.) ; le principe est que le consentement à l'AMP interdit toute action aux fins d'établissement ou de contestation de la filiation (art. 311-20, al. 2, C. civ.) ; de façon complémentaire, souvenez-vous que le donneur doit garder l'anonymat (art. 16-8, C. civ.), ce qui pourrait être remis en cause sur le fondement du droit de l'enfant à connaître ses origines personnelles ; les textes réservent deux exceptions, soit qu'il soit soutenu que l'enfant n'est pas issu de l'AMP, soit qu'il soit soutenu que le consentement a été privé d'effet ;

– la **filiation est obligatoirement établie à l'égard du couple** : l'art. 311-20, al. 4 du C. civ. précise que celui qui change d'avis et ne reconnaît pas l'enfant « engage sa responsabilité envers la mère et envers l'enfant », l'al. 5 posant que « sa paternité est judiciairement déclarée » ; l'action est exercée par la mère (art. 328, C. civ.) ; l'action en contestation de la filiation est, ici encore, fermée (art. 311-20, al. 2, C. civ.).

AMP et couple de femmes

En attendant la loi bioéthique (*cf.* encart suivant), la jurisprudence a eu à connaître de l'hypothèse dans laquelle un couple de femmes a procédé à une AMP à l'étranger, demandant ensuite l'établissement de la double filiation en France.

La jurisprudence a procédé à une distinction, en application des règles de la filiation établies en droit positif :

– lorsque les deux femmes sont mariées, l'épouse de la mère peut bénéficier de l'adoption plénière de l'enfant : « le recours à la procréation médicalement assistée ne fait pas obstacle à l'adoption de l'enfant du parent biologique par son conjoint de même sexe » (Cass., avis, 22 sept. 2014, n° 15010) ;

– au contraire, si les deux femmes ne sont pas mariées, l'adoption plénière est refusée car elle aboutirait à rompre le lien naturel de l'enfant avec sa mère (Civ. 1re, 28 févr. 2018, n° 17-11.069) ; de même, la concubine ou la partenaire de la mère ne saurait se prévaloir de la possession d'état à l'égard de l'enfant (Cass., avis, 7 mars 2018, n° 17-70.039) ; en outre, dès lors que l'acte de naissance étranger est régulier, exempt de fraude et établi conformément au droit étranger, il peut être transcrit à l'état civil même si l'AMP aurait été interdite en France, indépendamment de la réalité biologique et du mariage des parents (Civ. 1re, 18 déc. 2019, n° 18-14.751, confirmé par Civ. 1re, 18 mars 2020, n° 18-15.368). *Quid* de l'hypothèse dans laquelle le parent légal et le parent d'intention se séparent ? Le parent d'intention peut-il, faute d'avoir fait établir son lien de filiation avec l'enfant, obtenir un droit de visite et d'hébergement sur le fondement de l'art. 371-4 du C. civ. ? Tout dépend de l'intérêt de l'enfant : si le juge estime qu'il n'y va pas de son intérêt, le droit de visite et d'hébergement pourra être refusé, sans que l'art. 371-4 soit contraire à la Constitution ou à la Conv. EDH (Civ. 1re, 24 juin 2020, n° 19-15.198).

La réforme de la bioéthique

À l'heure où ces lignes sont écrites, le projet de loi relatif à la bioéthique a été adopté en deuxième lecture par le Sénat le 3 février 2021 : les candidats au concours doivent impérativement suivre cette actualité, le texte définitif ayant en principe vocation à être voté avant l'été.

Ce texte prévoit notamment l'ouverture de l'AMP aux couples de femmes et aux femmes célibataires. Les débats sont vifs sur la manière de reconnaître juridiquement la filiation : adoption, extension des règles de filiation naturelle, création de nouvelles règles ? Le projet opte pour le système de la reconnaissance conjointe faite devant notaire lors du consentement à l'AMP. Il est également envisagé de systématiser la prise en charge de l'AMP par la sécurité sociale.

Le texte prévoit également la possibilité pour l'enfant majeur d'accéder aux données non identifiantes et à l'identité du donneur, sous réserve d'un consentement préalable du donneur à cette transmission.

IV/ Quatrième hypothèse : la filiation en cas de gestation pour autrui

Il convient ici de commencer par rappeler le principe de prohibition de la gestation pour autrui en France (A) avant de s'interroger sur la question de la filiation à l'égard des enfants nés de gestations pour autrui pratiquées à l'étranger (B).

A – La prohibition française de la gestation pour autrui

La gestation pour autrui implique d'avoir recours aux services d'une femme pour porter un enfant qu'elle accouchera au bénéfice d'autrui : il peut s'agir d'une procréation pour autrui (la porteuse fournit son propre matériel génétique) ou d'une simple gestation pour autrui (la fécondation *in vitro* est alors réalisée avec les gamètes des parents d'intention ou avec les gamètes d'un tiers).

Le principe en droit français est celui de la **prohibition :**

– en *droit civil*, l'art. 16-7 du C. civ. dispose clairement que « toute convention portant sur la procréation ou la gestation pour le compte d'autrui est nulle » (v. déjà Cass., ass. plén., 31 mai 1991, *Bull. AP*, n° 4) en conséquence, l'hébergement sur un site internet d'une offre de prestation de gestation pour autrui est illégal et doit être retiré (Versailles 13 oct. 2020, n° 19/02573) ;

– en *droit pénal*, l'art. 227-12, al. 2, punit le fait de provoquer l'abandon d'un enfant né ou à naître ou de s'entremettre entre une personne désireuse d'adopter un enfant et un parent désireux d'abandonner son enfant né ou à naître.

En l'état, le projet de loi bioéthique ne remet pas en cause ce principe de prohibition.

B – Quelle filiation pour l'enfant né d'une gestation pour autrui pratiquée à l'étranger ?

La difficulté découle alors de l'existence d'un tourisme procréatif, les parents d'intention ayant recours à une gestation pour autrui admise à l'étranger (dans certains États des États-Unis, dans certaines provinces du Canada, en Ukraine, en Russie, etc.). La question est alors de savoir s'il convient de reconnaître la filiation pour l'enfant issu de cette pratique prohibée en France mais admise à l'étranger. Si, dans un cas pratique, il n'est pas en principe nécessaire de faire l'historique sur l'évolution du droit, le débat est encore très actuel et demeure très vif, ce qui doit vous conduire à en connaître les grandes lignes.

Le **premier temps** fut celui du **refus de transcription** de la filiation des parents d'intention : des arrêts Civ. 1re, 6 avr. 2011, nº 10-19.053, nº 09-66.486 et nº 09-17.130 refusèrent la transcription comme « contraire au principe de l'indisponibilité de l'état des personnes » et donc contraire à l'ordre public international français (qui est une notion de droit international privé pour refuser de faire produire effet, en France, à une loi étrangère contredisant les principes essentiels du droit français), ce qui excluait donc l'établissement de la filiation maternelle. La règle fut réitérée par deux arrêts Civ. 1re, 13 sept. 2013, nº 12-18.315 et Civ. 1re, 19 mars 2014, nº 13-50.005, cette fois fondés sur la fraude à la loi : le fondement permettait même de refuser la filiation du père d'intention.

Le **deuxième temps** fut celui de la **condamnation de la France** dans les arrêts *Mennesson* et *Labassée* (CEDH 26 mai 2014, nº 65941/11 et nº 65192/11) : la Cour condamne la solution de la France en ce qu'elle conduit à refuser de transcrire la **filiation du père biologique**. Deux arrêts Cass., ass. plén., 3 juill. 2015, nº 14-21.323 et nº 15-50.002 tirèrent les conséquences de la décision de la CEDH en se fondant sur l'art. 47 du C. civ. relatif à la transcription des actes de l'état civil étrangers : le père français indiqué dans l'acte de naissance était bien le père biologique, de même que la mère indiquée était la porteuse, ce qui justifiait la transcription.

Le **troisième temps** concerna la filiation à l'égard de la **mère d'intention**, qui fut **refusée** dans un arrêt Civ. 1re, 5 juill. 2017, nº 15-28.597 : se fondant toujours sur l'art. 47 du C. civ., qui ne permet la transcription que si les faits indiqués dans l'acte étranger correspondent à la réalité, la Cour considéra que la réalité de la filiation de la mère est celle de l'accouchement, ce qui excluait donc la possibilité de mentionner la mère d'intention. En revanche, dans un arrêt du même jour (nº 16-16.455), la Cour admit que la filiation puisse être établie par la voie de l'adoption, « si les conditions légales de l'adoption sont réunies et si elle est conforme à l'intérêt de l'enfant ».

Le **quatrième temps** apparut avec la consécration de la procédure de **réexamen** en matière civile, permettant de faire réexaminer par les juridictions nationales une affaire dont la décision ayant autorité de la chose jugée avait été condamnée par la CEDH. L'affaire *Mennesson* donna lieu à un réexamen, à l'occasion duquel la Cour de cassation décida de solliciter l'avis de la CEDH (Cass., ass. plén., 5 oct. 2018, n° 10-19.053) : fallait-il transcrire la mention de la mère d'intention ou l'adoption suffisait-elle ? Une décision CEDH 10 avr. 2019, n° P16-2018-001 répondit en validant la solution consistant à refuser la filiation naturelle mais à admettre l'adoption pour concrétiser les liens entre les parents et l'enfant.

Malgré cette validation, la Cour de cassation alla plus loin : c'est le **cinquième et dernier temps**. Dans l'affaire *Mennesson* toujours, un arrêt Cass., ass. plén., 4 oct. 2019, n° 10-19.053 décida que la circonstance que l'enfant soit né d'une GPA ne peut à elle seule faire obstacle à la transcription tant de la paternité biologique que de la maternité d'intention « sans porter une atteinte disproportionnée au droit au respect de la vie privée de l'enfant »; c'était refuser de se contenter de l'adoption. Mais la solution était largement circonstanciée, la Cour évoquant « un contentieux qui perdure depuis plus de 15 ans ». La solution fut finalement généralisée dans deux arrêts Civ. 1re, 18 déc. 2019, n° 18-11.815 et n° 18-14.751 (v. *supra* pour l'AMP) : désormais, la circonstance que l'enfant soit né à l'issue d'une convention de gestation pour autrui ou que l'acte désigne le père biologique de l'enfant et un deuxième homme comme père ne constituent pas des obstacles à la transcription de l'acte sur les registres de l'état civil.

Cas pratique n° 36

› *Énoncé*

1° Paul et Émeline se sont rencontrés à l'âge adulte, alors que le premier était âgé de 26 ans et la seconde de 29 ans : c'est que leurs parents, alors que Paul venait de naître, se sont séparés, chacun emportant avec lui un enfant commun, avec la promesse de ne plus jamais se revoir. Ce fut donc à l'occasion de l'enterrement de leur mère qu'ils se rencontrèrent pour la première fois… et tombèrent éperdument amoureux l'un de l'autre. Lorsque Paul apprit qu'Émeline était enceinte, il fut d'abord très heureux et s'empressa d'aller reconnaître l'enfant à naître à l'officier de l'état civil. Plusieurs de ses proches, l'interrogeant, apprenant que Paul et Émeline étaient frère et sœur, s'horrifièrent de la situation et convainquirent Paul de l'ignominie de la situation. Paul décida donc de couper les ponts avec Émeline. Cette dernière vient d'accoucher de Théo et souhaite faire établir son lien de filiation avec lui; elle s'interroge en outre sur la possibilité de forcer Paul à contribuer financièrement à l'éducation de l'enfant.

2° Il y a 15 ans, Gérard a quitté le domicile familial dans une situation extrêmement conflictuelle et refuse depuis lors de parler à ses parents. Il a pu refaire sa vie et s'épanouir avec Germaine, qu'il a épousée il y a maintenant 10 ans. Les deux époux ont eu trois enfants, âgés de 2, 5 et 8 ans. Depuis plusieurs années, les parents de Gérard souffrent de ne pas voir plus souvent leurs petits-enfants. Il y a 3 mois, Gérard en a eu assez et leur a interdit de le recontacter à cette fin. Ne sachant plus que faire, les parents de Gérard assignèrent ce dernier afin d'obtenir un droit de visite auprès de leurs petits-enfants. Le juge désigna un expert qui considéra que, malgré le climat délétère, les grands-parents avaient un désir au moins inconscient de réparation de leurs relations avec la famille. Gérard espère que la demande de ses parents sera rejetée.

Vous êtes saisi de ces deux dossiers et devez rendre une opinion juridique.

› *Corrigé*

I/ Le dossier d'Émeline

Émeline a accouché de Théo, issu d'une relation avec son frère Paul. Paul, qui avait procédé à une reconnaissance prénatale, a depuis coupé les ponts avec Émeline, qui souhaite faire établir sa filiation avec Théo (A). Elle souhaite en outre obtenir de Paul qu'il contribue financièrement à l'éducation de Théo (B).

A – L'établissement de la filiation maternelle

La **question** qui se pose est la suivante : l'enfant né d'un inceste qui a fait l'objet d'une reconnaissance prénatale par son père peut-il voir sa filiation maternelle établie alors que le père a coupé les ponts avec sa mère ?

En **principe**, l'art. 310-2 du C. civ. dispose que « s'il existe entre les père et mère de l'enfant un des empêchements à mariage prévus par les articles 161 et 162 pour cause de parenté, la filiation étant déjà établie à l'égard de l'un, il est interdit d'établir la filiation à l'égard de l'autre par quelque moyen que ce soit ». Or, selon l'art. 162 du C. civ., « en ligne collatérale, le mariage est prohibé, entre le frère et la sœur, entre frères et entre sœurs ». Il s'agit d'une exception au principe d'égalité des filiations (art. 310, C. civ.), correspond à l'un des cas dans lesquels la filiation n'est pas « légalement établie ».

Il faut donc respecter le principe chronologique : à cet égard, l'art. 320 du C. civ. dispose que « tant qu'elle n'a pas été contestée en justice, la filiation légalement établie fait obstacle à l'établissement d'une autre filiation qui la contredirait ». Or de façon originale, en matière de filiation, les filiations maternelle et paternelle se contredisent en présence d'une filiation incestueuse puisqu'une seule des deux peut être consacrée. La question est alors de savoir le moment où elles ont lieu.

Or, à cet égard, l'art. 311-25 du C. civ. prévoit que « la filiation est établie, à l'égard de la mère, par la désignation de celle-ci dans l'acte de naissance de l'enfant », quand l'art. 316, al. 1er du C. civ. dispose que la filiation peut découler d'une « reconnaissance de paternité ou de maternité, faite avant ou après la naissance ». Néanmoins, la reconnaissance prénatale ne produit effet qu'au jour de la naissance de l'enfant (Civ. 2e, 14 déc. 2017, no 09-68.903).

Or, en présence de deux filiations concurrentes, laquelle faire prévaloir ? La boussole doit être l'intérêt de l'enfant posé par l'art. 7 de la Convention de New-York. Or, dans un arrêt Caen 8 juin 2017, n° 16/01314, les juges décidèrent de privilégier la filiation maternelle dès lors que l'enfant était âgé de 8 ans et vivait avec sa mère depuis la naissance (avec cette difficulté que, dans l'affaire en question, la cour d'appel n'était pas saisie de la filiation paternelle). Il faut en tout cas faire application du contrôle de proportionnalité.

En l'**espèce**, Paul et Émeline, même s'ils se sont rencontrés à l'âge adulte, sont frère et sœur et relèvent donc de l'empêchement à mariage causé par l'inceste. La double filiation ne saurait donc être établie à l'égard de Théo. Or l'acte de naissance mentionne la mère et Théo avait procédé à une reconnaissance prénatale, les deux filiations maternelle et paternelle étant donc établies simultanément. Néanmoins, il est indiqué que Paul a coupé les ponts avec Émeline, ce qui laisse à penser qu'il se désintéresse de Théo. Dès lors, il semble être dans l'intérêt de l'enfant de privilégier le lien de filiation maternelle.

En **conclusion**, et sauf à ce que Théo ne se désintéresse pas effectivement de l'enfant, ce qui pourrait conduire à discuter de l'intérêt de l'enfant, la filiation ne sera établie qu'à l'égard d'Émeline.

B – L'action à fins de subsides

La **question** qui se pose est la suivante : le père d'un enfant issu d'une relation incestueuse peut-il être actionné à fins de subsides ?

En **principe**, l'art. 342, al. 1er du C. civ. dispose que « tout enfant dont la filiation paternelle n'est pas légalement établie, peut réclamer des subsides à celui qui a eu des relations avec sa mère pendant la période légale de la conception » l'al. 2 offrant la possibilité d'agir pendant toute la minorité de l'enfant et, à défaut d'action à ce moment, dans les dix années qui suivent sa majorité. L'al. 3 précise que « l'action est recevable même [...] s'il existait entre [le père et la mère] un des empêchements à mariage réglés par les articles 161 à 164 du présent code ». Or l'art. 162 du C. civ. prévoit l'empêchement à mariage entre frère et sœur.

En l'**espèce**, il y a un empêchement à mariage en raison de l'inceste entre frère et sœur. Néanmoins, cette situation n'est pas exclusive de l'action à fins de subsides (sauf évidemment à Paul de démontrer que d'autres ont eu des relations sexuelles avec Émeline et qu'il ne serait donc pas le père, ce que rien n'indique dans le cas d'espèce).

En **conclusion**, l'action à fins de subsides exercée contre Paul est recevable.

II/ Le dossier de Gérard

Les parents de Gérard souhaitent obtenir un droit de visite auprès de leurs petits-enfants mais Gérard s'y oppose, en raison du climat conflictuel existant entre eux.

La **question** qui se pose est la suivante : l'intérêt de l'enfant dicte-t-il qu'un droit de visite soit conféré à ses grands-parents en cas de relation conflictuelle entre les grands-parents et le père de l'enfant ?

En **principe**, l'art. 371-4, al. 1er du C. civ. dispose que « l'enfant a le droit d'entretenir des relations personnelles avec ses ascendants », étant précisé que « seul l'intérêt de l'enfant peut faire obstacle à l'exercice de ce droit ». En effet, l'intérêt de l'enfant, prévu dans l'art. 7 de la Convention de New-York, doit dicter les solutions en matière de filiation. Ainsi, dans un arrêt Civ. 1re, 14 janv. 2009, n° 08-11.035, il a pu être jugé qu'il « apparaissait non seulement souhaitable mais nécessaire qu'à plus ou moins long terme les enfants puissent entretenir des relations avec leurs grands-parents paternels » ; dans cette affaire, ces derniers s'étaient engagés à ne pas dénigrer les parents et ne cherchaient pas à faire preuve de malveillance, les juges du fond ayant souverainement estimé que cela était conforme à l'intérêt de l'enfant.

En l'**espèce**, il est indiqué que les grands-parents souffrent de ne pas voir leurs petits-enfants et un expert a estimé que leur volonté est de réparer leurs relations avec la famille. Il ne semble donc pas que les grands-parents aient une volonté malveillante et il n'apparaît pas contraire à l'intérêt de l'enfant de leur octroyer un droit de visite.

En **conclusion**, il est peu probable que l'espoir de Gérard soit satisfait : sauf appréciation contraire de l'intérêt de l'enfant, il semble que les juges ordonneront le droit de visite au bénéfice des grands-parents et de l'enfant.

Cas pratique n° 37

› *Énoncé*

Il y a 6 ans, Jean-François et Pauline ont décidé de rompre leur pacte civil de solidarité. Pauline s'est depuis installée avec Gérald, n'ayant plus aucune nouvelle de Jean-François. Ce dernier ne prend pas même de nouvelles de Zoé, née quelques jours avant la rupture, et pourtant reconnue par lui. Gérald, qui entretenait des relations avec Pauline avant la rupture, souhaiterait voir reconnaître sa filiation paternelle à l'égard de Zoé.

Qu'en pensez-vous ?

› *Corrigé*

Il convient de procéder en trois temps : il faut commencer par respecter le principe chronologique en contestant la filiation (I), ce qui suppose le respect de certaines conditions (II) qui ouvrent la possibilité de prouver la filiation (III).

I/ Le principe chronologique

Gérald aimerait faire établir sa paternité à l'égard de Zoé, dont l'état civil indique qu'elle est l'enfant de Jean-François.

La **question** qui se pose est la suivante : est-il possible de faire reconnaître une filiation concurrente de celle indiquée à l'état civil d'un enfant ?

En **principe**, l'art. 320 du C. civ. dispose que « tant qu'elle n'a pas été contestée en justice, la filiation légalement établie fait obstacle à l'établissement d'une autre filiation qui la contredirait ». Le principe est conforme au droit au respect de la vie privée et familiale (Civ. 1re, 5 oct. 2016, nº 15-25.507). Or selon l'art. 316, al. 1er du C. civ., la filiation paternelle peut être valablement faite par reconnaissance faite avant ou après la naissance.

En l'**espèce**, il est indiqué que Jean-François a reconnu Zoé, née quelques jours avant la rupture. Il y a donc bien un lien de filiation préétabli.

En **conclusion**, Gérald ne peut faire établir sa filiation paternelle à l'égard de Zoé sans avoir, au préalable, contesté la paternité de Jean-François.

II/ Les conditions de la contestation

Il est indiqué que Jean-François a reconnu Zoé mais a totalement coupé les ponts avec Pauline, ne prenant pas même de nouvelles de sa fille.

La **question** qui se pose est la suivante : quelles sont les conditions de la contestation de la paternité de la personne qui a reconnu l'enfant mais n'entretient aucun rapport avec lui ?

En **principe**, selon l'art. 334 du C. civ., « à défaut de possession d'état conforme au titre, l'action en contestation peut être engagée par toute personne qui y a intérêt dans le délai prévu à l'art. 321 ». Or selon l'art. 321, « sauf lorsqu'elles sont enfermées par la loi dans un autre délai, les actions relatives à la filiation se prescrivent par 10 ans [...] ». La possession d'état, qui se prouve par tous moyens, correspond à l'hypothèse dans laquelle un lien de filiation existe, sinon en droit, du moins en fait, le parent supposé se comportant comme s'il était le parent de l'enfant.

En l'**espèce**, il existe un titre fondant la filiation (la reconnaissance) mais il est indiqué que Jean-François n'a aucun contact avec sa fille Zoé, ce qui exclut toute possession d'état. Gérald s'estime père et a donc intérêt à agir en contestation de la paternité de Jean-François. Il est indiqué que Zoé est née quelques jours avant la rupture de Jean-François et Pauline, survenue il y a 6 ans : le délai d'action de 10 ans est donc toujours en cours.

En **conclusion**, Gérald est recevable à contester la paternité de Jean-François.

III/ La preuve de la filiation

Gérald entretenait des relations avec Pauline avant la naissance de Zoé et souhaiterait faire établir sa paternité.

La **question** est la suivante : quels sont les modes de preuve admissibles en matière d'établissement de la paternité ?

En **principe**, l'art. 310-3, al. 2 du C. civ. dispose que lorsqu'une action en justice est exercée en matière de filiation, cette dernière « se prouve et se conteste par tous moyens, sous réserve de la recevabilité de l'action ». En outre, l'art. 332, al. 2 du C. civ. dispose que « la paternité peut être contestée en rapportant la preuve que le mari ou l'auteur de la reconnaissance n'est pas le père ».

Or, selon la jurisprudence, « l'expertise biologique est de droit en matière de filiation, sauf s'il existe un motif légitime de ne pas y procéder » (Civ. 1re, 28 mars 2000, n° 98-12.806) ; elle peut même être ordonnée d'office (Civ. 1re, 14 déc. 1990, n° 88-15.809) ou par le juge de la mise en état (Civ. 1re, 28 nov. 2007, n° 06-19.157). Il ne saurait être opposé à celui qui la demande sa carence dans l'administration de la preuve (Civ. 1re, 9 déc. 2003, n° 02-10.097).

En l'**espèce**, Gérald souhaite prouver sa paternité biologique avec l'enfant, étant recevable en son action. Il bénéficiera donc, s'il le souhaite, de la preuve biologique.

En **conclusion**, le juge sera tenu d'ordonner l'expertise biologique, ce qui permettra de définitivement trancher la question de la paternité de Zoé.

Cas pratique n° 38

› *Énoncé*

1. Madeleine a accouché sous X d'un enfant le 2 février. L'enfant est remis au service de l'aide sociale à l'enfance le 4 avril et placé en vue de son adoption plénière le 5 mai. Jacques, le père de l'enfant, apprend tardivement la situation et souhaite s'opposer à l'adoption. Vous vous interrogerez sur la possibilité de s'y opposer selon qu'il forme son recours le 20 avril ou le 7 mai. Dans l'une et l'autre hypothèse, pensez-vous que l'enfant pourra agir en établissement de la filiation contre Madeleine ?

2. Denise, née sans sexe biologique identifié, a subi à la naissance un traitement hormonal puissant pour la pousser vers le sexe féminin. Problème : depuis l'adolescence, elle se sent homme et ne supporte plus la situation. Son époux, Pierre, la soutient pleinement dans sa situation et l'encourage à procéder à son changement de sexe. Les deux époux ont un projet parental et Denise finit par être enceinte de leur enfant. Denise s'interroge sur la possibilité de changer de sexe dans cette situation et quant aux conséquences sur la filiation.

› *Corrigé*

I/ Le dossier de Madeleine et Jacques

Il convient de distinguer la question de l'opposition à l'adoption par le père (A) et la question de l'action en établissement de maternité (B).

A – L'opposition du père à l'adoption

Madeleine a accouché sous X d'un enfant le 2 février, qui a été remis au service de l'aide sociale à l'enfance le 4 avril et placé en vue de son adoption le 5 mai. Jacques, le père, souhaite s'y opposer (le recours étant formé le 20 avril dans la première hypothèse, le 7 mai dans la seconde hypothèse). Il faut donc distinguer selon que l'opposition est formulée avant (1) ou après (2) le placement en vue de l'adoption.

1. Première hypothèse : avant le placement

La **question** qui se pose est la suivante : le père d'un enfant né sous X peut-il s'opposer à son adoption avant le placement ?

En **principe**, l'art. 326 du C. civ. permet à la mère, lors de l'accouchement, de demander que le secret de son admission et de son identité soit préservé. Cette hypothèse n'est toutefois plus constitutive d'une fin de non-recevoir depuis la loi de ratification ayant supprimé la réserve de l'art. 325, al. 1er du C. civ.

Toutefois, l'arrêt *Benjamin* a posé le principe de divisibilité de la filiation : même si la mère accouche sous X, la reconnaissance de l'enfant par le père demeure possible (en l'occurrence, il s'agissait d'une reconnaissance prénatale), et permet au père de s'opposer à l'adoption (Civ. 1re, 7 avr. 2006, n° 05-11.285). Encore faut-il tenir compte de la procédure d'adoption qui se met alors en place.

À cet égard, l'art. L. 224-4 du CASF admet en qualité de pupille de l'État l'enfant « dont la filiation n'est pas établie ou inconnue » et qui a été recueilli par le service de l'aide sociale à l'enfant « depuis plus de 2 mois ». L'art. L. 224-8, II permet au « père de naissance » de formuler un recours contre l'arrêté d'admission en qualité de pupille de l'État dans un délai de forclusion de 30 jours à compter de la réception de la notification.

En l'**espèce**, il n'est pas indiqué si le père a reconnu l'enfant, mais il semble que Jacques soit le père de naissance, qui a donc qualité à former un recours contre l'arrêté d'admission de l'enfant en qualité de pupille de l'État. Or, l'enfant a été placé le 4 avril et le recours a été formulé le 20 avril, soit dans le délai de 30 jours.

En **conclusion**, Jacques pourra s'opposer au placement de l'enfant et réclamer qu'il lui soit confié.

2. Seconde hypothèse : après le placement

La **question** qui se pose est la suivante : le père d'un enfant né sous X peut-il s'opposer à son adoption après le placement ?

En **principe**, l'art. L. 225-1, al. 1er du CASF dispose que « les enfants admis en qualité de pupille de l'État [...] doivent faire l'objet, dans les meilleurs délais, d'un projet de vie [...] qui peut être une adoption, si tel est l'intérêt de l'enfant ». L'art. 351 du C. civ. prévoit que « le placement en vue de l'adoption est réalisé par la remise effective aux futurs adoptants [...] d'un pupille de l'État », le placement ne pouvant avoir lieu qu'après 2 mois « lorsque la filiation de l'enfant n'est pas établie ».

Or, l'art. 352 du C. civ. précise que « le placement en vue de l'adoption met obstacle à toute restitution de l'enfant à sa famille d'origine » et « fait échec à toute déclaration de filiation et à toute reconnaissance ». L'art. 353-2 prévoit que la tierce-opposition n'est « recevable qu'en cas de dol ou de fraude imputable aux adoptants ». L'article 356, alinéa 1er, dispose que « l'adoption confère à l'enfant une filiation qui se substitue à sa filiation d'origine ».

Il faut néanmoins évoquer un arrêt Civ. 1re, 27 janv. 2021, n° 19-15.921 : sur le fondement du droit au respect de la vie privée et familiale, la Cour estime qu'il faut effectuer un contrôle de proportionnalité entre l'irrecevabilité de l'action du père de naissance et l'atteinte ainsi faite au droit au respect de la vie privée et familiale ; il est indiqué que le père avait effectué de nombreuses démarches pendant les mois ayant suivi la naissance de l'enfant pour faire reconnaître la paternité (la reconnaissance de l'enfant ayant été faite 6 mois après la naissance).

En l'**espèce**, il semble que Jacques soit le père de naissance ; néanmoins, le placement a été effectué le 5 mai, et le recours de Jacques est formé le 7 mai. Il n'est pas indiqué si une reconnaissance prénatale de l'enfant a été faite par Jacques ni s'il a effectué de nombreuses démarches (il a appris tardivement la situation, donc cela est douteux). Il faudra donc effectuer un contrôle de proportionnalité mais les éléments de fait ne permettent pas de le trancher.

En **conclusion**, de deux choses l'une : soit les démarches de Jacques sont jugées suffisantes et la disproportion de l'atteinte au droit au respect de sa vie privée et familiale retenue, lui permettant de récupérer l'enfant ; soit ça n'est pas le cas et il sera déclaré irrecevable à contester le placement et l'adoption de l'enfant.

B – L'action en établissement de la maternité

Il convient de distinguer deux hypothèses : selon que l'enfant a été adopté (2) ou non (1).

1. Si l'enfant n'a pas été adopté

Il découle de ce qui précède que l'enfant ne sera pas adopté si Jacques s'oppose à l'adoption avant le placement ou, s'il le fait après, s'il est jugé que l'irrecevabilité de son recours porte une atteinte disproportionnée à son droit au respect de la vie privée et familiale. C'est l'hypothèse de travail ici.

La **question** qui se pose est la suivante : l'enfant accouché sous X qui n'a pas fait l'objet d'une adoption peut-il agir en recherche de maternité ?

En **principe**, l'art. 326 du C. civ. dispose que « lors de l'accouchement, la mère peut demander que le secret de son admission et de son identité soit préservé » (le texte a été validé par Cons. const. 16 mai 2012, n° 2012-284 QPC et par CEDH, gr. ch., 13 févr. 2003, req. n° 42326/98, *Odièvre c/ France*). Il ne s'agit plus d'une fin de non-recevoir depuis la loi n° 2009-61 du 16 janv. 2009 (auparavant, v. art. 325, al. 1er issu de l'ord. n° 2005-759 du 4 juill. 2005).

En l'**espèce**, l'on se situe dans l'hypothèse dans laquelle Jacques est parvenu à s'opposer à la procédure d'adoption, ayant agi suffisamment vite ou ayant été « sauvé » par le contrôle de proportionnalité. Faute d'adoption, la filiation paternelle est seule établie et aucune filiation maternelle ne l'est.

En **conclusion**, l'enfant (représenté par son père pendant sa minorité) pourra faire établir la maternité de Madeleine.

2. Si l'enfant a été adopté

La **question** qui se pose est la suivante : l'enfant accouché sous X qui a fait l'objet d'une adoption plénière peut-il agir en recherche de maternité ?

En **principe**, l'art. 356, al. 1er du C. civ. dispose qu'en cas d'adoption plénière, « l'adopté cesse d'appartenir à sa famille par le sang »; l'art. 354, al. 5 du C. civ. prévoit ainsi l'annulation de l'acte de naissance. La jurisprudence a récemment rappelé que l'adoption plénière rendait irrecevable l'action en recherche de paternité, jugeant l'atteinte au droit au respect de la vie privée et familiale proportionnée au regard de la sécurité juridique et de la nécessité de préserver la stabilité du lien de filiation adoptif (Civ. 1re, 14 oct. 2020, n° 19-15.783).

En l'**espèce**, l'hypothèse est celle dans laquelle le père n'est pas parvenu à s'opposer à l'adoption plénière de l'enfant. Dans ce cas, il n'est pas possible de remettre en cause la filiation adoptive et la recherche de maternité sera impossible.

En **conclusion**, il n'est pas possible de rechercher la maternité de Madeleine.

II/ Le dossier de Denise et Pierre

Il convient d'envisager la question du changement de sexe (A) et celle de l'incidence sur la filiation (B).

A – Le changement de sexe

La **question** qui se pose est la suivante : la femme enceinte dont le sexe biologique diffère du sexe psychologique peut-elle demander à changer de sexe ?

En **principe**, la jurisprudence française exigeait classiquement des personnes souhaitant voir modifiée la mention à l'état civil de leur sexe de justifier d'un traitement médico-chirurgical à but thérapeutique leur ayant fait perdre tous les caractères de leur sexe d'origine et d'avoir pris une apparence physique les rapprochant de l'autre sexe, auquel devait correspondre le comportement social (Cass., ass. plén., 11 déc. 1992, n° 91-11.900). Cet ancien dispositif fut déclaré contraire au droit au respect de la vie privée du transsexuel (CEDH 6 avr. 2017, n° 79885/12).

Entre-temps, le dispositif français fut modifié par la loi n° 2016-1547 du 18 nov. 2016. Désormais, l'art. 61-5 du C. civ. dispose que « toute personne majeure ou mineure émancipée qui démontre par une réunion suffisante de faits que la mention relative à son sexe dans les actes de l'état civil ne correspond pas à celui dans lequel elle se présente et dans lequel elle est connue peut en obtenir la modification », le texte évoquant les principaux faits que sont le fait de se présenter publiquement comme appartenant au sexe revendiqué, le fait d'être connu dans l'entourage familial, amical ou professionnel sous l'autre sexe et le fait d'avoir obtenu le changement de prénom pour qu'il correspond au sexe revendiqué. La preuve de ces faits peut être rapportée par tous moyens. L'art. 61-6 prévoit que la procédure se déroule devant le tribunal judiciaire, avec vérification nécessaire du « consentement libre et éclairé » à la modification (al. 2), étant précisé que « le fait de ne pas avoir subi des traitements médicaux, une opération chirurgicale ou une stérilisation ne peut motiver le refus de faire droit à la demande » (al. 3) le tribunal pouvant ordonner, outre la modification de mention du sexe, la modification des prénoms à l'état civil au besoin.

Précisons enfin que l'art. 60 du C. civ. permet à toute personne de demander à l'officier de l'état civil à changer de prénom, sauf saisine du procureur de la République (lequel pourra saisir le juge aux affaires familiales) s'il est estimé que la demande ne revêt pas un intérêt légitime.

Aucune restriction n'est posée lorsque la personne qui formule la demande est une femme enceinte.

En l'**espèce**, il est indiqué que Denise, née intersexuée, a subi un traitement hormonal la poussant vers le sexe féminin, mais se sent homme depuis l'adolescence. Il est également indiqué qu'elle est actuellement enceinte, ce qui n'a pas d'incidence (car il n'est plus nécessaire de procéder à une opération médicale de changement de sexe préalable à la demande de modification de l'état civil). Il faudra simplement que les conditions du changement de sexe soient réunies, notamment le fait qu'elle soit considérée par son entourage comme un homme (étant précisé qu'elle peut demander le changement de prénom à l'état civil pour le masculiniser). Il n'y a, à cet égard, pas assez d'informations dans l'énoncé.

En **conclusion**, le fait que Denise soit enceinte n'est nullement un obstacle au changement de sexe. Il faudra néanmoins qu'elle apporte la preuve (par tous moyens) de ce que les conditions du changement de sexe sont réunies.

B – L'incidence sur la filiation

La **question** qui se pose est la suivante : quelles sont les incidences sur le lien de filiation du changement de sexe de la femme enceinte pendant la grossesse ?

En **principe**, les textes relatifs à la filiation n'envisagent pas la question du changement de sexe à l'état civil de la mère enceinte. La jurisprudence a été saisie de la question du changement de sexe du père et a jugé que « la loi française ne permet pas de désigner, dans les actes de l'état civil, le père ou la mère de l'enfant comme "parent biologique" », mais seulement comme père et mère. Dès lors, la personne transgenre qui procrée avec ses gamètes mâles ne peut que faire reconnaître sa paternité.

En l'**espèce**, la mère de l'enfant envisage de changer de sexe pendant la grossesse, pour devenir homme. Si cela est parfaitement possible, la mère devra néanmoins faire reconnaître son lien maternel avec l'enfant, ne pouvant se prévaloir des modes d'établissement de la filiation réservés au père.

En **conclusion**, seul le lien maternel pourra être établi à l'égard de la mère devenue homme.

Cas pratique n° 39

› *Énoncé*

Germaine et Stéphane sont mariés depuis 4 ans, ayant depuis le début un projet parental empêché par le fort risque de transmission à l'enfant d'une maladie héréditaire dans la famille de Stéphane. Il y a un an, ils ont choisi de recourir à une assistance médicale à la procréation, l'insémination ayant eu lieu il y a 3 mois. Stéphane a appris que Germaine le trompe depuis maintenant 6 mois avec Paul et vient de demander le divorce. Paul procède à une reconnaissance prénatale de l'enfant et s'interroge sur la portée de celle-ci. Il se demande également si, à considérer que l'enfant n'est pas de lui, il pourrait être autorisé à entretenir des relations avec lui, se sentant déjà très attaché à l'enfant. En outre, serait-il envisageable, en cas de séparation de Germaine et Stéphane, que la mère de Stéphane adopte l'enfant ?

› *Corrigé*

Trois questions se posent : celle de la filiation de l'enfant né d'une AMP (I), celle des relations de l'enfant avec un tiers (II) et celle de l'adoption par un grand-parent (III).

I/ La filiation de l'enfant né d'une AMP

À titre liminaire, il n'est pas demandé de discuter de la validité de l'AMP, qui répond effectivement à un motif de non-transmission d'une maladie héréditaire à l'enfant (art. L. 2141-2, CSP).

Cela dit, deux questions se posent : la présomption de paternité du mari joue-t-elle en cas d'AMP (A) ? comment résoudre le conflit entre la présomption de paternité et la reconnaissance prénatale par un tiers (B) ?

En revanche, on ne saurait invoquer ici la séparation des époux comme preuve d'absence de consentement à l'AMP car le divorce a été demandé après la réalisation de l'AMP (v. ainsi, pour l'hypothèse d'une requête en divorce antérieure à l'AMP, Civ. 1re, 14 oct. 2020, n° 19-12.373).

A – Le principe de jeu de la présomption de paternité

En **principe**, l'AMP endogène consiste en une assistance à la conception de l'enfant, ce qui conduit à l'application des règles de droit commun de la filiation (v. ainsi, pour l'admission de l'action en recherche de paternité, Civ. 1re, 16 mars 2016, n° 15-13.427).

Or, en principe, l'art. 312 du C. civ. dispose que « l'enfant conçu ou né pendant le mariage a pour père le mari », l'art. 313 prévoyant que cette présomption est écartée « lorsque l'acte de naissance de l'enfant ne désigne pas le mari en qualité de père » ou « en cas de demande de divorce ou de séparation de corps » sous réserve que l'enfant soit « né plus de 300 jours après la date » de la validation du divorce.

En l'**espèce**, l'enfant naît d'une assistance médicale à la procréation faite à la demande de Germaine et Stéphane. Il n'y a donc pas de doute sur la maternité de Germaine dont Stéphane était le mari au moment de l'insémination. La présomption de paternité jouera donc sans difficultés.

En **conclusion**, la présomption de paternité joue au bénéfice de Stéphane.

B – Le conflit entre présomption de paternité et reconnaissance prénatale par un tiers

En **principe**, l'art. 316, al. 1er du C. civ. dispose que la filiation paternelle peut être établie par reconnaissance « faite avant ou après la naissance ». Or, comme vu précédemment, l'art. 312 du C. civ. prévoit que « l'enfant conçu ou né pendant le mariage a pour père le mari ». Or l'article 332, alinéa 2 du C. civ. dispose que la paternité peut être contestée en rapportant la preuve que le mari ou l'auteur de la reconnaissance n'est pas le père, avec, de façon habituelle, l'importance fondamentale de l'expertise biologique.

En cas de conflit avec une reconnaissance prénatale, il n'est même pas nécessaire de respecter le principe chronologique : l'article 336-1 dispose que « lorsqu'il détient une reconnaissance paternelle prénatale dont les énonciations relatives à son auteur sont contredites par les informations concernant le père que lui communique le déclarant, l'officier de l'état civil [...] établit l'acte de naissance au vu des informations communiquées par le déclarant. Il en avise sans délai le procureur de la République qui élève le conflit de paternité sur le fondement de l'article 336 ».

En l'**espèce**, Paul, qui entretient une relation adultère avec Germaine depuis 6 mois, a procédé à une reconnaissance prénatale de l'enfant. Stéphane pourrait quant à lui se prévaloir de la présomption de paternité. Il y a donc un conflit qui sera directement élevé par l'officier de l'état civil, sans qu'il soit nécessaire de procéder à une contestation. Dans l'attente de la solution du conflit, ce sera le nom de celui qui déclare la naissance (*a priori* il s'agira de Stéphane) qui sera indiqué sur les actes de l'état civil de façon temporaire.

En **conclusion**, le conflit sera automatiquement élevé et sera tranché via le recours à une expertise biologique.

II/ Les relations de l'enfant avec un tiers

Paul souhaiterait, même si la filiation de l'enfant n'était pas établie à son égard, être autorisé à entretenir des relations avec l'enfant.

La **question** qui se pose est la suivante : le concubin adultérin de la mère de l'enfant qui se sent attaché à l'enfant à naître peut-il obtenir une autorisation d'entretenir des relations avec l'enfant ?

En **principe**, les relations de l'enfant avec les tiers sont envisagées à l'art. 371-4 du C. civ., dont l'al. 2 dispose que « si tel est l'intérêt de l'enfant, le juge aux affaires familiales fixe les modalités des relations entre l'enfant et un tiers, parent ou non, en particulier lorsque ce tiers a résidé de manière stable avec lui et l'un de ses parents, a pourvu à son éducation, à son entretien ou à son installation, et a noué avec lui des liens affectifs durables ». La jurisprudence a ainsi reconnu qu'il était de l'intérêt de l'enfant de maintenir des relations avec le beau-parent (Civ. 1re, 18 mai 2005, n° 02-16.336 ; Civ. 1re, 13 juill. 2017, n° 16-24.084).

En l'**espèce**, plusieurs éléments s'opposent à l'octroi d'un tel droit de relation entre Paul et l'enfant de Germaine (sauf, évidemment, à ce que la filiation paternelle soit établie à l'égard de Paul, ce qui n'est pas l'hypothèse envisagée ici). Déjà, les conditions préalables de résidence stable, participation à l'éducation, à l'entretien ou à l'installation de l'enfant ne sont pas réunies, l'enfant n'étant pas encore né ; quant aux liens affectifs durables, ils n'ont pas encore pu être manifestés concrètement. Surtout, il ne semble pas de l'intérêt de l'enfant de se retrouver au cœur d'un litige entre son père et le compagnon adultérin de sa mère. Les choses seraient en revanche différentes si la séparation de Germaine et Stéphane étaient suivie d'une vie commune de la mère avec Paul, qui fréquenterait effectivement l'enfant.

En **conclusion**, à l'heure actuelle, l'intérêt de l'enfant s'oppose à ce qu'un droit de fréquenter Paul soit prévu.

III/ L'adoption de l'enfant par un grand-parent

Au regard du risque de séparation de Germaine et Stéphane, la mère de Stéphane souhaiterait adopter l'enfant.

La **question** qui se pose est la suivante : le grand-parent de l'enfant est-il admis à l'adopter ?

En **principe**, l'art. 371-4 du C. civ. dispose que « l'enfant a le droit d'entretenir des relations personnelles avec ses ascendants », sauf si son intérêt dicte de les empêcher. Néanmoins, l'adoption est strictement encadrée, en ce qu'elle visa à établir un lien de filiation (qui se substitue à l'ancien pour l'adoption plénière, qui s'y surajoute pour l'adoption simple). La jurisprudence a pu en déduire que l'adoption par un grand-parent « constituerait [...] un bouleversement anormal de l'ordre familial et aurait donc des effets plus négatifs que positifs », d'autant que « l'adoption nierait complètement » l'existence du parent « intermédiaire », ce qui empêcherait la préservation des liens.

En l'**espèce**, même si les parents de l'enfant venaient à se séparer, les grands-parents pourraient invoquer l'art. 371-4 pour assurer leurs liens avec l'enfant, sans pouvoir en revanche procéder à son adoption.

En **conclusion**, l'adoption est exclue.

Cas pratique n° 40

› *Énoncé*

Stéphane et Géraldine, mariés depuis 1995, ont eu un fils né le 20 septembre 2000. Après des années d'amour et de vie de famille, les époux ont divorcé en septembre 2012 et, par acte du 20 janvier 2013, Stéphane a saisi le tribunal de grande instance d'une action en contestation de paternité. Géraldine, craignant qu'une telle demande vienne perturber son fils déjà très touché par le divorce, mais ayant des doutes sur la paternité de Stéphane, souhaite s'opposer à cette demande en opposant la prescription de l'action. Stéphane considère qu'une telle prescription n'est pas acquise et que, même à la supposer acquise, elle porterait une atteinte excessive à son droit au respect de la vie privée et familiale.

› *Corrigé*

Le cas invite à s'interroger sur la prescription de l'action en contestation de paternité. Pour y répondre, il convient de procéder à une identification préalable de la situation (I), avant d'en tirer les conséquences sur le terrain de la prescription (II).

I/ L'identification de la situation

Stéphane et Géraldine ont eu un fils né le 20 septembre 2000. Les époux ont divorcé en septembre 2012 et Stéphane a saisi le tribunal d'une action en contestation de paternité par acte du 20 janvier 2013.

La **question** préalable est celle de la qualification de la situation au regard des hypothèses de contestation de la filiation.

En **principe**, les textes distinguent, pour déterminer les conditions de l'action en contestation d'un lien de filiation, trois hypothèses selon que la filiation est établie par un titre nu (art. 334, C. civ.), par un titre corroboré par une possession d'état (art. 333, C. civ.) ou par la seule possession d'état (art. 335, C. civ.).

Or, en principe encore, l'art. 312 du C. civ. dispose que « l'enfant conçu ou né pendant le mariage a pour père le mari », sauf les exceptions prévues à l'art. 313, qui tiennent à la demande de divorce ou à la séparation de corps avec la conception de l'enfant ou à la mention d'un père distinct dans l'acte de naissance. Quant à la possession d'état, elle consiste dans la situation de fait par laquelle le prétendu parent se comporte comme s'il l'était réellement à l'égard de l'enfant.

En l'**espèce**, aucune indication de l'énoncé ne permet de conclure au jeu de l'une des exceptions de l'art. 313 du C. civ. : tout laisse à penser que la présomption de paternité joue au bénéfice de Stéphane. En outre, il est indiqué que, jusqu'à leur divorce en septembre 2012, Stéphane et Géraldine ont eu une vie de famille normale avec leur fils né le 20 septembre 2000. Depuis cette date, il y a donc *a priori* une possession d'état de parent de Stéphane à l'égard de l'enfant.

En **conclusion**, l'hypothèse considérée est celle d'un titre (la présomption de paternité) corroboré par une possession d'état.

II/ L'application de la règle de prescription

En présence d'une filiation établie par un titre corroboré par une possession d'état, une règle spécifique est prévue : il faut s'interroger sur son principe (A) avant d'envisager les règles de droit transitoire (B) et la possible application du contrôle de proportionnalité (C).

A – Le principe

La filiation entre l'enfant et Stéphane est établie par une possession d'état corroborée par un titre. Stéphane souhaite agir en contestation de sa paternité.

La **question** qui se pose est la suivante : quel est le délai de prescription de l'action en contestation de paternité de celui dont la filiation est établie par un titre corroboré par une possession d'état ?

En **principe**, l'art. 333, al. 1er du C. civ. dispose que « lorsque la possession d'état est conforme au titre, seuls peuvent agir l'enfant, l'un de ses père et mère ou celui qui se prétend véritable », l'action se prescrivant « par 5 ans à compter du jour où la possession d'état a cessé ou du décès du parent dont le lien de filiation est contesté » ; selon l'al. 2, « nul, à l'exception du ministère public, ne peut contester la filiation lorsque la possession d'état conforme au titre a duré au moins 5 ans depuis la naissance ou la reconnaissance, si elle a été faite ultérieurement ». L'action est donc soumise à un triple délai : de prescription de 5 ans à compter de la fin de la possession d'état, de prescription de 10 ans à compter du titre (art. 334 et 321, C. civ.) et de forclusion lorsque la possession d'état conforme au titre a duré 5 ans, sauf à contester la possession d'état elle-même (v. par ex. Civ. 1re, 15 mai 2013, n° 11-27.125).

En l'**espèce**, la possession d'état n'est pas contestable et elle est conforme au titre. Or, l'enfant est né le 20 septembre 2000 et Stéphane, bénéficiant de la présomption de paternité, s'est comporté en fait comme son père jusqu'en septembre 2012, soit pendant plus de 5 ans.

En **conclusion**, la filiation est *a priori* inattaquable. L'enfant est néanmoins né avant l'entrée en vigueur de la réforme de la filiation, ce qui conduit à s'interroger sur le droit transitoire.

B – Le droit transitoire

L'enfant est né avant l'entrée en vigueur de l'ordonnance de 2005 portant réforme de la filiation, qui a réduit le délai de prescription applicable.

La **question** qui se pose est la suivante : quels sont les principes de droit transitoire applicables en cas de modification législative d'un délai de forclusion ?

En **principe**, l'art. 2 du C. civ. dispose que « la loi ne dispose que pour l'avenir ; elle n'a point d'effet rétroactif ». En outre, l'anc. art. 311-7 du C. civ. disposait que les actions relatives à la filiation se prescrivaient par 30 ans. L'art. 333 actuel évoqué *supra* est issu de l'ord. n° 2005-759 du 4 juill. 2005, dont l'art. 20 précise que « sous réserve des décisions de justice passées en force de chose jugée, la présente ordonnance est applicable aux enfants nés avant comme après son entrée en vigueur », l'art. 21 précisant que « la présente ordonnance entre en vigueur le 1er juillet 2006 ».

Or, selon l'art. 2222, al. 2 du C. civ. (issu de la loi du 17 juin 2008 qui applique ses principes à elle-même), « en cas de réduction de la durée du délai de prescription ou du délai de forclusion [par une loi nouvelle], ce nouveau délai court à compter du jour de l'entrée en vigueur de la loi nouvelle, sans que la durée totale puisse excéder la durée prévue par la loi antérieure ».

Ces principes ont conduit la jurisprudence à rappeler que le délai prévu par l'art. 333, al. 2 du C. civ. courait à compter du 1er juillet 2006 et non à compter de la naissance de l'enfant (Civ. 1re, 27 févr. 2013, n° 12-13.326), sous réserve que la durée totale de forclusion n'excède pas la durée prévue par la loi antérieure (Civ. 1re, 16 mars 2016, n° 14-21.457 ; comp. Civ. 1re, 8 juill. 2020, n° 18-20.961).

En l'**espèce**, l'enfant dont la filiation paternelle est contestée est né le 20 septembre 2000. L'action en contestation devait ainsi se prescrire, au regard du droit alors applicable, en 2030. Néanmoins, l'ordonnance de 2005 a instauré le délai de forclusion de 5 ans de l'art. 333, al. 2, du C. civ., qui est applicable immédiatement à compter de l'entrée en vigueur du texte. Or l'ordonnance est entrée en vigueur le 1er juillet 2006 : le délai de prescription, auquel il restait plus de 5 ans à courir, est donc remplacé par un délai de forclusion acquis au 1er juillet 2011. Or l'action en justice de Stéphane est datée du 20 janvier 2013, soit après l'expiration du délai de forclusion.

En **conclusion**, Stéphane est forclos de son action en contestation de paternité.

C – La proportionnalité

Stéphane considère que la prescription (en réalité, la forclusion) qui lui est opposée porterait une atteinte excessive à son droit au respect de la vie privée et familiale.

La **question** qui se pose est la suivante : la forclusion prévue par l'art. 333, al. 2 du C. civ. peut-elle être écartée pour inconventionnalité au regard du droit au respect de la vie privée et familiale ?

En **principe**, l'art. 8 de la Conv. EDH prévoit le droit de toute personne au respect de sa vie privée et familiale, qui ne peut donner lieu à des ingérences spécifiquement et limitativement envisagées, dont la protection des droits et libertés d'autrui. La jurisprudence a pu considérer que « si l'impossibilité pour une personne de faire reconnaître son lien de filiation paternelle constitue une ingérence dans l'exercice du droit au respect de sa vie privée, cette ingérence est, en droit interne, prévue par la loi », laquelle « poursuit un but légitime [...] en ce qu'elle tend à protéger les droits des tiers et la sécurité juridique » (Civ. 1re, 2 déc. 2020, n° 19-20.279, § 10-11). Il convient néanmoins de procéder à un contrôle concret de proportionnalité, ce qui n'avait pas été le cas ici au regard du délai de 45 ans pour contester dans l'affaire considérée (§ 14).

En l'**espèce**, 13 ans se sont écoulés depuis la naissance de l'enfant mais le délai de forclusion n'a été acquis que le 1er juillet 2011. Ainsi, le père (qui bénéficiait, à la naissance, d'un délai de contestation de 30 ans) pourrait invoquer le droit au respect de la vie privée et familiale. Néanmoins, au regard de la « réalité » de la filiation vécue (et de l'intérêt de l'enfant), il ne semble pas que la proportionnalité *in concreto* puisse justifier la mise à l'écart du jeu de l'art. 333, al. 2 du C. civ. [Vous pouvez évidemment conclure en sens contraire, tout est une question d'appréciation concrète.]

En **conclusion**, et sauf appréciation contraire par les juges de la disproportion, Stéphane ne pourra pas contester sa filiation paternelle à l'égard de l'enfant.

Cas pratique n° 41

› Énoncé

Caroline est née en 2001, sans paternité établie, sa mère Patricia lui ayant indiqué que son père, Gérard, étant marié à une autre femme, cela risquerait de causer des difficultés importantes. Gérard rend régulièrement visite à Caroline (environ une fois par semaine), et envoie régulièrement de l'argent à Patricia pour l'aider à l'éducation de Caroline. Tout le village est au courant de la situation, y compris l'épouse de Gérard qui, sans être heureuse de la situation, se satisfait du compromis ainsi trouvé. En 2020, Gérard et son épouse décèdent dans un accident de la route, laissant deux enfants pour leur succéder. Caroline souhaiterait hériter de Gérard en faisant établir sa filiation.

Qu'en pensez-vous ?

› Corrigé

À titre **liminaire**, il convient d'indiquer que le principe chronologique n'a pas vocation à jouer puisqu'il suppose une contradiction entre deux liens de filiation concurrents (art. 320, C. civ.) ; or, ici, il est indiqué que Caroline n'a pas de paternité établie. En outre, précisons que rien ne s'oppose à faire établir sa filiation à fins successorales. Cela dit, il convient d'envisager l'établissement de la filiation par possession d'état (I) et de la filiation naturelle (II).

I/ La possession d'état

Caroline est née en 2001, sans paternité établie, mais Gérard la traite comme sa fille. Après le décès de Gérard en 2020, Caroline souhaiterait hériter de Gérard en faisant établir son lien de filiation.

La **question** qui se pose est la suivante : comment faire établir la filiation par possession d'état ?

En **principe**, l'art. 310-1, al. 1er du C. civ. permet l'établissement de la filiation notamment « par la possession d'état constatée dans un acte de notoriété », tandis que l'al. 2 précise que la filiation « peut aussi l'être par jugement » dans certains cas. Il convient donc d'envisager successivement l'établissement non-contentieux (A) et l'établissement contentieux (B) de la filiation par possession d'état.

A – L'établissement non-contentieux de la filiation

En **principe**, l'art. 317 du C. civ. prévoit le régime de l'établissement de la filiation par possession d'état : chacun des parents et l'enfant peuvent demander à un notaire la délivrance d'un acte de notoriété faisant foi de la possession d'état jusqu'à preuve du contraire (al. 1er), sur la foi des déclarations d'au moins trois témoins et de documents attestant de la réunion des faits constitutifs de la possession d'état (al. 2), la délivrance de l'acte de notoriété pouvant être demandée dans les 5 ans à compter de la cessation de la possession d'état alléguée ou du décès du parent prétendu (al. 3), la filiation ainsi constatée étant mentionnée en marge de l'acte de naissance (al. 4).

En outre, l'art. 311-1 du C. civ. prévoit les principaux faits permettant d'établir la possession d'état : le fait que la personne soit traitée comme enfant par le prétendu parent, que le prétendu parant ait pourvu à son éducation, à son entretien ou son installation en cette qualité, que l'entourage ou l'autorité publique reconnaisse la filiation, ou encore que l'enfant porte le nom du parent prétendu.

Enfin, l'art. 311-2 du C. civ. prévoit que « la possession d'état doit être continue, paisible, publique et non équivoque ».

En l'**espèce**, il est indiqué que si la paternité de Gérard à l'égard de Caroline n'était pas officiellement établie, c'était afin d'éviter les difficultés liées au mariage de Gérard avec une femme autre que sa mère. Il est indiqué que Gérard rend régulièrement visite à Caroline et envoie de l'argent à Patricia pour aider à l'éducation de l'enfant, ce qui relève des faits permettant de faire établir la possession d'état. La continuité semble caractérisée au regard de la fréquence de présence de Gérard une fois par semaine. Le caractère public découle de ce que le village est au courant de la situation, de même que l'épouse de Gérard. Rien ne permet de croire qu'une équivocité existe puisque tout le monde semble savoir et admettre que Gérard est le père de Caroline. Enfin, il est indiqué qu'après le décès de Gérard en 2020, Caroline aimerait faire reconnaître la paternité : l'on est donc bien dans le délai de 5 ans.

En **conclusion**, il semble que les conditions d'obtention d'un acte de notoriété constatant la possession d'état soient réunies. En outre, il est envisageable pour Caroline de préférer faire établir la filiation par voie judiciaire.

B – L'établissement contentieux de la filiation

En **principe**, l'art. 330 du C. civ. dispose que « la possession d'état peut être constatée, à la demande de toute personne qui y a intérêt, dans le délai de 10 ans à compter de sa cessation ou du décès du parent prétendu ». Le juge procédera alors à la vérification de ce que les conditions et les caractères de la possession d'état sont réunies.

En l'**espèce**, la possession d'état pourrait être caractérisée judiciairement, à l'instar de celle demandée devant notaire.

En **conclusion**, cette action est envisageable, même si le passage devant notaire devrait suffire.

II/ La filiation naturelle

Si la possession d'état paraît établie à l'égard de Gérard, il semble que la situation de fait corresponde à la situation de droit et que Gérard soit effectivement le père. Caroline pourrait donc souhaiter faire établir la filiation naturelle.

La **question** qui se pose est la suivante : la paternité biologique, qui n'a pas été établie du vivant du père, peut-elle être réclamée après sa mort par l'enfant ?

Il faut distinguer le principe de l'action (A) et les modes de preuve (B).

A – Le principe de l'action

En **principe**, l'art. 327 du C. civ. dispose que « la paternité hors mariage peut être judiciairement déclarée » (al. 1er) et que « l'action en recherche de paternité est réservée à l'enfant » (al. 2). L'art. 321 du C. civ. pose néanmoins un délai de prescription de 10 ans à compter du jour où la personne a été privée de l'état qu'elle réclame ou a commencé à jouir de l'état qui lui est contesté, le délai étant suspendu pendant la minorité de l'enfant.

En l'**espèce**, Caroline est née en 2001, point de départ du délai de prescription de l'action en recherche de paternité. Or, elle n'a atteint la majorité qu'en 2019, la prescription étant suspendue jusque-là. L'action serait exercée en 2020.

En **conclusion**, l'action en recherche de paternité peut parfaitement être exercée par Caroline.

B – Les modes de preuve

En **principe**, l'art. 310-3, al. 2 du C. civ. dispose que lorsqu'une action en justice est exercée en matière de filiation, cette dernière « se prouve et se conteste par tous moyens, sous réserve de la recevabilité de l'action ». En outre, l'art. 332, al. 2 du C. civ. dispose que « la paternité peut être contestée en rapportant la preuve que le mari ou l'auteur de la reconnaissance n'est pas le père ».

Or, selon la jurisprudence, « l'expertise biologique est de droit en matière de filiation, sauf s'il existe un motif légitime de ne pas y procéder » (Civ. 1re, 28 mars 2000, nº 98-12.806) ; elle peut même être ordonnée d'office (Civ. 1re, 14 déc. 1990, nº 88-15.809) ou par le juge de la mise en état (Civ. 1re, 28 nov. 2007, nº 06-19.157). Il ne saurait être opposé à celui qui a demande sa carence dans l'administration de la preuve (Civ. 1re, 9 déc. 2003, nº 02-10.097).

Néanmoins, l'art. 16-11, al. 2 du C. civ. prévoit que l'identification génétique de la personne en matière de filiation suppose « le consentement de l'intéressé », étant précisé que « sauf accord exprès de la personne manifesté de son vivant, aucune identification par empreintes génétiques ne peut être réalisée après sa mort ».

En l'**espèce**, il ne semble pas que la question de l'identification génétique se soit posée du vivant de Gérard. Les éléments de fait ne permettent pas de savoir si un consentement exprès a été donné du vivant de Gérard, lequel, faute de précision contraire, doit être supposé avoir refusé de se soumettre à de tels tests. Sauf preuve contraire de l'existence d'un consentement exprès, l'expertise biologique sera donc refusée.

En **conclusion**, si l'action en recherche de paternité peut être exercée par Caroline, elle n'aura pas la possibilité de demander une expertise biologique, ne pouvant dès lors pas prouver la paternité de Gérard. Elle a donc tout intérêt à préférer l'établissement de la filiation par possession d'état.

Cas pratique n° 42

› *Énoncé*

Pauline et Caroline vivent ensemble depuis maintenant 4 ans et ont un projet parental commun. N'en pouvant plus d'attendre la réforme de la loi bioéthique ouvrant aux couples de femmes l'assistance médicale à la procréation, elles ont décidé d'aller réaliser la procédure à l'étranger. Il est prévu que Pauline portera l'enfant. Pauline et Caroline s'interrogent sur la portée de la filiation à l'égard de l'enfant pour Caroline, selon que les deux intéressés se marient, demeurent en simple concubinage et dans l'hypothèse où le double lien maternel serait transcrit sur l'acte de naissance établi à l'étranger.

En outre, Pierre, le mentor de Pauline, qui a 87 ans, est dans ses derniers jours. Alors qu'il traite Pauline comme sa fille depuis près de 30 ans, il souhaite lui transmettre certains de ses biens par voie successorale. Il décide donc d'adopter simplement Pauline à cette fin. *Qu'en penser ?*

› *Corrigé*

Distinguons le dossier relatif à l'enfant de Pauline et Caroline (I) et celui de l'adoption de Pauline par Pierre (II).

I/ L'enfant de Pauline et Caroline

Il convient, pour répondre aux interrogations de Pauline et Caroline, de distinguer les trois hypothèses du mariage (A), du concubinage (B) et du double lien maternel transcrit sur l'acte de naissance établi à l'étranger (C).

À titre **liminaire**, précisons qu'en l'état actuel du droit (au 1er mars 2021), la procréation médicalement assistée n'est pas ouverte en France aux couples de femmes.

A – PMA par un couple de femmes mariées

Dans la première hypothèse, Caroline porte l'enfant souhaité par Pauline et elle, les deux mères d'intention étant mariées.

La **question** qui se pose est la suivante : l'épouse mariée peut-elle adopter en la forme plénière l'enfant de sa conjointe, lorsque l'enfant est issu d'une procréation médicalement assistée réalisée à l'étranger ?

En **principe**, l'art. 320 du C. civ. pose le principe chronologique : « tant qu'elle n'a pas été contestée en justice, la filiation légalement établie fait obstacle à l'établissement d'une autre filiation qui la contredirait ». Or, l'art. 6-1 du C. civ. n'ouvre aux couples homosexuels que les règles de la filiation adoptive, ne leur permettant pas de bénéficier des modes d'établissement de la filiation naturelle ; dès lors, l'art. 320 du C. civ. s'oppose à l'établissement de la filiation par la conjointe ou la concubine de la mère (Cass., avis, 7 mars 2018, n° 17-70.039).

Or, l'art. 345-1 du C. civ. admet l'adoption plénière de l'enfant du conjoint notamment « lorsque l'enfant n'a de filiation légalement établie qu'à l'égard de ce conjoint ». Le texte cède-t-il face à une procréation médicalement assistée réalisée à l'étranger alors qu'elle serait interdite en France ? Non : « le recours à la procréation médicalement assistée ne fait pas obstacle à l'adoption de l'enfant du parent biologique par son conjoint de même sexe » (Cass., avis, 22 sept. 2014, n° 15010).

En l'**espèce**, Pauline et Caroline envisagent de se marier en vue de pouvoir faire établir le lien de filiation à l'égard de l'enfant porté par Caroline à l'issue d'une AMP réalisée à l'étranger. Si elles se marient effectivement, l'adoption plénière sera envisageable.

En **conclusion**, si Pauline et Caroline sont mariées, l'adoption plénière par Pauline est possible (en revanche, la filiation naturelle ne pourra être établie).

B – PMA par un couple de femmes en concubinage

Dans la deuxième hypothèse, Caroline porte l'enfant souhaité par Pauline et elle, les deux mères d'intention étant en concubinage.

La **question** qui se pose est la suivante : l'épouse mariée peut-elle adopter en la forme plénière l'enfant de sa conjointe, lorsque l'enfant est issu d'une procréation médicalement assistée réalisée à l'étranger ?

En **principe**, l'art. 6-1 du C. civ. ouvre la filiation adoptive aux couples homosexuels mais l'art. 345-1 du C. civ. ne prévoit que l'adoption plénière de l'enfant du conjoint. Or, l'art. 356, al. 1er du C. civ. dispose que « l'adopté [en la forme plénière] cesse d'appartenir à sa famille par le sang », ce qui marque la destruction du lien de filiation d'origine. Dès lors, l'adoption plénière de l'enfant de la concubine aboutirait à rompre le lien naturel de l'enfant avec sa mère et doit être refusée (Civ. 1re, 28 févr. 2018, n° 17-11.069). En revanche, l'adoption simple serait envisageable, qui ne fait qu'ajouter un nouveau lien de filiation (sur les effets, v. art. 363 s. du C. civ.)

En l'**espèce**, l'hypothèse est celle du simple concubinage de Caroline et Pauline. La situation conduit à refuser l'adoption plénière par Pauline. En revanche, l'adoption simple serait envisageable.

En **conclusion**, seule l'adoption simple est ouverte à Pauline.

C – PMA par un couple de femmes avec double lien établi à l'étranger

La troisième hypothèse est celle dans laquelle Caroline et Pauline sont allées faire réaliser l'AMP dans un pays qui accepte la double filiation.

La **question** qui se pose est la suivante : lorsque la procréation médicalement assistée a été réalisée à l'étranger par un couple de femmes et que l'acte de naissance étranger indique la double filiation maternelle, cet acte peut-il être transcrit à l'état civil français ?

En **principe**, l'art. 47 du C. civ. dispose que « tout acte de l'état civil des Français et des étrangers fait en pays étranger et rédigé dans les formes usitées dans ce pays fait foi, sauf si d'autres actes ou pièces détenus, des données extérieures ou des éléments tirés de l'acte lui-même établissent, le cas échéant après toutes vérifications utiles, que cet acte est irrégulier, falsifié ou que les faits qui y sont déclarés ne correspondent pas à la réalité ». Or si, en matière de gestation pour autrui, la jurisprudence put décider un temps que la transcription était exclue en dehors des cas de filiation reconnue en droit français (Civ. 1re, 5 juill. 2017, n° 15-28.597), elle décide désormais que la transcription est possible indépendamment de la réalité biologique et du mariage des parents (pour l'AMP, v. ainsi Civ. 1re, 18 déc. 2019, n° 18-14.751 ; Civ. 1re, 18 mars 2020, n° 18-15.368).

En l'**espèce**, l'hypothèse est celle dans laquelle l'AMP a été réalisée dans un pays qui l'accepte pour les couples de femmes et accepte donc l'inscription du double lien de filiation à l'état civil. Désormais, un tel acte, parce que valable à l'étranger, peut être transcrit sur les actes de l'état civil français.

En **conclusion**, la transcription de l'acte à l'état civil français sera possible avec constatation du double lien de filiation.

II/ L'adoption de Pauline par Pierre

Pierre, mentor de Pauline qu'il traite comme sa fille depuis près de 30 ans, souhaite l'adopter simplement pour lui transmettre certains biens par voie successorale.

La **question** qui se pose est la suivante : l'adoption à des fins successorales mais conforme à une réalité vécue est-elle valable ?

En **principe**, l'adoption simple a pour effet, entre autres, de conférer à l'adopté une vocation successorale dans la famille de l'adoptant (art. 368 du C. civ.). Néanmoins, telle ne doit pas être la finalité exclusive de l'adoption (on pourrait y voir une application du principe *fraus omnia corrumpit*, principe général applicable sans texte en droit français). La jurisprudence rappelle que la simple finalité successorale ne suffit pas, et que l'adoption simple doit reposer sur la réalité d'une relation filiale entretenue entre l'adoptant et l'enfant (Civ. 1re, 10 févr. 2016, n° 14-23.326; Civ. 1re, 8 mars 2017, n° 16-13.666).

En l'**espèce**, s'il est certes indiqué que Pierre souhaite adopter Pauline pour lui permettre d'hériter de certains biens, il est aussi précisé que Pierre traite Pauline comme sa fille depuis près de 30 ans, ce qui est la marque d'une réalité incontestable de la relation filiale.

En **conclusion**, l'adoption simple est valable.

Cas pratique n° 43

› *Énoncé*

1. Les époux Germain viennent d'apprendre que la Cour de cassation accepte désormais de transcrire les actes d'état civil étranger, sans plus de vérification. Heureux de cette évolution, les époux sont tout de même un peu amers, eux qui avaient vu la

transcription de l'acte de naissance de leur enfant né de gestation pour autrui être refusée quant à la transcription de la filiation maternelle.

2. Stéphanie a, depuis des années, un projet parental. Néanmoins, elle ne parvient pas à trouver un compagnon en lequel elle puisse avoir confiance. Elle décide donc d'avoir recours à un site Internet de mise en relation de personnes souhaitant avoir un enfant sans pour autant avoir de projet de vie à deux (enfin, à trois, avec l'enfant) Stéphanie a ainsi rencontré Paul et un petit Luc est né de cette rencontre. Paul, depuis l'accouchement, s'est totalement désintéressé de l'enfant. Stéphanie est donc particulièrement agacée de le voir, quelques années plus tard, s'opposer à une vaccination de l'enfant et solliciter du juge un droit de visite et d'hébergement.

› *Corrigé*

I/ La gestation pour autrui des époux Germain

Les époux Germain ont eu recours à une gestation pour autrui à l'étranger, les juridictions françaises ayant refusé que le lien de filiation maternelle, reconnu à l'étranger, soit transcrit en France. Depuis lors, la jurisprudence a reviré.

La **question** qui se pose est la suivante : les parents d'intention ayant eu recours à une gestation pour autrui à l'étranger n'ayant pas donné lieu à transcription de la filiation maternelle peuvent-ils solliciter un réexamen de leur affaire ?

En **principe**, si la gestation pour autrui est interdite en France (art. 16-7 du C. civ. ; Cass., ass. plén., 31 mai 1991, *Bull. AP*, n° 4 ; art. 227-12 du C. pén.), elle est parfois autorisée à l'étranger, ce qui pose la question de la transcription, en France, des actes de naissance dressés à l'étranger à la suite d'une gestation pour autrui. La jurisprudence le refusa d'abord (Civ. 1re, 6 avr. 2011, n° 10-19.053 pour contrariété à l'ordre public international français ; Civ. 1re, 13 sept. 2013, n° 12-18.315 et Civ. 1re, 19 mars 2014, n° 13-50.005 pour fraude à la loi) avant de revirer à la suite de la condamnation de la France devant la CEDH (CEDH 26 mai 2014, n° 65941/11 et n° 65192/11 ; pour la transcription de la filiation biologique, v. Cass., ass. plén., 3 juill. 2015, n° 14-21.323 et n° 15-50.002 ; pour un refus de la filiation à l'égard de la mère d'intention, v. Civ. 1re, 5 juill. 2017, n° 15-28.597). Dans son dernier état, la jurisprudence considère que la circonstance que l'enfant soit né d'une GPA ne peut à elle seule faire obstacle à la transcription tant de la paternité biologique que de la maternité d'intention sans porter une atteinte disproportionnée au droit au respect de la vie privée (Cass., ass. plén., 4 oct. 2019, n° 10-19.053) ; plus généralement, elle admet désormais la transcription automatique sur l'état civil français dès lors que l'acte a été valablement pris à l'étranger (Civ. 1re, 18 déc. 2019, n° 18-11.815 et n° 18-14.751).

Or, en principe encore, l'art. L. 452-1 du COJ depuis 2016, permet « le réexamen d'une décision civile définitive rendue en matière d'état des personnes » lorsque la Cour européenne a déclaré la décision nationale contraire à la Conv. EDH et que la violation entraîne des conséquences dommageables auxquelles la satisfaction équitable accordée en application de la convention (donc la somme versée par l'État en dédommagement) ne peut mettre un terme au trouble.

En l'**espèce**, il apparaît que le trouble correspond à l'impossibilité de faire reconnaître en France la filiation maternelle de la mère d'intention, en raison d'une jurisprudence nationale depuis révolue en raison d'une condamnation par la CEDH. Il n'est en revanche pas indiqué que les époux Germain ont saisi la CEDH. Si tel est le cas, ils pourront obtenir le réexamen de leur affaire ; dans le cas contraire, ils ne le pourront pas.

En **conclusion**, les époux Germain ne pourront demander le réexamen de leur situation que si la CEDH a constaté l'atteinte à leurs droits et libertés fondamentaux.

II/ Le conflit entre Stéphanie et Paul

Stéphanie et Paul ont décidé d'avoir recours à la coparentalité, sans avoir pour projet de vivre ensemble. Paul, depuis l'accouchement, s'est désintéressé de l'enfant (Luc). Pourtant, quelques années plus tard, il s'oppose à une vaccination de l'enfant et sollicite du juge un droit de visite et d'hébergement.

La **question** qui se pose est la suivante : en cas de recours à la coparentalité, le père qui s'est longtemps désintéressé de l'enfant peut-il participer à la prise de décision concernant la santé de l'enfant et obtenir du juge un droit de visite et d'hébergement ?

En **principe**, l'art. 372 du C. civ. dispose que les père et mère exercent en commun l'activité parentale. Néanmoins, l'art. 373-2-7 du C. civ. offre aux parents de conclure une convention d'exercice de l'autorité parentale, laquelle convention peut être homologuée par le juge. Si aucune convention n'a été conclue, il revient au juge de régler les difficultés, en prenant en considération prioritaire l'intérêt de l'enfant. Or, si la coparentalité n'est pas officiellement admise par la loi, les juges doivent appréhender l'autorité parentale de manière à ne pas en faire un concept déconnecté de toute réalité mais afin de traduire l'intérêt supérieur de l'enfant (v. par ex. Paris, 18 juin 2015, n° 15/00864).

En l'**espèce**, il n'est pas indiqué si une convention d'exercice de l'autorité parentale a été conclue. En son absence, c'est l'intérêt de l'enfant qui doit dicter les solutions. Or, Paul s'étant désintéressé de l'enfant depuis plusieurs années, il n'apparaît pas conforme à l'intérêt de l'enfant d'abandonner les questions relatives à sa santé à l'opinion de Paul. L'obtention d'un droit de visite et d'hébergement pourrait en revanche être justifiée par l'intérêt de l'enfant à connaître ses deux parents.

En **conclusion**, l'on pourrait admettre le droit de visite et d'hébergement ; en revanche, la décision relative à la vaccination pourra être prise par Stéphanie seule.

MIXTE
Papier issu de
sources responsables
FSC® C108412

Photocomposition SCM, Toulouse

720888 (I) - OSB-A 70 g - SCM (CDR)
Imprimé en France par CPI
en juin 2021
Dépôt légal : juin 2021
N° d'impression : 164520